本书的出版得到上海交通大学中国金融研究院中国金融法治研究中心的鼎力支持

感谢上海交通大学上海高级金融学院金融法治学科发展基金对本书的大力支持

上海交通大学中国金融研究院
中国金融法治研究中心　系列丛书

总主编 / 朱　宁　许多奇
衡平法译丛主编 / 汪其昌

衡平法难题

FAULT LINES
IN
EQUITY

By
Jamie Glister
Pauline Ridge

[澳] 杰米·格林斯特
[澳] 葆琳·瑞芝　编著
宋丽珏　徐　玮——译
汪其昌——校

法律出版社 LAW PRESS · CHINA

Fault Lines in Equity
The editors and contributors severally, 2012
This translation is published by arrangement with Bloomsbury Publishing Plc.
英文原著著作权归属于原作者。
经与布鲁姆兹伯利出版公司协议，本中译本由法律出版社有限公司独家出版发行。

著作权合同登记号
图字：01-2017-4451

金融何以成为中国重要核心竞争力?

（丛书总序）

朱　宁　许多奇

地球物理学家米兰科维奇(Milutin Milanković)认为,地球的离心力转轴角度和轨道的进动影响了地球和太阳之间的距离,造成地球气候的长期大循环,影响人类的诞生、进化,人们迁徙到全球不同地理环境区域,进而衍生了不同的文明。斯坦福大学历史学教授伊恩·莫里斯(Ian Morris)和他的团队研究发现,从公元前14000年至公元前3000年左右,地球上所有的文明发展程度几乎看不出任何差别,①从公元541年左右直到15世纪,东方一直领先西方。② 自公元1500年左右肇始,文艺复兴、地理大发现和航海贸易使东西方出现了大分流,西方逐渐获得了远远超越东方的发展。③ 其所以如此,西方率先演化出的市场经济制度是一个重要原因。这一整套制度区别于人类历史上以往任何其他文明和不同经济社会发展阶段所创造的制度。第二次世界大战之后,许多国家和地区采用了市场经济制度也获得了飞速发展,这以亚洲"四小龙"和"金砖国家"为代表。我国自1978年至今的改革开放,也正是充分利用了市场经济制度,才获得了中国历史上空前的发展和繁荣,在总量上成为世界经济第二大实体。现在全球所有国家和地区都镶嵌在全球分工体系的现代自由市场经济制度网络之中。

因不同的路径依赖,自由市场经济制度演化到现在,有不同的模式。1991

---

① 参见[美]伊恩·莫里斯著:《西方将主宰多久——从历史的发展模式看世界的未来》,钱峰译,中信出版社2011年版,第72~73页。

② 同注①,第220页。

③ 同注①,第289~297页。

年,世界经济合作与发展组织在《转换到市场经济》的研究报告中提出了成功的三种主要市场经济模式:英国和美国的自由主义市场经济模式;德国和北欧一些国家的社会市场经济模式;法国、日本的行政管理导向型市场经济模式。

自由市场经济是如何运行的?虽然模式不同,但有一些共性,如产权保护、法治、创新、有限政府、以市场为基础的分散决策等。不管哪一种模式(如下表所示),进入知识信息经济社会的现代市场经济,较之于采集狩猎的原始社会、农业社会和工业社会不同之处在于,金融本身作为一种独特的资源,是迂回配置自然资源和社会资源的重要机制,金融成为财富的符号,自然资源和地理环境不再是一国发展的瓶颈。不过不同的市场经济模式对金融资源的利用及其效率有所不同。

社会不同发展阶段与资源的关系

项　目	采集狩猎社会	农业社会	工业社会	知识信息社会
主要技术手段	原始技术,如石器和木器等	农业技术,如青铜器、铁器等	工业技术如机器、电器、社会化生产等	高新技术如信息技术、遗传工程;金融工程等
主要利用资源方式	天然实物如野生动植物	农业资源,如耕地、淡水等	工业资源,如矿产、资金等	金融、制度(包括法律)、信息、知识、人力资本
主要财富	无	土地、谷物、家畜	各种物质商品	金融财富、知识财富
主要生产活动	采集、渔猎	农　业	工　业	包括金融在内的服务性第三产业、知识信息的生产

资料来源:作者整理。

基于全球大势观察,邓小平敏锐地提出“金融是现代市场经济的核心”。④ 2019 年 2 月 22 日习近平总书记在中共中央政治局第十三次集体学习时指出:“金融是国家重要的核心竞争力,金融安全是国家安全的重要组成部分,金融制度是经济社会发展中重要的基础性制度。”金融要为实体经济服务,“金融活,经济活;金融稳,经济稳。经济兴,金融兴;经济强,金融强。经济是肌体,金融是血脉,两者共生共荣”。金融一方面是国家的核心竞争力,需要大力发展;另一方面金融运用不当,又很容易引发金融危机和经济危机,成为打开的潘多拉盒

---

④ 《邓小平文选》(第 3 卷),人民出版社 1993 年版,第 366 页。

子,摧毁已有的经济社会发展成果,造成一蹶而长期羸弱不振的局面。

那么,如何扬利避弊呢?金融何以成为中国的核心竞争力?这就需要我们以科学的理论指导研究和解决我国金融发展中的重大问题,少走弯路。

现代市场经济是基于正当和普遍的规则自由扩展的合作秩序,内生其中的金融市场更是环环丝丝入扣的规则之治。无论是在一般均衡理论范式中,还是在奥派的演化发展理论中,金融和法律都是油水分离。将两者结合起来的是美国的四位经济学家拉波特、西拉内斯、施莱佛和维什尼(La Porta, Lopez-de-Silanes, Shleifer and Vishny, LLSV),他们在1997~2008年间通过发表系列实证研究论文⑤表明:法律对于金融发展质量是重要的,不同的法系对于金融和经济发展有不同的影响,普通法系法律优于大陆法系。这是因为不同法系的法律对金融发展的影响机制不同,比如行政干预、投资者保护和司法独立的程度不同。之后有相当多的学者追随他们的研究,但没有发展新的理论,只是重复检验他们已有的结论。我们对中国金融法治问题的研究,务必要在LLSV开辟的理论基础上进行创新。

如何创新?首先,研究金融与法律问题需要从人的自然和社会本性、金融产业的特质出发。只有制定具有内生于人性和金融产业特质的正当法律规则,才可能形成正当的金融秩序,也才有良法善治。其次,将研究放到金融和经济生态全球化视阈中进行。从最近二百五十多年世界史来看,随着经济和贸易全球化,不断形成多层次的金融中心,金融也在全球化。17世纪中期荷兰的阿姆斯特丹,18世纪晚期英国的伦敦,随后是欧洲大陆工业革命后德国的柏林和法国的巴黎,20世纪美国的纽约,相继成为国际金融中心。"二战"后,除以避税为特征的离岸国际金融中心外,随着新兴市场经济制度国家和地区崛起,又形成东京、新加坡、迪拜及中国香港等新的国际金融中心,由此梯次出现全球性的、区域性的和国家性的多层次国际金融中心。作为一项国家战略,上海应该首先成为区域性然后成为全球性国际金融中心。国际金融中心既是金融又是法律规则的引领者和创新者,良善的法律规则是国际金融中心的核心竞争力。

金融全球化,金融规则全球高度一致。上海作为建设中的国际金融中心也

---

⑤ See Rafael La Porta, Florencio Lopez-de-Silanes, Andrei Shleifer, and Robert W. Vishny, *Law and Finance*, Journal of Political Economy, 1998, vol. 106, no. 6, pp. 1113-1155.

会更加开放，要与国际通行规则一致。由此我国的金融法治建设的金融法律规则，不仅是国内法律规则问题，还涉及国际公法、私法和习惯软法及英美法系国家的金融规则。因此，对于金融法治的研究和学习，我们要打通我国成文法系与英美法系之隔阂，协调两大法系之冲突。

再次，我国已经参与谈判通过并正式签署海牙《选择法院协议公约》、⑥《承认和执行外国民商事判决公约》，⑦提出我们金融法律规则的外国适用、为金融全球竞争解决市场服务等问题。在《承认与执行外国民商事判决公约》序言第一段中的“促进以规则为基础的多边贸易和投资”（Promotion of Rules-based Multilateral Trade and Investment），第二段中的“创设一套统一的核心规则”（the Creation of A Uniform Set of Core Rules），以及第三段中的全新概念“外国判决的全球流通”（the Global Circulation of Foreign Judgments）的引入，都得到中国代表团的大力支持。这说明我国充分认识到了国际商事交易中规则的重要性。作为日益崛起的大国，我们不仅要参与国际金融规则制定，还要引导国际金融规则制定，更要引领创设全球承认的国际金融规则。获得国际金融游戏规则制定权和引导权。

综上，这套中国金融法治丛书下设专著和翻译系列分论丛，研究思路和内容，至少包括如上所述不可分割的三个方面：内生于人性和金融服务特质且服务于实体经济的价值创造和创新；金融全球化中的上海国际金融中心建设；掌握金融规则制定话语权。这一研究不是一蹴而就，是长期的系列研究，内容是多角度多方面的，研究方法是交叉学科的。一言以蔽之，中国金融法治丛书研究要具有强烈的理论指导性、实践性和可操作性，其总目标是服务于如何使金融成为中国重要核心竞争力。

谨为序。

2020 年 1 月

---

⑥ 至今，《选择法院协议公约》的缔约国共达到了 35 个国家；虽然中国于 2017 年 9 月 12 日已签署《选择法院协议公约》，但尚未完成国内立法批准程序。

⑦ 2019 年 7 月 2 日，海牙国际私法大会代表对《承认与执行外国民商事判决公约》谈判文本（亦即会议最后文件）进行了签署确认。参见 Convention of 2 July 2019 on the Recognition and Enforcement of Foreign Judgments in Civil or Commercial Matters，公约内容参见海牙国际私法会议（Hague Conference on Private International Law）网站，https://www.hcch.net/en/instruments/conventions/full-text/?cid=137。

更加开放的中国更需重视、理解和应用衡平法规则*

（衡平法译丛总序）

汪其昌

一、为什么译介衡平法

（一）人的自由发展与国民财富和经济增长的制度视角

究竟是什么因素使一些国家富裕而另一些国家贫穷？一些国家相对持续稳定增长和繁荣而另一些国家的增长与富裕昙花一现？如何避免历史上多次出现的治乱循环怪圈？这一问题犹如古希腊神话中的米诺斯迷宫，自斯密时代以来，吸引一大批才智绝伦的经济学家和其他学者蝉联探索。政治领袖及其谋士们更是迫切期望发现国家贫富兴衰的秘径，获得烹制盛世豪宴的菜单，成就“治大国若烹小鲜”之事功。

---

* 本译丛和本文所指衡平法为英美法系衡平法。国内许多人认为，中国内地难以学习借鉴英美衡平法，但事实上，国内《公司法》、《证券法》、《信托法》和《证券投资基金法》的基本法理都是普通法系的衡平法，许多条文是普通法系衡平法的直接体现。博登海默、达维德、梅利曼和梅因都认为，大陆法系的衡平原则或者说大陆法系的衡平法也有与普通法系衡平法相通的一面，即软化法律条文僵硬实现个别衡平和诚信原则。参见[美]博登海默著:《法理学:法哲学及其方法》，邓正来、姬敬武译，华夏出版社1987年版，第11页；[法]勒内·达维德著:《当代主要法律体系》，漆竹生译，上海文艺出版社1984年版，第141～142页；[美]约翰·亨利·梅利曼著:《大陆法系》，顾培东、禄正平译，法律出版社2004年版，第50页；[英]梅因著:《古代法》，沈景一译，商务印书馆1959年版，第17页。其实，大陆法系的衡平原则或者说大陆法系的衡平法与普通法系的衡平法有许多重大差异（参见 E. Koops and W. J. Zwalve（eds.），*Law & Equity: Approaches in Roman Law and Common Law*，Martinus Nijhoff，2013）。在落实法律的最高原则自然法方面，因有共同人性和面临共同法律事实，大陆法系更有必要向英美法系学习借鉴衡平法。

两百多年过去了,人们没有找到进入这一问题谜宫的捷径,但找到了探索线头展开的路径。这一线头,从理论思维的逻辑起点上讲,源于经济学鼻祖亚当·斯密在《国富论》中形象写的这两段话:

"我们每天所需的食料和饮料,不是出自屠户、酿酒家或者面包师的恩惠,而是出于他们自利的打算。我们不说唤起他们利他心的话,而说唤起他们利己心的话。我们不说自己有需要,而说对他们有利。①

"确实,他既不打算促进公共利益,也不知道自己是在什么程度上促进那种利益。由于宁愿投资支持国内产业而不支持国外产业,他只是盘算他自己的安全;由于他管理产业方式的目的在于使其生产物的价值能达到最大程度,他所盘算的也只是他自己的利益。在这个场合,像在其他许多场合一样,他受着一只无形之手的引导,去尽力达到一个并非他本意想要达到的目的。也并不因为事非出于本意,就对社会有害。他追求自己的利益,往往使他能比在真正出于本意的情况下更有效地促进社会利益。"②

这两段话奠定了探索这一问题的两个基础:一是对人性的认识,二是市场是如何有效运行的。这就是经济人和无形之手原理,后世的探索都由此展开,形成物理学思维的一般均衡范式和奥派的演化自发秩序范式。对于第一个基础问题,斯密写了《道德情操论》;对于第二个基础问题,有斯密结晶《法理学讲义》和《国富论》。人是兼具天使与魔鬼特性的自然与社会之存在物。吸收其他学科的发展成果,经济学对人自身的认识经历了经济人(包括古典经济人、新古典经济人、广义经济人)、社会人、行动人和适应性人的四个阶段,把人从完全理性假设进化到有限理性假设,直到今天的基因、心灵与文化协同演化假设。基于对人性认识的逐次深化,经济学不断深入思考市场运行机制和运用市场手段解放人去增长财富和发展经济的因素。如果我们把国民财富及其增长用 WG 表示的话,那么,经济学探索国民财富及其增长原因的学术成果可以归结为一

---

① [英]亚当·斯密著:《国民财富的原因和性质研究》(上),郭大力、王亚南译,商务印书馆 1996 年版,第 14 页。

② [英]亚当·斯密著:《国民财富的原因和性质研究》(下),郭大力、王亚南译,商务印书馆 1996 年版,第 27 页。

个简明的函数,WG = f(劳动、资本、分工、土地、储蓄与投资、创新与企业家、金融、技术进步、自然地理环境、合作、自由……)。

上述每一个因素都不是孤立存在且线性地发挥作用,那么靠什么将这些基本因素有机结合相互作用发挥功效?是一连串顺乎人性的良好制度。人性如水,随物赋形。邓小平说,好的制度使坏人不敢做坏事,坏的制度使好人无法干好事,甚至还会使好人也变坏。什么是好的制度?① 这就涉及制度的正当性。1973 年,诺斯和托马斯在《西方世界的兴起》中指出:资本积累、规模经济、创新勃兴和技术进步等,都是经济增长本身的表现,不是经济增长的原因,经济增长的关键在于有效率的经济组织。其特征是:确立了以产权界定清晰、契约有效执行的制度安排,激励个人从事促进经济增长的活动。随后,诺斯及其合作者在 1981 年的《经济史的结构与变迁》,1990 年的《制度、制度变迁与经济绩效》、2005 年的《理解经济变迁过程》、2009 年的《暴力与社会秩序:一个解读有记录人类史的概念性框架》和 2012 年的《暴力的阴影:政治、经济与发展问题》等著作中,对此进行了持续深入的研究,将"一般性"制度理论(国家理论、产权理论、意识形态理论和路径依赖理论)拓展为从"权利有限准入秩序"到"权利开放准入秩序"的分析框架。随着新制度经济学的科斯、诺斯和威廉姆森等系列杰出学者获诺贝尔经济学奖,将制度视为粘合推动经济增长各因素的重要基础设施已成共识。2001 年阿西莫格鲁、约翰逊和罗宾逊在《美国经济评论》发表《比较发展的殖民地起源:一个经验性调查》,检验了"诺斯命题":有着较好制度的国家会在物质资本和人力资本上进行更多的投资,并且更为有效地利用生产要素达到更高收入水平。2002 年,阿西莫格鲁、约翰逊和罗宾逊在《经济学季刊》发表《财富逆转:地理因素和制度对现代世界收入分配的作用》,发现因制度逆转导致过去 500 多年间原本曾经富有的殖民地(如南美、印度)陷入相对落后甚至贫困的状态,而原本贫穷的殖民地(如北美、澳大利亚)却极为富有。2005 年,阿西莫格鲁、约翰逊和罗宾逊在《美国经济评论》发表了"欧洲的兴起:大西洋贸易、制度变化与经济增长",认为最显著的制度变化和可观的经济收益发生在那

① 戴蒙德对好制度的标准进行了分析,主要有保护私有产权、法治、公共和私人合同得到良好执行、激励公民进行金融资本投资和提供机遇、政府效能等十二项因素,参见[美]贾来德·戴蒙德著,莱奇译,《为什么有的国家富裕,有的国家贫穷》,中信出版社 2017 年版,第 50 ~ 55 页。

些能对君主统治实施制衡的国家。2012 年,阿西莫格鲁和罗宾逊合著的《权力、贫困与繁荣的起源:国家为什么会失败》再次指明,良好制度是长期经济成长的必要条件,坏制度则是经济衰败的充分条件;还进一步探讨了不可或缺的好制度就是包容性制度,可形成政治与经济的可持续的良性循环,坏制度具有攫取性特征,压抑创造性毁灭;威权型增长即使一时增长很快,但可持续性很弱。彭慕兰在《大分流:欧洲、中国及现代世界经济的发展》中,把英格兰与中国长江三角洲的政治权力结构与经济发展关系进行比较研究,再次印证了上述观点。巴泽尔在《国家理论——经济权利、法律权利与国家范围》、奥尔森在《权力与繁荣》和《国家的兴衰》中表达的思想与前述研究相得益彰,互为表里。然而,促进经济持续快速增长有效率的产权制度依赖于国家对产权进行有效界定与保护,国家在此过程中又受交易费用和竞争的双重约束。这很容易产生诺斯悖论,即“国家存在是经济增长的关键,又是经济衰退的根源”。上述学术成果的核心都是从不同视角研究和解决诺斯悖论。

如何解决诺斯悖论?实际上,给定其他条件,这一连串制度最核心和关键的是好的法律制度,韦伯认为,理性的法律制度是资本主义发展的基石。什么是好的法律制度?从目前人类的实践看,是哈耶克在《自由秩序原理》和《法、立法和自由》中所说的普通法系的法治。衡平法是普通法系法治不可分割的重要部分,在限制公权力、保障私权利和自由方面发挥独特作用(这点为我国学者所严重忽略)。[①] 从政治理论与实践看,解决诺斯悖论相对较好的法律制度是普通法与衡平法相结合的政治信托法律制度。[②] 那么,普通法与衡平法法律制度又是如何保障自由和促进国民财富与经济增长的呢?泰格和利维在《法律与资本主义的兴起》、康芒斯在《资本主义的法律基础》、安内在《金融稳定,经济增长和法律的作用》、汉南在《自由的基因:我们现代世界的由来》、尔霍普和皮斯托在《法律与资本主义:全球公司危机揭示的法律制度与经济发展的关系》、库特和谢

---

① Paul B. Miller, Conscience and Justice in Equity, *Jerusalem Review of Legal Studies*, April 24, 2019. Which can be downloaded from the Social Science Research Network electronic library at http://ssrn.com/abstract = 3377434; Irit Samet, Equity: Conscience Goes to Market, Oxford University Press, 2018; Dennis Klimechuk, Equity and Rule of Law, Oxford University Press, 2014; Lawence Solum, Equity and Rule of Law, Vol. 36, *The rule of Law* (1994), pp. 120 – 147.

② 伯尔曼和 Frankel 都认为,英美宪法就是衡平法的信义法。事实上,美国《独立宣言》第二段就是政治信托制度的精炼表述,直接来自洛克的《政府论》,与梅特兰和西塞罗的思想一脉相承。

弗在《所罗门之结》等著作中，还有 LLSV 发表的《法与金融》、莫红妮阐述的《普通法与经济增长：也许哈耶克是对的》等系列论文，以宏观视野从不同视角论述了法律，尤其是普通法和衡平法对自由与国民财富和经济增长的相互作用。柯克更是在《美国秩序的根源》中认为普通法和衡平法是美国秩序基因之一。但是，普通法和衡平法如何在微观和宏观机制上具体发挥作用？这些著作和论文都没有细致阐述，国内学界普遍对普通法，尤其是对衡平法也缺乏具体了解。

（二）衡平法与各专门法的关系视角

衡平法融合了自然法、教会法和罗马法的精华，也契合人类行为心理，与普通法和制定法一道成为英美法系的三大渊源之一，构成了一个完整的法律体系。即使在美国，衡平法并没有与狭义的普通法融合，还在独立发挥独特作用，[①]在全球普通法系法域得到裂变与发展。[②] 衡平法至今仍处于幼儿期，还在发育，普遍运用于宪法、公司法、行政法、合同法、证券法、信托法、商法、家庭法等各类部门法之中，以克服普通法的不足，实现个案公平正义，这也是英美法系中治理人类普遍存在的机会主义和懈怠行为的核心和灵魂，有很强的隐蔽性和神秘性，增强了英美法整体的适应性和灵活性，但又不是一个独立的成文法律体系，型构为普通法系国家核心竞争力和软实力的一部分。

全球绝大多数法域都采用英美法。当今经济和金融全球化，英美法也全球化了，包括众多的国际公法、商法、金融法和软法（如国际商会颁布的贸易融资结算规定）在内都是由英美法主导的。这是英美法系与大陆法系几百年自由竞争选择的结果，自有其更适合知识信息经济与金融社会的优势。我国制定的《合同法》《公司法》《证券法》《信托法》《投资基金法》《海商法》《专利法》《著作权法》《民事诉讼法》等重要的经济、金融、知识产权和诉讼法律都深受英美法系的影响，甚至有的以其相关法律为蓝本。我国的这些法律中许多重要和关键条款是以衡平法为法理基础的。2019 年 12 月，中美达成的“第一阶段协议”文本中所涉及知识产权保护、技术转让和金融服务贸易，都涉及衡平法所形成的法律规

---

① Stephen N. Subrin, How Equity Conqured Common Law: The Federal Rules of Civil Procedure in Historical perspective, *University of Pennsylvania Law Review*, Vol. 135. No. 4 Apr. 1987, pp. 909 - 1002.

② John C. P. Goldberg, Henry E. Smith and P. G. Turner, *Equity and Law Fusion and Fission*, Cambridge University Press, 2019.

则。理解衡平法,有利于我国上述制定法的修改、实施和协议的执行。

(三)已有对衡平法译介和研究的视角

在上述背景下,我国党和国家领导人都极为重视对英美法的翻译介绍、学习,如1997年10月江泽民主席访美,与克林顿总统确定了一套“中美元首法治计划”,中国政法大学出版社翻译出版了其中的“美国法律文库”译丛,基本是对普通法的介绍,无衡平法译介。2014年党的十八届四中全会《中共中央关于全面推进依法治国若干重大问题的决定》指出,要“适应对外开放不断深化,完善涉外法律法规体系,促进构建开放型经济新体制。积极参与国际规则制定,推动依法处理涉外经济、社会事务,增强我国在国际法律事务中的话语权和影响力,运用法律手段维护我国主权、安全、发展利益”。2015年习近平主席访美和出席联合国纪念大会,都明确表示遵守国际共同游戏规则(这些游戏规则大部分都是英美主导制定的)。2016年1月10日央视报道,李克强总理会见美国哥伦比亚大学法学教授格林博,表示要加强与其在法学学术领域的教育合作,为中国经济社会持续发展培养更多高层次、国际化人才,更好实现互利共赢。2019年党的十九届四中全会又特别提到包括学习法律在内的国家治理体系和治理能力现代化,为世界提供中国方案。目前我国正在推动的司法改革也是向英美法系借鉴和学习,如法官负责制、陪审制、巡回法庭等。希望参与和引导全球化规则制定,其先决条件是对该制度有不亚于英美人的熟悉;希望成功地移植基于英美的法律制度,其先决条件是对该制度了如指掌。这些都要求我国树立大国立法司法理念,将大国立法司法作为核心竞争力来建设,充分理解和利用已有包括衡平法在内的世界秩序规则。衡平法作为一种法律制度的存在,是英美法系与大陆法系最重要的区别之一。

与此不匹配的是,国内法学界和法律界对衡平法生疏,不甚理解。遍查国内图书馆,我国内地自1979年以降,除了影印斯托克韦尔的《信托法和衡平法》(第5版)和加利·互特的《衡平法和信托法简明案例》(第2版)两本衡平法著作外,另有沈达明编著的《衡平法初论》(对外经贸大学出版社1997年版)、邢建东著的《衡平法推定信托研究——另一类的物权性救济》(法律出版社2007年版)、高鸿钧主编的《英美法原论》(北京大学出版社2013年版)中有部分内容简单介绍衡平法。此外有何宝玉著的《信托法原理与判例》(中国法制出版社2016年版)、薛张敏敏的《棕树下的正义》(北京大学出版社2017年版)、张路教授的《诚信法初论》(法律出版社 2013 年版)和《资本市场诚信法律制度研究》等若干种诚信法著作。[①] 华东政法大学有极少数几个硕士、博士以衡平法史作为学位论文,如冷霞的《英国早期衡平法论》、胡桥的《衡平法的道路》等;张天民的博士学位论文《失去衡平法的信托》认识到我国制定信托法缺少对衡平法的研究。这些学者对衡平法展开了初步但不系统和不深入的研究。衡平法是信托法之母,信托法是衡平法运用最成功的一个领域。自 2017 年始,国民信托公司石俊志先生主编了一套 3 辑几十本的《外国信托法译丛》,法律出版社已出版了十几本,虽涉及衡平法原理介绍,但没有系统性研究衡平法法理、程序、诉讼文本格式与救济方式。除此之外,我国极少有学者介绍与研究衡平法方面的著作,顶多散见于少数学者著述中的寥寥几句,遑论系统性介绍和研究。衡平法与大陆法系的诚信原则有些相似但实质有很大不同,大陆有些人将两者混为一谈。20 世纪 70 年代我国台湾地区学者何孝元先生写过一本专著《诚信信用原则与衡平法》(三民数据 1977 年版),将衡平法与大陆法系的诚信原则进行比较研究。厦门大学罗马法研究权威徐国栋先生所著《民法基本原则解释》对衡平法与诚信原则也做过一些比较研究。这两位学者因对衡平法缺乏系统深刻的研究,进行的比较研究不免满足不了理论研究和实务操作的需要。

(四)缺乏衡平法译介影响的视角

上述研究情形导致我国法律人对衡平法始终如雾里看花,或者矮人看戏人云亦云。这并非卖糖的说糖甜的研究者偏好使然。学术界对于衡平法缺乏系统性介绍与研究的状况,直接导致众多不利影响。

一是我国众多成文法中以衡平法作为基础的法条无法获得有效理解,难以很好地落实到司法审判之中。例如,我国现行《信托法》的缺陷,就与没有展开对衡平法、封建关系法及地产权法的基础研究有很大关系,盲目照搬了日本《信托法》条文。《物权法》中的浮动担保、《证券法》中的几种禁止交易行为与救

---

① 为与中国大陆的既有法律词汇对接,张路教授把英美法系中衡平法的"fiduciary law"译为中国语境中的"诚信法"。沈达明先生译为"被信任者法"。我认为,事实上两者有许多实质差异,译为"信义法"或"受信人法"为妥,况且,"信义"二字可以更好与中国传统道德观念教化、以儒学为代表的传统思想精华、有关佛教和道教教义、民国以前的不少传统司法裁判实例和民众习惯心理习俗语言对接。张路教授的研究试图将我国诚信法原则归复为类似于英美法的信义法地位。

济、《公司法》中的第 146 条和第 147 条等,难以有效落实也与此关系极大。

二是不利于我国深入开展商品和各类服务与知识产权的多边贸易,阻碍深入参与国际分工合作。衡平法广泛而成功地运用于商事和金融等各类服务贸易中,况且我国的商品、各类服务贸易对象主要是英美法系国家。我国改革开放通过参与国际分工得到迅速发展,其中一个因素就是利用和享有了英美主导的国际经贸规则。世界贸易组织作为国际商品贸易、金融服务贸易和知识产权贸易领域最具影响力和约束力的多边规则体系,其中一项纠纷解决机制就是衡平法,但是国内知之甚少。上海建设经济、金融、航运和科创四个中心,由于缺乏国际共同承认和遵守的法律和司法制度,成效不甚明显。我国的法官很难有效利用国际通用游戏规则(包括衡平法)进行审判和仲裁,以此在全球范围内保护国内企业及公民的利益。这点与阿联酋迪拜、日本东京、新加坡等及我国香港特区比起来,我国对包括衡平法在内的法律制度理解和运用不足造成的不利影响就很鲜明。

三是不利于我国大学对英美法的法学教育,吸收优秀法律文明成果。古今中外基本的人性是一致的,我国的基本经济制度基础与英美法系国家一样是市场经济。衡平法在处理家庭婚姻事务方面、介入商业贸易、金融、家族财富管理与传承等市场经济运行方面积累了丰富的理论与实务经验,可以为我所借鉴。但是,我国大学的法学教育基本是大陆法系,对于英美法介绍很少,虽然有的大学开设了《英美法导论》的课程,但也只是对英美法系进行概括性介绍,对衡平法几乎没有进行系统的介绍和学习,对英美法的介绍和研究就缺乏整体性和系统性的理解,很难理解普通法系思维和司法特点。由此培养的律师、法官、学者与外交谈判人员从源头上就很难正确和深入理解包括衡平法在内的英美法律制度,就不可避免地加大理解现今国际秩序和拓展国际分工合作秩序的难度,增加不必要的麻烦。

四是不利于增强我国司法制度在全球争议解决市场的核心竞争力。法律是国际秩序和游戏规则很重要的一个组成部分。[①] 缺乏对衡平法的理解和正确认识,不利于我国正确理解英美主导的国际秩序,不利于我国参与国际游戏规则制定和在既定游戏规则下的政治、经济和金融活动。这与我国日益成为一个有影

① 我国参与谈判的海牙《选择法院协议公约》和《承认和执行外国民商事判决公约》,就要求我国的司法裁判,不仅要通过国际通行的说理方式主动获得司法管辖权,还要推动"判决的全球流通",参与"创设一套统一的核心规则",以"促进以规则为基础的多边贸易和投资"。

响的大国地位很不匹配。历史上有德国和日本的教训,我国不可能另起炉灶制定和维护一套新的国际法律规则。我们只有全面和正确认识与理解包括衡平法在内的英美法律制度,才可有效参与国际游戏规则的制定,才可打通大陆法系国家与普通法系国家之间的法律隔阂,增强我国司法制度在全球争议解决市场的吸引力,加强国际司法合作,推进中国判决的全球流通。司法制度是一个国家综合竞争力的重要影响因素。如果我国设立的四个国际商事法庭和上海金融法院,能够运用包括衡平法在内的国际通行的法律制度获得国际司法管辖权和国际承认的司法审判流通权,则可从另一个层次提升我国的综合国力和软实力。

在大陆法系中尤其是商事和金融领域,如何吸收与借鉴普通法系的规则制度,一直是我国立法和司法在理论与实践方面的热点和难点课题。我们应该在开阔的国际学术视野中研究解决中国问题。因此,我认为很有必要主编一套衡平法译丛。译丛主要是翻译介绍衡平法方面的典型著作,向读者展示衡平法理论在英美司法中的实际运用。翻译出版这套书籍,为填补大陆在衡平法研究和运用方面的一些空白提供一个基础。

二、衡平法原理、司法过程和思维与治理特征

人性如水,随物赋形。这里的"物"就是正式和非正式制度规则。人在制度规则下行动,正当的制度规则形成社会和市场运行的良序。衡平法是一套与普通法和制定法相辅相成的法律规则体系,由法律理念、衡平法律关系及其产生的原则和规则①以及司法过程组成,既是观念的表达,又是响应现实需求。法律理念形成的衡平法原则和规则由法官的司法裁判形成。几百年发展过程中形成的衡平法学说与规则体系,体现了迥然不同于大陆法系的法律思维和治理特征。

---

① 在法律英语中,principle 作为法律意义上的原则有如下含义:(1)法律的诸多规则或学说的根本真理或学说,是法律的其他规则或学说或来源;(2)确定的行为规则、程序或法律判决、明晰的原理或前提,除非有更明晰的前提,不能对之证明或反驳,它们构成一个整体或整体的构成部分的实质,从属于一门科学的理论部分。rule 作为法律意义上的规则通常用于具体事项,有如下三重含义:(1)必须遵守的法院指令。(2)根据原则,由法院通过一定程序决定未来适用的指导性准则、细则或者具体行为标准。(3)法庭的裁决或命令。See Henry Compbell Black, *Black's Law Dictionary*, West Publishing Co., 1979, entry "principle" "rule".

（一）衡平法的价值理念

法律的核心理念是正义。什么是正义？全球公认的正义观是亚里士多德阐述的分配正义、矫正正义、交换正义和回报正义，以及康德的良心和正义伦理观，后世学者从普通法的令状制度中提炼出程序正义。这个由希腊斯多葛学派发展而来的正义观本质上是自然法理论的体现。自然法是全球通认的最高法律准则。自然法理论有四个发展阶段：古代泛神论、中世纪蒙上基督教神学圣光、启蒙时期理性之光照耀和当代科学对人性和大脑的深微研究。劫除了神性和唯理性，现代自然法建立在人的自然本性上。

衡平法是英国历史上一系列耦合事件中阴差阳错形成的：第一，在中世纪的英国，司法获大利，人们认为国王是正义的化身，因此，当普通法由于贵族与国王的利益矛盾使得当事人的利益和正义得不到伸张时，就直接向国王求救。这是国王恩惠和正义的实现形式。由国王的文秘署御前大臣发展而来的衡平大法官就在衡平法院直接审判。因此，衡平法首先是软化普通法的僵硬，熨平普通法的皱褶，是对普通法的补充和救济，实现个案公平，两者有冲突时衡平法优先。这一点至今没有改变。虽然 19 世纪后期普通法院和衡平法院合并，但两种法律规则没有合并，规定了衡平法院的管辖范围，两种法律竞争仍然存在。在美国的一些州，澳大利亚和新西兰等国家还有单独的衡平法院和衡平法官。第二，衡平法是宗教道德化的法律——良心。这是普通法无法替代的基因，也是理解下文涉及的诸原则和规则的关键。中世纪认为公平和正义来源于上帝，其在人身上的表现就是良心。当时国王大法官法院的大法官都是基督教神学人员担任，大法官是良心知识的客观拥有者和代表上帝的仲裁人，因此，他们将基督教教义与亚里士多德哲学巧妙融合在一起的经院哲学家托马斯的良心原则引入诉讼裁决中，后来通过牛津伯爵案等判决形成了具体的显失公平和昧良心标准。第三，衡平法是一种信义法律关系。[①] 这是对英国封建法律关系的一个拟制。只要法官认为一方对另一方存在信任、信赖、相信和事实上的不平等

---

① Evan J. Criddle, Paul B. Miller and Robert H. Sitkoff, *The Oxford Handbook of Fiduciary Law*, Oxford University Press, 2019; Klimchuk, I. Samet and H. Smith (eds.), *Philosophical Foundations of Equity Law*, Oxford University Press, 2019.

交易关系,或者一方行使自由裁量权为另一方的利益行事,或者有昧良心行为,就适用信义法律关系。这使信义法律关系具有开放性响应情势变更。信义法律关系有法律上的和事实上的两种。法律上的信义关系就是法律上明确规定的,主要有委托人与代理人、公司与董事、合伙人之间、医生与患者、律师与委托人、交易商和经纪人与其顾客、信托等。事实上的信义关系就是法律无明文规定的情况下,法官以衡平法的"公平正义"和"良心"的理念,通过拟制推定当事人之间存在信义关系。许多法律上的信义关系由法官判决的事实上的信义关系发展而来。事实上的信义关系由判例发展信任标准、承诺标准和脆弱性标准进行判断。一旦构成信义关系,作为受信人对另一方负有繁重苛刻的信义义务,与其权利不对等。第四,税—权利—权力的互动是推动衡平法兴起和成长的一个重要现实物质力量。衡平法的良心和强加给受信人义务,客观上有助于商业、金融和海外贸易,保护产权和个人权利,与贵族和普通法法庭抗衡和竞争,从而增加国王和后来的政府税收,客观上不经意间促进了英国工业革命的兴起和发展。[①] 当然,我们也不必否认衡平法在兴起和发展过程中的腐败和武断专制。这是在发展过程中依靠司法竞争和政治制衡解决的。

(二)衡平法原则

根据衡平法的法律理念,衡平法逐步形成了自己的一些独特原则(包括格言和学说),并在世界范围内普遍适用。这就要求衡平法必须尽可能根据已有的原则实施,不能任意决断,尤其是要求衡平大法官仅在无先例可援或者与现有规则和原则冲突的情况下,才能依据良心对案件作出裁判。

以格言形式存在的原则,为指引性原则或规则,多达二十条,主要有如下十二条,有些国内最近几年运用频繁或者不谋而合,如清洁之手、适当性原则、穿透、实质重于形式等:(1)衡平法不允许无救济的侵害,即衡平法不受管辖权的限制,公民的任何民事权利受到侵害并在普通法无救济或无适当救济时,就应给予衡平法救济。(2)衡平法凭良心办事,即衡平法应按照社会公平和正义审判案件。(3)求

---

① 因为根据英国封建法,国王靠自己的领地过活,进出口关税是国王的特权。在其他税源应付不了战争和治国理政支出、还不了巨额借款本息的情况下,国王有积极性鼓励贸易和殖民以增加税收,这就增强了下院的谈判地位,促进了私有产权保护、英国工业革命及其配套法律制度的发展。由此,我们可从另一个视角理解"李约瑟之谜"。

助衡平法救济的人必须自证清白,即请求衡平的人必须公正行事,如果提出诉讼的人本身有违法行为或违反衡平原则者,衡平法院应拒绝受理。(4)衡平法"助勤不助懒"。也就是说,原告应及时起诉,无懈怠行使权利。如果请求衡平救济的当事人不及时起诉或采取其他法律手段,衡平法庭不予受理。(5)衡平法对诉讼双方都是公平的,因为衡平即为平等,衡平法对同样的人和事一视同仁。(6)衡平法实质重于形式。即衡平应探求案件的实质内容而后再及于形式,不像普通法那样仅顾诉讼形式而不顾案件的实质。(7)衡平法不允许制定法被用作欺诈工具,即衡平法注重当事人的真实意图,作为对制定法进行解释的辅助工具,防止欺诈,甚至不顾会引发宪法性问题。(8)衡平法将应做之事视为已做之事。(9)衡平法追随普通法,即衡平法并不推翻普通法,而是服从、补充、修正普通法,两者权益相当时,普通法优先。(10)衡平法规则对双方当事人都相同时,先诉者优先,时间在前者优先。(11)衡平法对人行事。这体现了普通法和衡平法的基本差别。普通法只能针对物,衡平法院可以对人实施强制手段(如监禁、查封)。(12)衡平法优先,即衡平法与普通法救济有矛盾冲突时,衡平法优先于普通法。这些格言是法官据以是否实施救济的原则,也是人们的行为准则。

衡平法格言产生了衡平法上的原则、救济和抗辩。建立在上述格言基础上被确信为原则的东西为衡平法学说,是被确认的原则,比格言更加硬性要求被遵循,包括转化、选择、债务消灭、履行、不当影响和禁反言六个内容。转化就是某一财产转化为另一种财产时,视同该财产为所指令的财产种类,即使该财产尚未转化建立在"衡平法视应做之事为已做之事"基础上。选择就是当事人面临两个衡平法救济方式时,只能选择一个,如遗产受赠人只能就立遗嘱人向当事人提供未明确指明的多项遗产中选择一项。债务消灭和履行都建立在格言"衡平法可推定履行义务的意图"基础上,但适用有所区别。债务消灭的意思是一个行为完成是为了替代某项义务的履行,即如果张三死时欠李四 1 万元,在张三的有效遗嘱中留给李四 1 万元,衡平法会认为留给李四的钱是为了消灭债务。履行是一个行为被实施是为了促进某项义务被履行的推定。

不当影响和禁反言为新的衡平法学说,广泛用于规制当事人拥有不平等谈判力的商业交易中。是前述衡平法价值理念第二、三项的具体运用。不当影响与同意相关,适用于一方当事人相对于另一方当事人居于权力和被信任地位,从而导致看似同意的当事人并未给出有效同意的情形。在此情形下,衡平法宣布当事人之间的协议无效。不当影响细分为实际的和推定的不当影响。禁反言本是一个证据规则,衡平法发展为“当人们主张普通法上的权利导致没良心的结果这么做时,禁止他们这么做”原则,细分为财产性禁反言、陈述禁反言和允诺禁反言等。

(三)衡平法规则

为将上述衡平法理念和原则贯彻落实下去,衡平法发展出一系列可执行的规则。这包括抗辩、救济手段和由原则形成的具体规则。

1. 抗辩

被告可能因为衡平法原则,逃避授予针对原告的衡平法救济。这就是对衡平法的抗辩。如果原告求助于衡平法,但其自身不清白,对其争议之事处理就是昧良心的。如果法院对原告执行救济就无法公正行事。

2. 救济

如违反衡平法上述法理理念和原则,衡平法拥有一组数量巨大的救济方法,以纠正不法行为,防止当事人昧良心行事。这些救济不是作为预设权利被获得,而是由衡平法法理和格言所揭示的原则以法官自由裁量获得,对不服从者予以藐视法庭罪处罚,干预昧良心行为。救济的手段主要有声明、补偿、报账、追踪、禁令、特定履行、撤销、更正、衡平法留置权、权利宣告、归复信托和推定信托。这些救济手段又可细分许多更细致的规则种类,如禁令发展出冻结令、中间禁令、预防禁令、强制性禁令、消极禁令五种,每一种具体禁令规则都有适用前提条件和例外。这些救济手段都是通过法官具体判决形成的规则确立的。

3. 衡平法理念和原则的规则

将这些抽象的理念和原则落实下去都是由法官通过具体判例确立更具体规则进行的。如果规定在某一路段不准高速开车是原则,那么规定不准超过四十码就是原则落实形成的具体规则。例如,衡平法价值理念三个判例标准构成信义关系成立,受信人就负有信义义务,包括忠义义务和谨慎义务。什么是忠义义务?就是通过具体判例形成裁判规则的开放性规定:一是受信人不得利用其身份、地位、知识或者机会为自己或者第三方谋取利益;二是受信人在履行其职责范围内,不能同第三方有任何关联关系,除非得到受益人的知情同意或法律授权;三是不能通过不当影响、不能从其犯罪行为中获得利益,如欺诈、非良知;四是不得有不当得利;五是不得自我交易,不得产生利益冲突。法官也可通过具体判例确立免除受信者信义义务拘束的三种例外情形:委托人同意、法院认可和创设受信人职位者的同意。由于衡平法为信托法之母,是衡平法运用最成功的领域,所以,衡平法与信托法通常孪生一起,受信人转化为受托人,受信人信义义务转化为受托人信托义务。

(四)衡平法的司法过程

司法是将应然理念落实到实处的最终保障。衡平法没有基于罗马法形成的大陆法那样的概念、理论和制度,从法律理念到原则和规则的形成都不是立法者意志选择的结果,是法官和法院通过解决具体纠纷及其判例长期累积发展而成,是判例法和法官法,也即是通过司法过程形成的,包括衡平法的管辖和程序、遵循先例、法官创制规则和上诉四个密不可分的部分。

1. 衡平法的管辖和程序

衡平法的管辖具体有难以分割的两个方面:第一个方面是与上述衡平法理第二项和第三项一脉相承,衡平法院是良心法院,以实现实质公正与正义。从法哲学、衡平法几百来实际管辖权和判例看,衡平法的管辖权就是"良心管辖权","纠正人们因违背良心而犯下的欺诈、违反信托义务、过错与压迫行为",①"衡平法运行于法律权益所有人的良心之上",②管辖从公法到私法的许多部门法有关良心的方面。由此我们不难理解,英美法系的衡平法渗透到各个法律部门之中。具体的良心标准,历史上由多个法官通过系列判例确立的具体准则和规则不断发展。例如,早期大法官的良心标准具有浓厚的宗教神学色彩,就像每一个大法官的脚一样具有非标准的不确定性,后来依次发展为财产禁反悔、家庭同居权、不当得利和显失公平等规则。这些方面,我国以法律条文的形式借鉴不少。第二个方面是衡平法管辖的具体社会和经济生活领域。与上述衡平法价值理念形成的第一项和第四项相对应,形成广泛的衡平权益(利)。与上述衡平法理第一项相对应,衡平法管辖普通法不救济和救济不了的个案。早期为普通法院未能获得充分救济的当事人向国王提起的申诉,14 世纪后,为家庭、

① *Earl of Oxford's Case*(1615)1 Ch Rep 1,6 -7.

② *Westeusche Bank v Islington. L. B. C.* [1996] AC 669,705.

信托、抵押物回赎和地产权。触发条件为违反信赖、疏忽和欺诈。这点几百年来一直没有改变。家庭事务又细分为婚姻、财产继承和传承、遗嘱、子女等。航海大贸易和工业革命后,衡平法介入政治(如政治人物不得撒谎、政治权力是信托财产权,公职人员是受托人)、浮动担保、海商、环保、气候变化、知识产权、证券化、商业和金融等领域。

衡平法没有普通法那样的严密程序,无事实裁断和法律适用之别,没有陪审团和普通法的令状,实行不否认即承认的默认规则,对人不对物。

2. 法官造法和遵循先例

与上述衡平法理、原则和管辖权实现相呼应的是衡平法法官的自由裁量权。衡平法法官通过具体判例形成原则和规则以及例外即为法律。这种法官通过审判创造的法律规则(也就是判决理由)为判例法,有拘束力的只是判例的判决理由部分,不是判决结果。否则,就只是判决,不具有普遍拘束力,仅是个别衡平。在这一过程中,衡平法官在事实和法律理念规范之间通过归纳、类比论证推理创制规则而建立的联系为发现法律的过程。这就与大陆法系从成文立法中寻找请求权基础的思维方法很不相同。大陆法系通过解释制定法规则或法律原则,使原则和规则中的事实能够涵盖或统摄案件中的关键事实与情节,从而使之为本案推理大前提,衡平法判例所表达的法律规则与其所产生的具体事实和具体情景不可分割。当然法官造法也是一个试错的过程,由法官自己承担立法风险。

但是,衡平法官造法不是肆意而为,而是遵循先例,即类案同判。为此先要通过类比方法找到先例,再通过对先例所适应之规则进行重述,然后将此规则作为演绎前提得出判决。当出现无先例可遵循,或者先例规则不适合案件事实时,衡平法官即可根据手头案件创设新的判例规则。这就出现不跟随判例、区别判例和推翻判例三种情形。当然,对于不服判决,可以向上级法院上诉。先例原则与司法独立结合,既是法治的具体体现,又使得我们学习衡平法需要大量阅读有拘束力的衡平法判例报告,而不是学习抽象法条与结论。

衡平法是严格规则与自由裁量原则的混合体。法官享有高度的自由裁量权,更能适应社会和商业实践的需要循序渐进。衡平法的有效运作,需要衡平管辖权中心人物的衡平法官,对法律熟稔,还要有应对社会需求、良知的感应能力与回应的热情。所以,衡平法及其规则的发展史,是一系列杰出衡平法官的名字串联起来的。衡平法官创造规则时需要在主观性和客观性之间取得微妙平衡。这就是衡平法的司法技艺。

当然,衡平法的价值理念、原则、学说和规则落实到司法中,有许多例外情形,其中最重要的就是"衡平法宠儿",即不知情且支付对价的善意购买人例外。

(五)衡平法的思维与治理特征

衡平法不预设你的实体权利范围,不一定法定列举权利种类,不告诉你应该做什么,只是告诉你不能做什么,即交易中受信人负有繁重的否定性义务:忠义义务和谨慎义务。这一义务超越合同约定义务。衡平法以义务为中心,通过司法救济创设相对方的权利。人类在情感和利益交换中,最大的一个问题就是面对未来不确定性产生的风险,其中一个最大不确定性就是人的行为不确定性,即机会主义和懈怠行为产生的道德风险。这一否定性思维方法与中国大陆传统的权利义务对等的法学思维明显不一样,受信人负有与其权利不对等的苛刻义务,更有利于以更低成本克服交易中普遍存在的不公正、机会主义和懈怠行为,提高交易安全和效率。无效率不正义。1615 年牛津伯爵案审理者艾利斯密尔勋爵认为,"衡平法院之所以存在,就是因为人的行为如此变化不测,一直无法制定一个放之四海皆准的法律"。[①] 衡平法就是降低内生交易成本,克服人的机会主义行为的行为法学。

这一法律思维和治理特征也极为利于创新和自由思想。一旦你有纠纷,法官会根据客观事实所形成的具体情境通过判决书创设权利义务规则,实现公平正义,适应社会发展变化,非常富有弹性。例如,丹宁勋爵创设的同居者居住权;知识产权保护的马瑞禁令;传统衡平法中的公平正义思想拓展为环境保护、野生动物保护和应对气候变化中的代际公平与正义。衡平法进行治理和规制的公信力不是靠国家暴力机器强制赋予的,而是深深扎根社会生活的正当性和民众内心的信仰。

根据格鲁斯曼和哈特等人不完全契约理论,皮斯托和许成钢认为,法律也是不完备的。[②] 法律不完备有三种情形:第一种是法律没有对特定行为进行界

---

① *Earl of Oxford's Case*(1615) 1 *Ch Rep* 1,6.

② Katharina Pistor and Chenggang Xu, *Incomplete Law*, International Law and Politics, Vo. 351, 2003, pp. 931 – 1013.

定或仅列举了少数行为，使得对行为结果的限定很宽泛。第二种是法律虽明确了应予制止的行为，却不能涵盖所有相关行为。这是从行为角度界定法律不完备。第三种是从财产权利的角度看，法律没有明确某种财产权利类型及其是否可以交易。法律的不完备性带来法律的不确定性风险，直接影响到创新和交易。这就需要适应社会和经济状况变化进行解释法律。大陆成文法在此方面非常被动缓慢。因为法官和法院享有剩余立法权和司法权，衡平法通过法官自由裁量权和法官创设判例规则可以快速响应情势变化，克服法律不完备。这使衡平法有动态适应性效率。

衡平法的很多概念、理论、结构、原则和规则及其它们在司法实践中的运用都起源于英国，在其他普通法系国家得到发展，随着时间的推移，很多内容在国际上成为普遍接受的法律原则和规则。所有八百多年间没有被推翻的判例都是法律。在适用衡平法的判例法国家，通过判例形成的理念、原则和规则都是高度认同的法律依据，超越了司法主权国家的界限，不需要对千变万化的主体、客体和他们之间的关系在成文法上预先逐一规定，只要基于良心和正义对信义关系认定一致，对当事人之间的权利义务确定就是水到渠成。这就决定了衡平法在不同的国家和地区适用时有很强的通约性和互动性，甚至成为不少国际软法、国际公法和私法的一部分，大大减少了衡平法在不同国家和地区适用的不确定性、不可预见性和不稳定性，更加利于基于共同规则的一致行动，为拓展自由市场经济合作秩序保驾护航。无论是“斯诺增长”（源于贸易与专业化分工的增长），还是“熊彼特增长”（源于创新的增长），抑或“奥尔森增长”（源于改进激励约束、降低交易成本的制度创新的增长），都需要以人的自由发展为前提，都与衡平法悉悉相关。掩卷沉思，放眼全球，思考北美与南美的发展差异，澳洲、新西兰和新加坡由落后蛮荒之地迅速发展为丰裕国家，再去比较英美法系与大陆法系，我们是否领悟到包括衡平法在内的法律制度为其助推神器？

三、译丛著作内容与作者简介

译丛共十本，主要为法官、律师与大学教授所写，不少是经典名著，为英美法系的法官和学者引用。为读者友好计，下面对十本著作的作者和内容做一个简要介绍，便于读者有个鸟瞰式了解和从不同视角与需要阅读下列著作。

1. 历经多个时代著名学者不断蝉联修改完善的《现代衡平法》(*Modern Equity*)第21版已经使用了八十多年,是一本全面和经典地介绍衡平法律体系的教科书,囊括了衡平法在家庭法、信托法、财产权和救济方面的最新判例,讨论了最近的衡平法律问题,如2009年禁永久法和累积法、2010年平等法、2011年的慈善法、2013年资本与收益法、禁反言、不当影响等,提供了英国法律委员会关于衡平法方面的最新报告内容,全面介绍了衡平法在信托领域的运用和救济方式。这本书不仅对衡平法做了全面介绍,还可了解衡平法的最新发展。作者是英国林肯律师事务所的出庭律师,也是英国研究地产权和衡平法的权威。该著作具有很强的可读性和实践性,权威、全面、清晰,极受研究生、本科生和实务工作者欢迎。

2. 衡平法运用最成功的领域就是信托。Hayton 和 Mitchell 所著《信托法及其衡平救济:文本、判例和文献》(*On the Law of Trusts & Equitable Remedies*: *Texts*, *Cases & Materials*)第14版,被视为信托法和对违反信托的衡平救济领域一本杰作,对该领域的最新学术与实务问题做出了清晰简明和富有洞见的介绍和解释。这种介绍和解释是建立在立法、判例、学术论文和其他材料基础上,每一章结尾都有需要进一步阅读的文献和判例,以及要深入讨论的问题。如题目所示,这本著作着重于对违反信义义务和信托的衡平法救济分析和评论。

该著分析和评论的最新判例有:*Shell UK Ltd v Total UK Ltd*(2011), *Crossco No 4 Unlimited v Jolan Ltd*(2012), *R*(*on the application of the Independent Schools Council*)*v Charity Commission*(2012), *Jones v Kernott*(2012), *Independent Trustee Services Ltd v GP Noble Trustees Ltd*(2013), *Pitt v Holt*(2013), *Prest v Petrodel Resources Ltd*(2013), *AIB Group*(*UK*)*plc v Mark Redler & Co*(*a firm*)(2014), *FHR European Ventures LLP v Cedar Capital Partners LLC*(2015)*and Novoship*(*UK*)*Ltd v Mikhaylyuk*(2015)。对这些最新判例的具体阐述就是对衡平法最新发展的阐述。Hayton 是大法官,同时是伦敦大学学院的衡平法与信托法教授,也是这方面的国际权威,是欧洲信托法原则和海牙国际信托公约的主要制定者。Mitchell 是伦敦大学学院的信托法教授。

3. 在商事、金融、政治等实践领域,衡平法在北美和澳洲等国家和地区有了很大发展。信义法是衡平法的核心内容。美国除 Frankel 几十年如一日研究信义法且著有《信义法》外,少有学者对此展开研究。Andrew S Gold 和

Paul B Miller 主编的《信义法的法理基础》(*Philosophical foundations of fiduciary law*)汇集了北美杰出学者对这一问题的论述。该书的主要内容有信义关系的性质、信义义务与道德联系、信义法的经济意义、信义关系在其他方面的运用、信义法与公法和私法的边界等,在各章节讨论了信义法的案例和新的问题。该著不仅对信义法的各个主题进行了理论探讨,还提出了信义法需要进一步研究的议题。对法理的透彻理解,便于律师和法官追寻法律的原意。该书编者 Andrew Gold 为 DePaul 大学法学院教授,哈佛大学和牛津大学访问学者,是北美私法理论研究会的奠基者之一,主要研究信义理论、合同法和矫正正义。另一编者 Paul B. Miller 现为 McGill University 大学法学院副教授,曾任加拿大高等法院法官宾尼的法官助理,在皇后大学教授法律,主要研究信义法、公司法和组织法,也是北美私法理论研究会的奠基者之一。该著的许多内容为北美的法官和律师所写。该著的编者还合编了一本《契约、身份和信义法》。

4. 衡平法和信托法对于大陆法系和英美法系的学生和研究者来说,都是复杂和令人困惑的。Steven Gallagher 所著《衡平法和信托法:数世纪的结晶》(*Equity and the Law of Trusts*: *Centuries in the Making*)是从历史角度分析衡平法与信托法在英美当代法律体系中的地位和作用及其历史形成,以新的和令人容易理解的方式研究了衡平法的许多概念和原则与判例。作者是出庭律师,曾在英国大学教授法律,现任教香港大学法学院,指导本科生和研究生研究衡平法和信托法,其主要研究领域为衡平法和信托法、跨国公司的商法、返还法。

5. 进入 21 世纪,衡平法在商业、金融贸易、私人交易、成文法规制等方面还在继续发展和发挥作用。虽然主要的衡平法理论已经确立,但是,还有许多棘手难题困扰着全球律师和法官。Jamie Glister 和 Pauline Ridge 主编的《衡平法难题》(*Fault lines in equity*)通过具体案例和判例,运用新的历史材料、比较视角和理论方法阐释了衡平法理论和方法的断层,也即是需要重新阐明的衡平法律规则。这些内容的写作者来自英国、澳大利亚、新西兰等国的律师和杰出学者,讨论了违反衡平义务(包括信义义务)的财产责任和个人责任、破产的衡平权利、非明示信托的创立、自我交易规则、家族破落中的财产分配、阻碍衡平赎回、不当得利的适宜性分析,还探讨了一些特定的问题如方法论、组织法。这些研究对于学者和实务者具有重要价值,也有助于中国的法官发展衡平法规则。该书的编者 Jamie Glister 是 Sydney 大学高级讲师,Pauline Ridge 为澳大利亚国立大学的副教授。两人都研究和教授衡平法。

6. 一般人认为衡平法难以在中国有效移植。结合从殖民时代到当前的所有相关香港判例法和立法，香港大法官 Lawrence Ma 所著《香港的衡平法与信托法》(*Equity and Trusts Law in Hong Kong*)第 3 版提供了对衡平法规则和原则及其在香港实施的最新和详尽记述，告诉了我们衡平法在中国香港本土化历程。为了让读者能对本书中讨论的主题以及潜在问题及争议有更好的理解，本书还引用了主要英语国家和澳大利亚的判决案例，同时指出香港有几个判例被英国上院承认，获得全球流通，其确立的原则通用英美法系。该著还对 2013 年香港特区修改信托法的情况做了很好介绍。我国的香港基本法第八条也承认普通法和衡平法在香港繁荣中的作用。在粤港澳大湾区一体化之时，这本书有特别重要的意义。

7. 当我们还在为衡平法一些古老陈旧的问题争论不休时，为将人类最稀缺的智力资源优化配置到有效的研究中，我们可以看看《衡平法讲义》，可以更清晰地知道一些问题的来龙去脉。F. W. Maitland 的《衡平法讲义》(*Equity*)为作者在 1887～1888 年的剑桥大学演讲汇编而成，是衡平法研究的经典之作，也是系统了解英国衡平法的一把“金钥匙”，与商务印书馆翻译出版他的另一本讲义《普通法的诉讼形式》并驾齐驱，相映生辉。在西方衡平法研究领域，如果不提梅特兰的这本著作，就像研究经济学，不提到亚当·斯密的《国富论》，研究法社会学，不提到马克斯·韦伯的《经济与社会》一样，令人不可思议。如果你结合他的《英格兰宪政史》和《爱德华一世以前的英国法律史》去理解普通法和衡平法，则更可克服大陆法系教义法学思维的缺陷。不理解英国封建关系和地产权的法律制度，也很难理解衡平法。

该书全面论述了衡平法。主要内容分为衡平法的起源、衡平法与用益制的关系、衡平法在信托方面的运用、违反信托的救济、受托人权利与义务、资产管理、衡平法的几种救济方式、衡平法与普通法的关系、衡平地产权。由于作者是衡平法律师，又深入专研了几百年的衡平档案，因而对问题的来龙去脉论述清晰。从该著作中我们看到英国法的稳定性和可预见性，因为书中论述的许多法理和判例原则至今还在适用，仍然是英美法系必须遵守的。因为该著是作者长期演讲结集而成，因而该著语言生动活泼风趣，读者友好，没有一般法学著作的呆板和沉闷。

8. 澳洲和新西兰践行衡平法,Heydon、Leeming 和 Turner 合著的第五版《衡平法原理与救济方式》(*Equity Doctrines &Remedies*,*5th edition*),为澳大利亚衡平法领域的权威论著和普通法系的杰出教科书,对衡平法原理的学理分析为制定法条文和大多数判例援引,为从业者提供不可多得的透彻阐述。该著囊括了澳洲和普通法系的最新发展分析,所涉衡平法原理和救济方式,除信托外,还论述了英联合王国和澳洲的衡平法发展与历史,以及对普通法系的影响。该著分为八部分,主要内容为:衡平法的历史背景、衡平法的基本概念、确认和转让、非良知交易、衡平法救济、逝者遗产、衡平法抗辩和各种衡平法理论。

该著由受人尊敬和被人承认的团队所写,在法律工作者和司法界中被视为权威,在衡平法专业领域中确立了权威性著作的良好声誉,是衡平法领域综合性和全面备查的著作。Heydon 曾任澳大利亚高等法院大法官,新南威尔士上诉法院法官,现任澳洲皇家工会治理和反腐败委员会主任。Leeming 为新南威尔士高等法院和上诉法院大法官,同时也是悉尼大学法学院 Challis 衡平法讲席教授。Turner,P 是剑桥大学法学院讲师和剑桥大学圣凯瑟琳学院的研究员,拥有悉尼大学的科学与法学学位和剑桥大学冈维尔与凯斯学院的法学博士学位。

9. Hon Peter W. Young Ao, Clyde Croft, Megan Louise Smith 合著的《衡平法论》(*On Euity*)是一本关于衡平法在澳大利亚发展的著作。全书分为三部分,第一部分是将衡平法的历史和概论,主要内容有衡平法的基础概念、衡平法格言、衡平法的实际运用。第二部分是衡平法理论,主要包括:欺诈、执行信托、信义关系、衡平财产、抵押、衡平转让、合同不动产遗嘱和遗嘱管理、衡平禁反言之类的准衡平法问题。第三部分是衡平法救济,包括返还、禁令、损害赔偿等,还有衡平救济的选择、衡平救济的补充、衡平法与成文法救济的关系和衡平抗辩。这书既讲了衡平法的一般原则,又通过具体判例指出在澳洲的发展。

Hon Peter W. Young Ao 为新南威尔士高等法院上诉法官,衡平大法官。Clyde Croft 是 Deakin 大学法学院助理教授,Megan Louise 是新南威尔士高等法院的事务律师。

10. 衡平法在英国是如何运作的? Chapman 和 Lynne Counsell 主编的《衡平诉讼手册》(*Chancery litigation handbook*)对此做了详细介绍。全书分为三部分,第一部分是衡平法院基本管辖介绍,包括审讯、衡平法救济、临时救济、即席判决、衡平法院程序流程、文档设立、抵押贷款、房东与租客、法庭指令土地出售、信托与受托人、诉讼双方有争执的遗嘱检验、慈善、家庭赡养、合伙、金融服务、破产、法定上诉、衡平法院判决执行、伦敦之外的衡平事务、税务诉讼。第二部分,程序指南,包括上述各种衡平法院管辖的诉讼和判决的程序流程。第三部分是诉讼格式与先例,如索赔、通知、证人证词、禁令等格式,先例内容包括衡平法在几百年中形成的仍在遵循的司法判决先例。

这本书为多个有丰富实践和司法经验的衡平法律师与衡平法官所写,由 Vivian Chapman 和 Lynne Counsell 汇编而成。Chapman 是资深林肯律师事务所律师,编撰了大量判例汇编,经常担任特委法官和兼职法官。Counsell 是衡平法法官,判决了大量衡平法院管辖的各类民事和商事诉讼,起草过大量金融和商事合同,与人合著有《内幕交易》和《禁令》,为多卷本《艾特金法庭格式》撰写了关于合同、金钱、金融服务、地役权、诉讼时效等方面诉讼格式。

这本书对于我国在英美法系国家跨国诉讼,于律师与法官特别有实用价值。

四、本丛书的读者对象和致谢

从上述对丛书简要介绍,我们不难发现,这套丛书的著者不是纯粹的象牙塔学者。他们既有律师,又有法官,有不少人还是大学衡平法与信托法教授。因此,上述著作是理论与实务结合的典范。译介到中国,既对大学教师和研究人员有重要参考价值,也非常适合律师和法官在诉讼与司法审判中借鉴,更是对国内理解移植英美法相关法律条文的法理基础有很大帮助。因此,这套书受众面很广。

本丛书能够顺利出版,首先,要致谢法律出版社领导具有远见卓识,计划一报上去不到一个星期就批准下来,并且迅速安排人员和经费购买版权与谈判。其次,要感谢上海高级金融学院金融法治中心的慷慨资助。再次,要感谢各位译者博学、精益求精的艰辛工作。因为翻译衡平法的许多术语没有先例,且衡平法的思维方式很不同于大陆法系,根本不是简单的语言转换问题。

2020 年 1 月,上海松江

前　　言

本书所选文章均为探讨解决应用衡平法原则或方法悬而未决(unsettled)或未曾研究(unexplored)之难题。当今,衡平法仍是商业和个人交易的重要法律规制工具,也是法定监管信息披露框架(informing frameworks)。衡平法是一个逻辑清晰连贯和概念鲜明独特的整套法律制度,仍在继续发挥作为理论思考和方法论的功能(sense)。

文集中多篇文章采用了澳大利亚最高法院判例。最高法院仍然强调衡平法是鲜明独特和灵活重要的法源,且遵循先例。这意味着即便有时高等法院的判决存在争议,衡平法仍为解决衡平法难题提供有益参考。通过比较澳大利亚最高法院和英国上议院的判例,约阿希姆·迪特里奇(Joachim Dirtrich)和马克·李明(Mark Leeming)的论文评论了不当得利原则,从历史角度理解以衡平法理论和方法作为选择替代和更有解释力的优点。迪特里奇从宏观层面讨论了两国法院涉及的两个问题:一是对不当得利的观点,二是对非良知的衡平法理论和自由裁量救济。他发现,尽管看起来两国法院在处理上存在分歧,但追求同样的目标:法律的确定性、论证明晰和限制滥用一般性概念。通过深入比较分析,他还发现两国法院都没有完全与前述追求目标的方法论一致。马克·李明在宏观层面上讨论了不当得利较之衡平法上代位求偿的优点。他论述了不当得利原则的简洁分析框架难以解决牵涉多方复杂案情所致代位求偿问题。比较研究了澳大利亚和英国法院所用方法论异同后,波琳·瑞奇(Pauline Ridge)认为,总体上基于衡平法上共担责任(participatory liability)的判例法分析表明,违反信托和违反信义义务的共担责任方案与枢密院和高等法院的判决不符。

基于相关法律领域的历史发展过程,有两篇文章特地依托作者法律史专业知识写就。一篇是乔舒亚·盖茨勒(Joshua Getzler)的文章讨论了转让未来财产权,另一篇是菲奥娜·伯恩斯(Fiona Burns)的文章论述了反阻碍衡平法赎回权原则。盖茨勒论证了制定法与衡平法的复杂互动,认为衡平法破坏了破产法精神。伯恩描述了反阻碍原则逐渐销蚀的过程,这一过程是由普通法和有关抵押功能与合同占支配地位的经济因素引致的。她指明英国、澳大利亚、加拿大、新西兰法院并未对此变化作出始终如一的反应,预言反阻碍原则即将消亡。

与此比较,马修·哈丁(Matthew Harding)在其文章中,从法哲学角度考虑了衡平法管辖权对家族血缘关系衰淡基础上的析产效期。对法院行使衡平管辖权时为何不考虑参与方未来所需进行析产,他提出了质疑,认为在制定法方案中,通常要考量参与方的未来所需。他提出了一个用于未婚情侣关系的分配准则,认为即使未婚情侣关系结束,该准则亦可要求双方彼此提供维持生计所需扶养(provide material support)。这就赋权法院考量未来所需行使衡平法管辖权,并可继续探索可能的非判例原则所限(non-doctrine constraints)行使管辖权。

衡平法上一些最令人困惑的问题的生产与受信人和信托有关。詹姆斯·艾登尔曼(James Edelman)提出了处理信义义务的恰当基准问题,探讨了用信义法中所谓"自我交易规则"(self dealing rule)终止是否损害仅在自愿承诺时产生信义义务的争论。他认为,该原则较之不受拘信义关系的系列独特原则更好理解,适用产生不同后果的多种情势,因此,他的强加信义义务的"承诺标准"(undertaking test)依然未受触动,完好无缺。

吉米尔·格里斯特(Jamie Glister)解开了两个复杂又令人困惑的难题,一是归还信托基金的托管受信人义务范围,二是违反非托管受信人义务因果关系规则的适用。解决这两个难题就开释了因违反信义义务进行衡平赔偿救济的困惑。他的论文被英国、澳大利亚、加拿大和新西兰判例法持续引用。

根据布朗尼-威尔金森(Browne Wilkinson)法官在 *Westdeutsche Landesbank Gitozentrale v. Islington LBC* 案的判决,本·麦克法兰(Ben McFarlane)的文章思考了识别非明示信托的基础,并提出了此类信托发生成立的情景条件。他认为,普通法权利和衡平法权益保(所)有者(holder)必须已经获得利益上的权利,这种权利是基于同一事件和交易引起原告方利益受损(或者受拘相关义务)情况下获得,在产生利益的非明示信托结束之前,权利所有者必须知悉宣称影响他或她良心的事件。在最近的澳大利亚案例法中,麦克法兰找到了支持其观点的此类信托和令人感兴趣的类比，这些类比附有 *Barnes v. Addy* 案中第一部分知悉接受责任的明确要求。他还在澳大利亚判例中找到支持其论点的论据，*Lipkin Gorman v. Karpnale* 案就是解释此类非明示信托的最好例子。米契尔・布莱恩（Michael Bryan）也考察了非明示信托，特别是救济性推定信托。他厘清了具体情境中“救济性”（remedial）的含义，认为救济性推定信托恰当承认一直受阻于财产性权利破产牵连的不对称恐惧。他推荐了美国法学会的《返还法和不当得利重述》（第 3 次）[*Restatiement*（*Third*）*of the Law of Restitution and Unjust Enrichment*]，作为确定何时适合救济的示范。

最后，安德鲁・贝尔特勒（Andrew Bulter）和蒂姆・米勒（Tim Miller）的文章分析了澳大利亚和新西兰无所不在的矛盾冲突，指出虽同为衡平法法域，但新西兰提供了更多判例法依据。

我们希望本书能够阐明衡平法的恒久意义（enduring relevance），以及通过比较和跨学科分析所得洞见（insights）。除本・麦克法兰的文章之外的所有文章，均被提交在 2010 年 12 月悉尼大学举办的专题研讨会讨论。西蒙娜・德格林（Simone Degeling）、芭芭拉・麦克唐纳（Barnara McDonald）、詹姆斯・彭纳（James Penner）、约翰・斯坦博斯（John Stumbles）和尼古拉・博德（Nicola Bodor）均对文章提出了有益建议。特此感谢罗斯・帕森（Ross Parson）商法、公司法和税法中心的支持，特别是工作人员亚当・布拉特（Adam Bratt）对此次活动的付出。同时，向理查德・哈特（Richard Hart）和哈特出版公司的所有人致谢。

吉米・格里斯特（Jamie Glister）
保琳・瑞芝（Pauline Ridge）
2011 年 8 月

目　　录

第一章 英国和澳大利亚的不当得利与衡平原则对比

约阿希姆·迪特里奇(Joachim Dietrich)

“不论是道德层面还是智力层面,我对真理的理解都与日俱增。但这理解并不全面,我注定要承受一个悲惨的结局:因为人并非单一纯粹的存在,都有不为人知的一面。”

——罗伯特·路易斯·史蒂文森《化身博士》

第一部分 导 言

不当得利(unjust enrichment)是一个颇具争议的法律概念,本章比较了澳大利亚最高法院(the Hight Court of Australia)和英国上议院(the House of Lords)(包括枢密院)(Privy Council)①对此概念的不同理解,我特地在此对比两个法院对衡平概念不同理解导致不当得利的不同处理方法:显失公平行为和衡平法灵活救济的能力。澳大利亚最高法院和英国上议院在对衡平法的理解上,有一些虽然微小却可辨识的差异。乍看上去,审判立场(judicial position)上存在的差异不大,某种程度上是由突出孤立看待判决书的判决理由所造成。虽然两个国家法院判决的实质差异并没有像一些修辞表达的那么明显,却仍存在。至少

① 为了方便起见,一般提到上议院包括枢密院。英国最高法院在撰写本文时没有作出任何决定。鉴于最高法院与上议院组成的连续性,我不期望最高法院的法律立场在不久的将来会有显著差异。

存在于大约最近十五年的判决书中。② 我将初探产生这些差异的原因，但这可能引发更多的问题，而不是解答它们。

第二部分 高等法院中的不当得利与衡平法

提到澳大利亚最高法院，可以讲述一个类似杰基尔(Jekyll)和海德(Hyde)的故事*。高等法院把那些不当得利者归于不受欢迎的人，这些人与史蒂文森(Stevenson)笔下邪恶的海德(Hyde)一样令人毛骨悚然。高等法院断言不当得利概念的严重局限性，在一个案件中强烈批评了那些调侃相反观点③的人。古曼法官(Gummow)通过多种方式描述了不当得利作为一种"自上而下的推理"(top－down reasoning)形式，其效力有限且直接指示了结果，④曲解了"已确立的"(衡平)原则，虚构事实，这样的教条主义限制了法律中的"实质性和动态性"(substance and dynamism)。⑤ 这种观点得到了 *Farah Constructions Pty Ltd*

---

② 必须承认，在有限时间内进行对比是人为规定的，由于法庭个别成员的变动带来不同观点，显然在法院内部会出现明显差异。

* 《化身博士》是英国著名作家史蒂文森笔下的一本哥特式科幻小说。主人公杰基尔博士(Dr. Jekyll)是个聪明而善良的人，他发明了一种化学试剂能把人分裂成两个截然不同的人。一个是伸张正义，救济穷人；另一个则是到处惹是生非，作恶多端。在很长一段时间内，杰基尔以两种身份存在。但渐渐地，他发现他的邪恶一面占了上风，以至于他有时控制不了自己的行为，最后他为此发明付出了沉重的代价：他为心灵忏悔而服毒自杀。——译者注

③ 参见比如高等法院对 *Farah Constructions Pty Ltd. v. Say-Dee Pty Ltd.* [2007] HCA 22(2007)230 CLR 89 案在新南威尔士上诉法院的判决被推翻的批评。

④ 参见古曼法官在 *Roxborough v. Rothmans of Pall Mall Australia Ltd.* [2001] HCA 68，(2001)208 CLR 516[73]中所述："自上而下的推理"是"通过创造、采用一个法律领域的理论应用于现有的判决中去使它们符合理论，并能指示新案件中的结果"。这段话源引自 Posner 法官，也是麦克斯韦·休法官(MxHugh J)在 *McGinty v. Western Australia*(1996)186 CLR 140(HCA)232 中提出的。古曼法官(at [72])警告说，"对于所有理论都适用的归还权和救济的司法接受是建立在'不当得利'概念之上"。对于那些头脑受民法影响的律师来说，这个理论可能是先入为主，而理论的来源就是法学家的写作而非法官的判决。但是，这不符合案例法体系发展的路径，即随着时间的推移，从具体案例的司法判决中产生的一般原则，而非其他方式。

⑤ 全部引用内容(包括被删除脚注)为：除非，正如这个法庭在 *David Securities Pty Ltd. v. Commonwealth Bank of Australia*[(1992)175 CLR 353，378－9]案件中表示的一样，不当得利被看做是一种概念而不是一种确定的法律原则，其实质性和动态性都可能受教条主义所限。相反，教条主义会虚构一些新的内容支持其论点。这就像对新发现的物种，采取绝对不同的处理方式会扭曲其他已确立的原则，包括那些关于衡平法理论和救济方法，这样他们可以回复新的强制令。继而多样各种理论相互竞争，彼此排斥。澳大利亚的法律学者对这样万能的理论持怀疑态度。

v. Say-Dee Pty[⑥] 案中五位法官的一致认同。共同判决(joint judgment)认为,不当得利是"非历史性的"(unhistorical),[⑦]且与普通法上的司法方法和逻辑相悖,尤其是那些有争议的衡平原则。共同判决同时反对贝克斯学派提到的衡平法理论,[⑧]称其是"一种利于法律发展的完美理论,优于所有实用方法"。[⑨] 最近,在 *Lumbers v. WCook Builders Pty Ltd. (in Liq)*[⑩]案中,四位高等法院法官指出不当得利并非是"在具体案例中直接应用的充分前提"。[⑪] 他们乐于阅读[⑫]迪恩(Deane)对 1987 年 *Pavey &Matthews Ptd v. Paul* 案的陈述,不当得利"构成了一个统一的法律概念,解释了为什么法律承认在多种明显不同的案件类型中,被告有义务给予原告一致公平公正的补偿",[⑬]麻森(Mason)和威尔逊(Wilson)两位法官一致认同这样的观点。

这里可以对比最高法院对不当得利理论的接受和对于已公认的衡平概念的处理,比如显失公平或"衡平法中最重要的原则,即救济必须适应案件的性质和具体事实"。[⑭] 在 *Bofinger v. Kingsway Group Ltd. (formerly Willis &Bowring Mortagage Investments Ltd.)*案中,[⑮]古曼、海尼(Hayne)、希顿(Heydon)、克菲(Kiefel)和贝尔(Bell)几位法官对代位求偿诉讼情景的说明:

> 包罗万象的不当得利理论与已确定的衡平规则和救济在根本上相悖。在开篇详述理由段落中所列参考文献是重要的,系于依衡平法根据案件实质以提供具体救济措施。也许最明显的例子是禁令救济

---

⑥ Farah(n3)[151] - [156](Gleeson CJ,Gummow,Gummow,Callinan,Heydon and Grennan JJ).

⑦ 同上。

⑧ 特别参考 Peter Birks 在最后一本书给出关于法律的简单解释,《不当得利》第二版(牛津大学出版社,2005);还有 Peter Birks 的"当代法学中的衡平法:一种分类"(1996)26《西澳大利亚法学评论》1。

⑨ Farah(n3)[154].

⑩ *Lumbers v. W Cook Builders Pty Ltd. (in Liq)*[2008]HCA 27,(2008)232 CLR 635.

⑪ 同上[85](Gummow, Hayne, Crennan and Kiefel JJ). See *Friend v. Brooker*[2009] HCA 21,(2009)239 CLR 269[1](Gummow,Hayne,Heydon,Kiefel and Bell JJ);对这位作者所表达的观点之回应,见 Restituition A New Perspective(Syndney,Federation Press,1998).

⑫ 同上[83] - [86]。

⑬ *Pavey &Matthews Ptd v. Paul*(1987)162 CLR 221(HCA)256 - 57.

⑭ *Warman International Ltd. v. Dwyer*(1995)182 CLR 544(HCA)559(Mason CJ,Brennan,Deane,Dawson and Gaudron JJ)已批准引用于 *Bofinger v. Kingsway Group Ltd.* 案中(formerly Willis & Bowring Mortagage Investments Ltd.)[2009]HCA 44,(2009)239 CLR 269[1](Gummow,Hayne,Heydon,Kiefel and Bell JJ);同时参见[85] - [89].

⑮ *Bofinger*(n14).

> 管理和特定履行。这样说来,救济性推定信托(remedial constructive trust)与这些推理证明一样都要进行解释。
>
> 当对一个昧良心行为提供适当救济时,衡平法一直被认为缺乏必要的"严格分类意识"。[16] 更好的一个观点认为,在不当得利中的义务是严格的,依具体辩护而定,[17]但是,良知的不确定性(unreliability of conscience)违反了同案类别准则,不应是"一个私密的、直观的判定"。[18]
>
> 因应用衡平法理论和救济缺乏严格分类,并不意味着法律经验不重要。澳大利亚的立法机构也持有同样观点,特别提到了指定在《贸易惯例法(1974)》(*the Trade Practices Act* 1974)中第6部分救济条款的类似规定。

以上原因已经表明,重要的衡平法原则并未被广泛适用,也没有作为一种独特方式应用。[19]

通过一些判例,下文对这些观点进行深入分析。高等法院担心不当得利理论的应用会导致其与已确定的、连贯的衡平法原则格格不入。现在还出现了一种对不当得利理论的学术发展,以及学者意欲塑造法律与他们的理论相适应[20]的潜在不信任。有一个强烈的反对意见是特别针对不当得利理论的,认为不当得利在一定程度上形成了一个严格的、概念性的分类框架,这个框架指明或规定了所有赔偿案件的具体审讯过程。[21] 更直截了当地说,法院指出,"不要干预衡平法,我们没有你的理论干涉就能够做得很好,无需不当得利理论解释,已确

---

⑯ Birks,"Equity in the Modern Law"(8)16 – 17.

⑰ 同上 67 – 68。

⑱ 同上 17。

⑲ *Bonfiger*(n 14)[91] – [94].

⑳ 这里是指在古曼法官和律师在 *Lumbers v. W Cook Builders Pty Ltd.* (*In Liq*)[2008]HCATrans 95(2008 年 2 月 26 日)中的论辩记录。

㉑ 特别参考贝克斯《不当得利》(n8)和之前他在《赔偿法》1989 年修订版(Oxfor,Clarendon Press,1989)的系统理论阐释。对比在 *Haxton & Ors v. Equuscorp Pty Ltd.* [2010]VSCA 1[127](Dodds-Streeton JA,Ashley and Neaves JJA 认同的)支持我关于最高法院否定贝克斯的不当得利理论的观点,但是,给出了否定的另一个原因:"高等法院关于不当得利的后期详细阐述,标志着一个对于过于普遍的原则以及关于'不公平的特殊概念'宽泛应用的警告。看起来,不当得利作为司法的独立领域和贝克斯教授提出的例证是不一致的。"这两句话并不兼容,严格来说,贝克斯的理论是把不当得利移出一般原则的尝试,包括衡平法的那些内容(参见 n 82)。因此,贝克斯的理论可以被批评是技术性的、教条主义的,却不是因为它依赖并适用了"明显的一般原则",参见 J. Dietrich 的"给予一般概念以内容"(2005)29《墨尔本大学法学评论》,pp. 218 – 219。值得注意的是,历史上却没有对于任何法律推理的发展太模糊或是其中的概念不确定而产生质疑的情况发生。

定的侵权责任分担(contribution)[22]和代位(subrogation)理论就应用的很顺畅,也令人满意,该理论对于我们理解这些学说没有任何帮助”。特别是,衡平法上的灵活制定救济(自由裁量权[23])作为法律技术是一个优点,其与先例保持一致,而且按照既定原则,不会产生任何不确定的危险。衡平法相较于不当得利原则,就是高等法院的杰基尔博士(Dr Jekyll)。

第三部分 上议院中的不当得利和衡平法

当我们谈及上议院的时候,另一番景象出现了:杰基尔和海德仍然存在,但极端表现形式少多了,他们的角色已经反转了。通过阅读一些上议院判决,人们可以发现不当得利有了最新进展,但是,变成更加值得信任的杰基尔博士。然而作为长久存在的衡平法却多了一些类似海德先生的品质,例如,显失公平的自由裁量救济产生不曾希望产生的法律确定性。

不当得利,特别是理论家主张的三步分析法,现在普遍应用于英国各级法院中,议会也认可。三步分析法要求考虑被告是否以损害原告利益而获利,即不当得利。被普遍接受的第三种因素是原告必须指出不当得利,比如错误,以确定责任;这与贝克斯早前的观点一致。但在他去世前,贝克斯主张更好的方法“缺乏根据”(absence of basis),[24]是指如果无合同或赠与根据的转让,应返还。虽然,在 *Deutsche Morgan Grenfell Group plc v. Inland Revenue commissioners* 案[25]的评论中提出,与不当得利债务人的“错误”相比,霍夫曼法官(Lord Hoffmann)将缺乏根据的方法作为判断案情是非(merits)[26]依据,而上议院仍继续采用不当得利方法。[27]

---

[22] See *Friend v. Brooker*(n 11).

[23] K. Mason,“Opening Addresss”(1998)13 Journal of Contract Laws I 总结了法律思想进步的过程,当他认为可粗略概为“有救济才有权利”到“有权利就有救济”,再到“有权利就有救济问题”的观念过程。

[24] 贝克斯 Unjust Enrichment(n8)第5、6章。

[25] *Deutsche Morgan Grenfell Group plc v. Inland Revenue Commissioners*[2006]UKHL 49,[2007]AC 558.

[26] 同上[20]-[28]。

[27] 参见,例如 *Sempra Metals Ltd. v. Her Majesty's Commissioners of Inland Revenue*[2007]UKHL 34,[2008]1 AC 561,缺乏根据的争议,在 *sempra* 案广泛采用了贝克斯的理论;参见,如希雷德法官对贝克斯理论的广泛引用,[27]-[33]。虽然贝克斯在论诉“利率互换”的案例中,比如 *Kleinwort Benson Ltd. v. Lincoln City Council*[1999]2 AC 349(HL),支持这种缺乏根据的分析作为一种先例和逻辑的事实[《不当得利》(n 8)96-102]。但是,这样的分析还是被质疑的:See S Hedley,Law Review “The Empire Strikes Back? A Restatement of the Law of Unjust Enrichment”(2004)28 *Melbourne University Law Review* 759,769-72。这显然并非澳大利亚的法律,参见,如 *Haxton*(n 21)[121]。

所以,上议院通常会采用三步法,有时分析和注解都很少。[28] 重要的是,商事中不当得利应用广泛,比如,利率互换合同下的越权付款,[29]追回错误,[30]代位,[31]以及预签合同项下欺诈(work done in precontractual relationskips)。[32]

不当得利理论在商业案例中大规模应用与上议院极少允许衡平法上的诉讼形成鲜明对比,如财产禁反言。在 *Yeoman's Row Management Ltd. v. Cobbe* 案中,上议院不允许禁反言诉讼,尽管被告利用原告存在显失公平。[33] 沃克大法官(Lord Walker)这样说:

> 通过善用诸如信义义务和衡平禁反言之类的衡平理论,法院应缓行将不确定性引入商业交易中,不管是否明示[34]受拘于合同,这都可以应用于商业交易中。

同样,斯科特法官(Lord Scott)认为,"衡平财产禁反言"(propoety estoppel equity)视为权利要求,依我来看,坦率地说,显失公平行为(unconscionable behaviour)是造成混乱的原因。[35] 在下面论述的 *Actionstrength* 案中,沃克法官(Lord Walker)反对禁反言是基于"显失公平本身"。[36]

虽然如下所见,高等法院对此有一些不同意见,但是,它们反映了在衡平概念中一个更加具有约束力的方式。就像一个评论员在 *Yeoman's Row Management Ltd. v. Cobbe* 案[37]和类似的一些案例中做出的评论那样,"希望衡平

---

[28] 参见,如 *Yeoman's Row Management Ltd. v. Cobbe*[2008] UKHL 55,[2009] AC 453[40](Lord Scott; Lord Hoffmann,Lord Brown and Lord Mance 同意)。

[29] *Kleinwort*(n 27).

[30] *Deutsche Morgan Grenfell Group*(n 25).

[31] *Banque Financiere de la Cite v. Parc(Battersea)Ltd.* [1999] AC 221(HL).

[32] *Yeoman's Row*(n 28).

[33] 同上。

[34] 同上[81](Brown 大法官认同),同样地,Scott 大法官在[28]中也有过说明。同时参见 *Thorner v. Majjor*[2009] UKHL 18,[2009] 1 WLR 776; and D Neuberger,"The stuffing of Minerva's Owl? Taxonomy and Taxidermy in Euity"(2009)68 CLJ 537。

[35] *Yeoman's Row*(n 28)[16](Lord Scott; Lord Hoffmann,Lord Brown 和 Lord Mance 认同)。

[36] *Actionstrength Ltd. v. International Glass Engineering IN. GL. EN SpA*[2003] UKHL 17,[2003] AC 541[50].

[37] *Yeoman's Row.*

法能够提供一些商事[38]道德规范，这使得更加符合不当得利法”。[39]

同样的情况，是对衡平法灵活救济的不信任。为了确定性，司法命令宣告无效。这种救济视为对“固定的”财产权利的威胁，甚至是对法律规则的威胁。[40] 因此对救济性推定信托[41]的否定，与澳大利亚法律[42]对此概念的肯定不同。同样地，在 *Foskett v. McKeown* 案[43]中，多数法官坚持认为应用在本案中衡平法上的追踪规则无非是“顽固的”(hard-nosed)财产法而已。[44] 这个论调由米莱特法官(Lord Millett)在陈述中提出：“财产是由固定规则、已确定的原则决定。它们不是自由裁量的。也不依赖于什么‘公平、正义和合理’。这样的概念，在现实中遮蔽了立法目的(legal policy)，在财产法中无立足之地。”[45]贝克斯对此回应：

> 律师所为只是尽可能准确地说明所有者权益(proprietary interest)。“你是否拥有所有者权益”是，也应保持一个技术性问题，最终区别于“灾祸中你是否比其他人少承担损失或不承担损失?”[46]

这可以跟持异议的法官进行对比，多数法官不认同这一规则的拓展；少数法官乐于采用一个更加灵活的方法承认法律目的的作用。[47]

---

[38] A Manson，“the Place of Equity and Equitable Remedies in the Contemporary Common Law World (1994) 110 LQR 238 and P. Millett，”《衡平法在商法中的位置》(1998) 114 *LQR* 214。

[39] 参见 N Piška，“希望、期待和财产禁反言的不可撤销承诺”(Hope, Expectations and Revocable Promises in Proprietary Estoppel) (2009) 72 *MLR* 998，1015。

[40] 当然，贝克斯在关于救济性推定委托和救济性自由裁量权持有这样的观点。参见 n 82 下方。

[41] 如，*Westdeutsche Landesbank Girozentrale v. Islington LBC* [1996] AC 669 (HL)：Lord Brown Wilkinson 总结为英国法律没有承认这样的信托。同样地，Piška 引用一位澳大利亚法官法庭管辖之外的文字并非巧合，希望衡平法上的道德指南应用于商务环境中。

[42] 参见，例如 *Muschiniski v. Dodds* (1985) 160 CLR 583 (HCA) and *Bathurst City Council v. PWC Properties Pty Ltd.* [1998] HCA 59，(1998) 195 CLR 566。

[43] *Foskett v. McKeown* [2000] UKHL 29，[2001] 1 AC 102.

[44] Ibid.，p. 109(Browne-Wikinson 大法官)。

[45] Ibid.，p. 127(Hoffman 大法官和 Browne-Wikinson 大法官)。

[46] P. Birks，“The Law of Restitution at the End of an Eopch” (1999) 28 *Western Australian Law Review* 13，56.

[47] 参见特别是，*Foskett* (n 43) 112：Steyn 人法官接受了在判断已经购买保险的原告是否有权获得政策收入的相应股份时，“应对保险进行广泛思考”。参见 Craighead 的大法官 Hope，特别是 120 页。

简言之,看上去,上议院中的很多法官认为不当得利与普遍认同的健全[48]理论分类保持了逻辑一致;与这样的观点相对比的是在上议院中存在普遍质疑,包括明显的约束力(the evident restraint)和衡平法上的"显失公平"和"自由裁量救济"原则,尤其是在财产权方面。

两个例子可以代表英国上议院和澳大利亚最高法院对其法理理解的差别。第一个是关于普通法的应得报酬索赔。上议院在 *Yeoman's Row Management Ltd. v. Cobbe*[49] 案中,因未听到真实的声音,将应得报酬索赔视为不当得利,但是最高法院在 *Lumbers*[50] 案中全力否定这样的理论依据。在古曼、希顿、克雷南(Crennan)和基菲尔(Kiefel)法官的共同判决中,最高法院否定了不当得利分析作为是否损害原告利益获得服务收益,认为只是与判断服务索赔[51]的有效性有关。

相反,共同判决阐明了一个按字面解释(narrow)以历史为基础的原理,以便判定为提供服务的应得报酬,也就是说,向原告要求这样做。这个判决的焦点是鉴定传统诉讼规则要素。[52]

---

[48] 相反的观点参见 J. Dietrich, "What is 'Lawyering'? The Challenge of Taxnomy" (2006) 65 *CLJ* 549 and J. Dietrich, "The 'Other' Obligation Category in the Classification of Obligations", in A. Robertson (ed.), The Law of Obligations: Connections and Boundaries (London, UCL Press, 2004).

[49] *Yeoman's Row* (n 28) [42].

[50] *Lumbers* (n 10).

[51] 共同判决是指一些不当得利概念中"定义的明显困难":ibid. [75]. 共同判决强调较高程度的抽象,很难定义它们,诉讼方协商好的各自获利的法律关系也不注意这个部分。交易中涉及其他第三方据称已经获利。这个诉讼是基于被告与第三方签订的合同,原告为被告建造房屋;但是表述的观点看起来具有更广泛的应用。

[52] 参见,比如 *Lumbers* (n 10) [89] - [90] (省略脚注)。同时参见[79]. 参考 Bullen and Leake's Precedents of Pleadings, 1868, 3rd edn, 在上诉庭审记录中提到:[2008] HCATrans 95 (26 Feburary 2008)。这项请求可以是明示的或暗示的;必须是被告对原告提出的。许多评论者的回应反映了不当得利界理论的观点。共同判决的方法被一案例评注者视为"不同接受的形式主义",参见 A Goymour, "Too many cooks: three parties, contracts and unjust enrichment" [2008] *CLJ* 469, 470。她认为为了对所提复杂问题找到有说服力的答案,就需要找到不当得利法保持活力和支持的确切理由,而不是被埋葬在严酷的诉讼程式之下,一直将其描述为尽可能企图复活古老的诉讼程式,否认"不当得利作为独立的法律种类存在"。这参见 J. Edelman, "Unjust Enrichment and Contract" [2008] Lloyd's Maritime and Commercial Law Qquarterly 444, 447, 449; 也可参见 M. Bryan, "*Lumber's v. W. Cook Builders Pty (inlig)*: Restitution for Service and the Allocation of Risk" (2009) *Melbourne University Law Review* 320. 比较 J. Dietrich, "*Quantum Meruit* for Service Srendered in a Three - party Context: Cimplied Contract, restitution, or unjust enrichment?" [2009] 17 *Restitution Law Review* 98。

第二个例子是高等法院关于 *Farah* 案[53]的衡平判决。此案考虑到了对于知晓信托或信托财产的第三方责任。在此案中,我们能够体会衡平法与不当得利理论的直接冲突。*Farah* 案在英国及澳大利亚的多次辩论后,提出了关于严格责任不当得利方法通过第三方收到信托财产的特征。在英国,一直有上议院高级法官基于"严格地"不当得利责任的强烈司法[54]认同和超司法[55]认同,虽然对此暂无权威定论。

高等法院断然否决了应用不当得利理论强加此案的严格责任,并且强烈批评西南威尔士高等上诉法院的论证。高等法院强调素来的权威,包括"慎重考虑了"在 *Consul Development Pty Ltd. v. DPC Estates Pty Ltd.* [56]案中的附带意见(obiter dicta),*拒绝了一个中等法院所采用的激进步骤。在衡平法中,知悉(notice)或明知(knowledge)**作为知情接受责任基础之请求过于根深蒂固以至于被摒弃。即便是不当得利诉讼被认为是引发了衡平法上的诉讼,[57]而不是被重塑,高等法院正确地认识到这将会给予衡平法上的明知接受(knowledge receipt)和知悉请求(notice requirement)。[58] 因此,高等法院强调收益人责任不

---

[53] *Farah*(n 3).

[54] See Twinsectra Ltd. v. yardley [2002] UKHL 12,[2002]2 AC 164,194(Lord Millett);Criterion Properties plc v. Stratford UK Properties LLC[2004]UKHL 28,[2004]1 WLR 1846[4](*Lord Nicholls*).

[55] 参见,比如,D. Nicholls,"Knowing Recept:The Need for a New Landmark" in W. Cornish,R. Nolan,J. O'Suilivan & G. Virgo(eds.)Restituion—Past,Present & Future:Essays in Honour of Gareth Jones(Oxford,Hart Publishing,1998)231 提到需要一个新的标志性案例去解决难题。同时参见 Sir Pter Millett,"Restitution and Constructive Trusts" 在同一部作品中 199,207;R Walker,"Dishoesty and Unconscionable Conduct in Commercial Life—some Refelctions on Accessory Liability and Knowing Receipt"(2005)27 *Sydney Law Review* 187,202. 对于澳大利亚法官的超司法背书,参见 K. Mason,"Where Has Australian Restitution Law Got To and Where Is It Going?"(2003)77 Australian judges,参见 K. Mason,"Where has Australian Restitution Law Got To and Where Is It Going?"(2003)77 *Australian Law Journal* 358,368. 相反观点参见 D. Heydon and M. Leeming,Jacobs' Law of Trusts in Australia,7th edn(Chatswood,LexisNexis Butterworths,2006)para[1337].

[56] *Consul Development Pty Ltd. v. DPC Estates Pty Ltd.* (1975)132 *CLR* 373. 参见 Farah(n 3)[134].

* 普通法法官在作出判决的过程中就某一与案件不直接相关的法律问题所做的评论,不对判例有约束力。——校者注

** 知悉是指某人已获得通知的状况,不论其是否实际知道。明知是指实际意识到某一实施状况。——校者注

[57] 这与贝克斯最近著作中的观点一致,比如,P. Birks,"Receipt" in P. Birks and A. Pretto(eds.)Breach of Trust(Oxford,Hart Publishing,2002)223.

[58] *Farah*(n 3)[134].

应胜过不当得利诉讼,应用于“切断传统的衡平法上的保护”。[59]

所有这些意味着英国与澳大利亚《返还法》(*law of restitution*)之间的差异在不断扩大。[60] 但值得注意的是,如上两个例子,可以肯定的是英国法院应用不当得利理论到澳大利亚案例中可以得出相同的判决结果,这是很多评论家强调的一点。[61] 那么仅仅是法院的理论方法有多么不同吗?

第四部分　高等法院和上议院采用的理论方法差异

尽管我在上文有选择地引用了各自言辞,但高等法院和上议院的法理差异并非如它们表现的那样大,在理论方法上有很多相似之处,我下面会具体论证。在这个部分我会具体分析一些判决的实质内容,聚焦在判决结果和实质推理过程。这个分析表明了在各自判决中的法律位置,以及其背后的司法考量是相似的。但是,两个法院的司法判决仍有一些重要的实质性不同。我会分别考虑衡平法概念和不当得利两者不同的角色和使用。在后面的部分,我会提出的确有分歧存在的原因:是否在司法方法上存在根本不同,或是工作中理解的不同?

A. 衡平法上的概念:显失公平和自由裁量

不可否认,虽然存在相反观点,但衡平法管辖权中,最高法院和上议院都以限制性方式用宽泛的、一般的概念。

例如,在违反信义义务而产生救济的情景中,枢密院在 *Attorney General* (*Hong Kong*) *v. Reid*[62]案中忽视了一个世纪的先例,对向受信人接受贿赂形成的收益使用了财产权救济。已经发展了其他的衡平法原则并现代化了(有时两种方法同时),所以,衡平原则是与当代社会相关。保护无辜担保人免受判决就是

---

[59] Ibid. ,p. [153]. 参见[155]:“不清楚对已经不知情接受信托财产的被告返还财产是多么公正”。

[60] 这个观点在之前的案例中出现过:参见 Hedley(n 27)。

[61] 关于 Lumbers,参见 Goymour(n 52)和 Edelman(n 52). 为什么 *Farah* 案可以基于不当得利理论进行判决的分析,可以参见 J. Dietrich and P. Ridge,“‘The Receipt of What?’ Questions Concerning Third Party Recipient Liability in Equity and Unjust Enrichment”(2007)31 Melbourne University Law Review 47.

[62] *Attorney General*(*Hong Kong*)*v. Reid*[1994]1 NZLR 1(PC).

一个例子。[63] 事实上,对于因知情协助(knowing assistance)违反信托或信义义务负有从属责任情况下,枢密院显示了以宽泛原则发展法律的意愿,但是,高等法院并不愿意超越按字面解释的、基于先例形成的理论。[64]

在高等法院和上议院中,始终强调一般法律概念的发展和使用要与现存的原则和学说相一致,至少在衡平法上[65]是这样的。因此,虽然显失公平是在寻找检验被告的行为违反了一些基准,问题是是否属于显失公平行为而并非任意裁定。这个概念通过参考许多特定理论(individual doctrines)的要求和操作标准才得以形成。由此而来,显失公平就发展成了具有"许多假面具"的概念。[66]

因此,在 *Tanwar Enterprises Pty Ltd. v. Cauchi*[67]案的共同判决,注意到"显失公平的"(unconscientious)和"昧良心的"(unconscionable)被广泛应用在衡平法审判中,并且:

> [他们]在很多实践中,参考完善的原则,说明了良心的构成和指引(formation and instruction)。因此,违反信托和滥用受信人职位表明了显失公平的行为(unconscientious conduct);但是一个具体案例是否达到违反信托或信义义务是参照已发展完备的理论原则决定的,即具体又灵活的性质。法院在一开始就考虑那些原理而不是在案件审理开始之后,在更高层面从显失公平的行为中提炼相关概念,从广义上说,所有的理论原则均是如此提炼出来的。但,"昧良心行为"(unconscionable conduct)这个短语易于在几个方面产生误导作用。第一,这会产生另一些错误概念:(i)只要原告指出有利于表达"昧良心"

---

[63] 参见 *Garcia v. National Australia Bank Ltd.* [1998] HCA 48, (1998) 194 CLR 395 和上议院, *Carclays Bank plc v. O'Brien*[1994]1 *AC* 180(*HL*) *and Royal Bank of Scotland plc v. Etridge*(No. 2)[2001] UKHL 44, [2002]2 AC 773, 超越最高法院的判决延伸了这项保护,但是,澳大利亚和英国判决的方法截然不同。

[64] *Royal Brunei Airlines Sdn Bhd v. Tan*[1995]2 AC 378(PC); *Barlow Clowes International Ltd.* (in liq) *v. Eurotrust International Ltd.* [2005] UKPC 37, [2006]1 All ER 333; 在对比澳大利亚 Farah(n3)。

[65] 该立场可能与显失公平相关,依《澳大利亚消费者法》2010(Cth)中的 S21 和 S22。

[66] P. Finn, *Equitable Doctrine in Remedies* in Cornish(n 55)257.

[67] *Tanwar Enterprises Pty Ltd. v. Cauchi*[2003] HCA 57, (2003) 217 CLR 315[20] (Gleson CJ, Mc Hugh, Gummow, Hayne and Heydon JJ).

行为的表现形式,就有明显诉因,类似衡平侵权法上的概念。(ii)无论是通过采取行动追究债务还是因侵权行为造成的损害赔偿或违反合同,在原告所依赖的法律权利被认定是昧良心情况下,便有一个对于那个法律权利的衡平法抗辩……第三,作为第一个命题的推论,谈到“昧良心行为”,可能错误地给出了充分理由,暗示了必要的“衡平法”的存在干扰了已确立的法律关系,如在合同法中增加了合同关系的困难或不平等因素或其他表现形式。[68]

换句话说,显失公平的概念在其出现的特定语境下有着局限和特定的应用。[69] 两个法院在司法过程中都意识到这个问题,因此,上面引用的英国法院的说法与最高法院表达了类似的谨慎是一致的。迪恩法官(Deane)在 *Muschinski v. Dodds*[70] 案中的经典陈述是“财产权利受制于法律原则而不是自由裁量权……”和“独有的道德观”无形的作废。这些观点包括引用上议院在内。公认的观点是昧良心的标签并不能规避细节分析,也无法诉诸聚焦具体要素的理论。

因此,两个法院的法官均已经表达了对昧良心使用没有限制的[没有确定的限制或边界(open-ended)]担忧。有点讽刺的是,同样的情况出现在澳大利亚高等法院中一些法官对于不当得利的质疑声。如同古曼法官作出的超司法(extra-judicially)表述:[71]

---

[68] Ibid.,[20],[23]-[26],同时参照 *ACCC v. Berbatis Holdings Pty Ltd.* [2000]FCA 2,(2000)96 FCR 491[14]-[15],[21](French J):衡平法中的显失公平是“受制于实际操作领域存在的具体学说”。参见 Dietrich, Restitution(n 11)48。同时参见 R. Bigwood, “Conscience and the Liberal Conception of Contract: Observing Basic Distinctions”(2000)6 New Zealand Business Law Quarterly 1,10(同时 2000)16 Journal of Contract Law(191)注意到了衡平法上的“良知”的应用,“通过具体规则和标准表达非良知的概念,进行调查,从而惩治。反过来,强迫法官去关注问题本身,并且基于良心给出准确的判决理由”。

[69] *Cf Winterton Constructions v. Hambros Aust Ltd.* (1991)101 ALR 363(FCA)373(GummowJ).

[70] *Muschinski v. Dodds*(1985)160 CLR 583(HCA)616. 同样的在关于不当得利方面:Pavey & Matthew(n 13)256。

[71] (Dean J.)和 *David Securities Pty Ltd. v. Commonwealth Bank of Australia*(1992)175 CLR 353(HCA)379(Mason CJ, Deane, Toohey, Gaudron and McHugh JJ);关于显失公平方面参见 K. Hayne, “Address to Commercial Conference”(2002)23 Australia Bar Review 1,3. 比如 Lord Walker of Gestingthorpe quotes Deane J in the opening paragraph of his judgment in Yeoman's Row(n 28)[46].

> 将法律中复杂的权利和救济体系减少为简单的概括一切的条款，并不利于解决下定义的争执，也无助于判案。有些其他原因，必须对描述“不当得利”概念不同的法律关系和不同的诉讼形式所导致的结果持怀疑态度。[72]

因此，两个法院考虑将一般性概念（同样地，笔者建议使用自由裁量救济）在法律原则、先例和方法限制。但是，法院关于哪些一般概念更需要限制或更“不易限制”的重点是不同的。高等法院就更加小心不当得利，但是上议院和枢密院更加注意衡平法概念的使用，尤其是，上文提到的，当“财产权”和/或商业交易有争议时。正是由于这种重点的不同，尽管司法确定性和推理透明性的司法要求是相同的，重要的是执行上的实质还是出现了不同。

首先，拿财产权利来说：基于确定性考虑，限制财产救济范围。*Re Goldcorp Exchange Ltd.* 案之判决[73]是枢密院的指导性判例，可对比新西兰上诉法院推翻 *Liggett v. Kensington* 案[74]的判决结果。前文已经提到过的救济性推定信托，可将它在澳大利亚的接受和应用与在英国反感和拒绝进行比较。

在商业关系背景中，比如 *Union Eagle Ltd. v. Golden Achievement Ltd.* [75]案反映了集中关注于妥善制定商业合同（以及广义的，交易方所采用的法律框架）。在此案中，买家延迟十分钟支付结算款后，买地合同被终止。救济买地者，明确表示商业确定性的必要。枢密院不希望采取衡平法原则来救济允许被没收财产权利，或是终止救济合同。虽然很多澳大利亚案例都已经基于相似的事实得出了相似的结论，[76]而且最高法院判决的 *Friend v. Brooker* 案，[77] *Tanwar*[78] 和 *Romanos v. Pentagold Investments Pty Ltd.* [79]案都可以看作是同样不情愿去干涉

---

[72] W. Gummow, “Equity: Too Successful” (2003) 77 Australia Law Journal 30, 31 引用 *Federal Sugar Refining Co v. United States Sugar Equalization Board inc* 268 F 575, 582 (1920).

[73] *Re Goldcorp Exchange* (n 41).

[74] *Liggett v. Kensington* [1993] 1 NZLR 257 (NZCA).

[75] *Union Eagle Ltd. v. Golden Achievement Ltd.* [1997] AC 514 (PC).

[76] See N. Seddon and M. Ellinghaus, Cheshire and Fiffoot's Law of Contract, 9th Australian edn (Sydney, LexisNexis Butterworths, 2008) para [21.19] and generally paras [21.35] – [21.36].

[77] *Friend* (n 11).

[78] *Tanwar* (n 67).

[79] *Romanos v. Pentagold Investments Pty Ltd.* [2003] HCA 58.

商业交易所采用的法律框架。[80] 尽管如此，只要 *Union Eagle*[81] 案同样的案情在英国被拒绝，那么，“显然衡平法救济会在澳大利亚有效”。

英国甚为小心地使用衡平法原则救济扰乱财产权利(如先于应用这样的原则存在的财产权利)，就会激发贝克斯教授对商事关系的影响力，他极力反对采用灵活的衡平法标准，如显失公平和自由裁量救济。[82] 但这样的观点与法律发展相悖，至少在澳大利亚是这样，保罗·费恩(Paul Finn)教授在他之后将其描述为“出现了一个构造理论的新趋势。这一趋势不是以有差别的、有限制的和不连续的行为规则为条件，而是以应用于特定具体情形下以可控方式一般化行为标准”。[83]

我建议仔细地考虑一个英国法院中更加严格的方法：禁反言法(the law of estoppel)。它被恰如其分描述为“英国的禁反言法比澳大利亚法更加严格，特别是允诺和衡平禁反言”(promissory and equitable estoppel)。[84] *Actionstrength* 案就是一个有指导性案例。[85]

在该案中，上议院拒绝基于衡平法上的禁反言责任，认为一个口头保证由于缺乏书面形式而不具有法律效力[正如《反欺诈法》(*Statute of Frauds*)的继承立法规定那样]。债权人担保基于口头承诺，上议院反驳了这个理由：口头承诺本身不能判定禁反言，还需要其他一些必要条件，[86]比如不遵循反欺诈法，或不合乎必需法律形式。必须保证债权人这样的承诺是可强制执行的。正如宾汉(Bingham)法官总结的：

---

[80] 最近越来越多的申明支持了这一观点，有 *John Alexander's Clubs Pty Limited v. White City Tennis Club Limited*; *Walker Corporations Pty Limited v. White City Tennis Club Limited*[2010] HCA 19, (2010) 241 CLR 1[101].

[81] 参见 *Tanwar*(n 67)[6]. 参见 Seddon and Ellinghaus(n 76) paras[21.35] – [21.36]作为案例。

[82] 参见 Birks, “Equity in The Modern World” (n 8); “The Law of Restitution at the End of an Epoch” (n 46)等。

[83] P. Finn, “Commerce, The Common Law and Morality” (1989) 17 *Melbourne University Law Review* 87, 90.

[84] *Tipperary Developments Pty Ltd. v. The State of Western Australia* [2009] WASCA 126 [132] (McLure JA; Newnes JA agreeing).

[85] *Actionstrength*(n 36).

[86] Ibid. 参见 Lord Clyde[35]. 为了禁止援引《反欺诈法》禁反言，必须有诸如怂恿、诱导和保证之类的其他条件。

没有 St-Gobain[担保人]的陈述(representation),*尽管缺乏书面文字依据,仍会承认协议,没有被保证人合同,只认可通过书面形式确认此协议。也没有担保人直接向 Actionstrength[债权人]做任何支付,这可以说是肯定口头协议或诱使债权人提供劳动的依据。如果担保人在这个案例中被判禁反言,很难看出为什么任何口头保证人,如果信贷以担保形式适用于债务人,则不会被同样禁反言。结果将会判决议会故意选择保留条款无效,[87]尽管该条款年代久远。

务必对禁反言狭窄的理解与澳大利亚易变但宽泛的理解进行比较。虽然高等法院未对比其直接判决,但一直援引的 *Waltons Stores(Interstate)Ltd. v. Maher*[88] 案既支持宽泛又支持狭窄的理解。

在一些澳大利亚判例[89]中普遍采用较宽泛的禁反言观点,即信赖口头陈述,不要求更多的陈述,如依据制定法要求。绝大多数西澳大利亚上诉法院在 *Tipperary Developments Pty Ltd. v. The State of Western Australia*[90] 案中都同意宽泛的理解,认为 *Walton's Stores* 案与那些观点(如 *Riches v. Hogben* 案)[91]一致。因此,认为布纳内法官(Brennan J)确立的禁反言就废除了基于《反欺诈法》的理由,无需更多要求。[92] 至关重要的是,多数上诉法院对 *Walton's Store* 案的判决具有决定意义:

正如《反欺诈法》第 54 条 A 款规定,通过口头协议转让书面协议

* 陈述是以言词或行为表示与他人订立合同或实施其他行为所作的事实表述。在普通法上,如果某一陈述并没事后写入合同,则陈述不实(除欺诈外)不产生实质性法律后果。在衡平法上,即使某一项陈述不构成欺诈或一项担保,不实陈述仍可成为拒绝实际履行合同或要求撤销合同的理由。——校者注

[87] Ibid. [9](Lord Woolf and Lord Walker agreeing). 霍夫曼法官认为:"根据这些理由承认禁反言将会废除《反欺诈法》。这样的评论表明与澳大利亚广为接受的禁反言相矛盾。澳大利亚认为由行为'创设'的衡平法禁反言不会导致合同履行。"参见 *Losson v. Dyson*(1969)120 CLR 365(HCA),379(kitto J)。

[88] *Waltons Stores(Interstate)Ltd. v. Maher*(1988)164 CLR 387(HCA).

[89] 参见,比如 the early decision of *Riches v. Hogben*(1985)2 Qd R 292(McPherson J);(1986)1 Qd R 315(Full Court).

[90] *Tipperary Developments*(n 84)(McLure JA and Newnes JA, Wheeler JA dissenting).

[91] *Riches v. Hogben*(n 89).

[92] *Tipperary Deelopments*(n 84)[144]-[145].

> 确定的土地上权益无效，衡平法上也是无效的。衡平法认定简式合约(assumption)*承诺具有同样效力为无效。但正如我们看到的，衡平法通过避免信赖被怂恿的简式合约蒙受损害来履行义务，而不是直接履行简式合约。[93]

沃勒上诉法官(Wheeler JA)在异议中接受了 *Actionstrength* 案的狭义理解，注意到"虽然 *Waltons Stores* 案包含了可以支撑不同结论的观点"，但它也支持狭义[94]的看法。

与沃勒上诉法官异议一致的是 *Powercell Pty Ltd. v. Cuzeno Pty Ltd.*[95]案。新南威尔士上诉法院采用狭义方法并且承认 *Actionstrength* 案的推论作为禁反言[96]诉讼最有"说服力"(conclusive)的陈述。法院认为，对于"更多的条件"要求，从次要简式合约(secondary assumption)或陈述[97]的本质来说，要与 *Waltons Stores*[98] 案一致。而且，在指望土地法[99]"可能有不公平的或显失公平的"理论。

Actionstrength 案和 *Powercell* 案的问题之一是这些案例尽管是口头达成协议，但是，明确明示的事实仍然存在，合同否认禁反言无需更多条件。

因此，当 A 和 B 达成协议，A 卖给 B 土地。那么口头合同便无效，即便是对 B 不利的情况下，信赖允诺出售(将部分履行放在一边)。但是，如果 A 仅仅做出一个意思表示，B 被教唆信赖其允诺，这样的情况下，达成协议也有很大的不确定性，那么 B 可以引证衡平法原则：因无有效合同只有一个有害信赖的陈述。因此，《反欺诈法》的考虑不在其中。最后的结果是：达成清晰、准确协议的

---

* 又称非盖印契约，指以口头或书面的，明示的或默示的，或推定的方式，一方承诺另一方的一定行为。——校者注

[93] Waltons Stores(n 88)422 – 23. 参见 Andrew Robertson 的文章，同时参见第 16 ~ 17 条。

[94] *Tipperary Developments*(n 84)[21] – [24].

[95] *Powercell Pty Ltd. v. Cuzeno Pty Ltd.* [2004]NSWCA 51,(2004)11 BPR 21,429. Thanks to Sonali Walpola for drawing my attention to this case.

[96] Ibid. [71].

[97] Ibid.

[98] *Waltons Stores*(n 88).

[99] *Powercell*(n 95)[73]. (at [801])"部分履行理论"减轻了《反欺诈法》的严厉。如果人们指望口头承诺造成的损害进行禁反言，《反欺诈法》将"判决无效"(rendered nugatory)，部分履行理论就没有必要存在了。在 *Riches v. Hogben* 案中，高等法院认为，"基于订立协议而不是被告随后行为所形成的禁反言"不那么显而易见，不会考虑禁止达此结论(见[82])。

交易方比那些没有这样做的更糟糕。[100]

B. 不当得利(Unjust Enrichment)

在英国,正如我们看到的,不当得利提供了一个机制去组织"法律能给予赔偿权利救济(right of recovery)的个人案例"[101]。尤其是,这意味着法院运用分析步骤直接从不当得利概念本身出发:这里势必存在"以损害原告利益"的"不当得利",有一些"不正当因素"证成返还。法院反复运用这些步骤,更加细致地考虑了各个阶段的内容。这里有相当部分学术理论的参与。通过对比方法,在高等法院,不当得利最好根据更加具体的分析过程得出结论,而不是局部分析并确定它的责任本身。

Sempra Metals Ltd. v. Her Majesty's Commissioners of Inland Reveneue[102]案说明了不当得利在英国法律话语中的主导地位。在 *Sempra* 案中,上议院允许对一个款项由于错误支付或恢复原状的赔偿复利进行不审而判的诉讼请求。无论多数派还是少数派的判决,都广泛依赖不当得利分析支持它们的结论。多数派[103]都允许复利作为权利,包括这个反映了实际获得利息。少数派[104]不允许这样的索取复利申请,他们认为,只有当索赔人证明事实上这样的利润已被接收人接受。引人注目的是判决中对学术著作的引用。比如,大法官骆普(Lope)在他的判决里大量引用和评论贝克斯教授的著述。[105] 这表现了贝克斯观点的影响力:在最近几十年,几乎没有其他的非诉讼律师如此显著地塑造了法律全景,至少在私法领域。

但是,*Sempra* 案的判决同时表现出不当得利理论的一些缺陷。这在大多数和少数判决的分析中已经表现出来了,事实上我会建议阅读波琳·瑞奇

---

[100] 或者,不同情势中最终结果有差异:*Actionstrength* 案和 *Powercell* 案是商业协议,*Riches v. Hogben* 案是民事家庭纠纷案。N Piška 认为在他关于 *Yeoman's Row* 案(n 28)和 *Thorner* 案(n 34)的评议中,指出了这些判例的根本区别,只要禁反言能否得到成功辩护。请注意,虽然 *Tipperary Developments* 案(n 84)是商业案,但禁反言最终没被其他理由推翻。

[101] *Woolwich Building Society v. IRC*[1993]AC 70(HL)196 -97(Lord Browne-Wilkinson).

[102] *Sempra Metals*(n 27).

[103] Lord Hope of Craighead, Birkenhead, Lord Nicholls & Gestingthorpe & Lord Walker.

[104] Lord Scott of Foscote and Lord Mance.

[105] *Sempra Metals*(n 27)[27]-[31].

(Pauline Ridge)[106]不可辩驳的批评。他指出虽然金钱毫无疑问是得利,但一个人如何处理这些金钱却不一定得利的。因此,一方面,被告不能自动被假定为已经获利,或在收钱后以复利储蓄利息。所以,贝克斯的主观贬值(subjective devaluation)这样操作:接收人可以否认金钱使用时的主观获利,并申辩客观估值不是被认可的。另一方面,如果被告已经从使用这笔钱款中获得额外利润,比如,通过投资股票获利,这样的获利不是基于扣除以损害原告利益为代价,原告可能需要证据表明通过非法行为获利。[107] 瑞奇总结为:

> 因错误支付索取复利只能在两者居一的条件下具有理论,都不通过涉及减损不当得利:诉讼是因为原告丧失错误支付款的使用权,要么是因为原告的获利是通过使用错误支付款。不论是哪种情况,按照贝克斯的解释,诉讼不能基于不当得利原则,而一定要基于违反法律义务[108]的"错误行为"。

这个简明的附录意味着不当得利理论本身的复杂性,而且将其运用到有疑问的事实中去,导致高级法官也要努力保持理论的一致性。[109] 不幸的是,在 *Sempra* 案中采用的不当得利分析,致使多数派法官扩大了无辜被告者的责任范围,等同于错误行为者责任。

---

[106] See P. Ridge,"Pre-Judgement Compound Interest"(2010)126 LQR 279.

[107] Ibid. ,particularly 287 – 89. 虽然 D 收到的钱(比如 1000 美元)是通过减值 C 获得的,但不是额外盈利(比如 500 美元)。

[108] Ibid. 288. cf Sempra Metals(n 27)[145]:正如 Scott 法官所说:"我发现我自己都不能接受这样的假设,即占有错误支付的金钱,据此使用就足够证实不能只获得返还金钱的返还救济。理论上,返还救济只能是返还使用这笔钱的全部获利。为什么处理获利的返还救济只是理论上的?错误支付和基于此的返还索赔是因为支付人 Sempra 的错误。返还索赔不应基于接收方的错误行为。"

[109] 不当得利理论的复杂性,参见 Hedley,"*The Empire Strikes Back*"(n 27)781。见 Hedley 的结论"这个主题变得越来越富有技术性……但众所周知,解释力越来越弱……越富有理论性,解释力却越差。"See Hedley"The taxonomic approach to restitution in A Hudson(ed.),*New Perspectives on Property Law, Obligations and Restitution* (United Kingdom, Routledge-Cavendish, 2004) ch 7, 152;同时 Hedley,'The Empire Strikes Back(n 27)'781":"贝克斯要求的语言精度很高,保证了学术理论与司法声明紧密相连。词汇使用更多,更密集,贝克斯承认这使不当得利变得既抽象又技术性。"律师们也关注到了理论的复杂性,参见编辑评论中提到的观点[A Burrows and E. Peel(eds.)], *Commercial Remedies: Current Issues and Problems*(Oxford, Oxford University Press, 2003)"Restitution of Unjust Enrichment: Review of Discussion"186, in response to the papers by P. Birks(ch 13) and R. Calnan(ch 14)。

有趣的是,上议院在 *Sempra* 案中关于自由裁量是否用返还救济相关问题上分裂为两派,但这样的分裂没有影响判决结果。大法官曼斯(Mance)作为少数派中的一员,采用了不当得利分析,但是,也类比运用了衡平法推理。他考虑在错误支付[110]的情况下用衡平法上的管辖权作出认可的复利判决。这样做时,大法官曼斯已将衡平法作出认可的复利判决。曼斯说,"在当代条件下,没有足够的理由,继续限制[复利的有效性],通过阻止法院采用衡平法"。[111]

多数派中一些人同时明确表示接受自由裁量,并运用衡平法原则。[112] 但是,大法官斯科特(Scott)作为少数派中的一员明确表示不赞成使用自由裁量权。[113]

自由裁量权的使用更能配合最高法院关于衡平法上的权利和救济观点,但是在英国普遍不承认不当得利法理。例如,在抗辩地位变更的情况下,返还诉讼有可能败诉,研究返还法的学者们普遍谴责法院尝试使用自由裁量权和诸如试图在原告与被告之间寻求"平衡"的[114]衡平法方法。

思考高等法院可能如何在返还索赔中处理复利问题是很有趣的。我敢说,判决会细致分析现存的判例法,并在衡平法和普通法中确认已经判决复利的情况。之后,法院需确认索赔特征,从而进行归类。我怀疑高等法院会从不当得利理论着手。事实上,用不当得利理论去解答这样一个棘手问题的价值是被怀疑的。法院不可能允许复利的存在。毫无疑问,目前的高等法院不会"融合"衡平法和普通法原则。这样的观点可以在麦克休(McHugh)和古曼法官对 *Commonwealth v. SCI Operations Pty Limited* 案[115]的判决中找到,此案判决牵涉成文法规定的利息索赔范围,一般法亦会对其进行验证。

尽管不当得利理论被广泛使用,英国法院在本可运用不当得利的部分案例中仍不接受,不使用这一理论。例如,上议院已经明示不当得利在财产救济和财产法中不具适用性和实用性,这与贝克斯的观点相反。根据贝克斯的观点,

---

[110] 最近的判决可参见 Ridge(n 106)fn 86. 瑞奇坚定驳回了超出错误行为赔偿的衡平法判决。

[111] *Sempra*(n 27)[239].

[112] Ibid. [187] – [188](Lord Walker),[46](Lord Hope seemingly in agreement).

[113] Ibid. [152]. Nicholls 大法官驳回了用衡平法类比方式推理,认为返还法有足够的灵活性评估利益(如果未表现的市场价值不被接受和应用地位变更抗辩[119])。

[114] 参见 Birks, *Unjust Enrichment* (n 8) 214 – 19, A Burrows, "Clouding the issue on Change of Position"(2004)等.

[115] *Commonwealth v. SCI Operation Pty Limited*[1998]HCA 20,(1998)192 CLR 285[72] – [76].

因此,对人和对财产权的回应(response)源自相同的"因果事件"*逻辑。即,对财产权的回应来自不当得利、错误行为和同意。若获利非因不当得利行为,那么有必要继续追踪财产权最初获得的过程。[116]

很多困难都在这个分析过程中出现,贝克斯承认他的观点看起来与上议院在 *Westdeutsche Landesbank Girozentrale v. Islington LBC*[117] 案中的论证相反,尽管不是与此案的判决结果相悖。此后,一些评论者们否定了基于不当得利对财产权作出的回复,不当得利只适用对人责任[118]。最终,评论者们和上议院在 *Foskett v. McKeown* 案中[119]均否决了贝克斯提出的财产性所有权(proprietary)回应源自因果事件分类,并视"财产法"本身就是一种法律来源(或是一个因果事件)。[120] 简言之,贝克斯的理论很难被接受。正如米莱特法官认为贝克斯提出的索赔,是基于不当得利对收益的可追溯索赔,他写道:

> 这个复杂的分析不是基于任何已经报道的案例,不是一个被普遍接受的逻辑,并与上议院在 *Foskett v. McKeown* 案中分析不一致的[121]论述。我反对这种说法。我同意法官埃伦伯勒(Ellenborough)在 *Taylor v. Plumer* 案中提到的"基于在一个本体产生的衍生品,仍遵循其本体的本质"。[122]

而且,即便使用了不当得利标签,法院亦不能一直基于这个理论分析问题。

---

* 贝克斯的著作中对"因果事件"(causative events)即"具有因果关系的事件"有分类说明,包括同意(consents),错误行为(wrong)以及不当得利等。——校者注

[116] Birks, Unjust Enrichment(n 8)198 - 201.

[117] *Westdeutsche*(n 41)discussed by Birks ibid 190 - 91.

[118] 参见 W. Swadling, "Property and Unjust Enrichment" in J. Harris, *Property Problems: From Genes to Pension* Funds(London, Kluwer Law Inlernational, 1997)130, 和 P. Millet, "Restitution and Constructive Trusts" in Cornish et al. (n 55)199 和"Proprietary Restitution" in S. Degeling 和 J. Edelman(eds.), *Equity in Commercial Law*(Sydney, Thomson, 2005)309.

[119] [2000] UKHL 29, [2001] 1 AC 102. 参见 Millett, "Proprietary Restitution"(n 118).

[120] 参见,比如 G. Virgo, The Principle of the Law of Restitution 2nd edn(Oxford, Oxford University Press, 2006);参见 Unjust Enrichment(n 8)32 - 38, 204.

[121] [2000] UKHL 29, [2001] 1 AC 102, 119.

[122] Millett, "Proprietary Restitution"(n 118)313 - 14, 引用 *Taylor v. Plumer*(1815)3M & S 562, 575; 105 ER 721, 726.

因此,在 *Blue Haven Enterprises v. Tully*[123] 案中,一个土地所有者(landowner)通过一个错误取得实质获利,枢密院在部分判决中冠以"不当得利",但同时提出了以下问题:关键问题不是[土地所有者]是否已在[原告]损失的利益中获利,而是该获利是否发生在[土地所有者]已依衡平义务获得赔偿下。[124]

解答这个问题过程中,法院运用了财产禁反言(proprietary estoppel)原则,同时需要证明在显失公平行为中受益人有所获利。[125] 枢密院采用了传统的衡平法原则。关键之处在于虽然这种处理与先例一致,却与不当得利原则相反,即便可能得出相同的判决结果。根据不当得利理论,一个改进者的错误是一个充分通用的不当因素去证明归还的合理性,只要这种土地的错误构成"获利"。受益人可以基于主观贬值否认获利,除非可证并非在显失公平情况下他\她自愿获利。若此,受益人行为与获利相关。枢密院并未采用这个分析,而是假定存在获利,但随后分析土地所有人的行为是否存在显失公平以确定责任(determine liability)。

于是,虽然上议院广义上接受不当得利原则,并接受这个理论主导的分析框架,但在这个理论的使用上也是有选择的。上议院的法官们愿意使用这个理论,但不经常用。他们似乎有选择的、有优先性的使用一些概念,以便达到或支持他们的判决结果。这可能解释了为什么大部分判例法中不当得利理论是在审判过程中发展起来的,又用来回应理论家们:他们常说,"法院已经接受这个原则,这太好了"。但是法院并未恰当地使用、分析、解释,或错误地使用了其中的一部分。[126]

还有一些原因值得思考,比如为什么两个法院在修辞上存在巨大差异,在分析方法上的差异虽然明显但也不很显著。这问题更有意思,因为有时分析过程产生差异,会导致两个法庭判决结果的实际差异。实际上,在上文已经提到过,高等法院在 *Lumbers* 案和 *Farah* 案一致运用了不当得利理论得出判决结果。

---

[123] *Blue Haven Enterprises Ltd. v. Tully*[2006]UKPC 17.

[124] Ibid. [20].

[125] Ibid. [22].

[126] 参见,比如 Birks,*Unjust Enrichment*(n 8)31 -32,71,163,183 and his treatment of Foskett(n 43) and *Westdeutsche*(n 41). 这样的回应不限于英联邦王国,某不当得利理论家对加拿大高等法院没有应用贝克斯的理论有点失望,参见 M. Mclnnes,"Taxonomic Lessons for the Spreme Court of Canada" in C. Rickett 和 R. Grantham(eds),*Structure and Justification in Private Law*(Oxford,Oxford University Press,2008)。鉴于不当得利理论在加拿大有坚实的法理学基础,加拿大高等法院以非技术方式应用这个理论,这可能对 Mclnoes 是个讽刺,而非对该书的编者。

这意味着类似的结果可以通过看似非常不同的路径达成。一个管辖权下的判决结果未必与此外其他管辖权内的判决结果相互抵触或互相矛盾。

那么,为什么两个法院在修辞和处理方式上有这些差异?恐怕只能通过推测来回答了,我这里提出了一些建议,不分前后。

第五部分　法院采用不同方式的原因

第一,高等法院和上议院采用不同方法的原因可能与融合有关。一方面,高等法院对于不当得利的否定大概源自多数不当得利理论[127]中支持融合方式的本质。这看起来已经激怒了很多持反融合立场[128]的法官。作为一个融合论[129]和不当得利理论的怀疑论者,这时而让我感觉孤立和痛苦。同样反融合议程在上议院中体现也不明显,倒是在一些判决中可以看到融合推理论证。[130]

有趣的是,大部分融合的动力存在于律师之间而并非"不当得利理论者"中,一般来自提倡融合和自由支配的方式去进行救济的主张者:法律的救济措施应可解决在衡平法上或普通法上的侵权问题。[131]

---

[127] 参见,比如 A Burrows,"We Do This at Common Law But That in Equity"(2002)22 *OJLS* 1.

[128] 关于 *Farah* 案联合判决中的希顿法官,是 Meagher,Gummow 和 Lehane 合著的《衡平法:理论与救济》4 版(*Equity: Doctrines and Remedy*,4*th edn*)的作者之一(Chatswood,LexisNexis Butterworths ,2002),古曼法官也是前一版的合著者。参见 Heydon JA's judgment in *Harris v. Digital Pulse Pty Ltd.* [2003]NSWCA 10,(2003)56 NSWLR 298. 也参见 J. Edelman,"A Fusion Fallacy"(2003)119 *LQR* 375,377.

[129] 我同意迪恩法官(Deane J)在 *Waltons*(n 88)447 案中所表达的观点:"目前,忽视了普通法原理和衡平法原理相互作用的实质性影响,在这一融合体系中,统一性,而不是原则的冲突,被认为是……不适当地有意保留了过去的分离和连续的特殊性,阻碍了法律体系的有序简化和统一,尽管这一融合的体系被认为是先进的。"这段引用得到了麻森法官的赞同。在 *Harris v. Digital Pulse* 案(n 130)[154]中的判决是对反融合主义(anti-fusionist)观点的一次有力反驳,麻森对此表示异议[132]-[155]。

[130] 我建议用 *Sempra*(n 102)案的部分判决意见为例。

[131] 参见如 P. Finn,"Equitable Doctrine and Discretion in Remedies"(n 55)251. 提到的其他支持此方法的评论者及其作品,包括:JD Davies,"Restitution and Equitable Wrongs"in FD Rose(ed.),*Consensus ad Idem: Essayson Contract in Horour of Guenter Treitel*(London,Sweet & Maxwell,1996)158;S. Evans "Property,Proprietary Remedies and Insolvency:Conceptualism or Candour"(2000)5 *Deakin Law Review* 31;M. Tilbury,"Remedies and the Classification of Obligations"in A Robertson(ed.),*The Law of Obligation: Connections and Boundaries*(London,UCL Press,2004)11-30;D. AWright,*The Remedial Constructive Trust*(Sydney,Butterworths,1997);Wright,"The Statutory Trust,The Remedial Constructive Trust and Remedial Flexibility"(1999)14 *Journal of Contract Law* 221。有讽刺意味的是,不难看出主张融合主义的(fusionist)那些研究不当得利理论家们强烈反对救济性自由裁量。

第二,可能产生差异的原因是高等法院历来看中当事人行为(parties' conduct)而非结果。但显失公平行为一般出自衡平法考虑,“不当的”修饰得利概念,并不是指行为本身而是指一种具体的结果,即被告的“得利”(enrichment)。但是,很多交易中存在一方“获利”(better off)情形,因此,会出现更多问题,如果这些获利是“不当的”则会出现案情逆转。这是不当得利概念运用的难题之一。仅仅关注可能会被逆转的结果,大部分法律被视为不当得利的逆转而非“不当”本身,也没有太多线索提示这种逆转的原因。通过对比,显失公平把注意力放在被告行为上,要求我们去考虑这样的行为是否违反了某个法律标准:费恩法官(Finn J)已经表示了相同的观点:[132]

> 一定程度上,它将对结果的注意归因于它们的性质,[不当得利]能隐藏而不是揭示为什么法律希望将责任归于一方,为满足另一方。就像经常出现的那样,特别是当这是一种关系中的行为,或是处理——一个创造出来并且可以依赖的期望;一个未改正的错误;等等,那些提供了法律注意的中心,并且产生了法律政策问题的时候,是需要解决方法的。我怀疑这提供了为什么“显失公平行为”和非“不当得利”(某种行为的可能性影响)已经在澳大利亚法中形成了一股潮流。[133]

此问题为凯思·麻森(Keith Mason)建议中提出,即最高法院否决关于不当得利的理论部分是由于对不确定性的担心。[134] 这可能是对的。诚然,在 *Farah* 案和 *Lumers* 案中,最高法院比之前 *Pavey & Matthews Pty Ltd. v. Paul* 案更加使用限制不当得利原则。即便最高法院继续支持救济性自由裁量权的使

---

[132] Ibid. 252. 这些观点已被 Gummow J 收录于 *Roxborough*(n 4)[70]。对以结果为导向(outcome-orientated)推理所产生弊端的进一步论述,可参见 Dietrich, *Restitution*(n11)41 –3。

[133] 因此,在涉及取得和收到款项的 *Roxborough*(n 4)案,最高院的法官们提出衡平法上关于“不公平的”保留款项(扣付金),要么参考不当得利原则——特别提到柯比(Kirby)大法官的判决[152]中援引了衡平救济(equitable relief);要么作为一种更好的替代选项(Gummow J:[70] –[100]),同时参见 B. Kremer, “Restitution and Unconscientiousness: Another View” (2003)119 LQR 188。

[134] K. Mason, “Values in the Law”(未经作者允许不得引用)11。

用,[135]也更加小心了。[136]

有证据表明,高等法院对广泛的、开放式的概念采取一般更具限制性的做法。不当得利可以用于一个开放式的方法中,这就有可能产生更大的不确定性和不可预知性。但是,有趣的是,我会争辩说,事实上,英国并没有这样使用不当得利,[137]相反,这个理论以限制的、狭窄的方式来束缚法律。[138] 虽然看起来相反,这可以解释古曼法官(Gummow J)的观点,不当得利是广泛的、兼容的,[139]但在法律上也抑制"灵气和活力"(substance and dynamism)。[140] 我在其他地方描述过法律利用一般概念的不同方式,以及不当得利作为一种开放的、本质的司法呼吁是多么危险,这已经面临着理论家的对峙,他们接受另一个极端:一个高度技术性和规则性的理论。[141]

第三,方法的不同可能是成文法已经极大改变了澳大利亚义务法中的法律景观的后果,也许比英国更显著。不当得利理论家提供的分类是最重要的普通法(包括衡平法)义务之一。但也许是所有分类项目薄弱环节中最基本的。[142] 成文法中分类的忽视引起很多分类者们的关注和强烈质疑:从这样的分类中能得到什么?在澳大利亚,至少立法取代了大部分的普通法,余下的(有少数例外)大部分都不重要。因为在很多案例中我们"坚持"零碎立法,我们无法想象存在一个"连贯整体"而这仅仅是被这样的立法所掩盖。[143] 例如,基于救济原则,救济的自由裁量权和分类,大部分贝克斯等人的文字在澳大利亚是非常重

---

[135] *Bofinger*(n 14).

[136] 我会建议将 *Bathurst City Council v. PWC Properties Pty Ltd.* [1998] HCA 59,(1998) 195 CLR 566 和 *Giumelli v. Giumelli*[1999] HCA 10,(1999) 196 CLR 101 作为例子。

[137] 对比"显失公平"在澳大利亚法院中的使用,不当得利在加拿大的适用更具可比性。

[138] 参见 Dietrich"给内容提供一些整体观念"(n 21)尤其是 230 - 33。

[139] 同上 72。

[140] 同上 4 和 5。

[141] Dietrich 给内容提供一些整体观念(n 21)。

[142] 有趣的是,尽管立法问题很少被提及,却有时被视为支持法律分类的一个论点。因此,如贝克斯(Birks)在布里斯班举办的年度讲座(n 82)28 上提到的那样"议会通过的大量立法缺乏系统考虑,时而关注这一问题,时而转向另一问题"。

[143] 反对意见来自:P Birks, 'Definition and Division: A Meditation on *Institutes* 3. 13' in P Birks (ed.), *The Classification of Obligations*(Oxford, Oxford University Press, 1997)。"逐步立法与法律分类无关的教育实践相结合,使普通法变得杂乱无章。"在贝克斯看来,这使得对义务进行分类显得越发重要。尽管他的分类"不是对法律整体的分类……但一个好的法律义务分类关系会对极大促进整个法律连贯统一起到好地图的作用"。

要的，为立法带来了巨大影响，比如《贸易惯例法（1974）》（*the Trade Practices Act*）（Cth）。[144]

第四，高等法院关于不当得利的态度可能是一种对学术倾向的排斥，不断地对法官的“过失”（getting it wrong）进行审判，这常常由于他们没有接受具体某位评论者的理论。而随之而来的司法反应（judicial reaction）可能不会太重视学术写作。有趣的是，这看起来并不是上议院那些人所关心的，他们更多的是准备好了辩论这个理论的优缺点。大法官米莱特（Millett）和大法官尼克斯（Nicholls）在非司法性文书里提到的就是明显例证。[145]

也许，探讨不当得利的庞大数量文章，可能是一些法官参与理论探讨的障碍，而不是以选择性和零碎的方式。[146] 当然，这样是有危险的。高等法院的成员们明显不喜欢把不当得利理论带入审判中，还给出了理由。这是个自我参照类型的理论，不同的观点令人费解、错综复杂，让其他人很难参与讨论。[147] 这也许同样解释了在高等法院中更加倾向引用历史和教义，而不是分类和理论性的文章。

第六部分 结 论

法律能从以上这些内容中学到什么呢？也许这是没有争议的，可能得出的结论要避免两个不良的极端：（1）运用一般概念比如显失公平或不当得利作为附加到某件事上的标签，而作为强制责任的机制，没有对这种责任的充分和透明的解释，或是（2）运用不当得利概念就像教条式地断言，提供了返还类案例的解决框架，即理论决定了分析和解决问题的方案。迹象表明，高等法院清楚地知道这些极端的任何一个陷阱，并且在使用一般概念时，高等法院走向一条中间之路。但是，真正做到的看起来是上议院。其中，不当得利是被有选择地使

---

[144] 见上文（n19）所注文内引用部分。《贸易惯例法》（TPA）现已被《2010 竞争和消费者法》［Competition and Consumer Act 2010（Cth.）］代替。

[145] 参见上文的第 55 条。

[146] 当然，上文所引高等法院的判决暗示着不当得利的复杂性是个难题。正如上文提到的海德利（见上文 n 109），这种复杂性是试图将理论与实际判例结果相结合的一种产物。

[147] 参见 Hedley，“The Empire Strikes Back”（n 27）和上文的第 109 条。

用,在一些情况下已经承认了自由裁量权的角色和灵活性。

因此,不当得利理论在上议院中仅仅是部分胜利。高等法院关于不当得利(缺乏)效用的观点(这与我的观点有共鸣)是否有法律依据?英国最高法院甚至可以放弃恪守对这个理论的承诺。杰基尔医生可能会展现出黑暗的一面。但是,就类似在最高法院会继续使用不当得利框架分析问题。进一步说,在使用一般概念和救济性自由裁量权都具有法律依据[148],但是,海德先生很可能再次被英国的法律界热烈欢迎并接受,它的优点显而易见。正如已经提到的,上议院的一些成员在 *Sempra* 案中喜欢在他们的不当得利分析中加入大量衡平法上的自由裁量权。

甚至,也许更重要的是,这个鉴定对比的过程也表明了法院本身的不一致。我这里举两个例子。第一,高等法院肯定衡平法原则的有效性,与其在案例中基于先例和历史性的推理格格不入,如 *Lumbers* 案和 *Farah* 案。在两个案例中,高等法院似乎不愿意明确指出一般原则,或是超出现实问题的狭隘范围去发展法律,以及处理该问题使用的相关先例。

第二,上议院一直强调财产概念的不变性,并且这种(我认为)不诚实的方法,基于"强硬的"财产原则决定了财产获利。[149] 从这个观点来说,没有必要去制定一个政策选项,或是去平衡各个索赔人间的利益竞争。按目前来说,这个方法显得多余了。因为,上议院乐于以新的方法发展不当得利的法律,这些方法非常明显的来自先例和返还法的历史,他们还试图查找返还的深层原因,而不是像一些案例中那样依靠历史小说判案。这与在上议院处理财产判决的时候公开表达的承诺不一样。如费恩指出,在很多假设的制定规则中,财产利益是"人为制造的……采取纲领、禁反言或是推定的"。[150] 所以,这儿有"真正的理由去质疑诉讼目标中是否存在正当的财产衡平获利"。[151] 同样地,伊文思

---

[148] 这样做的好处不在本文探讨范围之内。见上文 n 103 中所引文献。

[149] 参见 Foskett(n 43)109(Lord Browne-Wilkinson).

[150] Finn,"Equitable Doctrine and Discretion in Remedies"(n 55)263 一文中,以 *Attorney General (Hong Kong) v. Reid*(n62)4 案为例,其中受信人本应立即(24 小时内)偿还给委托人(受害人)所受贿赂,由于违反该项义务,本案判决受信人以推定信托为受益人持有贿赂。

[151] 同上。另可参见 *LAC Minerals Ltd. v. International Corona Resources Ltd.* (1989)61 DLR(4th)14(SCC)50(La Forest)。正如费恩所强调,同注 264,参考 *Re Goldcorp Exchange*(n41)判决中提到的无抵押债权人认为他们对无力偿债者持有的特别财产享有权益,那么是否有抵押债权人比无抵押债权人依浮动担保具有享有权益的优先权?这一问题依"完全地人为判定或否定权利请求人"(claimant)是否持有衡平法上的地产权而定。

(Evans)令人信服的论述了“财产”的标签或概念“分散了实质性问题的注意力,并且扭曲了解决有意义诉讼的过程”[152]。伊文思(Evans)总结为“法院应该基于结果,直言不讳地为他们的判决辩护,而不应该躲在晦涩的概念论里”。我认为,如果他们这样做了,也就是一旦有竞争的相关政策和原则被法院确认并且公开的进行慎重考量,在预测案件判决结果的时候就会相当地肯定。大法官米莱特的“政策”自由观点,[153]甚至会暗示价值无涉、财产权的判决就不再是一个幻想。

所以看起来法院在使用一般概念的时候是有限制的、保守的,但是,在使用其他概念时却是有野心的、自由的。一些概念受到了推崇,另一些则不被承认。法院采用开放的、透明的方式来表达那些暗含他们判决的原则,有一些隐藏在标签背后,有一些存在于“先例”当中。一些事情变化了,一些保持原状。也许 Jekll 医生和 Hyde 先生表现得并没有多么不同。

---

[152] 参见伊文思(Evans)(n131)33。同时参见 35:既定所有权比如归复信托和制度性推定信托“掩盖了(并非消灭了)关于哪位权利请求人获得优先权的分配判决”。参见 K. Gray, *Property in Thin Air* (1951)CLJ 252。

[153] Foskett(n 43)127(Lord Hoffmann and Lord Browne-Wilkinson concurring).

第二章　代位求偿、衡平法与不当得利

马克·李明(Mark Leeming)

可以说,《澳大利亚所得税评估法》(*Income Tax Assessment Act*)根本目的在于增加政府的财政收入。但没有人会真的认为,澳大利亚《法律解释法》(*Acts Interpretation Act*)第15AA条的规定导致了对所有联邦所得税立法的解释都以增加政府财政收入为目的。①

立法者面临最棘手问题,或许就是在设计规则时选择何种程度的一般性、精确度以及怎样的例外规定。这会产生两种极端情况:一种是用词精当、极其通用、可奉为绝对规则的条款,对于真实案件的复杂性和特殊性几乎甚至完全没有任何可让步的空间;另一种则是内容过于模糊和宽泛的法律规范,让人不由怀疑将其称作"规则"的恰当性。所以,优秀的立法者需要……能够对特定情况下如何达到恰当程度的一般性做出准确判断。②

对于法官如何确定这种恰当程度的一般性,目前并没有绝对的指导规则。③

第一部分　引　　言

对制定法的目的解释中存在不言而喻的各种假设,格里森(Gleeson)首席大法官对此进行了研究。与此同时,威廉·特文宁(William Twining)和戴维·迈尔斯(David Miers)则从制定法和判例法(judge-made law)两个角度研究

① *Carr v. Western Australia*[2007]HCA 47,(2007)232 CLR 138[6](Gleeson CJ).

② W. Twining and D. Miers, *How To Do Things With Rules*, 5th edn(Cambridge, Cambridge University Press, 2010)150.

③ Ibid. 309.

法律规则的制定。以上两种研究虽然截然不同,但却都抓住了澳大利亚和英国法律的差异本质,而这也正与"不当得利"领域的法学家们不谋而合。本文认为,两国法律的差异本质在于对"不当得利"中的一般性程度规定不同。④

一方面,"不当得利"⑤可以被视作一种统一的主题,可以有效地帮助分析、形成一整套连贯的法律,但仅凭"不当得利"却不足以解决一个可由法院裁决的争议,因为这种争议的解决往往取决于现行法律已经发现的或可推断出的更为具体的主张。另一方面,"不当得利"本身也可以被视为一种法律规范,可通过对现行法律进行解释,从而可以对特定的案件直接作出判决。当然,也有人持中间立场,赋予"不当得利"的地位如何直接影响了法庭辩论的进行方式、裁决结果,以及先前法律权威作为先例的效力(这些权威可能符合也可能不符合"不当得利"这一概念)。

若非要将两种方法分个高下,既没有什么实际意义,又令人反感。但我们可以思考的是,哪种方法更有利于增强论证的清晰度、明确性、结果的确定性以及法律的一致性。⑥ 毕竟正如安德鲁·伯罗斯(Andrew Burrows)所说:⑦

> "返还运动"(restitution movement)的根本目的就是为了剖析关于旧时诉讼及其相关诉状的措辞,通过用现代术语对这些措辞进行解释,从而帮助我们准确地理解法官所做的事情。

---

④ 这是一个反复出现的问题:在一个完全不同的情境下,它的出现与注意义务相关:See *Cole v. South Tweed Heads Rugby League Football Club Ltd.* [2004]HCA 29,(2004)217 CLR 469[56](Gummow and Hayne JJ)"the articulation of a duty of care at too high a level of abstraction provides an inadequate legal mean against which issues of fact may be determined", and [81] "as the present case demonstrates, the articulation of a duty of care at a high level of abstraction either presents more questions than it answers, or is apt to mislead". A. related example arises where the availability of an appeal turns on there being a question of law, see *Amaca Pty Ltd. v. AB &P Constructions Pty Ltd.* [2007]NSWCA 220;[2007]Aust Torts Reports 81 - 910[138] - [139](Baten AJ):"If the duty of care is defined at a high level of generality, no question of law arose in this case".

⑤ 此处引号是为了强调相同的单词在被不同作者引用时所表达含义不同。

⑥ For coherence in a body of law See eg *Sullivan v. Moody*[2001]HCA 59,(2001)207 CLR 562[55] and the more elaborate analyses by Mason P in *Harris v. Digital Pulse*[2003] NEWCA 272,(2004)60 NSWLR 667[3] - [10].

⑦ A. Burrows,"The Australia law of restitution: has the High Court lost its way?" in E. Bant and M. Harding(eds.),*Exploring Private Law*(Cambridge, Cambridge University Press, 2010)67,84.

这需要对现行的、制定中的以及在真实案件中适用的法律进行比较分析。这不是一件简单的事,当然也不是仅在本文中就能全面分析的,本文的主要目的是探究这一问题的性质。其中一个高水平的(且原始的)衡量方法就是比较诉讼案件的数量。比如,以 *Barclays Bank v. O'Brien* 案⑧为先例的英国诉讼案件的绝对数量,与以 *Garcia v. National Australia Bank* 案⑨为先例的澳大利亚诉讼案件的绝对数量比较,当然,除英、澳两国不同的法律规则外,这其中还有一些别的影响因素。⑩ 相对地,我们也可以采用比较低水平的方法,举例论证,以个案为重点进行研究。真实案件给了我们一个很好的机会,可以从论证的清晰性、结果的确定性以及法律的一致性这三个关键的衡量角度来评估传统的(澳大利亚的)和新的(英国的)思维方式在代位求偿方面运用得如何。代位求偿(subrogation)* 之所以看起来是一个不错的研究领域,至少有以下三个理由:第一,从英国上议院和澳大利亚高等法院的判决上看,两者对待代位求偿的考量方式存在明显差异。第二,为了实现关于不当得利的统一法律,相关领域的争论从未停止,然而涉及其中的代位求偿(不当得利是代位求偿的发生事由之一)却与其他充满争议的法律部门不同,⑪似乎并没有什么争议存在。第三,与代位求偿相关的问题往往相当复杂,可以更好地检验以前的解决方案是否体现了论证的清晰性、结果的确定性以及法律的一致性。

第二部分 澳大利亚和英国的分歧

霍夫曼(Hoffmann)法官在 *Banque Financière de la Cité v. Parc(Battersea)* 案中写道,除了合同上的代位求偿,这一术语也"被用来形容撤销或防止非建立在任

⑧ *Barclays Bank v. O'Brien* [1994] 1 AC 180(HL),尤其是 *Royal Bank of Scotland Plc v. Etridge* [No. 2] [2001] UKHL 44, [2002] 2 AC 773.

⑨ *Garcia v. National Australia Bank* [1998] HCA 48, (1998) 194 CLR 395.

⑩ 可能包括法律体系的规模、法庭受理简易撤诉申请的意愿以及消费者保护有关的法律制度的不同。

* 代位求偿是指由一人取代另一人的地位而对第三人依法请求给付或主张权利,是衡平法上的一种制度设计,通常发生于建筑合同、保险合同、保证以及票据流通中。这与大陆法系上的代位求偿略有不同。——校者注

⑪ 比如,基于"明知接受"(knowing receipt)或"接受人的责任"(recipient liability)的违反信义义务行为而产生的责任便会产生。

何协议或受益人和受害人的共同意愿之上的不当得利，这是一种衡平救济”。[12]他的判决似乎推动了加雷恩·琼斯（Gareth Jones）在《返还法》（*The Law of Restitution*）中从第3章到第31章[13]对代位求偿进行了大篇幅的描述和规定。同时受到霍夫曼的影响，查尔斯·米契尔（Charles Mitchell）和斯蒂芬·沃特森（Stephen Watterson）在其《代位求偿法律与实践》（*Subrogation Law and Practice*）[14]一书的引言中写道：

> 20年前，在 *Orakpo v. Manson Investments Ltd.* 案中，迪普洛克（Diplock）法官对后种观点提出了质疑，他认为，“英国法律中没有关于不当得利的一般性原则”。但随着上议院作出一系列与之相反的判决，这不再是一个站得住脚的观点……*Banque Financiere* 案就是其中判例之一，在该案件中斯泰恩（Steyn）法官认为不当得利是“权利和义务的一种独立发生根据”，它“与合同法、侵权法一样，是债法（law of obligation）的一部分”。因此，霍夫曼法官在 *Banque Financiere* 案中的意见如今可以被视作英国法律对这一问题的明确说明。

然而，这些判例恰恰突显了英国上议院与澳大利亚高等法院之间的观点差异，后者不断重申这正是不构成不当得利的情况。[15] 大约二十年前，在 *David Securities v. Commonwealth Bank of Australia* 案[16]中，曾有人提出在澳大利亚法律中不当得利是一种根据其术语含义就具有决定性的法律原则，但遭到了麻森（Mason）首席大法官、迪恩（Deane）法官、图希（Toohey）法官、高伦（Gaudron）法官和麦克休（McHugh）法官的否决。相反地，他们认为原告必须证明更具体的使合同无效特征才能获得救济，如错误或对价无效，但正如 *David Securities* 案本身[17]以及

---

[12] *Banque Finanxière de la Cité v. Parc(Battersea)Ltd.* [1999]1 AC 221(HL)231.

[13] See G. Jones(ed.), *Goff and Jones: The Law of Restitution* 5th edn(London, Sweet & Maxwell, 1998), v; cf ch 31 of the 4th edn(London, Sweet & Maxwell, 1993).

[14] C. Mitchell and S. Watterson, *Subrogation Law and Practice*(Oxford, Oxford University Press, 2007)4.

[15] 本书第一章 Joachim Dietrich 的文章也讨论了以此为先例的有关判决。

[16] *David Securities Pty Ltd. v. Commonwealth Bank of Australia*(1992)175 CLR 353(HCA)378.

[17] Following the result in *Air Canada v. British Columbia*[1989]1 SCR 1161(SCC) and anticipating that in *Kleinort Benson Ltd. v. Lincoln City Council*[1999]2 AC 349(HL).

Roxborough 案[18]所体现，关于错误或对价无效的法律目前并不完善，尚待改善。

近年来，澳大利亚高等法院对于英国处理案件方式的批评越来越频繁，也越来越尖锐。尤其在 2007 年，格里森（Gleeson）首席大法官、古曼（Gummow）法官、卡利南（Callinan）法官、希顿（Heydon）法官和克莱南（Crennan）法官在 *Farah Constructions v. Say-Dee* 案中重申了他们的观点。[19] 2008 年，在 *Lumber v. W. Cook Builders* 案中，古曼法官、海恩（Hayne）法官、克莱南法官和基费尔（Kiefel）法官针对 *Pavey & Matthews v. Paul* 案[20]的意见，说道：

> 不当得利被视作一种统一了“各种独特类型案件”的法律概念，而非一种在特定案件中能够作为充分前提而直接适用的原则。更确切地说，正如迪恩法官在 *Pavey & Matthews v. Paul* 案中所强调的，我们应该参考判处履行赔偿义务的现有案例，按照“法律推理的一般步骤”进行推进。“认定如返还和非真实协议等诉讼的基础，并非是为了任何所谓公平公正的独特想法而坚持司法的自由裁量权”。相反，对统一概念的承认是为了“通过法律推理的一般步骤来协助判断法律是否应基于公平原则在新的或者正在发展的类型案件中承认这类义务”。[21]

2009 年在 *Friend v. Brooker* 案中，弗伦奇（French）首席大法官、古曼法官、海恩法官和贝尔（Bell）法官说道：

> 有些案件虽然体现出截然不同的责任类型，但不当得利的概念能将他们联系起来，并且能通过法律推理的一般步骤来协助法律原则的完善，但不当得利这一概念本身并不是一种在特定案件中能够作为充分前提而直接适用的原则。[22]

---

[18] *Roxborough v. Rothmans of Pall Mall Australia Ltd.* [2001] HCA 68, (2001) 208 CLR 516 [14] – [21].

[19] *Farah Constructions Pty Ltd. v. Say-Dee Pty* [2007] HCA 22 (2007) 230 CLR 89 [151].

[20] *Pavey & Matthews Pty Ltd. v. Paul* (1987) 162 CLR 221 (HCA).

[21] *Lumbers v. W Cook Builders Pty Ltd.* (*in liq*) [2008] HCA 27, (2008) 232 CLR 635 [85] (footnotes omitted, emphasis in original).

[22] *Friend v. Brooker* [2009] HCA 21, (2009) 239 CLR 129 [7].

最近，对于古曼法官、海恩法官、希顿法官、基费尔（Kiefel）法官和贝尔法官在 *Bofinger v. Kingsway Group* 案㉓中的判决理由，高等法院不仅强有力地重申了这些观点，而且详细解释了为什么这一与众不同的审判方式如此重要。不过，这篇意见只是附带的（obiter），并没有约束力，因为（与 *Banque Financiere* 案的上诉是基于案件中存在返还救济或不存在任何救济，而这与 *Bofinger* 案形成了鲜明对比）㉔所有的律师都尽可能地避免借鉴近些年来英国判例，㉕尽管如此，这也足以说明两国法律对这一问题存在分歧的本质。

英国法律的发展已经偏离了它的历史根源，这一事实显而易见。迪普洛克法官绝不是唯一一个否认存在不当得利一般原则的英国法官——他的观点正是当时人们对不当得利的普遍认识。对于英国法律本身而言，偏离历史根源并不必然是一件坏事。所有的法律都需要改变（或者说，至少有改变的可能性）传统推理方式不断前进发展的活力，特别是衡平法原则的发展正是高等法院声明中一再提起的一个议题。㉖ 如上所述，*Banque Financiere* 案本可以通过正统衡平法原则的发展进行推理很快地得出结论。㉗ 同样地，如果 *Bofinger* 案在英国进行诉讼，也很可能得出相同的结论。

仅仅是判决结果的不同并不能解释前文高等法院一再阐述的议题。尽管直到《1903 年司法法》[*Judiciary Act* 1903（*Cth*）]第 80 节才出现反映这一事实的陈述，但显然，几十年来英国和澳大利亚法律确实有着不同的体系，㉘但直到

㉓ *Bofinger v. Kingsway Group Ltd.* [2009] HCA 44,(2009) 239 CLR 269[85] - [98].

㉔ *Banque Financière*(n 12) 226(Lord Steyn): "On appeal to your Lordships' House counsel for BFC attenuated his submission by making clear that BFC only seeks a restitutionary remedy against OOL."

㉕ *Bofinger*(n 23) [98]: "The respondents, led by counsel for the Solicitors, in this Court correctly eschewed any attempt to support the outcome in the Court of Appeal by application of reasoning in the recent English cases."

㉖ For example, the "vitality to permit further development in an orthodox fashion": *Bofinger*(n 23) [96].

㉗ 认定提供单纯个人"担保"的请求权人享有优先受偿权。See I Jackman, "Restitution and Subrogation" (1999) 73 Australia law Journal 110, noted in *Bofinger*(n 23) [96].

㉘ *Parker v. The Queen*(1963) 111 CLR 610 (HCA) 632 - 33, and see *D' Orta Ekenaike v. Victoria Legal Aid*[2005] HCA 12, (2005) 223, CLR 1[59].

《1903 年司法法》(Judiciary Act 1903)第 80 节才出现对这一事实的陈述。[29] 此外,如果过于关注细节上的不同,就会容易忽略澳大利亚与英国法律体系在基本结构上的相似之处。例如,所有的司法和学术研究都涉及信托对象获得信托文契这一权利的本质,[30]而其中有一个恒久不变的事实,那就是两国法律体系拥有共同的渊源(从英国衡平法院发展而来的法律)、共同的制度(信托制度)以及共同的问题(信托对象寻求关于信托财产和管理的信息)。无论英国法律对于第三方协助和承认违反信义义务的行为所应付的责任(对比 *Royal Brunei Airlines v. Tan* 案、[31]*Twinsectra v. Yardley* 案[32]和 *Barlow Clowes v. Eurotrust* 案[33])如何规定,抑或是英国承认了其与澳大利亚在 *Farah Constructions v. Say-Dee* 案[34]确认的裁判观点存有分歧的事实,两国法律体系关于这类问题的共同渊源仍然是作出 *Barnes v. Addy* 案[35]判决的英国衡平法院(随后被撤销的衡平法院上诉庭),两国法律在信托、受信人和违反信义义务的附带责任上有着相同的概念。要比较来自不同法律渊源的法律体系中使用的推理过程,例如,比较魁北克的信托法[36]或是德国有关配偶担保的法律,[37]显然更加困难。

---

[29] This section referred to the "common law of England" until those words were replaced by "common law in Australia" by the Law and Justice Amendment Act 1988(Cth), S 41.

[30] *Schmidt v. Rosewood Trust Ltd.* [2003] UKPC 26, [2003] 2 AC 709; *Avanes v. Marshall* [2007] NSWSC 191, (2007) 68 NSWLR 595; *McDonald v. Ellis* [2007] NSWSC 1068, (2007) 72 NSWLR 605; *Schreuder v. Murray* [No. 2] [2009] WASCA 145, (2009) 260 ALR 139; L. Smith, "Access to Trust Information: *Schmidt v. Rosewood Trust Ltd.*" (2004) 23 *Estates Trusts & Pensions Journal* 1; T. Cockburn, "Trustee Duties: Disclosure to Information" [2005] *Murdoch University Electronic Journal of Law* 13; T. Graham, "Disclosure to Discretionary Beneficiaries—the latest on Schmidt" (2008) 14 *Trusts and Trustees* 128; J. Campbell, "Access by Trust Beneficiaries to Trustees' Documents Information and Reasons" (2009) 3 *Journal of Equity* 97; G. Dawson, "A. Fork in the Road for Access to Trust Documents" (2009) 3 *Journal of Equity* 39; L Ho, "Trustee's duties to provide information" in E. Bant and M. Harding (eds.), *Exploring Private Law* (Cambridge, Cambridge University Press, 2010) 343.

[31] *Royal Brunei Airlines Sdn Bhd v. Tan* [1995] 2 AC 378 (PC).

[32] *Twinsectra Ltd. v. Yardley* [2002] UKHL 12, [2002] 2 AC 164.

[33] *Barlow Clowes International Ltd. (in liq) v. Eurotrust International Ltd.* [2005] UKPC 37, [2006] 1 WTR 1476.

[34] *Farah* (n 19) [151].

[35] *Barnes v. Addy* (1874) LR 9 Ch App 244 (CA).

[36] See D. Waters, M. Gillen and L. Smith, *Waters' Law of Trusts in Canada*, 3rd edn (Toronto, Thomson Carswell 2005), ch 28.

[37] See S. Kiefel, "Guarantees by Family Member and Spouses: Garcia and a German perspective" (2000) 74 *Australian Law Journal* 692.

上文引用的澳大利亚高等法院的意见,指向的是在解决复杂案件与发展法律上截然不同的一种方法论模式。澳大利亚高等法院支持且适用的方法沿袭了历史传统,希望找到和推测出判例法体系中的推理原则。"不当得利"的方法论本质上是演绎推理,关注判例法中的审判结果,并尽其最大努力重新解释当年的审判解释以使其与近些年认定的概念框架和"分类法则"㊳(taxonomical dogma)更为契合。

相比从先例中推理并进行法律适用,依靠基本原则的方法更有利于司法程序走向透明,这一主张无疑是可行的。但对于已经接受或采用过先例判决者而言,这并非不言自明,也不会明显提高审判结果的确定性和连贯性。这种方式必然意味着弃用现有法律体系中的大量推理,而且毫无疑问,与返还有关的判例中,大部分重要判决并不是基于如今的支持者所阐述的原因而作出的。在对 *Moses v. Macferlan* 案进行判决时,曼斯菲尔德(Mansfield)法官当然不是采纳了斯泰恩法官关于不当得利的观点,即不当得利是权利和义务的一种独立发生依据,与合同法、侵权法一样,是债法的一部分。㊴

本文以案件事实相当常见的 *Bofinger v. Kingsway Group* 案㊵为例(以迄今为止最为详尽的方式),㊶梳理该案审判结果得出的推理步骤。这些步骤正与上文提到的澳大利亚高等法院判案方法一致,当然并不令人意外,但可能会有人提出疑问,基于不当得利进行断案的法院会采用怎样的推理模式来解决五个当事人之间的争端,推理的过程将能够达到怎样的透明程度,这与基于代位求偿的法律体系下的推理又存在怎样的一致性。

第三部分　*Bofinger v. Kingsway Group* 案

一、事实

本案的重要事实如下:B&B 公司(B & B Holdings Pty Ltd.)对恩莫尔

㊳ See W. Gummow, "*Moses v. Macferlan* 250 years on" (2010) 84 *Australian Law Journal* 756, 757.

㊴ Ibid. 757; cf *Banque Financière* (n 12) 227.

㊵ *Bofinger* (n 23).

㊶ See M. Conaglen and P. Turner, "Subrogation, Accounting and Unjust Enrichment" (2010) 69 CLJ 30; P. Ridge, "Equitable Subrogation: Principle and Remedy" (2010) 126 *LQR* 188, both of which were constrained by the limitations of a note.

(Enmore)的一块土地进行房地产开发。又通过三项独立的交易,分别向金士威集团(Kingsway Group Ltd.)、瑞克雷公司(Rekley Pty Ltd.)和斯凯恩(Skehan)先生个人借款 827 万美元、140 万美元和 35 万美元,并以恩莫尔的这块土地进行了第一、第二、第三顺位的(相关)抵押登记。B&B 公司的董事博芬格(Bofinger)先生和他的夫人为 B&B 公司的以上三项债务提供保证担保,并将他们的住房和投资的一个房产[位于威拉荣路和巴尔瓦拉街道的房产(the Willarong Road and Bulwarra Street Properties)]分别抵押(共计六笔)作为物的担保。事实上,负责以上各项抵押事宜的律师、金士威集团的代理律师均来自同一家律所,而 B&B 公司的一位董事正是这家律所的合伙人之一。

由于博芬格夫妇出售了威拉荣路和巴尔瓦拉街道的房产,并将收益用于偿还 B&B 公司的部分债务,B&B 公司构成了违约。更重要的是,这项房产的出售不仅获得了金士威集团的同意,也获得了第二、第三抵押权人的同意。几乎在同一时间,一名指定清算人被指定给了 B&B 公司,而金士威集团获得了恩莫尔土地的所有权,后者出售了几乎整块土地(有两小块地皮未售)并将收益用作 B&B 公司对其债务的偿还。2006 年 2 月初,金士威集团将未售地皮的钥匙以及其对这两块地皮的抵押权都交予了瑞克雷公司,而收益盈余的 70.1019 万美元全部转移到了代表瑞克雷的律师的信托账户。

博芬格夫妇起诉了这三位抵押权人及他们各自的代理律师,博芬格夫妇认为,土地出售的盈余本是以信托形式代他们夫妇保管,但却被作为还款支付给了瑞克雷公司,这些律师在其中起到的推动作用是对违反信托义务的协助行为。

二、争议点

说到这儿,我们或许可以发现,在相对常见的事实(向三个非银行出借人借款,由借款方的主要责任人及其妻子提供保证担保)之上,律师和第一抵押权人在案件中的角色重合带来了涉及广泛的复杂法律问题。保证人对于盈余的权利,他们在保证担保项下对于第二方、第三方抵押权人的义务,应当如何协调?从其保证担保项下的有关条款看,或是无需那么正式,就从事实情况来推定,保证人享有对盈余的权利吗?借款方正在清算中,保证人的偿债能力又无法推测,那么他们对盈余享有的权利又是什么性质呢?是在足以破产情况下足以债务抵销的所有权权益吗？第一抵押权人对保证人承担的信义义务是什么性质的？这种性质是否支持保证人对收到了盈余的第二抵押权人或促成了这笔款项支付的律师提出的主张？当威拉荣路和巴尔瓦拉街道的房地产的抵押解除，而全部盈余都支付给了第二抵押权人(注意当时已经没有任何担保物支持对任一剩余抵押权人的保证)时，被告的阵营内是否存在违反义务的行为(衡平法或普通法上的)？所有的这些权利又是如何与各方订立的有关合同以及相关制定法[英国的《1856 年商业法修正法令》(Mercantile Law Amendment Act 1856)第 5 节[42]所对应的当地法令以及托伦斯登记制(Torrens system of title)]契合？

如此一来，简单的事实却引起了复杂的五方争议。然而，法庭上所呈现的也仅仅是争议的冰山一角。当事人选择(而法院也受理了)仅对这一争议涉及的部分问题提起诉讼，且并没有在诉讼中利用大多数事实来支持自己的主张。律师提出了申请，要求对另一个独立问题作出认定，即第一抵押权人是不是基于信托关系而持有盈余？如果不是，那么就是与 *Barnes v. Addy* 案中针对律师的主张相背离(至少当时，在所有针对律师的指控中，没有一个是律师客户的抵押权人提出)。这就意味着，尽管这场诉讼中呈现的事件描述相当不完整，但却基于一致认同的事实进行，而本案唯一争议点就变成了金士威集团及有关律师是否有义务就这一笔盈余向博芬格夫妇作出解释。

三、法律推理的步骤

在这个事实有限的案件里，争议的解决主要有以下几个步骤：

第一步，厘清威拉荣路和巴尔瓦拉街道房产的抵押解除后的影响。

第二步，认定保证人对于担保物衡平法上权利优先于受清偿顺序之后的抵押权人这一原则。

第三步，确认上述原则适用于托伦斯登记制(Torrens title)下持有的土地。

第四步，确认保证人的协议并不会剥夺他们援引该原则的权利。

第五步，不在本案中延伸适用 *Otter v. Lord Vaux* 案[43]中确立的规则。

第六步，对法庭上呈现的有限事实，不适用协议禁反言原则。

---

[42] Law Reform(Miscellaneous Provisions) Act 1956(NSW), S 3.

[43] *Otter v. Lord Vaux*(1856) 2 K & J 650, 69 ER 943; discussed below, text to n 58.

第七步，就认定有限裁判的目的救济而言，确认第一抵押权人负有信义义务是足够充分的救济，这也足以认定本案中的涉案律师负有 *Barnes v. Addy* 案所确立的第三方背信责任（*Barnes v. Addy* liability）。

有一种观点认为"不当得利"可以作为解决这一五方争议的一种规则，而以上推理（下文将详述）正说明了这一分析确实极为重要。这场诉讼的判决所涉及的问题也明朗起来，即对于《1900 年不动产法》（*Property Act* 1900）（新南威尔士）项下的地产，五方当事人基于合同、衡平法上的代位求偿、信义义务、第三方背信责任等原因对其存在相互联系的请求权。这些请求权涉及的利益各不相同，甚至在某种程度上相互对立。一种不当得利理论确实可以处理这些相互关联的请求权，但 *Farah* 案表明还是会有问题存在，尤其是基于不同的不当得利理论，第三方背信责任的概念也将有所不同。

第一步，当瑞克雷公司和斯凯恩先生同意将威拉荣路和巴尔瓦拉街道的房产出售时，他们仍继续享有博芬格夫妇的个人保证权益，但此时他们的个人保证不再有担保物支持。瑞克雷公司和斯凯恩先生的利益与金士威集团的利益是一致的，还是说仅仅他们两者之间的利益是一致的？这个问题当时也尚不清楚。尤其值得注意的是，瑞克雷公司和斯凯恩先生并没有与博芬格夫妇达成协议来否认在与金士威集团的债务解除后本应由他们获得的代位求偿权。当律师为瑞克雷公司之利益持有盈余时，瑞克雷公司优先于博芬格夫妇的其他无担保债权人（包括斯凯恩先生）的受偿权。在遭到高等法院驳回的替代分析中存在一个问题，即这里的优先受偿权从条款的理解上来看是否构成一种不当得利。

第二步，传统原则下，保证人为主债务人清偿债务后，有权获得由债权人持有的担保物权益。对于受清偿顺序在后的抵押权人而言也是同理，这一原则也在长期实践中得以确立。《罗拉特关于主债务人与保证人的论述》（*Rowlatt on Principal and Surety*）一书中写道：

> 保证人对于债权人所持担保物的权利优先于受清偿顺序在后的产权负担享有人（基于债权人的抵押权）。这是因为在向债权人清偿债务后，保证人站在了债权人的位置上，但受清偿顺序在后的担保并没有因为保证人的介入而减损。因此，受清偿顺序之后的产权负担享

有人是否收到关于保证担保的通知似乎并不那么重要。[44]

在 *Drew v. Lockett* 案中，约翰·罗米利法官（Sir John Romilly MR）说道：

> 我认为，保证人清偿其所担保的债务，就获得了对相应债权人本有权行使的所有附属权利，而且不只是针对主债务人，还针对所有在其之后的请求权人。可以看到，第二以及任何一位受清偿顺序之后的抵押权人的权利并没有因为这一附属权利的行使而受到任何方面的损害。在他支付预付款时，他清楚地知道该房产上存在优先权利负担（prior charge），如果他觉得这样一个担保的存在也没什么不合适的，那么这是他自己的事情，他不能事后再起诉。在债务金额有限的情况下，这笔债务的优先请求权人是第一抵押权人还是保证人，于他而言都无关紧要。我认为，如果保证人清偿了债务后无权向主债务人和在其之后的请求权人追偿其已付的全额债款，这是违背一切原则的。[45]

根据本案诉讼当事人的自身特点，最终直接适用了这一原则。当然，抵押权人在行使出售权时仅对抵押人负有有限的责任，在出售所得收益产生的盈余超过抵押人债务的情况下，抵押权人则被视作受托人。[46]

第三步，这块土地的持有遵循托伦斯登记制，法定出售权并没有取代这些原则的适用性。当然，在本案中（和其他案件中一样），[47]比起仅仅假定其为事实，推理证明更加重要。这里有两个要点：第一，尽管在新南威尔士制定法中并

---

[44] G. Moss and D. Marks, *Rowlatt on Principal and Surety*, 5th edn (London, Sweet and Maxwell, 1998) para[7 – 34].

[45] *Drew v. Lockett* (1863) 32 Beav 499, 505 – 06; 55ER 196, 198.

[46] *Charles v. Jones* (1887) LR 35 Ch D 544, 550 (Kay J): "although I quite agree that the Court is very reluctant to treat a mortgagee as being a trustee in any sense while any money is due to him, still when he has paid himself, and has money remaining in his hands which is no longer his property, how can he be treated as other than a trustee of such money?"

[47] See *Farah* (n 19) [190] – [198] and H Atkin, "Knowing Receipt Following *Farah Constructions Pty Ltd. v. Say-Dee Pty Ltd.*" (2007) 29 *Sydney Law Review* 713.

没有明确地规定盈余应以信托方式为抵押人持有,[48]但《1900 年不动产法》(Real Property Act 1900)(新南威尔士)第 58 节第(3)条中“应该适用”的表述就体现了相同的含义,[49]这一原则也就此确立。第二,制定法规定收益应“按照有关优先顺序用于清偿顺位在后的抵押、担保和协议担保(如有)之债;盈余(如有)应根据实际情况支付给清偿顺序在后的抵押人、担保人和协议担保人”,因此认定,即使保证人已清偿了对第一抵押权人的债务,该保证人的衡平法上的权利也不得因该制定法而被取代。[50] 这其实反映了法律解释的过程,关于分配出售权行使所得盈余的一般性法条,经理解在保证人清偿债务产生盈余的情形下适用于衡平法授予的特殊权利。[51]

第四步,衡平法追随普通法。与其他衡平法上的权利相同[52],代位求偿权可以通过协议排除。[53] 在对瑞克雷公司的保证书中,博芬格夫妇已经承诺放弃“与该契约相矛盾的或是限制出借人权利、救济、追索权作为保证人的各项权利,无论该权利是普通法、衡平法、制定法上的或是其他的”。尽管如此,根据对保证合同进行有利于保证人的缩小解释的解释原则。[54] 这一条款仅限于与保证合同相矛盾的权利,而代位求偿权并不与之矛盾。基于另一条款——“保证人不得主张收益或是强制执行”——提出的替代论点也同样因缩小解释而遭到了驳回。[55]

鉴于保证合同本身与博芬格夫妇的代位求偿权没有矛盾,那么就 B&B 公司债务向第二、第三抵押权人作出保证的事实又该如何认定呢?关键在于他们之间没有达成任何实质上或是其他形式的协议,不然第二抵押权人本可以在保

---

[48] Contrast the Law of Property Act 1936(SA),S 50; See *Sheahan v. Carrier Air Conditioning Pty Ltd.* (1997)189 CLR 407(HCA)429 – 30.

[49] *Adams v. Bank of New South Wales*[1984]I NSWLR 285(NSWCA)299(Hutley JA).

[50] *Bofinger*(n 23)[79].

[51] “An intention to eliminate a common law advantage is not lightly to be inferred”: R. Sullivan, *Sullivan and Driedger on the Construction of Statutes*,4th edn(Markham,LexisNexis,2002)353.

[52] *Equity Trustees Executors &Agency Co. Ltd. v. New Zealand Loan & Mercantile Agency Co. Ltd.* [1940]VLR 201,205.

[53] See M. Leeming,“The scope of fiduciary obligations: How contract informs,but does not determine the scope of fiduciary obligations”(2009)3 *Journal of Equity* 181.

[54] *Andar Transport Pty Ltd. v. Brambles Ltd.* [2004]HCA 28,(2004)217 CLR 424[17] – [23].

[55] *Bofinger*(n 23)[60] – [65].

证人收回盈余之前得到清偿。同时也没有任何协议保证第二抵押权人在第三抵押权人之前获得来自保证人的偿债资金。随着保证人提供的威拉荣路和巴尔瓦拉街道房产的抵押被解除，第二与第三抵押权人都丧失了物的担保，而只能基于博芬格夫妇对其各自作出的保证成为这对夫妇的相同顺位债权人。

第五步和第六步，汉德利（Handley）法官基于任何都没有提及的原则对本案作出了裁判，[56]延伸适用了 *Otter v. Lord Vaux* 案中确立的规则，即禁止已偿清抵押债务的抵押人为其自己设置优先于已经存在的、受清偿顺序之后的抵押权利。[57] 这一规则可以对抗地产权的合并，对基于托伦斯登记制而持有的土地而言极为重要：抵押是制定法的产物，并不受债与权利合并导致债权人权利消失这一原则的约束。[58] 法官同时还援引了协议禁反言（conventional estoppel）原则，但在本案已一致认同的（最低限度的）事实基础上，这一原则难以得到确认。[59]

第七步，本案的最终问题也是相当有限的：在对有限的事实进行裁判后，为保护博芬格夫妇的利益，什么救济才是充分的呢？高等法院认为，以 *Charles v. Jones* 案[60]为先例，应将第一被告人视作盈余的信托人，针对违反该信托义务的行为，则应援引 *Barnes v. Addy* 案确立的规则。然而高等法院并没有对博芬格夫妇是否对涉案盈余享有受益权作出裁判（仅仅通过各方当事人呈现的有限事实来作出此等裁判是没必要，也不合适的）。[61]

第四部分　“不当得利”与“显失公平”的作用

高等法院认为，代位求偿“可能被视作阻止主债务人不当得利的一种方式，若非如此，主债务人可能得以逃脱而无需承担最终责任”。[62] 尽管如此，这一观点本身并未出现在上述任何推理过程中，而是在过于宽泛的一般性层面上进行

---

[56] *Bofinger v. Kingsway Group Ltd.* [2008] NSWCA 332 [28].

[57] *Otter*（n 43）.

[58] *Bofinger*（n 23）[76] – [77].

[59] Ibid. [75].

[60] *Charles*（n 46）549 – 50.

[61] *Bofinger*（n 23）[50].

[62] Ibid. [88].

了阐述。[63] 相反地，贾尔斯(Giles)上诉法官从两个方面论理驳回了博芬格夫妇提出的代位求偿主张，一是对保证担保的另一种解释(以上总结的第四步)，[64]二是基于不当得利理论规定的范围限制请求权人的代位求偿权的意义。贾尔斯法官引用了米契尔(Mitchell)和沃特森(Watterson)在其书中的一段话：

> 必须注意的是，请求权人并不是债权人权利真正的受让人，赋予请求权人新的权利是有特殊目的的，那就是通过请求权人的代价来对抗不当得利。因此，相比债权人先前持有的权利，请求权人获得新权利的特点并不一定与之完全相同。有时由于各种不同的原因，这些权利在性质上就可能各有差异。例如，债务人的某些行为可能已经转变了他的受偿地位，或者已经按期偿还了债务。又或者，当请求权人对其非优先权益提出优先权主张时，非优先产权负担享有人可能以此举将改变其受偿地位或违反公共政策为由进行对抗。[65]

这段文字的引用表明了一种判案思路，即对于代位求偿的衡平法上权利，其存在以通过请求权人的代价来确认不当得利为先决条件。这些权利的范围也以该不当得利的范围为限，而不当得利可能反过来取决于对地位改变和公共政策的考量——也就是说，在这种思路下，"不当得利"自身涉及的权利起着决定性作用。若是如此，也并不意味着这一思路将加强裁判推理的透明度以及判决结果的可预测性。

同样地，高等法院对于萨克维尔(Sackville)上诉法官采用的裁判思路持批判态度，因为这一思路会得出一个对原告而言显失公平的不利结果。萨克维尔法官说道：

> 代位求偿原则下需要以何种方式来避免显失公平的结果呢？或

[63] Compare(in the different context of the inutility of reliance upon extrinsic material) Gleeson CJ's comments in *Carr* (n 1) [6], reproduced above at n 1, approved in *Alcan (NT) Alumina Pty Ltd. v. Commissioner of Territory Revenue(NT)* [2009] HCA 41, (2009) 239 CLR 27[51].

[64] *Bofinger*(CA)(n 56)[12] - [13], [17].

[65] Mitchell and Watterson, *Subrogation*(n 14) 209.

> 者换一个问法，如果根据《1900 年不动产法》第 58 节第(3)条(与抵押权人行使出售抵押物的权利后所得收益有关的分配与优先顺序)，主债务人资产出售所得的净盈余用于偿还第二抵押权人，那么，什么又是不公平的或者不符合衡平原则的呢？[66]

这段论述试图在一个错误的层面利用显失公平原则，也暴露了一个相似的瑕疵。高等法院认为：

> 这段推理中没有考虑到实际情形：上诉人已经将出售抵押物所得收益用于清偿 B&B 公司的部分有担保债务，盈余是在此之后才剩下的收益部分。受限于本应对各方当事人采取的行动以使其履行相关义务以及相反协议或不正当行为，上诉人的清偿行为已经触发了代位求偿原则。[67]

在这个上诉案件中，有法官援引了新南威尔士的制定法法条，法条的措辞直接源于 1856 年的一部英国法，但如果不考虑这一法条对普通法和衡平法规则的改变，就没有办法对它进行充分解释。有法官提出，托伦斯登记制的立法下，抵押被赋予了截然不同的性质，这种性质又如何影响了旧登记制下形成的各种原则。还有法官指出了普通法(合同、协议禁反言)、衡平法(代位求偿、信义义务以及第三方背信责任)和制定法(新南威尔士《1900 年不动产法》和英国《商业法修正法令》第 5 节所对应的当地法令)下有关权利的交错。在几个世纪前就已形成体系的一系列原则，他们的连续性在这里也都有所揭示。推理的每一步都反映了在特殊事实基础和已经改变的法律环境下，对这些原则进行修改所需的分析。

有法官指出，“在这种类型的案件中，请求权的代位求偿权利总是可以以对不当得利的一种法律上对策来解释”。[68] 也许这是对的，但问题在于这样的解释

---

[66] *Bofinger*(CA)(n 56)[66].

[67] *Bofinger*(n 23)[82].

[68] Mitchell and Watterson(n 14)19.

能有多少确定性、透明度和一致性？其中一部分分析是简单明了、毫无争议的：在保证人与受清偿顺序在后的抵押权人之间，如果抵押权人的权利不受保证人对盈余的权利约束，且保证人没有通过合同廉价出售其对盈余的权利，那么毫无疑问，受清偿顺序在后的抵押权人就构成不当得利。相比之下，另一部分分析就颇有争议了，基于同一事实就有多种关于不当得利的不同分析（尤其对于 *Barnes v. Addy* 案是否能够作为判例依据以及其是如何与本案所涉法律框架契合的）。[69] 如果说（正如米契尔和沃特森坚持认为）在保证人解除其自身或主债务人的责任后，代位求偿的成立要求创设一个新的担保，那么就要分析解决后来交给瑞克雷公司两块土地上的抵押权问题，因为该抵押权在抵押解除的登记手续完成后就不再存在了。《不动产法》下如何对新的担保作出合理解释？英国《商业法修正法令》第 5 节所对应的当地法令对此有何影响？不当得利理论需要解决以下两个问题：一是 *Otter v. Lord Vaux* 案所确立的规则是否能够且如何与之相协调一致，二是这一理论又是否能够且如何与（普通法中的）协议禁反言原则相交叠。有法官认为，在双方律师早先违反信义义务后，因一位债权人违反信义义务而导致另一位债权人获得了暂时优先权。然而，可以相当清楚地看到，这种关注不当得利的观点不太可能为本案的法律分析提供决定性见解。这也正是联席判决中的关键点，引用戈夫（Goff）和琼斯（Jones）的观点来说，"在代位求偿的案件中认定'不当'得利确实困难，因为会不可避免地牵涉多方关系，而非仅限于双方"。[70] 涉及担保的代位求偿每个案件都涉及至少四方当事人：债务人、有担保的债权人、保证人和代位保证人希望强制执行担保的对象。在 *Bofinger* 案中，即使债务人处于清算状态，依然存在五方当事人。

不过姑且假设不当得利的分析成立。基于此法律推理是否会更清晰一点，有关法律是否会更加一致或者说更可预测呢？但看起来似乎恰恰相反。对判例法体系下已明确表述的判决理由进行重新解释，给了法官更多选择的余地，最终也往往会导致法律的不确定性。法律规范的认定表述越抽象，在决定案件

---

[69] See for example the various critical responses by Joachim Dietrich, Steven Hedley, Andrew Robertson and Micheael Tilbury to Prof Birks' later taxonomies in A. Robertson (ed.), *The Law of Obligations: Connections and Boundaries* (London, Cavendish, 2004), reviewed by Keeler (2005) 26 *Adelaide Law Review* 179.

[70] *Bofinger* (n 23) [97].

裁判结果时这一法律规范有用的可能性就越低。[71] 从另一方面来说，即使条理性不强，保留了历史连续性的推理方式，更能说服败诉方，也更可能形成连贯一致的法律体系，最终更有利于提高裁判结果的确定性与可预见性。很显然，要详细厘清高等法院在 *Bofinger* 案中的判决理由，关键在于清楚地认识到，这不是一个“非基于不当得利传统而又模糊的关于不动产权的推理”，不是采用传统方式判案而产生不良后果的案例。[72] 复杂性可能就是需要付出的代价，但科克(Coke)法官曾写道：法律知识是互相联系和复杂的(*cognitio legis est copulata et complicata*)。[73] 希望通过简单的法律分析来解决一个复杂的法律争议是不现实的。正如我也曾写道：

> 简单是有代价的，而牢记这个代价至关重要。简单有着与生俱来的吸引力，用一种更为复杂的理解来取代一种简单的理解是相当困难的。富拉格(Fullagar)法官在谈到“诱使我们将华而不实的对称性引入到法律诱惑总是困扰着我们”时就提到了这一点。[74]

第五部分　关于不当得利的趋同观点

关于不当得利，尽管如上所述英澳两国之间存在诸多分歧，但同时两者的共同点也相当鲜明。三位澳大利亚知名学者就从不同立场讨论了本文提及的几个观点。他们写道：

> 无法合理自圆其说，在衡平法下总是不可避免，甚至在很多情况下，即使早在 1875 年澳大利亚法律就开始从英国法律中独立出来，这

---

[71] *Caltex Refineries*(*Qld*) *Pty Ltd. v. Stavar*[2009]NSWCA 258,(2009)75 NSWLR 649[179](same point in tortious context),and see I. Jackman,“Restitution and Subrogation”(n 27)111.

[72] Burrows,“The Australian law of restitution”(n 7)70.

[73] “Knowledge of the law is interconnected and complex.” E. Coke,*First Part of the Institutes of the Law*,16th edn(London,F. Hargrave and C. Butler,1809),Vol. 1,283.

[74] M. Leeming,“What is the trust?”(2009)7 *Trusts Quarterly Review* 5,12 - 13,citing *Attorney General*(*NSW*) *v. Perpetual Trustee Co Ltd.* (1952)85 LCR 237(HCA)285.

一司法根源也为历史探索提供了颇具意义的起点，但从衡平法角度却无法作出什么强有力论述，因此，这也就催生了恢复原状请求权对传统衡平法部分内容的挑战。[75]

以上文字其实揭示了几个重要问题：第一，正如其所述，“恢复原状”这一独立理论的存在是这一观点主张的前提。但至少可以这么说，在这一系列理论中，有一些在各个方面是互相矛盾的。第二，没有任何理由支撑衡平法的解释性缺陷是不可避免的论断。第三，这一见解本身是有悖常理的，显然对于统一特定衡平法原则和救济的高层次主题进行传统解释很难说是不“合理的”。第四，*Bofinger* 案本身就是过去判例延续的很好例子：19 世纪中期认识到代位求偿的局限性后，进行了改革，而新南威尔士州的这一制定法法令正是改革的成果之一，上文总结的推理过程正反映出了其与 19 世纪改革成果的直接联系。

类似地，关于 *Farah* 案和 *Lumber* 案，伯罗斯（基本可以假设他会把 *Friend* 案和 *Bofinger* 案划在了同一范畴）认为，“对于澳大利亚法律中的恢复原状原则，高等法院已经迷失了方向”。他总结道：“就法治所要求的合理性和一致性而言，将关于不当得利的推理拉回其应处的核心地位至关重要。”[76]

再一次，“应处的”核心地位假定了作者前提的正确性，但实际上却无任何理由佐证。再一次，这一主张也是有悖常理的；因为在英国和澳大利亚法律体系的历史上，大多数时候关于“不当得利的推理”都是远离了讨论中心的。对“合理性”的诉求也再一次被提及：正如其所述，“合理性”只有通过建立新的概念框架才能够实现。

这几位学者在提到“合理性”时可能有一些区别于其一般含义的想法，比如两种达到“合理性”的方式。一种方法更加强调统一概念（通常赋予法院在发展法律过程中的更多选择空间），而另一种则更关注与统一主题相关的法律部门，这两者或许都各有利弊。可能有人会争辩称，其中一种方法的概念框架比另一种更加合乎逻辑，两种方法的各自利弊也是如此；这似乎就是彼得·贝克斯

[75] K. Mason, J. Carter and G. Tolhurst, *Mason & Carter's Restitutiion Law in Australia*, 2nd edn (Sydney, LexisNexis, 2008) 5.

[76] *Burrow* (n 7) 85.

(Peter Birks)在某个时期曾经设想的情况。[77] 从这个意义上来说,我们无法公平地判断哪个方法是合理的而另外一个就是不合理的。举一个其他法律部门的例子,对于确定过失法律中的接近性的二步或三步法或多因素分析法[78],有关其各自优点的争论似乎无休无止。但事实上以上每一个都是分析判例法体系这一巧妙设计的合理方法。

在其他情况下,贝克斯对合理性的拥护,与其说他是严谨有序稳定的法律体系的描述者,不如说他是一个推动分类学发展的典范。贝克斯写道:"合理性是否最终要求区分履行得利还是其他方式得利,这是一个难题,也是普通法中的一个重要问题"。[79] 这句话对"合理性"提出了一个不同以往的含义,甚至假定了存在一些柏拉图式的关于法律体系的理想描述,或者其中至少有一部分关于"不当得利"规则描述仍有待发现。用一个单一的衍生原则来解决涉及恢复原状法律的各类复杂案件,无疑具有非凡意义,较之过失类案件完全不同,因为过失往往只涉及双方争议,其核心法律关系也更容易认定。另外,当这一法律体系延伸到了衡平法院所确立的法律部门时,其意义就更加非同寻常了,因为高等法院对于不当得利方法的批判具有法律效力。高等法院认为:

> 这些面面俱到的理论可能与早已确立的衡平法原则和救济存在根本冲突。在本案判决理由的开篇中就已提到,在创设符合本案件特性的特定救济方面,衡平法具有相当的重要性。[80]

这段文字强调在如此精确的结构下组织衡平法院的判决推理是一向为历史所排斥的。

---

[77] P. Birks, "Equity, Conscience and Unjust Enrichment" (1999) 23 *Melbourne University Law Review* 1, 2: "the recognition of the law of unjust enrichment is a genuine advance in the rationality of the common law, Since rationality and justice go hand in hand, it should not be repudiated."

[78] Contrast *Anns v. Merton London Borough Council* [1978] AC 728 (HL); *Caparo Industries Plc v. Dickman* [1990] 2 AC 605 (HL) with the Australian approach, the authorities relating to which are collected in *Caltex Refineries* (n 71) [101].

[79] P. Birks, "At the expense of the Claimant: Direct and Indirect Enrichment in English law" (2000) *Oxford University Comparative Law Forum* 1, text after n 12.

[80] *Bofinger* (n 23) [91]. See also M. Leeming, "Equity, the Judicature Acts and Restitution" (2011) 5 *Journal of Equity* 199 at 222 – 227.

在维多利亚女王时代的人,具有讽刺意味的是,同样是维多利亚时代的人制定了1873年与1875年的《司法组织法》(Judicature Acts),将普通法法院、衡平法院以及民事高等法院安排在同一办公楼中(更不用说在电灯商用普及后随即在楼中到处安装了电灯)[81],认为他们已经完全了解自然世界,而20世纪的任务只是通过更为细致方式来度量自然现象罢了。事实上,他们大错特错。“如果说当今的科学家们变得更加谦逊了的话,那可能是因为他们回想起了十九世纪先辈们的那番荒唐言论,当时他们对于宇宙的所有认知在短短几十年后就被证明是完全不充分的了”。[82]

一个法律体系的合理概念框架没有必要像自然世界一样复杂。但同样地,也没有道理说历经数十年形成的思维方式就一定是不正确的。毕竟,选择合适的一般性文字来描述我们法律体系中的一个方面也不是一件简单的事。如果要创设一个新的概念框架,我们需要的是对其作出合理解释,而不是非要将它归入已有的概念框架。

---

[81] See D. Brownlee, *The Law Courts*: *The Architecture if George Edmund Street* (Cambridge, MIT Press, 1984) 348 – 51. I am very grateful to Stephen Gageler for the reference eo this fascinating account of law and architectural reform.

[82] B. Stableford, *The Mysteries of Modern Science* (London, Routledge & Kegan Paul Ltd., 1977) 6.

第三章　衡平法赎回权的阻碍：不断变化的衡平法干预

菲奥娜·伯恩斯(Fiona Burns)

第一部分　引　言

在过去的两个世纪里,关于抵押的法律发生了一些巨大的变化。其中重要的一点,就是对反“阻碍衡平法赎回权”的传统法律的思考。长期以来确立了这么一个原则:抵押人和抵押权人不得达成会阻碍抵押人抵押回赎的协议,尤其是在抵押所担保的债务全部清偿的情况下。因此,有一段时期将(可能)导致衡平法赎回权消灭的一系列方式均视为自动无效。① 然而现在,情况已经发生了改变。反阻碍衡平法赎回权原则(doctrine against clogs on the equity of redemption,本章中简称“反阻碍原则”)* 的适用发生了巨大的变化,突破了其字面上的含义。有的法院已修改或放宽了反阻碍原则,有的法院提出应彻底废除反阻碍原则。随着法院态度的改变,知名学者们对反阻碍原则的探讨仍在继续,不过研究的重点(已不再是这一基本原则本身)已经转移到了有关重大修改的性质。②

---

① See eg *Jennings v. Ward*(1705)2 Vern 520,23 ER 935.

* 是指反对抵押协议中规定禁止或限制抵押人在清偿或履行义务后赎回抵押物的任何条款和任何程序。这是基于衡平法良心原则进行的。——校者注

② P. Butt, *Land Law*, 6th edn(Sydney, Lawbook Co, 2010) paras[1831] - [1847]; *Falconbridge on Mortgage* ch 3(May 2003); K. Gray and S. Gray, *Elements of Land Law*, 5th edn(Oxford, Oxford University Press, 2009) paras[6.2.22] - [6.2.46].

本章的重点是以反阻碍原则为试金石来检验衡平法介入[③]不断变化的性质。第一，本章将简单回顾传统抵押法的发展历程和衡平法院对其发展做出的贡献，包括衡平法赎回权（equity of redemption）、衡平法上的赎回权利（equitable right to redeem）和反阻碍原则。衡平法院认为衡平法赎回权是财产法中的一项重要权利，反阻碍原则最终也是为了保护衡平法赎回权。第二，本章将对过去两个世纪影响了抵押法律实践以及衡平法赎回权、衡平法上的赎回权利和反阻碍原则三者框架的几个法律环境变化情况进行分析。第三，本章将分析英国、澳大利亚、加拿大和新西兰的现代法院是怎样运用反阻碍原则的。最后，我们得出结论：18 世纪前，在衡平法赎回权、衡平法上的赎回权利和反阻碍原则的联合作用下，基于良心的衡平法得以明确制定并广泛应用。18 世纪以后，一些颇具影响力的解读方式影响了抵押法的解释，反过来也影响了衡平法的管辖权。

第二部分 20 世纪前有关法律原则的发展

一、衡平法赎回权和衡平法上的赎回权利

英国法下关于抵押的法律经历了漫长又复杂的发展历程，本章中就不作详析。[④] 但关于反阻碍原则，以下几点仍值得一提。

在 15 世纪末，创设普通法上抵押（legal mortgage）的基本机制已经建立。普通法上的抵押通过转让普通法上地产权（legal estate）得以创设，若抵押人能清偿该抵押所担保的债务，则抵押人能重新占有该土地。[⑤] 若抵押人未能按期清偿债务，则抵押权人将作为所有权人持有该土地，且不再受前述规定约束。抵押人也因此处于劣势地位，对该土地不再享有任何地产权益，也就无法再占有该土地。

到 17 世纪末，普通法上的非限嗣继承地产权转让（legal conveyance of the

---

③ 因此，本章节不讨论法律改革机构例如安大略法律改革委员会的改革措施，*Report on The Law of Mortgages*（Toronto，Ontario Ministry of the Attorney-General，1987）31；Law Commission，*Land Mortgages*（Working Paper No. 99，1987）68 – 73，190 – 206；Law Commission，*Transfer of Land — Land Mortgages*（Law Com No. 204，1991）paras[6. 42 – 6. 43].

④ For a helpful discussion see：AWB Simpson，*A History of the Land Law*，2nd edn（Oxford，Clarendon Press，1986）141 – 143；C. Harpum，S. Bridge and M. Dixon，*Megarry and Wade：The Law of Real Property*，7th edn（London，Sweet & Maxwell，2008）paras[24 – 007] – [24 – 018].

⑤ Butt（n 2）para[1804].

fee simple）得以延续下来，但因为在衡平法院“再转让附带条款”（proviso for reconveyance）或“回赎附带条款”（proviso for redemption）[⑥]可强制执行，这一转让的效力发生了变化，即抵押人有权在合同约定的到期日前清偿债务，则该普通法上的转让随即解除。[⑦] 不过，抵押人的权利不仅限于合同约定。衡平法院主动为维护抵押人的权益采取了独特的裁判方式。这在原则中得以体现：衡平法赎回权（the equity of redemption）和衡平法上的赎回权利*（the equitable right to redeem）。[⑧] 起初衡平法院只在疑难案件中给予抵押人这类救济，但到17世纪末，衡平法院就广泛承认了衡平法赎回权和衡平法上的赎回权利的适用。[⑨]

衡平法赎回权和衡平法上的赎回权利，尽管两者都须与反阻碍原则关联来进行讨论，但对两者进行区分至关重要。[⑩] 衡平法赎回权是指抵押人对其财产拥有的衡平法上的地产权，即在衡平法下抵押人仍是该土地的所有权人，在抵押设立并生效时即形成。衡平法赎回权是抵押人可行使的所有人权益，但其行使不得损害抵押权人利益。[⑪] 自此在实践中法院通常认定，即使存在普通法上的抵押，但在衡平法上，抵押人仍然是地产的所有权人，法院甚至将抵押人的权

---

⑥ “再转让附带条款”在17世纪以前似乎就已经存在，但直到17世纪末才成为抵押法中不可抗辩的要素：see R. Turner, *The Equity of Redemption*（Cambridge, Cambridge University Press, 1931）21。

⑦ Butt（n 2）para［1804］.

* 这两种权利是有区别的。衡平法上的赎回权是指抵押人随时可以行使衡平法上的赎回权，不管期限是否已过，只要在抵押权人没有出售抵押物之前支付本息和费用，就可赎回。衡平法上的赎回权利是指在抵押物归档日至拍卖出售期间，一般是九十天，抵押人只要支付了本息和相关费用，就可赎回，过了法定时期，则无法赎回。——校者注

⑧ 根据Turner（n 6）56，“衡平法赎回权”一词首次出现在1654年，*Duchess of Hamilton v. Countess of Dirlton*（1654）1 CH R. 165, 21 ER 539。关于衡平法赎回权，有一点甚是有趣，那就是使用了在基督教中被视为宗教词汇的表述：See F. Alexander, “Property and Christian theology” in J. Witte and F. Alexander（eds.）, *Christianity Law: An Introduction*（Cambridge, Cambridge University Press, 2008）205, 206－207。

⑨ Simpson（n 4）245; Butt（n 2）para［1805］.

⑩ Butt（n 2）para［1805］; P. Young, C. Croft and M. Smith, *On Equity*（Sydney, Lawbook Co., 2009）para［9.240］. See Viscount Haldane LC in *Kreglinger v. New Patagonia Meat and Cold Storage Co. Ltd.*［1914］AC 25（HL）35 considering the effect of the Council of Lateran in 1179.

⑪ *Casborne v. Scarfe*（1738）1 Atk 603, 605; 26 ER 377, 379. See also *Sparrow v. Hardcastle*（1754）3 Atk 798, 805; 26 ER 1256, 1260; *Tarn v. Turner*（1888）39 Ch D 456, 460－61; Turner（n 6）69－76; Simpson（n 4）245; See also the observations of Lord Nottingham in D. Yale（ed）*Lord Nottingham: Prolegomena of Chancery and Equity*（Cambridge, Cambridge University Press, 1965）282 reprinted in D. Heydon and P. Loughlan, *Equity and Trusts: Cases and Materials*, 7th edn（Sydney, LexisNexis Butterworths, 2007）para［15.2 E］; John Brunyate（revised）, *FW Maitland, Equity: A course of Lectures*（Cambridge, Cambridge University Press, 1947）194. 现代研究者对衡平法赎回权的所有权性质的讨论，See E Cousins and I Clarke, *Cousins on the Law of Mortgages*, 2nd ed（London, Sweet & Maxwell, 2001）paras［17－01］－［17－02］.

益与信托受益人权益相类比。[12] 衡平法赎回权极具创新精神，现代评论家如此评论：

> 它是衡平法最早期、最伟大、最特别的成就之一，这是在特殊案例中的衡平法干预更为普遍、持续、可预测地适用的经典例子，它将个人的行为"权利"转化为所有人权益，一种可买卖、遗赠的衡平法上的权利。[13]

衡平法上的赎回权利并非形成于最初抵押设立之时，而是形成于合同期限届满且抵押人未按照合同条款之约定回赎抵押物之时。[14] 从普通法角度看来，一旦抵押人不能在到期日清偿债务，抵押物无条件归为抵押权人所有且抵押人无权再获得该财产；然而从衡平法角度看来，抵押根本上是一种担保，抵押权人最主要的权利就是获得抵押人清偿的款项。[15] 只要地产权的转让是以担保为唯一目的的，那么在衡平法上，直到衡平法赎回权因终止赎回权（foreclosure）或时效终止而消灭前该地产权就仍然是可回赎的。[16]

R. W. 特纳（Turner）注意到有观点认为衡平救济的设立本质上是以合同为基础的（但他对此提出了质疑），且衡平法院已认定清偿债务的时间并不是合同的成立要件。[17] R. W. 特纳指出，这是在"向衡平法院大法官灌输已经过时近半个世纪的理论"。[18] 反过来，特纳强调大法官们认为这种衡平救济是在落实"衡

---

⑫ Turner(n 6)76 - 77, 166 - 75. *Re Sir Thomas Spencer Wells*[1933] Ch 29(CA). Consider the argument in *Casborne*(n 11)685; 379.

⑬ Heydon and Loughlan(n 11) para[15.1]. 现代法院的衡平法赎回权的讨论见 *Petranik v. Dale*[1977]2 SCR 959(SCC)966 - 68(Dickson J)案。

⑭ Cousins and Ross(n 11)292 - 294.

⑮ *Thornborough v. Baker*[1676]1 Ch Cas 284, 22 ER 364.

⑯ Turner(n 6)61 - 62. 因此，只要抵押未终止回赎，衡平法院就给予未能在合同期限内还清债务的抵押人以救济。据 Turner(at 24)，这一实践在伊丽莎白一世统治时期就开始实行。Turner 指出(at 27)，在此之后债务到期后的赎回权利就成为抵押人的推定权利。Note the early cases *Emmanuel College v. Evans*(1625)1 Ch Rep 18, 21 ER 494 495; *Hales v. Hales*(1636)1 Ch Rep 105, 21 ER 520; *Porter v. Emery*(1637)1 Ch Rep 97, 21 ER 518。

⑰ Turner(n 6)41.

⑱ Ibid.

平法上的良心”(equitable conscience),[19]而这可以从两个层次来辨析。首先,抵押只是一种担保,只要抵押权人得到约定的清偿,清偿的时间早晚其实并不重要。[20] 再者,从更广义的角度来说,衡平法院在乎的是抵押权人没有不正当地占抵押人的便宜。[21]

尽管法官们和评论家们已经明确地区分了衡平法赎回权和衡平法上的赎回权利,但两者其实就是同一个硬币的两面。抵押人拥有赎回权:表现为衡平法赎回权以及在合同约定的回赎期限到期后进行回赎的个人权利。[22] 鉴于抵押人有重大衡平法上的地产权,抵押人和抵押权人之间的交易也只不过是一个担保,如果抵押人在终止赎回权之前无权偿还逾期债务,那就有违良心了。[23]

二、阻碍衡平法赎回权或赎回权利

衡平法院所关心的是,如何最终保护抵押人的权益和其对土地的法定权利,并最终不再受到抵押负担的约束。衡平法院认识到抵押权人可能会做出不正当的行为,创设一个致使抵押人即使清偿全部债务也无法重获地产权的抵押。因此,对于抵押权人试图利用合同条款破坏衡平法赎回权或衡平法上的赎回权利的所有权性质的行为,衡平法院立刻作出了反击。[24] 在 17 世纪末以前,即使双方在订立契约之时或之前已经同意放弃赎回权,抵押人也自动拥有赎回权。[25] 当时还有一些名言可以反映这一点,如“一时是抵押,永远是抵押”;[26]“对衡平法赎回权的任何阻碍都不应当存在”;“土地回归抵押人时应如其分离时一

---

⑲ Ibid.

⑳ Ibid. See also Simpson(n 4)246.

㉑ *Kreglinger*(n 10)35 – 36(Viscount Haldane LC).

㉒ E. Sykes and S. Walker, *The Law of Securities*, 5th edn(Sydney, Lawbook Co, 1993)156.

㉓ 终止赎回权时,抵押人财产中全部的受益权归抵押权人所有,且衡平法赎回权和回赎的衡平法权利失效:Butt(n 2)para[18124]. An early case of foreclosure was *How v. Vigures*(1628)1 Ch Rep 32, 21 ER 499。

㉔ “此处阻碍的意思是指给动物或者人系上木块以阻碍其前行”,见 Simpson(n 24)245。

㉕ See eg *Newcomb v. Bonham*(1681)1 Vern 7, 23 ER 266; *Howard v. Harris*(1681)1 Vern 33, 23 ER 288; (1683)1 Vern 191, 23 ER 406; *Clench v. Witherly*(1678)Rep Finch 376, 23 ER 206.

㉖ *Newcomb*(n 25); *Seton v. Slade*(1802)7 Ves 265, 273; 32 ER 108, 111. See also Cousins and Clarke(n 11)paras[18.06] – [18.13].

样”。[27] 这些说明赎回权合理性的言论强调的正是一再重申的理念，那就是抵押仅仅只是一种担保(即使在原抵押人过世后)，始终可以回赎。[28]

反阻碍原则的概念有三个重要的方面：

第一，衡平法院是凭良心裁判的法庭，法院想确保抵押权人不作出有违良心的行为，滥用其占实际有利的议价地位。[29] 而且，衡平法院在此之前已经通过严禁高利贷对议价施加了诸多的限制。[30]

第二，对于衡平法赎回权的任何潜在阻碍，都进行严格的效力解释。衡平法院不支持任何在法律上或实际上阻碍抵押赎回权的方式或条款，法院拒绝执行以下条款：只允许抵押人自己行使赎回权；[31]把赎回期限无限延长而无法提前赎回；[32]赋予抵押权人附加利益，如购买土地的选择权。[33] 曾有一段时间还存在过这样的担忧：明示的出售权力构成对衡平法赎回权的阻碍。[34] 因此，“结果就是衡平法院完全无视双方达成一致的条款，对抵押交易进行自由干预；没有比这更漠视合意神圣性的法律了”。[35]

第三，最初用来概括反阻碍原则的短语是“反阻碍衡平法赎回权”，强调了衡平法赎回权本身是不会因抵押的形成而受到束缚、阻碍或被解除的。不过可惜的是，“阻碍衡平法赎回权”的说法并不准确。与衡平法赎回权的保护完全并列且同样重要[36]的是对衡平法上赎回权利的保护。[37] 在 *Kreglinger v. New Patagonia Meat and Cold Storage Company Ltd.* 案[38]中，帕克(Paker)法官就阐述了合同约定的回赎期限过后仍应保护个人衡平法上的赎回权利：“不能行使合

[27] See generally Turner(n 6)62,175.

[28] *Newcomb*(n 25).

[29] *Vernon v. Bethell*(1762)2 Eden 110,113; 28 ER 838,839.

[30] P. Atiyah,*The Rise and Fall of Freedom of Contract*(Oxford,Clarendon Press,1979)65 – 67. See R. Tawney,*Religion and the Rise of Capitalism*(Harmondsworth,Penguin Books,1938).

[31] *Newcomb*(n 25).

[32] *Talbot v. Braddill*(1683)1 Vern 183,23 ER 402;(1686)1 Vern 394,23 ER 539.

[33] *Jennings*(n 1).

[34] Turner(n 6)179.

[35] Simpson(n 4)246.

[36] 对不同文本分析后表明衡平法赎回权和回赎的衡平法赎回权利是最容易混淆的两个概念：See eg Gray and Gray(n 2)paras[6.2.7] – [6.2.9]; Butt(n 2)para[1831]。

[37] Butt(n 2)para[1831].

[38] *Kreglinger*(n 10).

同权利衡平法不得通过抵押契据中的或抵押交易中的任何条款约束或限制因未能行使合同上的权利而产生的衡平法上的权利。”[39]有趣的是，帕克(Paker)法官强调反阻碍原则保护衡平法上的赎回权利，[40]提出抵押契据的合同解释(和反阻碍原则)不一定需要涉及对抵押人的所有者权益的保护。下文将深入讨论这一问题。[41]

抵押人的赎回权是由(即使在合同约定的期限之后)个人回赎抵押物的衡平法上的权利以及衡平法上其对该土地的所有者权益组成的，因此，反阻碍原则可能更准确来说是一个保护抵押人的“赎回权利”不受阻碍的原则。[42]

第三部分　历史变迁和反阻碍原则

17 世纪以来，反阻碍原则就在英国法中根深蒂固了，但在历史进程中仍然有一些重大变化引发了根本性的反思，即抵押人获得特殊的赎回权利和反阻碍原则下相应的保护是否有在法律上或实践上的必要性。

一、作为交易条件的抵押

1. 高利贷的废除

在 1854 年，废除反高利贷法。[43] 这是在 19 世纪关于抵押法规的一个重要变更，不容忽视。高利贷的废除对于反阻碍原则有着深远影响。在 *Kreglinger* 案中，维斯康特·赫尔丹(Viscount Haldane)大法官指出，限制利率的公共政策也影响了衡平法的实施，[44]衡平法会干预抵押契约中的任何高利贷条款和有违反阻碍原则的附加条件条款(collateral advantage)。* 一旦废除关于高利贷的法律，对附加条件的限制也就放松了，只要附加条件不是显失公平的，也不会导致

---

[39] Ibid. 48.

[40] Ibid. 48 – 49.

[41] See Part Ⅲ(A)(ii).

[42] Sykes and Walker(n 22)156.

[43] Usury Laws Repeal Act 1854(UK).

[44] *Kreglinger*(n 10)35 – 36.

* 附加条件条款是指抵押合同中，抵押权人阻碍或羁绊抵押人赎回衡平权利的条款。——校者注

抵押无法回赎,法院就可以放宽限制附加条件的规则适用。[45] 当然,也有人持不同的看法,特纳(Turner)对于有关高利贷的法律和反阻碍衡平法赎回权原则之间的联系提出了质疑。[46] 他论证道,在涉及反阻碍原则的案件裁判中鲜有援引关于高利贷的法律或判例,即使有,也都是关于保护抵押人以免他们迫于压力通过合同放弃衡平法赎回权。总而言之,*Kreglinger* 案判决中论述可能是正确的,抵押人和抵押权人应能够就抵押契约的条款进行协商,不为所谓过时的限制所阻碍,而废除对抵押契约创设和其中内容的一些限制规则将为这一观点提供新的支持。[47]

2. 意志论、合同法和新抵押人

无论有关高利贷的法律对于反阻碍原则有多大影响,在反高利贷法废除的年代里,高呼"契约自由"(freedom of contract)和"意志论"(will theory)的新个人主义占据了统治地位。[48] 每一个自主的个人按照其在合同文本中作出的、体现其坚定意图的明确承诺承担义务。法院对于干预所谓"蚀本生意"的态度更加谨慎,对具体合同条款和标准作出规定的可能性也很低,特别是在合同双方以执行平等条款为商业对手的案件中。从抵押案件的整体情况来看,衡平法院对于经济交易公平性的裁判积极性有所下降。[49]

随着契约自由观念的崛起,在 19 世纪新的商业和产业背景下,对于抵押人、抵押权人和地产权的传统界定特征也发生了变化。抵押人原先是指那些需要得到保护以免抵押权人之损害的人(通常为土地乡绅阶层),因为潜在抵押权人为了能够凭借有利条款而获得赋予他们特殊地位的地产权可能会使用一些阴谋诡计。

在 19 世纪和 20 世纪,尽管仍然认为土地是非常实用的不动产,但它已经成为一种纯粹交易的商品。[50] 再者,已经有人指出,在近现代抵押人并不一定处

---

[45] Ibid. See generally P. Devonshire,"The Modern Application of the Rule Against Clogs on the Equity of Redemption"(1997)5 *Australian Property Law Journal* 21.

[46] Turner(n 6)182.

[47] See the comments of Lord Mansfield quoted in Atiyah(n 30)124.

[48] See Atiyah(n 30)212 – 16.

[49] 有关处罚金和财产没收的救济,参见 C. Rossiter,*Penalties and Forfeiture*(Sydney,LawBook Co.,1992)3 – 12,20 – 23。

[50] A. Pottage,"Evidencing Ownership" in S. Bridge and J. Dewar(eds.),*Land Law*:*Themes and Perspectives*(Oxford, Oxford University Press, 1998) 129, 136 – 42; A. Pottage,"The Originality of Registration"(1995)15 *OJLS* 371,388 – 393.

在危机状态中，因为他们认为比从股东或合伙人处寻求资金，抵押资产来借款的方式要高效得多。通过抵押贷款购买家庭住房的个人抵押人能够在经济上有所保障，并有希望成为“财产的所有民主制”[51]中的一部分，从而获得社会流动。[52] 值得注意的是，抵押权人的目的是通过提供资金来获取收益，而非寻求获得地产权的机会。[53] 具有掠夺性质的借贷行为和近年来的全球金融危机，在一定程度上挑战了对于近现代抵押人和抵押权人的描述，因为抵押人可能不完全了解他们所订立的抵押合同的复杂性，可能也无力按照条款中的约定偿还抵押贷款。无论如何，这都凸显出当今抵押的复杂性、灵活性和必要性。

因此，在 19 世纪末的英国，合同法的崛起，或者说安迪亚（Atiyah）提出的“由财产法到关于财产的合同法转变”，为反阻碍原则的特殊存在带来了巨大挑战。[54] 相应地，一些法官从合同法视角，而非传统的财产法视角，对反阻碍原则的本质和延伸进行了严格审查。上诉法院对 *Santley v. Wilde* 案[55]的判决就是一个很好的例子。在当时，抵押人（承租人）同意将从转租或分租中得到的部分净利润支付给抵押权人条款，在抵押契约中越来越常见，而上诉法院也对其中体现的契约自由原则进行了明确解释。有人质疑这里的附加条件（collateral advantages）条款是对衡平法赎回权的一种阻碍。但法院认为，本案中的抵押合同并没有妨碍抵押人回赎抵押物。尽管合同规定抵押人在回赎前需要给付基于地产权产生的净利润的三分之一，但该抵押还是可回赎的。从抵押权人所承受的商业风险以及租约上的担保可能并不充分的角度来看，维持附加条件条款的可强制执行性还是有必要的。[56] 这是讨价还价的一场交易，不存在强迫情形，因而也就没有可用的法律救济。[57]

于是，抵押变成了交易条件，附加条件是可允许的议价工具，而不是压迫或有违良心行为的自动证据。同样值得注意的是，对违反合同或交易条件的救济

---

[51] See generally Gray and Gray（n 2）para［6. 2. 14］.

[52] Ibid.

[53] 的确，抵押权人通常以占有抵押的地产作为最后的维权手段：见 Butt（n 2）para［18106］。

[54] Atiyah（n 30）103. See also E. Firth，“Freedom of Contract in Mortgages”（1895）11 *LQR* 144.

[55] *Santley v. Wilde*［1899］2 Ch 474.

[56] Ibid. 476. As Lord Lindley also observed in *Noakes Co Ltd. v. Rice*［1902］AC 24（HL ）36，这种租赁权就是一种损耗性资产，“由于其本身性质，其在抵押状态赎回时无法被返还”。

[57] *Santley*（n 55）. See also Sir FH Jeune at 477.

是损害赔偿金而不是财产性救济。尽管如此,普遍的赎回权意味着抵押人清偿其在抵押下所欠债务后有权进行赎回并重获无负担的产权。

Santley 案的判决并没有获得普遍认可。[58] 不过,抵押到底是否涵盖在“交易”(bargain)的广义概念范围内,这一问题仍然令人头疼,人们依然对反阻碍原则和契约自由的关系争论不休。在 *Bradley v. Carritt* 案中,英国上议院以微弱多数作出判决,认定在抵押赎回后继续有效的附加个人义务有违反阻碍原则。[59] 但沙旦(Shand)法官和林达莉(Lindley)法官(都持反对意见)认为附加义务并没有限制赎回权。[60] 在 *Samuel v. Jarrah Timber and Wood Paving Corporation Ltd.* 案中,上议院认为购买选择权构成对衡平法赎回权的阻碍。[61] 而赫尔佰里(Halsbury)大法官惋惜道:“双方订立的是一个完全公平的交易,每一方都明确知道自己在做什么,但却因为双方同时达成的抵押协议,这一交易无法执行。”[62]与之相反,30 年后,上诉法院在 *Knightsbridge Estate Trust v. Byrne* 案[63]中认定成功让一项抵押超过 40 年无法赎回的条款不构成对衡平法赎回权的阻碍,因为如果作出相反判决就会干预到商业现实。[64] 本案判决是支持契约自由的经典案例。[65]

尽管如此,反阻碍原则并没有因为意志论和契约自由的崛起就被弃之一边。其中一个原因就是它在英国法中太为根深蒂固,根本不可能被直接抛弃,即使在 *Santley* 案中,林达莉(Lindley)法官也认可了抵押人的赎回权。[66] 另一个原因就是旧的抵押法被法院吸收入了合同法,因此,在 *Tarn v. Turner* 案[67]判决中有提到:“衡平法院认定双方之间订立了真正合同的,那么即使文件表面上没有明确说明,法院也会承认该合同的效力。”[68]

---

[58] See eg *Noakes*(n 56).

[59] *Bradley v. Carritt*[1903]AC 253(HL).

[60] Ibid. 279 – 280(Lord Lindley),265(Lord Shand).

[61] *Samuel v. Jarrah Timber and Wood Paving Corporation Ltd.* [1904]AC 323(HL).

[62] Ibid. 325. See also Lord Macnaghten(at 327). See also the comments of Lord Parker in *Kreglinger* (n 10)47. Both the Earl of Halsbury LC and Lord Macnaghten in *Noakes*(n 56) disagreed with the decision in *Santley*(n 55).

[63] *Knightsbridge Estate Trust v. Byrne*[1939]Ch 441(CA).

[64] Ibid. 454.

[65] See Atiyah(n 30)675.

[66] *Santley*(n 55)474 – 75.

[67] Tarn(n 11).

[68] Ibid. 459.

最后，在 *Santley* 案、*Bradley* 案、*Samuel* 案甚至是 *Knightsbridge* 案的判决已经作出时，“契约自由”理论就已经开始式微了，议价自由原则并不能完全按照字面意思适用任何案件。[69]

3. 作为合同的抵押和衡平法上的干预

尽管安迪亚(Atiyah)认为19世纪是衡平法的衰退期，[70]但关于抵押的衡平法管辖权并未减小。首先，衡平法的规范确实受到了挑战但并未被抛弃，法院仍然承认抵押的特殊性质和上文所描述的一般赎回权。[71] 其次，从18世纪起，衡平法扩大了其管辖权以对衡平法上的诈欺行为提供相应救济。[72] 当法院行使衡平法上管辖权，从合同角度审查抵押行为时，法院会将抵押视为交易，那么也就可以同时行使衡平法上对交易的管辖权，针对压迫、显失公平的行为提供救济。[73]

在 *Kreglinger*[74] 案中，帕克(Paker)法官关于抵押中附加条件的著名论断呈现出有趣的两重性，这正是对衡平法上的“良心”(*conscience*)概念有两种不同的解释和适用导致的结果。帕克(Paker)法官说，附加条件的条款除非是：“(1)显失公平、有违良心的；(2)具有处罚性质且阻碍衡平法赎回权，或(3)与约定的、赎回衡平法权利不一致或相矛盾，否则这一条款就是有效的。”[75]因 *Kreglinger* 案改变了在反阻碍原则适用方面有关的法律，所以，该案被认为是切断了历史性的束缚。[76] 然而结合之后的判例法来看，*Kreglinger* 案结合了新旧观点或许才是更恰当的说法。一方面，与将抵押认定为担保的旧观点相一致，帕克(Paker)法官认为，不管是附加条件还是处罚条款都不会构成对衡平法赎回权或赎回权的阻碍。另一方面，法院也承认附加条件条款是抵押作为交易条件的一部分，附加条件(或者说实际上就是整个抵押)不可能是显失公平或者有违良心的。后一限制是在各种合同情形下广泛适用的一般原则，也包括抵押合同的情况。所

---

[69] Atiyah(n 30)693 - 715.

[70] Ibid. 392 - 394, 671 - 80.

[71] Ibid.

[72] A significant decision in this regard was Lord Hardwicke in *Earl of Chesterfield v. Janssen*(1750)2 Ves Sen 125, 155 - 57; 28 ER 82, 99 - 101. Note also the comments of Lord Haldane LC in *Nocton v. Ashburton*[1914] AC 932(HL)954.

[73] See eg *Santley*(n 55)479(Romer LJ).

[74] *Kreglinger*(n 10).

[75] Ibid. 61.

[76] See generally Devonshire(n 45)28.

谓抵押的显失公平与有违良心的性质,是由交易的商业性质、双方的立场和独立意见的水平、可用性共同决定的。由于裁判结果可能会受到各种各样因素的影响,法院的判决不会是可预料的定局。这种两重性,换句话说,就是衡平法上的良心的两种不同呈现方式,为如今反阻碍原则的适用方式建立了框架。[77]

二、新抵押

1. 作为权利负担的抵押(Mortgage as a Charge)

认识到一些地产抵押的根本性质已经发生了改变至关重要。其中一个变化是转向登记取得产权制度(title-by-registration system)。传统抵押受到衡平法赎回权和衡平法上的赎回权利的约束,将普通法上的地产权转让。但随着登记取得产权的出现,抵押本质上就变成了纯粹的担保物权,抵押人对土地保留普通法上的产权,抵押作为在该财产上创设的法定担保而生效。抵押权人因此获得土地上的权益,但这一权益既不是普通法上的地产权也不是其他形式的地产权。[78] 抵押权人获得的一系列权力和权利在抵押人因未履行其义务而构成违约的情形下可以行使。因此,如果衡平法赎回权和反阻碍原则的主要功能,就是承认抵押人对财产持续的所有权和抵押权人担保有限性的话,那么,关于形成衡平法赎回权和反阻碍原则的法定条件不复存在的观点,仍相当有待商榷。

无论如何,都不应当将现代抵押的不同法律性质夸大为赎回权或反阻碍原则式微的有力理由。当然,特纳(Turner)认为,衡平法院对衡平法赎回权的承认是将现代抵押认定为法定担保的萌芽征兆。[79] 尽管在登记取得产权制度中现代抵押有不同的法律性质,但法官和评论家们还是普遍强调这不应当影响赎回权实施。转让程序可能因登记取得产权制度而改变,但是,回赎的基本原则和司法自由裁量权的行使仍不会变化。[80] 在登记取得产权制度中抵押的登记仍会相应减损抵押人

---

[77] 抵押条款作为另一种合同内容也会对抵押的约定产生重要影响,被认为是以授信为目的的合同;参见在 Gray and Gray(n 2)paras[6.2.49]-[6.2.55]对于消费者信用的讨论。

[78] Butt(n 2)para[1821]. For Australia See eg Real Property Act 1900(NSW)s 57; *English Scottish and Australian Bank Ltd. v. Phillips*(1937)57 CLR 302(HCA)321. For a helpful discussion of the Canadian situation which permits both registration of title and title-by-registration see *Falconbridge on Mortgages*(n 2) §8.20 – §8.30(May 2007).

[79] Turner(n 6)128.

[80] *Perry v. Rolfe*[1948]VLR 287(VSC)302.

权益，[81]因此，抵押人希望清偿欠款就能回赎抵押物，登记抵押的解除，重获无负担的产权，这样的行为也是可以理解的。值得一提的是，在澳大利亚，如果抵押不是基于担保而是转让创设的，衡平法就会介入并承认可得到中止执行（caveat）或禁令救济（injunction）保护的衡平法赎回权。[82] 按照以往的观点，本案情形下对衡平法赎回权的承认就意味着其在调整现代抵押法律关系中仍然起到作用。

2. 复杂的抵押交易

另一个改变抵押根本性质的因素就是更为复杂的抵押交易发展，或说是那些提供给抵押人更多灵活性，同时使抵押权人面临的商业风险最小化的“产品”的发展。[83] 抵押也已经成为多方商业交易的一部分，涉及的也不再是简单的抵押人和抵押权人之间的法律关系，而是为商业伙伴或共同投资者的责任提供担保的重要机制。

第四部分　当代司法对待反阻碍原则的态度

现代法庭对于反阻碍原则的态度是多面的，有时候甚至可以说是相悖的。为了探讨这一问题，需要认识到的是，早期对反阻碍原则的适用、审查和否定可以分为两个大类：第一类与反阻碍原则的传统裁判方式一致，审查的是可能阻碍赎回权（通常如此，但衡平法上的赎回权利形成后就不一定了）的合同条款。第二类是对赎回权的程序性阻碍，它的出现与传统方式之间相关联，而在抵押人质疑抵押权人在实际行使抵押权利的行为时引入。

一、对赎回权的阻碍：抵押创设时订立的或作为抵押物交易一部分的合同条款

尽管一直以来，尤其是最近几年，反阻碍原则都受到了严格审查，但有关法域内的上级法院并没有正式弃用反阻碍原则。在一些对反阻碍原则提出挑战的案例中，法院判决认为，尽管反阻碍原则并不适用于该个案，但是，它仍然是

[81] Butt（n 2）para[1823].

[82] Ibid. para[1824].

[83] Such as mortgages linked to the Consumer Price Index — see ibid[1847]. 此类抵押不被认为是不符合公共利益或违背良心的：*MutiService Bookbinding Ltd. v. Marden*[1979]Ch 84（Ch）。

现代法律的一部分,不应当被推翻。[84] 在现代判例中反阻碍原则得到法院支持的情况主要有五种。

第一,法院有时候拒绝承认使抵押人赎回权延期的条款。当然,也不是所有的这类条款在反阻碍原则下都一定无效,条款可以约定将回赎延期一段合理的时间,但抵押人应当能够在回赎的预抵押阶段重新获得抵押的财产。[85] 问题就在于这种情况下的赎回权是不是虚假的,毕竟事实上抵押人在此之后得到无负担的财产的时间相当短暂。[86]

第二,法院对附加条件(collateral advantages)条款的实施一向谨慎[87]。但附加条件条款(比如体现在约束协议中的条款)已不再被自动视为对反阻碍原则违反,这尤其体现在 *Kreglinger* 案中。[88] 该案中,帕克(Paker)法官确认,除非与约定的、衡平法上的赎回权不一致或矛盾,否则附加条件条款拥有足以确认事实的效力。[89] 尽管如此,在有一些重要的单一判例中,法院还是维持了附加条件条款构成对反阻碍原则阻碍的判决,因为附加条件条款赋予了抵押权人强制抵押人出售抵押财产的机会,[90]抑或是在抵押债务清偿之后开始生效。[91]

Bradley 案[92]被称为反阻碍原则"巅峰时期标志性"判例。[93] 该案中由一个茶叶公司的股东将其股份抵押给一个茶叶经纪人引发。同时他也与该茶叶经纪人立约,他会尽一个股东最大努力来确保由后者来销售其公司的茶叶。在公司茶叶

---

[84] See eg *Dical Investments v. Morrison* (1990) 75 DLR (4th) 497 (ONCA) 503 (Lacoucière JA); *Aribsala v. St James Homes (Grosvenor Dock) Ltd.* [2007] EWHC 1694 (Ch) [20].

[85] See *Knightsbridge* (n 63); *Hongkong Bank of Canada v. Wheeler Holdings Ltd.* [1993] 1 SCR 167 (SCC); *Attorney General of Canada v. Logan and Farm Credit Corporation* (1997) 155 Sask R 235; Harpum, Bridge and Dixon (n 4) paras [25-089]-[25-090].

[86] *Fairclough v. Swan Brewery Co Ltd.* [1912] AC 565 (PC) 570.

[87] 曾有一段时间,任何抵押附加条件都被视为对衡平法赎回权的一种阻碍;见 *Jennings* (n 1)。

[88] *Kreglinger* (n 10).

[89] Ibid. 61.

[90] Consider *Browne v. Ryan* [1901] 1 IR 653 (CA); cf *British Columbia (Attorney-General) v. Malik* [2009] BCCA 202 [37]-[40].

[91] *Noakes* (n 56) 33. Note in contrast the decision in *Biggs v. Hoddinott* [1898] 2 Ch 307 where the tie agreement was valid as a collateral advantage because it came to an end when the mortgage was repaid. For a more recent application of the approach, see *Oakdale (Richmond) Limited v. National Westminster Bank plc* [1996] EWCA Civ 568, [1997] BCLC 63.

[92] *Bradley* (n 59).

[93] *Sykes and Walker* (n 22) 74.

通过其他茶叶经纪人销售之后,抵押人同意向抵押权人支付其本应可以作为公司茶叶销售的经纪人而获得的佣金。上议院作出多数判决,认定本案中的附加条件条款以相当隐晦的方式违反了反阻碍原则。尽管抵押人确实可以不受阻碍地回赎抵押物,但如果他没有为抵押权人之利益行使股东权力,就会产生个人义务和经济处罚,那么在回赎之后他基于股份拥有的权利仍然是受到限制的。抵押人就会被迫保留股份以便对公司的决策程序施加一定影响。[94] 赛克斯(Sykes)和沃尔克(Walker)曾对这个上议院的多判决提出批判,写道:

> 这段推理看起来是相当拐弯抹角又不同寻常,对抵押人可能个人动机太过依赖,不能完全让人信服。尽管双方之间的这一契约确实会在抵押人考虑是否出售股份所有权时有所影响,但并不会束缚抵押人作为股份持有者而拥有的股份所有权。该案的多数意见几乎就是任何附加条件条款都不可以存在了。[95]

尽管如此,本案判决的多数人意见与严格限制附加条件的传统实践是相一致的。

第三,处理购买选择权时,反阻碍原则一直以来、现在也仍然是一个相当重要的原则。传统观点看来,因为抵押不能是不可回赎的,所以,购买选择权构成对衡平法赎回权的阻碍。基于购买选择权抵押权人必然能够消灭抵押人的衡平法赎回权和赎回权,这违反了抵押人的所有人权利,因此,购买选择权应被视为无效。在 *Samuel* 案[96]中,麦克纳特恩(Macnaghten)法官指出"这项规则关乎情感而并非原则"。[97] 不过在英国、[98]加拿大[99]和新西兰,[100]尽管早期对否定购买

---

[94] *Bradley*(n 59),260 – 261(Lord Macnaghten),268 – 269(Lord Davey),270(Lord Robertson).

[95] Sykes and Walker(n 22)74.

[96] *Samuel*(n 61).

[97] Ibid. 326(Lord Macnaghten).

[98] *Reeve v. Lisle*[1902] AC 461(HL); *Samuel*(n 61); *Lewis v. Frank Love Ltd.* [1961] 1 WLR 261(Ch).

[99] *Hoar v. Mills*(No. 2)[1935]1 WWR 433(Sask CA); *Montgomery v. Montgomery*(1970)74 WWR 41(Alta SC); *Kreick v. Wansbrough*[1971]2 WWR 561(Sask QB); *Buchko v. Truelove*[2003]SKQB 465[8].

[100] *Harper v. Joblin*[1916] NZLR 895(NZCA); *Bannerman, Brydone, Floster Co v. Murray*[1972] NZLR 411(NZCA); *Re Supreme Court Registrar to Alexander Dawson Inc*[1976]1 NZLR 615(SC).

选择权的规则存在不少批判，[101]也有希望放宽这一规则的些许尝试(下文将对几个判例进行讨论)，[102]但是，在多个重要的现代判例中否定购买选择权的规则在适用时都受到了严格限制。当然，当否定购买选择权的规则并非严格适用于具体案件事实时，法院还是承认这一规则。[103]

第四，与购买选择权构成对衡平法赎回权的阻碍有关的判例法中，英国上诉法院对于 *Jones v. Morgan* 案[104]的判决值得一提。在该案中，多名被告希望开发一块土地来修建疗养院。被告之一向上诉人借款，并抵押了该土地以担保该笔债务。随后该笔抵押所担保的债务未能如期清偿，于是，上诉人决定行使出售权并与各个被告订立了进一步的协议。上诉人同意只出售部分该土地上的不动产，但出售所得应用于清偿部分债务，且剩余不动产的一半须转让给上诉人。本案问题就在于因后续协议中变更的担保是否违反了反阻碍原则。上诉法院作出多数判决，认定了对反阻碍原则的违反。查德锐克(Chadwick)法官首先认为，尽管事实上是后续协议(而不是原始担保)导致上诉人获得一部分抵押土地上的不动产，但这两份协议是相辅相成的。上诉人将在新的地产开发中分得一杯羹，是双方的意志体现，如果做出相反裁断那就过于牵强了。[105] 同时，他还指出后续协议改变了被告有权行使赎回权的方式。一开始，被告有权在清偿该抵押所担保的所有本金和利息时就回赎该不动产。一旦回赎被告就可以获得无权利负担的整个不动产。但后续协议创设了两种不同类型的抵押借款。对于将被出售给第三方买家的部分不动产，在买家向上诉人支付该笔交易款项时，被告有权回赎该部分不动产。另外，被告有权在清偿未还的本金和利息后回赎剩余部分的不动产。查德锐克(Chadwick)法官(Phillips 法官持赞成意见)

---

[101] See *Samuel*(n 61)326(Lord Macnaghten).

[102] See Part Ⅳ(B).

[103] *Dical Investment*(n 84)503(Lacourcière JA, Zuber JA concurring); *Briar Building Holdings Ltd. v. Bow West Holdings Ltd.* (1981)126 DLR(3d)566(ABQB)568(MacDonald J). An interesting application of the rule against converting a security into an option to purchase can be found in *Laurin v. Iron Ore of Canada* (1977)82 DLR(3d)634, 645(Nfld SCTD).

[104] *Jones v. Morgan*[2001] EWCA Civ 995, [2002] EGLR 125. For a discussion of this case see J Devenney, "A Pack of Unruly Dogs: Unconscionable Bargains, Lawful Act(Economic) Duress and Clogs on the Equity of Redemption" [2002] *Journal of Business Law* 539.

[105] *Jones*(n 104)[69]-[71].

认为,第二次交易是一次再融资交易,而不是一个独立的从合同。[106] 皮尔(Pill)法官则持反对意见,他认为该案中并不存在阻碍衡平法赎回权的情形,只不过是一个促进地产开发的商业安排罢了。[107]

第五,一些"无限额"条款("all moneys" clauses)的实施被解释为对反阻碍原则的违反。在这方面有一个判例产生了开创性的深远影响,那就是 *Re Modular DesignGroup Pty Ltd.* [108]案。在该案中,担保人向银行提供了多种担保和保证,担保条款有效地为担保人设立了对银行的交叉抵押义务,并扩大了银行的定义,将银行的受让人也包含在内。银行将上述担保转让给了受让人,担保人对受让人又存在其他未偿债务,但并未不同意将其对受让人的原有债务进行转让和交叉抵押。桑托(Santow)法官认为,一般来说可以将"无限额"条款视为对衡平法赎回权的阻碍,尤其是在抵押人并未明确同意在原担保上增加额外债务情形下更是如此。[109]

二、对传统反阻碍原则的修改

在上文讨论的案件中,[110]法院不仅承认了反阻碍原则的持续存在,还将其严格适用到了存在相关条款确实或可能阻碍抵押回赎事实的案件裁判中。尽管如此,对反阻碍原则还有另一种处理方式,那就是在承认该原则存在的基础上对其进行修改,从而在抵押的创设和解释上给予更大的灵活性。法院在坚持反阻碍原则时,也受到了新商业环境的深刻影响,对契约自由的依赖也越来越大。在某些情况下,法院已经明确认定新的抵押形式(比如与物价指数挂钩的抵押)

---

[106] Ibid. [93] - [94]. Lord Phillips MR concurred.

[107] Ibid. [84].

[108] *Re Modular Design Group Ltd.* (1994)35 NSWLR 96(NSWSC). Note also *Katsikalis v. Deutsch Bank(Asia) AG*[1988]2 Qd R 641(QSC); *Estoril Investments Pty Ltd. v. Westpac Banking Corporation* (1993)6 BPR 13,146(NSWSC).

[109] Ibid. 104. Note the different situation discussed by Barrett J in *Multi-Span Constructions No. 1 Pty Ltd. v. 14 Portland Street Pty Ltd.* [2001]NSWSC 696, (2001)10 BPR 19,253. In subsequent cases, judges have acknowledged this decision but on an investigation of the documentation before them have declined to find a breach of the anti-clog rule: See eg *Murphy, Re Bankrupt Estate of*; *Donnelly v. Commonwealth Bank of Australia Ltd.* (1996)140 ALR 46(FCA); *Windslow Corporation Pty Ltd.* (*in liq*) *v. Olympic Holdings Pty Ltd.* [2006]WASC 158; *Olympic Holdings Pty Ltd. v. Windslow Corporation Pty Ltd.* (*in liq*)[2008]WASC 80, (2008)36 WAR 342[70](Buss JA) and[93] - [95](EM Heeman JA).

[110] Part Ⅳ(A).

并不违反公共政策、并不有违良心、[111]也并没有打破反阻碍原则。[112] 但是，对反阻碍原则最具标志性意义的修改，在于对附加利益和购买选择权的处理。

上文提到，在 *Kreglinger* 案[113]中，上议院认定，只要独立的附加条件条款不是抵押交易的一部分，那么在贷款清偿后，该条款尽管可能为其他衡平法上的原则所约束，但仍可继续执行。[114] 当判断某附加条件条款是否独立于抵押交易而存在时，法院考虑的是交易的实质而非形式，[115]当然这在解释上确实存在诸多困难。[116]

英国上议院在 *Kreglinger* 案中的裁判思路在澳大利亚[117]和加拿大[118]也部分得到了采纳。例如，在这些法域，担保金[119]参与条款和赋予抵押权人获得抵押人基于抵押财产产生的总收益或利润的一定百分比、[120]* 对在抵押成立前转让公寓的协议[121]以及汽油销售协议，[122]都被视为独立于抵押的交易，都被认定不构成

---

[111] *Multiservice*(n 83).

[112] *Charmelyn Enterprises Pty Ltd. v. Klonis*(1981)2 BPR 9527(NSWCA).

[113] *Kreglinger*(n 10). For a discussion of English law see A Berg, "Clogs on the Equity of Redemption or Charming an Unruly Dog" [2002] *Journal of Business Law* 335.

[114] This was notwithstanding such decisions as *Noakes*(n 56). See also *De Beers Consolidated Mines Ltd. v. British South Africa Co.* [1912] AC 52(HL); Harpum, Bridge and Dixon(n 4) paras [25–094]–[25–095].

[115] *Toohey v. Gunther*(1928)41 CLR 18(HCA)194–196.

[116] As Heydon and Loughlan have observed(n 11)351:"在整个抵押法中，最令人不解的就是关于附加条件条款有效性问题"。

[117] See *Toohey*(n 115) where in particular Issacs J(195–196) and Higgins J(203–205) considered whether or not a collateral bond was an independent transaction. See also *Baker v. Biddle*(1923)33 CLR 188 (HCA).

[118] *London Loan Savings Co of Canada v. Meagher* [1930] SCR 378; *Bainov v. Anthem Bambu Lofts Ltd.* [2006] BCSC 1227 [16]–[17]. See generally E. Belyea, "Unclogging the Equity of Redemption in Commercial Transactions" (1994) 24 *The Canadian Journal of Business* 161, 177–182.

[119] *London Loan*(n 118).

[120] *North American Life Assurance Company v. Beckhuson* [1981] 2 WWR 446(Alta QB) [12]–[14] (Cawsey J). See also *Standard Trust Company v. Panstar Developments Inc*(1993)30 RPR(2d)198(BCSC) 16–17(Owen-Flood J).

* 参与条款是指在租赁中明文规定承租人要支付财产税的一部分或全部的增加值，税基以年度或原来核定数额为准。——校者注

[121] *Bainov*(n 118) [16]–[17].

[122] *Re Petrol Filling Station, Vauxhall Bridge Road, London Rosemex Service Station Ltd. v. Shell Mex and BP Ltd.* (1968) P&C 1(ChD). Note also the tie agreement in *Esso Petroleum Company Ltd. v. Harper's Garage(Stourport) Limited* [1968] AC 269(HL) which was reviewed from the perspective of restraint of trade rather than the anti-clog doctrine.

对衡平法赎回权的阻碍。[123]

法院在处理购买选择权方式上也有各种变化,充分考虑了双方整个协议的性质和实质。有些可能看起来违反反阻碍原则的交易都最终被认定为不违反该原则。

第一,法院可能认为涉案抵押实际上是一个买卖协议,因此有关问题就不归反阻碍原则管辖。[124] 土地买卖协议项下有利于卖方的购买选择权条款是有效的,因为双方根本就没有把这个协议当作担保合同的意思。[125]

第二,与上述情况一致,法院认为,附加在买卖协议上的抵押或者购买选择权有效地促成了买卖交易,因此,也不违反反阻碍原则。[126]

第三,一些法院对在抵押人违约时可行使的选择权协议和无论抵押人违约与否均可行使的选择权进行了区分。在加拿大,选择权协议有效与否取决于其是否仅在违约时才可行使。[127] 如果选择权仅可在违约时生效,那么法院认为该选择权的行使是规避传统的终止赎回权诉讼的一种方式,法院通常会认定此时的选择权构成对衡平法赎回权的阻碍。[128] 与之相反,在澳大利亚,在违约时可行使的购买选择权会被视为是一种处罚而被判无效,但在任何情况下都可行使的选择权则被认为违反反阻碍原则。[129] 从这一角度看来,澳大利亚对于反阻碍原则的适用比加拿大严格复杂得多。

第四,即使主交易毫无争议是抵押,如果购买选择权被认定是独立于该抵押之外的另一项交易,那么该购买选择权也不违背反阻碍原则。[130] 一般来说,这

---

[123] 可惜在 *Epic Feast Ltd. v. Mawson KLM Holdings Pty Ltd.* (*in liq*) [1998] SASC 7106, (1998) 71 SACR 161 案中,购买选择权是否构成对衡平法赎回权的阻碍并无定论。在此案中,有迹象表明选择权和抵押是紧密关联的。

[124] For an important case as to whether a sale or mortgage existed see *Gurfinkel v. Bentley Pty Ltd.* (1966) 116 CLR 98 (HCA). Note also *Warnborough Ltd. Garmite Ltd.* [2006] EWHC 10 (Ch); *Brightan Hove City Council v. Audus* [2009] EWHC 340 (Ch); *BCE Development Corp v. Cascade Investments Ltd.* (1987) 55 Alta LR (2d) 22 (Alta QB) (Virtue J).

[125] *Ottawa Construction Ltd. v. Barnhart-Cochrane Construction Ltd.* [1953] 4 DLR 571 (ONCA).

[126] *Wily v. Endeavour Health Care Services Pty Ltd.* [2003] NSWCA 312, (2003) 12 BPR22,447.

[127] Ibid. 645.

[128] *Co-op Credit Centre Union v. Greba* (1984) 55 AR 176 (Alta CA); *Osborne Mortgage Realty v. Theroux* (1986) 74 AR 367 (Alta CA) [7] - [8]. 在加拿大,一些法院对于可能会规避终止赎回权程序要求的条款持谨慎态度,见 *McKay v. Herbert Barnes* [2004] BCSC 1072。

[129] Butt (n 2) para [1832].

[130] Ibid. Gray and Gray (n 2) para [6.2.25]. Note *De Beers* (n 114).

是关乎交易实质而非交易形式的问题,[131]因此,法院不会仅仅根据是否有独立文件或只涉及一笔交易就作出判断。[132] 无论怎样,如果将第二笔或后续交易看做是完全独立于抵押之外的,那么抵押人可作出与反阻碍原则的要求相违背的行为。[133]

在加拿大,一些法院认定任何在原始抵押之后订立的协议都可以合法地使反阻碍原则失效。在 *Attorney General of Canada v. Logan and Farm Credit Corporation* 案中,[134]汉特(Hunter)法官引用了学术评论中的观点(并表示了赞同):

> 在抵押设立之后,抵押人可通过独立交易以向抵押权人卖出其衡平法赎回权或放弃该权利,抑或赋予抵押权人购买抵押物的选择权,这也就是实际上剥夺了他自己的赎回权。[135]

在 *Misley v.* 420746 *BC Ltd. and Margolia* 案中,[136]英国不列颠哥伦比亚上诉法院的麦克伊切恩(McEachern)大法官在这一问题上的分析更为深入,他回顾了衡平法赎回权的起源和借贷双方之间的权力失衡,他认为:

> 尽管如此,一旦对抵押进行谈判,借贷双方之间的权力失衡就消失了,法院就会再一次强调契约自由。因此,当抵押人在创设担保后又与抵押权人订立一个使其赎回权无法行使或行使难度比原先更大的合同时,这一合同对衡平法赎回权并不构成阻碍。[137]

---

[131] *Westfield Holdings Ltd. v. Australian Capital Television Pty Ltd.* (Westfield)(1992)32 NSWLR 194 (NSWSC)198(Young J).

[132] See eg *Jones*(n 104) where there were two documents several years apart which constituted the one transaction.

[133] *Reeve v. Lisle*(n 98)464(Earl of Halsbury and Lord Brampton),465(Lord Lindley). Note also *Dical Investments*(n 84).

[134] *Logan*(n 85)[13]. The quotation was from Falconbridge, *Law of Mortgages*, 4th ed(Toronto, Canada Law Book, 1977)66.

[135] Ibid. 5. 在 400091 *British Columbia Ltd. v. Copper Beach Estate Ltd.* (1992)25 RPR(2d)189 (BCSC)[8]案,Harvey 法官认为优先购买权不构成对衡平法赎回权的阻碍。

[136] *Misley v.* 420746 *BC Ltd. and Margolia*(1997)46 BCLR(3d)166[47].

[137] Ibid. See also *Dical Investments*(n 84)503(Lacoucière JA); 616(McKinlay JA); *Brennenstuhl Estate v. Trynchy*[2007]Alta QB 703[93]-[101].

在该案中,上诉法院并没有对购买选择权进行审查,而是关注了针对抵押权人在终止赎回权程序中的判断要求额外利益是否对衡平法赎回权构成阻碍。尽管如此,以上论断显然体现了两个重要问题:一是反阻碍原则和基于独立交易对该原则作出的有关修改源自两个不同的法律传统:反阻碍原则维护所有人权益,而独立交易的可执行性是基于合同和双方自由议价的地位。二是将两个法律传统并行可能是人为促成的结果。传统的衡平法观点认为处于劣势的借方是需要保护的,而自由议价原则推定双方都能够保护好自己的权益。双方有权对合同权利进行自由谈判,这为对传统反阻碍原则作出修改提供了合理的理由。但问题在于,是否可以用对双方自由议价原则的依赖来为传统反阻碍原则的效力减弱甚至去势作出解释。当然,不能因为抵押人能在另一个独立的交易条件(在抵押创设之后且该交易会致使抵押人无法或很难回赎抵押)上进行谈判就推定他所处的地位不再那么劣势。这样的处理方式并不尽如人意,对于抵押的创设和变更,尤其是当一些重要条款的效力利害攸关的时候,法院应当遵循一致的原则思路。

三、衡平法上的昧良心原则:反阻碍原则的式微或废除?

上文提到的案件[138]提出了这样一个问题,现代衡平法是否或者说在多大程度上保护了抵押人的所有人权益和他们传统的赎回权。过去的几个世纪里,法院重新评估并修改了反阻碍原则,衡平法上干预的性质和程度都发生了改变。反阻碍原则在四个方面反映了衡平法上的良心概念,与之联系密切,而良心正是衡平法管辖权的传统基石。通过梳理这两者之间的联系,或许能够看到关于"良心"在抵押情形中的作用有一种新的表述逐渐显现,而反阻碍原则的作用在这个过程中日渐衰弱。

第一,如上文讨论过,反阻碍原则实际是衡平法良心的表现,因为它重申了衡平法院为保护处于劣势的借方免遭不择手段的贷方之损害的决心,衡平法干预是因事而异、可预见且不可改变的。所有的抵押人都拥有衡平法赎回权,同时如果抵押所担保的债务未能及时清偿,抵押人还拥有衡平法上的赎回权利。任何抵押条款都不得阻碍或损害赎回权。

---

[138] Part Ⅳ(A)and(B).

第二，反阻碍原则的修改和放宽并没有抛弃传统处理方式，但这意味着衡平法上的干预虽然依旧因事而异，但不再像之前那么可预见和包罗万象了。例如，对 *Kreglinger* 案的判决和反阻碍原则不断修改已经削弱了衡平法统一保护抵押人的所有人权益的能力。

第三，*Kreglinger* 案是一个关键判决。上议院不仅承认了反阻碍原则并修改了其适用方式，同时也将附加条件条款看作交易的一部分而认可了衡平法的管辖权。如果附加条件条款显失公平或有违良心，衡平法就可以进行干预。[139]因此对于抵押人来说，衡平法上的干预分为两个层面：基于抵押作为担保性质上的干预和抵押作为双方交易基础上的干预。包括 *Santley* 案[140]等早期案件就已经预示了以上所提的衡平法上的干预的两重性。[141] *Kreglinger* 案也证明了这点，而之后的案件则以此为依据。例如，在 *Modular* 案[142]中，桑托（Santow）法官不仅认定了特定的"无限额"条款确实构成对反阻碍原则的违反，还判定受让人获得这样的附加条件也是不公平和有违良心的。[143] 类似地，在 *Jones v. Morgan* 案中，[144]英国上诉法院在审查反阻碍原则适用性时，也考虑了通常情况下双方的第二份协议是否因有违良心的行为无效。[145]

关于这些问题本可能一直停留在几乎一个世纪前的 *Kreglinger* 案判决上，但在英国[146]和澳大利亚[147]这两个法域，一些法官对反阻碍原则相当不满，一直在寻求废除反阻碍原则、支持衡平法上的干预的两重性。

在英国，法院对反阻碍原则的不满，体现在其担心某些案件中反阻碍原则是被用来规避双方的公平谈判。[148] 例如，在 *Kreglinger* 案中，墨西（Mersey）法官

---

[139] *Kreglinger*(n 10)61(Lord Parker). Note Harpum, *Bridge and Dixon*(n 4)para[25 - 094].

[140] *Santley*(n 55).

[141] Discussed in Part Ⅲ(A)(iii).

[142] *Modular*(n 108).

[143] Ibid. 104. See also *Wily*(n 126).

[144] *Jones*(n 104).

[145] Ibid. [35] - [42], [50] - [73](Chadwick LJ); [86] - [94](Lord Phillips MR). 两重性也在英国教科书中有所体现，对于衡平法赎回权的阻碍和苛刻且有违良心的抵押的回赎有区别对待：见 Cousins and Ross(n 11)302 - 11。

[146] Ibid. [86](Lord Phillips MR).

[147] *Westfield*(n 131).

[148] See Part Ⅲ(A)(ii).

将反阻碍原则比做是“一条野狗,如果不牢牢拴在它自己的狗窝里就会四处乱窜,到它不应该去的地方”。[149] 他还认为,适用反阻碍原则会“压制公平,打击正义”。[150] 在 *Jones v. Morgan* 案[151]中,菲利普斯(Phillip)法官指出:“在我看来,阻碍衡平法赎回权的原则就像是我们法律的阑尾一样,已经没什么大用处,或许切除了更好。”[152]

尽管如此,鉴于英国判例法中对先前和更高级别司法权威的高度尊重,即使对压迫和显失公平行为的确认越来越广泛,英国法官们一直以来仍然不愿意废除反阻碍原则。[153] 在 *Jones v. Morgan* 案中,菲利普斯(Phillps)法官虽然表示了疑虑,但还是赞成了查德锐克(Chadwick)大法官的观点,认为第二份协议中的条款构成对衡平法赎回权的阻碍,并因此无效[154]。

在 *Warnborough Ltd. v. Garmite Ltd.* 案中,[155]上诉法院虽然对反阻碍原则作出了严厉批判,认为其不够灵活、不能适应新的交易方式,[156]但还是承认了其在英国法律中的效力。[157] 因此,早期 *Kreglinger* 案[158]确认的抵押法中衡平法上的干预的两重性,在英国法律中留存了下来。

在澳大利亚,对于反阻碍原则的不满也显而易见,其中 *Westfield Holdings Ltd. v. Australian Capital Television Pty Ltd.* 案[159]的判决就具有相当深远的影响。杨格(Young)法官认定该案涉及的交易不是抵押。然而在附带意见中,他也指

---

[149] *Kreglinger*(n 10)46.

[150] Ibid.

[151] *Jones*(n 104).

[152] Ibid. [86].

[153] As to unconscionable conduct, note also the decision of Goff J. in *Cityland and Property(Holdings) Ltd. v. Dabrah*[1968]1 Ch 166(Ch).

[154] Jones(n 104)[94].

[155] *Warnborough v. Garmite Ltd.* [2003]EWCA Civ 1544,[2003]All ER(D)52.

[156] Ibid. [42] - [71](Parker LJ) with whom Judge LJ. and Brown LJ. concurred.

[157] Ibid. [72] - [81](Parker LJ) with whom Judge LJ. and Brown LJ. concurred. When the matter was remitted for consideration in the lower court, it was held that there was no clog on the equity of redemption because the transaction was a sale and purchase, rather than a mortgage. In short, the Court was able to take the transaction outside the scope of the anti-clog doctrine: Note also the opinion of counsel extracted in *Bonham v. Fishwick*[2007]EWHC 1859(Ch)[7].

[158] Part Ⅲ(A)(iii).

[159] *Westfield*(n 131).

出(与上文议价案相一致)[160]并不存在任何商业原因促使法院判定抵押中的附加条件条款和购买选择权无效。[161] 杨格(Young)法官认为帕克(Paker)法官在*Kreglinger*案中关于衡平法上干预的论断对他并没有约束力,因为先前澳大利亚权威并没有把帕克(Paker)法官的法律观点(包括反阻碍原则)作为判决依据。[162] 相反,杨格(Young)法官否定了帕克(Paker)法官对于该案作出的法律定性,他认为问题仅仅在于抵押权人是否存在有违良心的行为。[163]

自此之后,杨格(Young)法官在*Westfield*案中的处理方式得到了确认,[164]并在某些案件中得到了赞同。[165] 该案判决对反阻碍原则的批判有两个方面:一是认为其过于狭隘,因为除了维护贷方权益外,该原则并没有保护其他人的任何权益;二是认为反阻碍原则同时又过于宽泛,会导致极为技术性的判决。[166] 另外值得注意的是,对于衡平法上的良心,推崇单一表达的判例法几乎只在新南威尔士州持续发展。在*Guardian Mortgages v. Miller*案[167]中,伍德(Wood)大法官解释道,反阻碍原则已经"包含在有违良心原则的一般检验中了"。[168] 在*Sam Management Services(Aust)Pty Ltd. v. Bank of Western Australia Ltd.*案[169]中,新南威尔士州上诉法院的哈奇逊(Hodgson)法官认为,鉴于抵押权人的行为和要求并没有有违良心和显失公平,因此,基于所谓的阻碍衡平法赎回权的主张无法成立。[170]

---

[160] Part Ⅲ(A)(ii).

[161] *Westfield*(n 131)202.

[162] Ibid. 201.

[163] Ibid. 202 –203.

[164] *Epic Feast*(n 123)173. In the decision, the Court declined to make a determination whether the option to purchase was a clog on the equity of redemption because it was not pursued at trial. However, the Court continued to separate considerations of general unconscionability from the anti-clog doctrine.

[165] *Wily v. Endeavour Health Care Services Pty Ltd.* (*No.* 5)(2003)11 BPR 21,081; see also W. Duncan and W. Dixon, *The Law of Real Property Mortgages*(Sydney, The Federation Press, 2007)105; L. Willmott and W. Duncan, "Clogging the Equity of Redemption: An Outmoded Concept?"(2002)2 *Queensland University of Technology Law Justice Journal* 359; Devonshire(n 45); Young, Croft and Smith, (n 10)para[9.340].

[166] Willmott and Duncan(n 165)49 –50.

[167] *Guardian Mortgages v. Miller*[2004]NSWSC 1236, (2004)12 BPR 22,833.

[168] Ibid. [114]. See also Ducan and Dixon(n 165)105.

[169] *Sam Management Services(Aust)Pty Ltd. v. Bank of Western Australia Ltd.* [2009]NSWCA 320.

[170] Ibid. [59] –[60]. Young JA and Sackville AJA concurred; cf an earlier judgment in regard to the anti-clog doctrine: *Wily*(n 126).

对杨格(Young)法官最为有力的司法确认来自巴瑞特(Barrett)法官对 *Lift Capital Partners Pty Ltd. v. MerrillLynch International* 案[171]的判决，巴瑞特(Barrett)法官仍定在澳大利亚不存在任何司法权威强制新南威尔士州最高法院适用反阻碍原则。[172] 巴瑞特法官认为,有关有违良心行为的一般原则为反阻碍原则提供了支持,[173]有违良心的一般原则"仍然是有权获得衡平法上的救济的重要依据。"[174]根据澳大利亚衡平法领域广泛认可的广义上的有违良心原则,巴瑞特(Barrett)法官借鉴了一系列的权威,严格来说,这些权威对于反阻碍原则并无异议但坚持认为其与有违良心原则之间存在关联性。[175] 此外,巴瑞特(Barrett)法官也强调了抵押作为一种交易条件的观点,他认为:

> 时至今日,不能仅仅因为允许抵押权人获得被抵押的财产,或阻碍抵押人回赎,就认定抵押人凭自由意志订立的合同条款是无效或者不具强制执行力。尽管如此,这类条款容易受到衡平法上的干预。这一点已经得到了确认。在具体案件中,如果因为一些与合同订立有关的因素,与单纯的情势变更不同的情况,或者在抵押权人对有关条款产生时会发生的伴随事件,而导致抵押权人的这种信赖实际上有违良心,那么衡平法就会阻止抵押权人对该条款的信赖。
>
> 在判定信赖是否有违良心时,必须关注的是交易条件的性质。这一信赖产生时的具体情形以及抵押权人设法让抵押人确认其承诺放弃赎回权的具体情形。[176]

---

[171] *Lift Capital Partners Pty Ltd. v. Merrill Lynch International*[2009]NSWSC 7,(2009)73 NSWLR 404.

[172] Ibid.[114]-[120].

[173] Ibid.[124].

[174] Ibid.[126].

[175] Ibid.[126]-[130]. He considered *Muschinksi v. Dodds*(1985)160 CLR 583(HCA); *Stern v. McArthur*(1988)165 CLR 489(HCA); *Australian Broadcasting Corporation v. Lenah Game Meats Pty Ltd.*[2001]HCA 63,(2001)208 CLR 199; *Commonwealth v. Verwayen*[1990]HCA 39,(1990)170 CLR 394; *Australian Competition and Consumer Commission v. C. G. Berbatis Holdings Pty Ltd.*(No.2)(2000)96 FCR 491(FCA); *Tanwar Enterprises Pty Ltd. v. Cauchi*[2003]HCA 57,(2003)217 CLR 315.

[176] *Lift Capital*(n 171)[136]-[137]. Quoted with approval by Rein J in *Sam Management Services (Aust) Pty Ltd. v. Bank of Western Australia Ltd.*[2009]NSWSC 676,[79].

在该案中,巴瑞特(Barrett)法官认定抵押人的行为确实有违其良心,因为抵押的效果就是通过贷款安排约束抵押人的资产,在该安排下抵押人的资产转让给第三方而抵押人在该资产上的权益随之消灭。[177] 巴瑞特(Barrett)法官还指出,反过来说,如果有违良心原则不是反阻碍原则的基本要素,那么由于该条款对抵押人回赎抵押股份的限制不被允许,这也就意味着该条款无效。[178]

学术上来说,*Lift Capital* 案的判决证明了两个同时发生的同化:抵押被纳入广义议价的概念,反阻碍原则被纳入有违良心交易的概念。抵押权人的行为仍然受到审查但是参照标准已经有所变化。因此,在新南威尔士州不再推定抵押人在土地上的所有人权益和赎回权自动受衡平法的保护。上诉法院会考虑抵押回赎的特殊敏感性,[179]但抵押的"契约化"和衡平法的"契约化"已经改变了衡平法上干预的本质。

四、行使抵押权人权力时对赎回权的程序性阻碍

最后,尽管严格意义上说,对抵押权人权力行使的审查不属于传统反阻碍原则的范围,但在其他类案件中,一些诉讼当事人在其觉察到抵押权人可能有违良心地行使其权力时试图援引反阻碍原则来对抗抵押权人。这些案件的判决早于 *Westfield* 案和 *Lift Capital* 案,但不仅限于新南威尔士州。这些案件是否体现了巴瑞特(Barrett)法官在 *Lift Capital* 案中所提到的那种有违良心的行为仍有待考察。不过,尽管一些法院对特定事实作出认定时并没有提出阻碍衡平法赎回权的问题[180]或者没有深究有关论点,[181]但对于反阻碍原则的存在或其在一般抵押权力行使中的适用,法院都没有提出质疑。

---

[177] *Lift Capital*(n 171)[151].

[178] Ibid.

[179] Ibid. [131].

[180] See eg *Metropolitan Trust Company of Canada and Seaboard Life Insurance Company v. Dancorp Developments Ltd.* (Supreme Court of British Columbia, Master Patterson, 16 March 1993) 6 – 8; *Riley v. Brown*[2006] NZHC 652[26]. cf *Devlin v. Surfers Paradise Investments Pty Ltd.* [1997] QCA 102, [1998] 1 Qd R 404; *Christchurch Foodcourts Ltd. v. Tony NG Thiam Soon and Betty Goh as Trustees of Global Trust* [2005] NZHC 417[65].

[181] *Wilson v. Pinci*[2005] WASC 114[6]; *Tyndall Funds Management Australia v. CAN* 078 545 605 *Pty Ltd.* [2002] SASC 177[16] – [18]; *Golden Glory Pty Ltd. v. Sacco*[2009] VSC 442; *Telecom Nev Zealand Ltd. v. Sintel-Com Ltd.* [2007] NZCA 499, [2008] 1 NZLR 780[26] – [27].

在很多案件中,抵押人辩称,抵押权人在行使其在抵押项下权力时,所采取的行为确实有阻碍抵押回赎或增加抵押回赎难度的影响。这些案件的重点在于抵押权人的即刻行动(在行使法定权力或抵押项下的权力),这也是所谓违反反阻碍原则的争议焦点。[182]

比如在 *Southwell v. Roberts* 案[183]中,抵押权人是占有抵押地产的一方,抵押人争辩抵押权人无权对抵押的地产进行永久性修缮(定期维护和修缮除外)从而增加抵押人已欠债务的数额。上诉法院认定该笔花费是不合理且不相称的。[184] 迪克逊(Dixon)法官(当时在职)认为,尽管抵押权人花费资金来维护地产是合适的,但抵押权人的这种花费不可以导致地产的属性发生重大变更,因为这样会阻碍抵押的回赎。[185] 在此之后,一些判例确认了抵押权人不得作出任何会阻碍回赎的行为,比如长期出租被抵押的地产[186]或者在维护其担保物期间保留与抵押人关联的公司的股份。[187] 抵押权人违反其出售权共谋出售抵押物,

---

[182] The kinds of allegations that have been made include that the mortgagee (or an assignee of the mortgagee): asserted a false and high level of indebtedness which was impossible to pay: *Spalla v. St George Motor Finance Ltd.* (No. 5) [2004] FCA 1262 [34]; calculated interest and additional sums which constituted a clog on the equity of redemption: *Heffernan v. Grangewood Securities Ltd.* [2001] EWCA Civ 1082 [6]; refused to provide a discharge figure during the course of the litigation proceedings: *Christchurch Foodcourts* (n 180) [19]; failed to provide a discharge of mortgage (although further monies could be outstanding at a later date): *Metropolitan Trust Company* (n 180) 6 – 8; denied a chargor the right to sue for an accounting and retrieval of property under telecommunications contracts: *Sintel-Com Ltd. (in liq) v. Telecom New Zealand Ltd.* [2006] NZHC 349 [9], [45] (see also *Sintel-Com Ltd. v. Telecom New Zealand Ltd.* [2006] NZHC 1339 [7]; *Telecom New Zealand* (n 181) [26] – [27]); denied the right of a later mortgagee paying out the earlier mortgage the right to sue on that mortgage: *Canadian Imperial Bank of Commerce v. McIvor* (QB, Baynton J, 10 July 1998) [45] – [46]; refused to accept an amount calculated by the mortgagor for discharge, instead of the additional amount owing under judgment against the mortgagor: *Misley* (n 136) [7], [31] – [49]; or refused to consent to the assignment of the mortgage: *Instant Funding Ltd. v. Greenwich Property Holdings Ltd.* [2007] NZHC 1527 [42] – [44]. The lodgement of a caveat has been considered to be a means of clogging the proprietary interest of another party: *Sims v. Lowe* [1988] 1 NZLR 656 (NZCA). Note also *Riley* (n 180) where the mortgagee, inter alia lodged a caveat to protect her interest under an unregistered mortgage and the court held at [26] that her actions did not amount to a clog on the equity of redemption.

[183] *Southwell v. Roberts* (*Southwell*) (1940) 63 CLR 581 (HCA).

[184] Ibid. 598 (Dixon J); 602 (McTiernan J).

[185] Ibid. 597 – 598. Note also the argument raised by the mortgagor in *Golden Glory* (n 181) [8].

[186] *Tyndall* (n 181) [16] – [18].

[187] *Devlin* (n 180).

并不会导致抵押人的衡平法赎回权的消灭。[188] 鉴于反阻碍原则的分散，如果在这些其他案件情境下针对这一原则提起上诉，法院是否会继续进行司法审查就不得而知了。

第五部分 结 语

衡平法赎回权、衡平法上的赎回权利和反阻碍原则几个世纪以来都是英国抵押法最为重要的、不可改变的和可预见的特征，反映了基于良心的衡平法的基本管辖。具体来说，衡平法院注重保护易受损害、处于劣势的借方权利，承认和保护在地产上的所有人权益。

尽管如此，对于反阻碍原则，或者说在之前对其进行审查的法域反阻碍原则的适用，如今已经不能再说是清晰、不可改变或可预见的了。相反，有关法律是矛盾的，有时甚至是混乱的。这种不协调、不一致产生的原因相当复杂，但可以看到最初是起始于十八九世纪巨大的法律与社会变革，同一时期出现的还有现代资本主义经济、土地商品化、登记取得产权制度的引入和契约交易中心论（centrality of contract as bargain），而随后抵押被归类为一种合同类型。抵押应用的法律和经济环境的巨大转变对抵押实践，尤其是反阻碍原则，产生了重要影响。21 世纪初，判例法上对反阻碍原则的解释有时还是会出现混乱甚至矛盾情况，这也体现了这些重大变革带来的影响仍处在被消化过程中。

更重要的是，这对衡平法也产生了根本性影响。衡平法对合同法产生的影响[189]在本文已经重点阐述，但实际上还有一些知名判决值得一提，如不当影响、[190]

---

[188] *Swanston Mortgage Pty Ltd. v. Trepan Investments Pty Ltd.* [1994] 1 VR 672 (VICAD) 675 (Booking J); *Patmore v. Upton* [2004] TASSC 77, (2004) 13 Tas R 95 [42]. In Canada, it has also been held that a failure of the mortgagor to defend the foreclosure proceedings did not lead to the extinguishment of the equity of redemption: *Petranik* (n 13) 970 (Dickson J).

[189] See eg the seminal articles: P. Finn, "Equity and Contract" in P. Finn (ed.) *Essays on Contract* (Sydney, Lawbook Co, 1987) 104; P. Finn. 'Unconscionable Conduct' (1994) 8 *Journal of Contract Law* 37.

[190] See eg *Johnson v. Buttress* (1936) 56 CLR 113 (HCA); *Bank of New South Wales v. Rogers* (1941) 65 CLR 42 (HCA); *National Westminster Bank plc v. Morgan* (1985) AC 686 (HL).

虚假陈述[191]、禁反言[192]和显失公平交易[193]等衡平法原则都得以成功适用,阻止了对某些程度上有违良心合同的极恶信赖。[194] 尽管如此,似乎并没有人像阿蒂耶(Atiyah)、辛普逊(Simpson)等史学家一样认识到合同法对衡平法产生的深远影响。这其中或许有两个原因:一个原因是在现代法律中契约交易中心论(即使有逐渐衰微之势)占据了主导地位,因此,在法院都直接忽略了抵押条款的情况下,律师也就不会去考虑了。另一个原因是,对广义上良心概念的各种引用参考,可能模糊了衡平法院在18世纪前发展的衡平法理。无论如何,反阻碍原则的建立、困惑和可能消亡,体现了契约交易概念抵押的衡平法理。直到18世纪,抵押人才自动获得衡平法赎回权和衡平法上的赎回权利(一旦合同约定的清偿期限已过)。他们在土地上享有的所有人权益受到反阻碍原则的保护。但随着意志论的出现以及合同成为双方之间几乎牢不可破的协议约定,审查抵押的参考框架发生了改变,尤其是从反阻碍原则的角度来说,同时又可以对曾经允许的衡平法干预提出质疑,到目前也是如此。

对于这类质疑的回应,在本章涉及的不同法域也不尽相同。虽然有些法院适用了之前的衡平法,但也有对反阻碍原则进行了修改(有时实际上削弱了其作用),有将反阻碍原则纳入广义上的良心概念,甚至有建议完全废除反阻碍原则。在英国,对合同的质疑主要通过修改反阻碍原则实现。虽然存在各种不满言论,但法院还是不愿意完全废除反阻碍原则。*Jones v. Morgan* 案[195]展现出一种新的保守主义,由于整个(变更后的)抵押合同既不是强迫订立的,也不是有违良心的,法官面临特别的两难境地,因此,也宁愿不适用反阻碍原则。在加拿

---

[191] See eg *Redgrave v. Hurd*(1881)20 Ch D 1; *Hellbut, Symons Co. v. Buckleton*[1913] AC 30(HL); *Munchies Management Pty Ltd. v. Belperio*(1988)53 FCR 274(FCA).

[192] See eg *Central London Property Trust Ltd. v. High Trees House Ltd.* (1974) I KB 130. Note strictly outside the contract context: *Waltons Stores*(Interstate) Ltd. v. Maher(1988)164 CLR 387(HCA); *Verwayen*(n 175).

[193] See eg *Earl of Aylesford v. Morris*(1873) LR 8 Ch App 484; *O' Rorke v. Bolingbroke*(1877)2 App Cas 814; *Commercial Bank of Australia v. Amadio*(1983)151 CLR 447(HCA); *Garcia v. National Australia Bank*[1998] HCA 48,(1998)194 CLR 395; *Royal Bank of Scotland v. Etridge*(No. 2)[2001] UKHL 44,[2002]2 AC 773.

[194] Nevertheless, the impact of equity has not been all encompassing. See eg *Micarone v. Perpetual Trustees Australia Ltd.* [1999]75 SASR 1(SASC).

[195] *Jones*(n 104).

大和新西兰,法院通过采用英国判例法中适用的修改技术挑战反阻碍原则。在加拿大,一直以来并没有关于反阻碍原则存在的直接理论质疑。[196] 不过,在一些案件中,强化合同性的裁判方式将反阻碍原则严格限制在一个简单基本的法律框架中。在澳大利亚,法院则采取了多种裁判方式。尽管有观点认为澳大利亚高等法院的判例中没有一件是以反阻碍原则为判决依据的,[197]但高等法院也并没有推翻反阻碍原则。实际上,高等法院屡次承认了该原则的持续存在,[198]甚至还有对英国判例法中适用的修改技术提供司法支持的情况[199]。不过特别的是,新南威尔士州法院通过坚定地适用广义衡平法上的有违良心原则,直接质疑反阻碍原则。[200] 澳大利亚高等法院是否采纳新南威尔士州法院的裁判方式仍有待考察,但其确实是避开了与特定衡平法原则无关的广义上有违良心概念。[201]

判例法中关于反阻碍原则的矛盾与混乱情况表明,无论是从可预测性的降低还是衡平法干预的依据原则上来说,衡平法的响应和作用都已经发生了显著变化。如今衡平法上的干预不再是可预测地建立在对衡平法上所有人权益的严格保护之上,相反,法院往往适用经过修改过的甚至有时候不确定的法律框架,需要对于案件基础事实进行调查和评估。在新南威尔士州,法院可能从有违良心之行为的广义概念角度来审查抵押交易。无论如何,抵押人不再能确保其能够自动重获无抵押负担的财产,或者即使抵押人重新获得无负担的财产,他也不能确保不受其他与原始抵押间接有关的责任之约束。

回顾在现代判例法中的反阻碍原则,可以看到该原则正在面临一个未知的未来。我们似乎正在见证它的最终消亡之路。作出这一预言主要有以下四个理由:第一,在本章中讨论的各个法域内存在争议的抵押,没有上千至少也有成百,但令人意外的是对反阻碍原则的提及并没有如预料的一样多。[202] 可能这是因为如今抵押人有了更多不同的法律手段来质疑一场交易。毫无疑问,在诉讼当事人看来其他原则或法定条款比反阻碍原则更加有用了。第二,近年来,立

---

[196] *Falconbridge on Mortgages*, (n 2) § 3 - 10 (May 2003).

[197] *Westfield* (n 131) 201; *Lift Capital* (n 171) [114] - [120].

[198] *Baker* (n 117); *Toohey* (n 115); *Southwell* (n 183).

[199] See eg *Baker* (n 117); *Toohey* (n 115); *Modular* (n 108); *Wily* (n 126).

[200] *Westfield* (n 131); *Lift Capital* (n 171).

[201] See eg *Tanwar* (n 175) [20] - [26] (Gleeson CJ, McHugh, Gummow, Hayne and Heydon JJ).

[202] See Duncan and Dixon (n 165) 105.

法机构在调整抵押方面的干预越来越多。不仅抵押人可以援引制定法来质疑抵押，而且有的法律框架都可能完全不依赖反阻碍原则而存在了。确实在一些法域的法律框架下抵押被视为消费者合同或信贷合同，合同订立的过程尤其受到关注。[203] 再者，一些法域通过制定法对赎回权这一特定权利进行了修改。[204] 就英国而言，欧盟法律所允许的一些事项可能在传统上是违背反阻碍原则的。[205] 第三，一些法域已经认定广义上的有违良心概念更加符合公共利益，在调查有违良心的行为时可能将反阻碍原则纳入其中。第四，尽管对衡平法目的的宽泛表述表面上看起来很吸引人，也似乎将法律简化、现代化了，但不能就此认为法律实践上结果就会变得更确定或者更合理了。

---

[203] See eg the *Australian National Credit Code*, Part 2 and s 76; and Butt (n 2), paras [1877] – [1879]. See also the discussion of specific statutory regulation in England: Gray and Gray (n 2) paras [6.2.47] – [6.2.54].

[204] See eg Corporations Act 2001 (Cth) s 124(1)(b); Conveyancing Act 1919 (NSW) s 93.

[205] *Cukurova Finance International Ltd. v. Alfa Telecom Turkey Ltd.* (*British Virgin Islands*) [2009] UKPC 19, [2009] 3 All ER 849 [11], [27] – [28].

第四章　未来财产权转让与优先权

乔舒亚·盖茨勒(Joshua Getzler)*

第一部分　基本问题:受让人的衡平法保护与保护债权人免受转让损害

自都铎王朝至今,普通法法院和衡平法院时常会支持甚至拓展关于无力偿债①的制定法政策,以此强制确认或否定债权人的平等受偿。曼斯菲尔德法官(Lord Mansfield)对于欺诈性优先权规则的延伸适用就是确认债权人平等受偿的一个重要例子,不仅涵盖了对特定债权人或各个债权人不利的行为(如赠与或低估值转让),还包括了所有一般债权人在无力偿债之后对信托池可作出的任意削减行为(包括免除对特定债权人的剩余债务),后者实际上替代了平等(*pari passu*)分配②的法定债务和解方案。关于后一种情形,也就是削弱法定无

* 非常感谢杰米·格利斯泰(Jamie Glister)、玛格达·瑞兹斯卡(Magda Raczynska)、彼得·特纳(Peter Turner)和克里斯廷·万·泽威登(Kristin van Zweiten)对我初稿给予的评论,也感谢约翰·阿穆尔(John Armour)、西蒙·道格拉斯(Simon Douglas)、詹姆斯·埃德尔曼(James Edelman)、路易丝·格列佛(Louise Gullifer)、史蒂文·施瓦茨(Steven Schwarcz)和莱昂内尔·史密斯(Loinel Smith)给予了我非常宝贵的建议。若本文有任何错误和缺陷,均为我本人的责任。

① 本文中"无力偿债"(insolvency)一词表示公司无力偿债和个人无力偿债,但上下文另有明示的除外。

② *Alderson v. Temple*(1768)4 Burr 2235,98 ER 165; I Black W660,96 ER 384. See further R. Goode,*Principles of Corporate Insolvency Law*,4th edn(London,Sweet & Maxwell,2011)519 – 525,569 – 597. 因此某人将自己的所有资产转让给受托人从而由受托人以信托形式为所有债权人持有该资产的企图无法实现,该人也将被认定为破产,这不是因为耽搁或妨碍了特定债权人的权利行使,而是因为它企图以破产法调整程序之外的方式达成债务和解协议:See M. Lobban,"Bankptcy and Insolvency" in W. Cornish et al. (eds.),*The Oxford History of the England Vol. Ⅻ*,1820 – 1912:*Private Law*(Oxford,Oxford University Press,2010)779,780 – 785。

力偿债原则的司法实践在保护性信托中得以体现，这种类型的信托在19世纪的英国法中作为一种双裁量原则信托而发展起来，后来逐渐演化为现代美国法中资产保护信托。这两种信托，尤其美国的这种信托模式，严格地限制了可转让性和债权人不一定会注意到的担保权益的发生，扭转了信贷市场中的风险分配。③

本章主要研究司法控制无力偿债政策的一个重要爆发点。笔者分析了关于未来财产权转让的衡平法与另一项通过制定法确立的“衡平法上的”政策之间的紧张关系，前者的设计是为了强制履行已付承诺和维护受让人利益，而后者则确立了法院通过阻断对债务人资产的追索权来欺诈债权人为目的的优先转让管辖权。

对未来财产权转让的强制执行，长时间以来都是衡平法院管辖权（Chancery jurisdiction）中最为神秘的一部分内容。这类转让很难用合理的学说性术语来解释，同时还带来了令人困惑的裁判结果。未来财产权转让可作为向债权人提供完全非占有性担保，该债权人因此获得有利地位，可以越过一般债权人优先获得应收账款、收益、担保设定后取得的财产（after-acquired property）或其他所授予的未来资产。法院必须平衡这种转让自由与“优先权收回”（preference recapture）的法定政策之间的关系，因为后者认定为减少债务人无力偿债时的资产而进行的财产转让是无效的。凭基本政策直觉，为特定受托人设定优先利益就是对应得清偿的一般债权人的欺诈：“人在作出慷慨行为之前必

③ 埃尔登大法官（Lord Eldon LC）早前对信托的使用以及有关费用的计算设定了明确的限制，以避免产生英国法上的信用债务：对比 *Brandon v. Robinson*（1811）18 *Ves Jun* 429，34 *ER*379 和 *Higinbotham v. Holme*（1812）19 *Ves Jun* 88，34 *ER* 451。在无力偿债条件下限制重新分配优先权的这项政策也延续到了现代英国法中：See eg *Re Jeavons, ex parte Mackay*（1873）LR 8 Ch App 643（CA）；*British Eagle International Air Lines Ltd. v. Cie Nationale Air France*[1975]1 WLR 758（HL）；*Swiss Bank Corp v. Lloyds Bank Ltd.* [1982] AC 584（HL）；*Perpetual Trustee Company v. BNY Corporate Trustee Services Ltd.* [2009] EWCA Civ 1160，[2010] Ch 347；*Butters v. BBC Worldwide Ltd.* [2009] EWHC 1954（Ch）；批评在 L C Ho 中的真正无力偿债情形之外适用平等受偿原则（*pari passu* principle），“此原则与强制出售和平等受偿谬误对立”（2010）25 *Butterworths Journal of International Banking and Financial Law* 3. Quistclose 信托与这整个政策相抵触，因此也备受争议：See R. Stevens，“Insolvency”，in W. Swadling（ed.），*The Quistclose Trust：Critical Essays*（Oxford，Hart Publishing，2004）153. 相比之下，美国法院从19世纪晚期起加大了对无力偿债触发的信托安排的限制：See J. Getzler，“Transplantation and Mutation in Anglo-American Trust Law”（2009）10 *Theoretical Inquiries in Law* 355. L. LoPucki，“The Death of Liability”（1996）106 *Yale Law Journal* 1 针对美国判决依据的证据，提出了一个更宽泛的问题。

须先是公正的”。[④]

未来财产权转让的强制执行与法定无力偿债政策契合之处可能在于衡平法下转让的未来财产权从未成为转让人的受益财产权(beneficial estate),因此债权人无法根据破产下的一般转让规则对其提出合法主张。[⑤] 不过,这一说法也并不是总那么有说服力。例如,浮动担保(floating charge)* 就是一个反例,在此情况下,担保设定后取得的财产就在债务人受益财产权范围内,而在无力偿债情形下,还是可以赋予受让人优先权,在触发事件发生时受让人对新的流动资产享有优先权。[⑥] 这里还有一种变体,就是对现存债务的事后(*post facto*)担保,即在信贷扩展时债务人已控制的资产之后被用来为已签约的债务关系提供担保,这就是一种对一般债权人可得资产的减损。不过,本章讨论中无需涉及这么细节的内容,因为我们探究的是一个基本问题,即最为简单的、创设非占有性担保的未来财产权转让,是否存在破坏合理信贷预期的可能性。通过对从早期高等法院时期到现代的英国和澳大利亚衡平法(尤其关注澳大利亚衡平法)的研究,可以看到这个问题一直反复出现,而本章旨在比较全面地呈现这一整体概况。其中澳大利亚的有关法律极其错综复杂,对转让基本问题的处理与优先权收回有交叉重叠,我们有一连串的法定优先权标准,该标准来自与破产、濒临破产和无力偿债有关的各种联邦和州法律。这些立法差异阻碍法院为这些基本问题努力寻找一致答案。

破产法是从衡平法上欺诈概念中深挖提炼出来的,因此,法官也利用衡平法思想对其作出了大量的解释。[⑦] 但是,在我们探究法定管辖权(statutory

---

④ *Freeman v. Pope*(1870)LR 5 Ch App 538(CA)540(Lord Hatherley LC). 见下文,注释 61 对此引用进行了详细解释。

⑤ 普通法法院发展的一项规则,在解释破产法下的法定转让时,将衡平法上的信托和转让纳入考量:*Scott v. Surman*(1742)Willes 400,402;125 ER 1235,1236(Willes CJ)。

* 不少人把我国《物权法》第 16 章第 181 条的规定译为浮动抵押,不妥,并且忽略了其衡平法基础和英国地产权基础,造成难以像大陆法一般抵质押那样易理解和易落实。——校者注

⑥ 论文见 J. Getzler and Payne(eds.), *Company CHarges: Spectrum and Beyond*(Oxford, Oxford University Press,2006)。

⑦ 涵盖了诸多与破产和公司无力偿债相关的优先原则,并以英国法为主要关注点的现代研究,See H. Bennett and J. Armour(eds.),*Vunerable Transactions in Corporate Insolvency*(Oxford,Hart Publishing,2007). 对于在 Corporations Act 2001(Cth)出台之前澳大利亚有关制定法的混乱,批评分析可见 J. Edelman,“The Meaning of Fraud in Insolvency and Bankruptcy: A 400 Year Old Riddle”(2000)18 *Company and Securities Law Journal* 97。

jurisdiction)如何与衡平法上的转让互动之前,最好先厘清这些转让都可能是什么。

第二部分　衡平法上转让的实施

关于导致一般优先权重新排序的转让,*Holroyd v. Marshall* 案[⑧]就是一个典型案例。这个 1982 年作出的判决确立了关于未来权益转让的现代原则。此案中,债权人霍尔罗伊德(Holroyd)借款给了磨坊主泰勒(Taylor),借款条件是泰勒将他的磨坊存货卖给霍尔罗伊德指定的受托人,该存货将作为抵押物由该受托人持有,如果泰勒届时无力偿还债务,该受托人将出售其持有的存货。这一借款协议进一步约定,之后泰勒在其磨坊经营且添置新的机器或工具,泰勒也应将其转让给受托人作为该信托担保的新增抵押物。泰勒购置了新的机器,并与新的债权人签订了新的无担保债务合同,同时告知了新债权人关于其对霍尔罗伊德的担保事宜(在此案中有时描述为一种"转让",有时描述为一种"衡平法上的担保",最为常见的描述是一种"抵押",但现代律师对这几个概念会有所区分)。[⑨] 之后泰勒无法偿还债务,于是新债权人通过马歇尔(Marshall)提起诉讼并获得胜诉,以求接管新机器来追偿经法院确认的债务。霍尔罗伊德起诉了马歇尔,要求确认其对担保设定后取得机器的优先请求权。斯图尔特副大法官(Stuart V-C)认为,原始转让(通过受托人)赋予霍尔罗伊德优先受益权有效。但坎贝尔大法官(Lord Campbell LC)认为泰勒需要提供进一步的担保来转让其衡平法上的权利,且由于先一步获得了有利判决,胜诉债权人应优先于普通法原则。如马歇尔的律师在进一步的上诉中辩称,在受让人完善霍尔罗伊德所有权之前,一般债权人先一步得到了法院的支持,因此,霍尔罗伊德仅拥有对人的

⑧ *Holroyd v. Marshall*(1862)10 HLC 191,11 ER 999. The best exegesis remains J. Keeler,"Some Reflections on Holroyd v. Marshall"(1967-70)3 *Adelaide Law Review* 360,468.

⑨ 见 P. Turner,"Company Charges: Inflexible Interplay of Law and Equity?"(2006)22 *Journal of Contract Law* 16;关于土地上的和非不动产资产上的担保处理,详见 B. McFarlane,*The Structure of Property Law*(Oxford,Hart Publishing,2008)582-642,785-835。在案件 *Associated Alloys v. ACN* 001 452 106 *Pty Ltd.* [2000]HCA 25,(2000)202 CLR 588 中,区分以收益作为抵押和转让收益的信托是十分有必要的,因为前者若没有登记则将是无效的。很多法官(如注释[6])指出,对一资产而言,基于抵押的衡平法权力受到抵押作为担保的本质的限制而作为信托实施的转让也不那么受限。

衡平权益以要求泰勒提供未来财产权担保，且除非在授予受益权时就有转让行为，否则这不会对第三方产生约束。败诉债务人知晓未来财产权优先转让这一事实并不会影响该转让有瑕疵和对人属性。根据这一解释，担保确实优先于尚未行使的权力。上议院恢复了对支持霍尔罗伊德的判决。众所周知，韦斯特伯里法官（Lord Westbury）解释了支持霍尔罗伊德权利的依据，他指出，对于有效对价支持的契约性转让，如果该契约是"衡平法院会裁定特定履行的一类合同"，那么应支持契约性转让在衡平法上强制执行。[10] 这里的逻辑似乎是这样的，由于合同可以被特定履行，因此，一旦未来财产权授予受让人，即构成衡平法上所有权的及时转让，转让行为或担保之类的进一步干预措施也就不再必要了。切姆斯福德法官（Lord Chelmsford）在其判决意见中并没有深究特定履行的可用性，反而关注的是各方当事人希望实现担保的意图。1888 年 *Tailby v. Official Receiver* 案[11]中，麦克诺滕法官（Lord Macnaghten）的先导性判决意见正是对这一分析的拓展和支持。上议院在该案中支持了现存和未来登记债务的转让，法院认定有偿合同充分确认了担保标的物，并明确地表达了各方希望该转让在未来债务授予时立即生效的意图。麦克诺滕法官明确表示，这一法律原则的基础就是"衡平法所尊重'做所应做'准则"，可以寻求合同条款的特定履行只是这一原则广义范围内的一部分，而韦斯特伯里法官在霍尔罗伊德案判决中所指出的特殊情况，即关于衡平法上担保的强制执行，并不以可以寻求合同条款的特定履行为条件。[12]

对于合同衍生权利的衡平法上强制执行这一宽泛的裁判方式，现代澳大利亚高等法院对此重视起来。在 *Chan v. Cresdon Pty Ltd.* 案[13]中，多数判决意见提及：

> 在早期案件中对特定履行的引用，应当根据迪恩法官（Deane）和道森法官（Dawson）在 *Stern v. McArther* 案[14]中所采纳的首席法官弗雷德里克·乔丹（Sir Frederick Jordan）的解释来理解。

---

⑩ *Holroyd*(n 8)209,1006.

⑪ *Tailby v. Official Receiver*(1888)LR 13 App Cas 523.

⑫ Ibid. 545 – 51.

⑬ *Chan v. Cresdon Pty Ltd.* (1989)168 CLR 242(HCA).

⑭ *Stern v. McArther*(1988)165 CLR 489(HCA)522.

"从这一意义上来说,特定履行不仅仅意味着最基本意义上的'特定履行',即通过强制履行担保来强制执行待履行的合同,还包括禁令救济的保护或对定义各方权利的合同项下取得的其他权利的保护":……Chapters on Equity in New South Wales, Select Legal Papers, 6th ed(1974), p 52 n(e)。[15]

马切尔法官(Meagher JA)以"法庭之外"(*ex curia*)[16]及"全院庭审"(*in banco*)[17]两个概念为依据,严厉批评了高等法院对"首席法官弗雷德里克·乔丹的注释"的认可。马切尔法官指出,对于一个转让协议衍生合同之外衡平法上的权益和对第三方的约束效力,首席法官乔丹的理解过于宽泛;衡平法上权利的生效可能依赖于一系列偶发事件或条件,例如,第三方同意、形式要求、资产的确定、鉴定和收集或者完全支付对价的,在完全授予可以对抗第三方权益前必须满足这些条件,而在首席法官乔丹的注释中,在上述这种或有转让的情况下,我们无法看到其所支持对转让协议的强大衡平法保护将如何运作。此外,还有一个问题,首席法官乔丹所指是不是衡平法履行有偿担保,无论作为担保的是现有还是未来权益,或者他是否混淆了 *Holroyd* 案中确立能特定履行的未来转让的描述而过于宽泛地适用了这一原则。马切尔法官指出,[18]在多数情况下,衡平法可能承认对人的权利动产就意味着要求分步完善转让的权力,而无需给予所有者权利或者特定履行的完整权利。跟踪分析无管理人遗产项下权益见 *Commissioner of Stamp Duties v. Livingston* 案。[19] 适用于如地产契约或未来权益转让等合同性案例的此类解释,允许在主合同无法履行的情况下,对此类权益的期限和优先权以及该权益的可撤销性进行区别对待。与之相反,如果以特定

---

⑮ *Chan*(n 13)253(Mason CJ, Brennan, Deane and McHugh JJ)(emphasis added). 在此前的两个案件中高等法院同时也采纳了首席法官乔丹(Jordan CJ)的理论:*Hewett v. Court*(1983)149 CLR 639(HCA)和 *Legione v. Hately*(1983)152 CLR 406(HCA)。

⑯ R. Meagher, "Sir Frederick Jordan's Footnote"(1999)15 *Journal of Contract Law* 1. See also R. Meagher, D. Heydon and M. Leeming, *Meagher, Gummow & Lehane's Equity: Doctrine and Remedies*, 4th edn (Chatswood, Butterworths LexisNexis, 2002) paras[7 - 150] - [7 - 195].

⑰ *Chief Commissioner of Stamp Duties v. ISPT Pty Ltd.* (1998)45 NSWLR 639(NSWCA)654 - 55 (Meagher JA).

⑱ Meagher, "Sir Frederick Jordan's Footnote"(n 16).

⑲ *Commissioner of Stamp Duties v. Livingston*[1965]AC 694(PC).

履行为依据,就意味着要么强制执行整个合同条款,要么完全不执行。待履行转让中的不完全权益的权力概念也帮助解释了违反合同约定将导致丧失衡平法上的权利,2003 年高等法院审查的 *Tanwar Enterprises Pty Ltd. v. Cauchi* 案就是这种情况。高等法院在该案中大胆地在其附带意见(*obiter dictum*)提出了疑虑,支持了马切尔法官对首席法官乔丹提出的质疑:

> 在新南威尔士州上诉法院,自 *Tailby v. Official Receiver* 案开始,首席法官弗雷德里克·乔丹所引用受法律权威支持的一般原则一直以来遭到许多质疑。就当前目的而言,足以认识到,在泰沃(Tanwar)上诉中,案件争议点在于卖主对其终止合同权利的所谓有违良心的信赖,并不能协助认定买家的衡平权利以得到其从已终止合同项下取得的禁令救济权利的保护。在合同存续期间,卖家的违约本来就会受到限制。但实际上卖家并没有违约的情况,且合同是因相关合同权利的行使而终止的。[20]

如果这否定了首席法官乔丹的分析,那么怎样的分析思路才合适呢?要将 *Holroyd* 案和 *Tailby* 案体现的原则概念化,其中一条路径就是对比有偿的未来权益转让与衡平法上赠与的强制执行。除非已经采取了一系列行动,达到相当于取得明确承诺从而足以对抗担保的进一步消极干预效果,因此,即使赠与人撤回(*locus poenitentiae*)仍然存在,但所有赠与人“必须”(“必须”此处解读为“充分”,已经完成)已做应做事,否则衡平法不会执行一个有瑕疵赠与。尽管如此,如果未来或未明确资产的担保得到了有效对价的充分支持,那么这类转让承诺就体现在已付交易本身(*per se*),而非在任何财产转让的已执行步骤中,但这种步骤显然不可能在权益授予或资产明确前执行。因为一方已经通过支付贷款款项等方式完全支付对价,因此,衡平法也赋予该对价给付者确保对方回报的权利,且不会利用已承诺权益的未来状态来背信失约。[21] 在这里,衡平法将

---

[20] *Tanwar Enterprises Pty Ltd. v. Cauchi* [2003] HCA 57, (2003) 217 CLR 315 [57] (footnotes omitted).

[21] S. Gardner, *An Introduction to the Law of Trusts*, 3rd edn (Oxford, Oxford University Press, 2011) 325 – 27.

这种情况视为在转让人资产上创设了一种不可撤销的浮动信托或信托权利。这一浮动信托或信托权利通过协议成立并有效存续[22],一旦特定财产通过遗赠授予或在遗嘱中明确指出,衡平法就会支持这一特定财产的转让执行。对这一权益,波洛克法官(Pollock CB)提出了一个极为精妙的说法——"预先转让"(a prophetic conveyance)。[23] 相较援引自特定履行权利的薄弱理论而言,这一衡平法理论显然更站得住脚,后者不仅涵盖了不同层次的理由而且不依赖于已履行对价。[24]

第三部分 未来转让以及非占有性担保问题

在我们的法律中,除了 *Holroyd v. Marshall* 案所涉及的衡平法领域之外,还有很多领域都允许通过条款约定创设可以影响第三方信用风险和优先权顺位的非占有性权益。普通法中,效仿货品销售立法,动产的跟单销售承认在事实占有转移之前的所有权转移。[25] 卖家对动产的事实控制形成表见所有权,可能会导致其他债权人误估卖家的信用风险。[26] 在衡平法中,*Lysaght v. Edwards*

㉒ *Gomez v. Graham*(1743)9 Mod 287,88 ER 457;*Stuart v. Tucker*(1777)2 Black W 1137,96 ER 672;详议见 M. Leeming,"What is Trust?"(2008)31 *Australian Bar Review* 211,218 –219. 这一分析强调了受反转让条款约束的信托仍可以影响合同收益权转让的可能性,同时也强调了委托与转让不可等同:See *Barbados Trust Company Ltd. v. Bank of Zambia*[2007]EWCA Civ 148,[2007]1 Lloyd's Rep 495; *Don King Productions Inc v. Warren*[2000]Ch 291(CA); A. Trukhtanov,"Trust of a Non-Assignable Contractual Benefit"(2007)70 *MLR* 848; P. Turner,"Trusts of Debts of Restricted Assignability"[2008] *CLJ* 23.

㉓ *Belding v. Reed*(1865)3 H&C 955,961; 159 ER 812,814.

㉔ *Federal Commissioner of Taxation v. Evertt*(1980)143 CLR 440(HCA)450 –51. 关于建立在完全已执行对价基础上的"不动产合同"信托,类似辨析可见 N. Hopkins,"Acquiring Property Rights from Uncompleted Sales of Land"(1998)61 *MLR* 486。而非交易性转让的案例是十分不同的:See *Norman v. Federal Commissioner of Taxation*(1963)109 CLR 9(HCA);*Shepherd v. Federal Commissioner of Taxation*(1965)113 CLR 385(HCA); *Olsson v. Dyson*(1969)120 CLR 365(HCA).

㉕ See eg *Dennant v. Skinner*[1948]2 KB 164(KBD); *Sirius Shipping Corporation v. The Ship Sunrise*[2006]NSWSC 398; Sale of Goods Act 1979,S 18 r 1(Eng).

㉖ 并不令人意外的是,在 19 世纪晚期商事法院和立法机构都致力于推动建立更为复杂的销售法,以此推翻当时公认的所有权原则:See especially *Re Stockton Iron Furnace Company*(1879)10 Ch D 335 and *Re crumlin Viaduct Works Company*(1879)11 Ch D 755,both decisions of Jessel MR; and *Gorringe v. Irwell India Rubber and Gutta Percha Works* (1885)34 Ch D 128(CA); See further J. Getzler,"The Role of Security over Future and Circulating Capital: Evidence from the British Economy circa 1850 – 1920", in Getzler and Payne,*Company Charges* (n 6)227 –51.

案[27]或 *Walsh v. Lonsdale* 案[28]确立的原则下,在完善地产契约时转移受益权的行为也可以达到类似的效果。由于地产权益都是独一无二的,[29]这里的特定履行权利也十分合理。这种情况最为典型的例子可能就是公司资产的浮动抵押担保了。这类担保在 19 世纪晚期得到承认,并在乔治·杰塞尔法官(Sir George Jessel MR)的积极推动下进一步发展。这类机制随即迅速在企业融资中广泛应用,由于可以给银行和其他出借人提供强大的破产财产接管权力而备受青睐。形式上,公司资产的浮动抵押担保结合了未来转让、重复担保和占有人——债务人参与现有资产交易权力。但很快这类机制加剧了隐蔽担保给信用评估和交易风险带来的问题。随时间推移,立法机构不得不对受到其他担保约束的资产的再分配作出规定,从而清偿优先债务、部分无担保债务和清算成本。[30]

衡平法对于秘密转让和担保的纵容在很长一段时间里就一直困扰着普通法法律工作者们,[31]而 19 世纪晚期,在衡平法院的推动下,隐蔽担保和转让的蓬勃发展,更是激怒了贸易界人士,甚至遭到一些高级法官的反对,[32]这促使议会引入了一系列登记规定,包括账面债务转让、卖据和公司抵押在内的诸多事项

㉗ *Lysaght v. Edwards*(1876)2 Ch D 499(ChD).

㉘ *Walsh v. Lonsdale*(1882)21 Ch D 9(CA).

㉙ 这类地产权益比信托下的完全受益财产权要少一些,关于这类地产权益性质的讨论可见 *Chang v. Registrar of Titles* (1976) 137 CLR 177 (HCA) 184 (Mason J); *Chan* (n 13) 250 – 58 (Mason CJ, Brennan, Deane and McHugh JJ); *Tanwar*(n 20); *Jerome v. Kelly*(*Inspector of Taxes*)[2004] UKHL 25, [2004] 1 WLR 1409[31](Lord Walker); S. Gardner, "Equity, Estate Contracts and the Judicature Acts: *Walsh v. Lonsdale* Revisited"(1987)7 *OJLS* 60; N. Hopkins, "Acquiring Property Rights"(n 24). 钱伯斯(Chambers)认为,这一衡平权益是基于财产的独一无二性而产生的,而非衡平法上的对价原则(equitable doctrine of consideration)。而相对的,斯沃德林(Swadling)则认为即使在地产权情形下特定履行也不应对第三方产生影响,应当排除推定信托的内容;同时,他还明确否定了替代已付对价理论:See R. Chambers, "The Importance of Specific Performance", and W. Swadling, "The Vendor-Purchaser Constructive Trust" both in S Degeling and J. Edelman(eds.), *Equity in Commercial Law*(Sydney, LawBook Co, 2005) 431, 463。

㉚ 见 J. Armour, "Should We Redistribute in Insolvency?" in Getzler and Payne(n 6)189 – 225,以及此集合下其他论文。

㉛ See eg "Thomas Audley's Reading on Uses(1526)" in JH Baker, *Baker and Misom's Sources of English Legal History: Private Law to* 1750, 2nd edn(Oxford, Oxford University Press, 2010)118 – 19.

㉜ Notably Lord Herscell in *Saloman v. Saloman & Co Ltd.* [1897] AC 22, 41 – 47(HL), as to which see P. Johnson, *Making the Market: Victorian Origins of Corporate Capitalism* (Cambridge, Cambridge University Press, 2010) 153 – 59.

都涵盖其中,自最初的《反欺诈法》(Statute of Frauds)[33]起,议会在既有程序和告知要求基础上不断增加有关规定。尽管如此,立法层面的大量规范并没有消除各方对法院政策的不安感,因为提交法院申请强制执行的非占有性担保也越来越复杂。就如约翰·阿穆尔(John Armour)最近提出的,这一困境可以总结为对有担保债权的控制策略的三向选择。[34] 其一,立法者是否应该限制可用文契种类,约束合同自由?其二,是否应该适用选择性强制执法的救济制度,即衡平法院确认事先不知情但已付有效对价的善意买家可对抗优先的担保?其三,立法机构是否应该强制要求正式公告和登记,将担保权益引入可控的物权法定原则(*numerus clausus*),并确保合同各方在评估信用风险时知悉其他与之存在竞争关系的请求权?在如今证券化和衍生产品的撼动下,金融市场愈发不稳定,而上述困境也更加尖锐地突显了出来,但是,在 19 世纪晚期的英国判例中我们也可以看到同样紧张的政策局势。

关于衡平法上的转让,后霍尔罗伊德法时期就有一个经典判例(*locus classicus*)能够说明促进担保交易和保护债权人利益之间的一些基本矛盾。在 *Re Lind* 案中,一位或有继承人在其预期可得遗产上设定了两项抵押。[35] 之后他申请破产,且经合法程序后其债务得以免除,在破产程序中证明的其所有现存合同权利和义务随即终止。抵押权人并没有证明其对破产者财产的请求权。在债务免除之后,该继承人再一次将他预期可得遗产转让给了一名新的债权人,且其取得此前预期可得遗产后,该继承人又进一步签订转让协议,旨在将已取得遗产的现有权益转移给该新债权人。前抵押权人随后对该继承取得的遗产提出权利主张,并在上诉法院胜诉。菲利莫尔法官(Phillimore LJ)在解释适用法律时,否定了韦斯特伯里法官在 *Holroyd v. Marshall* 案中提出的特定履行理论,反而更倾向

㉝ 关于以反欺诈法替代或规避登记制度的案例,See P. Hamburger,"The Conveyancing Purpose of the Statute of Frauds"(1983)27 *American Journal of Legal History* 354. 关于土地登记政策相关内容见 A Offer, *Property and Politics* 1870 - 1914:*Landownership Law*,*Ideology and Urban Development in England* (Cambridge,Cambridge University Press,1981); cf S Anderson's critique of Offer's rent-seeking thesis in *Lawyers and the Making of English Land Law*, 1832 - 1940(Oxford,Oxford University Press,1992). Offer replies to Anderson's in "Lawyers and Land Law Revisited"(1994)14 *OJLS* 269.

㉞ See J. Aemour,"The Law and Economics Debate About Secured Lending: Lessons for European Lawmaking?"(2008)5 *European Company and Financial Law Review* 3.

㉟ Re Lind[1915]2 Ch 345(CA).

于切姆斯福德法官在该案中提出的信托或衡平法上的担保理论：

> 如果担保依托于合同，适用特定履行原则因而也就成为衡平法执行该担保财产的唯一手段，那么在我看来，本案合同项下的责任就会因破产而被免除……
>
> 为了使转让在破产后能够继续有效，必须赋予受让人除合同权利以外的一些东西，即一些具有产权或权益性质的东西……无论合同的特定履行原则有怎样的内涵，我认为长时间以来已经确立的是，受让人的权利高于合同特定履行权，这种转让创设了一种在该财产出现时即刻生效的衡平法上的担保。接下来转让人无需作出进一步担保行为，或者说如果需要转让人作出一些行为以转让普通法上的不动产权益或完善该所有权，则转让人必须完成该行为，这不是基于进一步的担保合同（从破产角度并没有必要讨论这一担保的存续问题），而是因为这是他作为受托人向其转让人应尽的义务。[36]

以上论述都支持了麦克诺滕法官在 *Tailby* 案中所用的裁判方式，衡平法创造了一种"优先"于合同担保又与之不完全相同的"权利"。但菲利莫尔法官同时也指出，在 1881 年的 *Collyer v. Isaacs* 案中，杰塞尔法官所主导的上诉法院十分强势，已经认定在破产程序终止后破产人的债务得以免除，从而给予债务人一个全新的开始，这其中也包括转让未来财产权协议项下义务的免除。[37] 总的来说，菲利莫尔法官看起来更倾向于杰塞尔法官在 *Collyer* 案中的分析逻辑，但他又受制于上议院在 *Tailby* 案的判决。实际上菲利莫尔法官看上去是咬紧牙关确认了 *Tailby* 案原则，他在判决意见中写下了如下反思：

---

[36] Ibid. 365 – 66 (Phillimore LJ).

[37] *Collyer v. Isaacs* (1881) 19 Ch D 342 (CA). See also Ex parte Nicholls (1883) 22 Ch D 782 (CA) 786 – 87 (Jessel MR)，将未来收益作为权利动产转让，是将这些产生的收益授予破产中的受托人或受让人，而不是该权利动产的原始受让人；关于这一判例的延伸研究，可参见 M. Smith, *The Law of Assignment: The Creation and Transfer of Choses in Action* (Oxford, Ocford University Press, 2007) 400 – 04, but without making reference to the alternative and dominant stream headed by *Tailby and Lind*。

我不理解的是，在约定之时仅作为合同运作的转让，在实现有关财产占有时却没有比实际担保有更多权利；即使这一点可以理解，我依然无法理解为何仍处于形成状态的转让中不是由同样仍处在发展中的法律来管辖？为何作为一份合同，其中的义务却没有因合同解除而被解除？另外，我还认为，从公共政策角度来说，对于纯未来财产权转让，一概认定其不可执行或许才是更好的做法。但最高权威已经确立了与之相反的法律……[38]

在19世纪关于未来财产权转让案件的审判中，法官已经回避了 *Collyer v. Isaacs* 案中确立的对立原则。在这一时期的案件中，财产授予人的破产往往紧随着转让家庭遗嘱或财产让与契约中的未来财产权的合同而发生。[39] *Re Lind* 案之所以重要，就是因为同样的原则拓展到了商业经济一般信贷关系中，并且实际上完全推翻了（或者说是替代了）*Collyer* 案的原则。[40] 该判例确认，在基础合同解除后未来转让仍然存续且可执行，这也就意味着倾向于确立这么一种原则——通过在形成未来财产权的协议上附带独立于该协议且在立约人财产之外生效的衡平法权益，在未来财产权授予时即设立一种优先权。尽管如此，对于能使这一原则生效的衡平法权益的性质，目前仍然没有出现合理解释，评论家们对此只能用一些"有瑕疵权益"和"虚空资金"之类的模糊表述。[41] 这看上去在司法实践中确实有用但理论上却无法成形，而且 *Re Lind* 案中的菲利莫尔法官也不是唯一一位质疑这一原则是否真的有用的法官。[42]

---

[38] *Lind*(n 35)368(Pillimore LJ).

[39] Notably in *Robinson v. Ommanney* (1882)21 Ch D 780(Kay J),following the older case of *Lyde v. Mynn*(1833)1 Myl & K 683,39 ER(Lord Brougham Lc).

[40] *Lind*(n 35)375(Bankes LJ).

[41] See eg L. Gullifer and J. payne, *Corporate Finance Law: Principles and Policy* (Oxford, Hart Publishing,2011)237－239. 关于基金概念在无形资产（包括未来权利）转让中的适用性，支持意见可见 R. Goode,"Are Intangible Assets Fungible?" [2003] *Lloyd's Maritime and Commercial Law Quarterly* 379; R. Nolan,"Property in a Fund" (2004) 120 *LQR* 108. 关于对这一基金概念角度分析的质疑，见 D. Sheehan,"Property in a Fund,Tracing and Unjust Enrichment" (2010)4 *Journal of Equity* 225.

[42] 举个例子，在 *Re Wait* [1927]1 Ch 606(CA)案中，在售货合同仅部分确认的情形下，阿特金法官（Atkin LJ）(at 634)认为，*Holroyd* 案中就衡平法上的转让对特定履行理论提出的批判"看起来有理有据，削弱了特定履行的权威"，阿特金法官同时对选择性对价理论提出了质疑(at 638)："相似地，我没有看出价格的支付如何使在支付行为之前不构成衡平法上的转让的行为在支付行为之后转变为衡平法上的转让行为"。在 *Re Goldcorp Exchange Ltd.* (*in receivership*)[1995]1 AC 74(PC)90 中，枢密院引用了"阿特金法官在 *Re Wait* 案中的判决理由，因为他们经谨慎判断认为这段推理无懈可击"。

第四部分 优先权收回和“欺诈意图”

转让法是在关于可撤销欺诈性优先权,或者以法庭术语来说“优先权收回”(preference recapture)的旧法律背景下发展起来的。[43] 对于欺诈性优先权的管辖构成了现代破产法和无力偿债法律体系中的核心部分。[44] “优先权收回”可能被视为是撤销欺诈性合同效力的基本衡平法管辖权的姐妹原则。在欺诈性合同中,一方为了获得某一资产而作出不实陈述,歪曲一些重大事实,随后将这一资产出售给善意的另一方。[45] 区别就在于欺诈性优先权关系到财产分配时一个或数个债权人可获分配的资产池,而非特定资产。关于优先权收回,已经发展出一个极为复杂又充满矛盾的原则体系,不过当我们看到五个多世纪以来司法上是如何从各种纷繁的渊源角度对这一原则作出解释的,也许就不会对它如今错综复杂感到奇怪了。这些繁杂的历史规则和程序都体现在各类制定法文件和庞杂的判例法中。联邦体制的澳大利亚有关法律的混乱程度尤为突出[46],不过美国的统一商法和破产法以及联邦破产管辖权的运作也表明跨联邦法典化并不是一剂万应灵药。

优先权法律起源于古罗马法(classical Roman law)中一些相对简练的文字规定。保罗诉权(*actio Pauliana*)确认,自愿交易或与亲朋好友之间的低价交易无效,因为这类交易构成债权人对债务人资产的追索权欺诈。[47] 之后大陆法

---

[43] Eg *Ferrier and Knight*[*As Liquidators of Compass Airlines Pty Limited*(*In Liq*)] *v. Civil Aviation Authority*(1994)55 FCR 28(FCA)42 - 63(*Compass Airlines*),reversed on the facts by majority in *Airservices Australia v. Ferrier*(1996)185 CLR 483(HCA).

[44] See further D. Baird, “Fraudulent Conveyance”, in *The New Palgrave Dictionary of Law and Economics*(London,Macmillan,1998)Ⅱ,192; D. Baird and T Jackson,“Fraudulent Conveyance Law and its Proper Domain”(1985)38 *Vanderbilt Law Review* 829; H. Bennett and J. Armour(eds.),(n 7)especially chs 3 - 4,7 - 8.

[45] *Small v. Attwood*(1831)Younge 407,159 ER 1051 是一般衡平法上的欺诈类似欺诈性优先权的一个例子。

[46] See the impressive Australian Law Reform Commission paper: *General insolvency inquiry* (ALRC 45, 1988),available at http://www.austlii.edu.au/au/other/alrc/publications/reports/45/ accessed 17 June 2011.

[47] D.42.8.1. - 25,D.22.1.38.4; 有关渊源的总结见 M. Radin,“Fraudulent Conveyance at Roman Law”(1931)18 *Virginia Law Review* 109. “保罗诉权”(*actio Pauliana*)这个术语出现在后古典时期,可能是罗马法注释者所添写的;关于此诉权(*actio*)内容的概述见 W. Buckland,*A Textbook of Roman Law from Augustus to Justinian*,3rd edn,revised P Stein(Cambridge,Cambridge University Press,1966)596。

(Civilian law)发展出了表见所有权原则,如果真正所有权人证明债务人通过占有方式将有关资产置于自己的控制之下,或是加入自己的继承财产中,并借此扩张或扩大信用,则债权人有权主张该资产。这是一种不容否认,防止所有权人因债务人的合理信赖而否认占有人的所有权。当某人向优先债权人或关联人士秘密出售一项资产同时保留对该资产的占有以维持或者促成与他人之间的信贷关系时,撤销优先权效力和强制执行表见所有权这两种策略是极为相似的。这种情况下,两种原则同时运作,将有关资产的绝对所有权归还或授予计入债务人的全部财产,以便一般债权人可以合理推定其拥有的相关权利。

在早期衡平法院和破产委员会中,可撤销的优先权和表见所有权这对双生原则,作为欺诈和不容否认类型案件中的原则被广为应用,而苏格兰法律(Scottish law)可能就是大陆法和英国法之间思想交流的桥梁。表见所有权原则规定在21 Jac 1,c 19(1623－24)中,当时可能是将既有的重要法律实践法典化了。关于优先权原则的最早立法出现在1376年和1379年,[48]不过现代版本则首先出现在1571年《伊丽莎白法令》(Statute of Elizabeth)中,即著名的《欺诈性转让法》(13,Eliz 1,c 5),在1585年的Jesuits,etc. Act(27 Eliz 1,c 4)中有关原则得以扩展,随后在詹姆斯(James)的首部1601年破产法(1 Jac 1,c 15)被重申,在接下来四个多世纪,各种制定法中都反复提及有关原则并作出了一些修改。[49] 各个制定法在定义触发撤销优先权行为时都使用了稍有不同的表述,许多法官在随后的大量诉讼判决中也表达了他们对这些各有差异法条的失望之情。1585年的法律规定即使转让先于债务合同的订立,为对债权人隐藏资产而作出的所有减少财产的行为都是可撤销的,但这似乎远远超出了其前身1571年法律规定的范围,而且还带来了一个问题,那就是如何在描述欺诈性优先权特征时衡量必要的意图程度。原1571年《伊丽莎白法令》规定,对于以"推迟、

---

[48] 50 Edw 3,c 6; 2 Ric,st 2 c 3.

[49] 关于旧法的详细历史,参见 W. Roberts,*A Tretise on the Construction of the Statutes* 13 *Eliz c.* 5. *And* 27 *Eliz. c.* 4. *Relating to Voluntary and Fraudulent Conveyances,and on the nature and force of different considerations to support deeds and other legal instruments, on the Courts of Law and Equity* (London, Butterworth,1800); S. Worthington,*May on Fraudulent Conveyances*,2nd edn(London,Stevens and Haynes, 1887). 关于18世纪发展的新观点见 E. Kadens,"The Last Bankrupt Hanged: Balancing Incentives in the Development of Bankruptcy Law" (2010) 59 *Duke Law Journal* 1299,关于19世纪的发展见 Lobban, "Bankruptcy and Insolvency",(n 2).

妨碍或欺骗债权人为目的"的财产转让,允许任何因此受到损害的人撤销该等转让,但受让人可基于已付对价的善意购买提出抗辩。由于议会反复将"为……之目的"一词和"故意"、"为了"、"真实意图"、"主要目的"或者"意图在于或以此使其债权人的权利应该或可能被宣告无效或延迟执行"(通过模糊奇怪的语言将涵盖范围最大化)等词连用,法院在审查大量形形色色的案件时,一直试图定义构成不当优先权情况下债务人必要的心理要件,但这一过程十分艰难,在探索合适法则的过程中形成了平行的衡平法上的欺诈原则。这一法律原则,一方面从债务人角度在优先权控制范围内免除非自愿付款,另一方面又从有利债权人的角度赋予其基于善意购买的抗辩权。理所当然地,"正常业务范围"内的或家庭生活正常维持所需的款项不属于"自愿设立的"优先权范畴,也不损害受让人的善意。相反,对于濒临破产商人和公司进行的异常交易,如果已经公示,那么受让人可能被追责,且可对该异常交易提出质疑。在包括美国和澳大利亚在内的各个法域,立法机构将未法典化的适用原则固定了下来,形成了制定法上的规定,要求在临近破产阶段作出的具有对价的交易必须是在"正常业务范围"之内的,自此这类案件的证明形式从否定自愿设定优先权的意图转向了一种替代检验方式。[50]

法官在解释和适用这些法律时,似乎将它们看做是古老管辖权的重新立法,从而来规范无力偿债情形下的有关行为,但这些法律也可能反过来背离原先的管辖原则。在 1749 年 *Ryall v. Rolle* 案中,法院认定,表见所有权原则可以适用于有形的占有动产之外的情形,将适用范围扩大到了在债务人控制下的部分和无形权益,[51]同时善意购买人在财产售出后让卖家继续保留占有情形无法对抗第三人请求权。另一个重要的扩大适用范围的情况前文已经提及,那就是

---

[50] *Taylor v. White*(1964) 110 CLR 129(HCA); *Harkness v. Partnership Pacific Ltd.* (1997) 41 NSWLR 204(NSWCA). 关于制定法上的"日常业务过程"检验比较,见 G. McCormack,"Swelling Corporate Assets: Changing what is on the menu"(2006)6 *Journal of Corporate Law Studies* 39; A. Keay,"The Avoidance of Pre-Liquidation Transactions: An Anglo-Australian Comparison" [1998] *Journal of Business Law* 515。

[51] *Ryall v. Rolle* (*Rowles*) (1749) 1 Atk 165, 26 ER 107; Ves Sen 165, 28 ER 490(Lord Hardwicke LC); see J. Getzler and M. Macnair,"The Firm as an Entity before the Companies Acts", in P. Brand, K. Costello and WN Osborough(eds.), *Adventures of the Law* (Dublin, Four Courts Press, 2005) 267, 275 – 76; also available at http://ssrn.com/abstract=941231 accessed 17 June 2011.

曼斯菲尔德法官在18世纪60年代末发展的规则，该规则确认，对于以妨碍平等(*pari passu*)分配的法定债务和解方案为目的的转让，即使有对价支持或在破产行为发生前已经作出，可因该转让导致了不当优先权而认定其无效。在直接法定欺诈性优先权有关的制定法中使用了犯罪意图(*mens rea*)的概念，但关于优先权收回的延伸法条中是否使用了相同概念，一直以来都存在争议；有一些法官从推定欺诈角度进行分析，也有一些法官则采用的是基于交易效力的严格责任思路。曼斯菲尔德法官关于推定欺诈的概念建立在制定法中的衡平精神之上，自然也就被编入与最初的伊丽莎白法令立法渊源独立的制定法之中。[52]关于这一法定管辖权下触发无效情形的必要意志状态，一直以来都争议不断；对于许多法官而言，犯罪行为(*actus reus*)就足以推定犯罪意图(*mens rea*)，但是，如果将这种可撤销优先权的设立归类为可以在破产时触发向官方受托人进行法定转让，但本身又是一种独立于破产的行为，那么这里对犯罪意图(*mens rea*)要件的审查似乎强化与重复了之前对“不诚实”的证明要求。[53]

第五部分　法定优先方案的重要延伸

曾经一度盛行的观点认为制定法和判例法存在于互相独立的领域也不能互相影响，但现实却恰恰反驳了这一观点，在无力偿债领域，制定法、普通法和衡平法三者之间的互动不仅有着悠久历史，而且一直以来也深受法院的重视。20世纪90年代早期澳大利亚联邦法院的两个判例中，这种紧密的互动就有所体现。这两

---

[52] 如Lobban(n 2)所言，英国破产法的发展过程是曲折的。For our purposes the key legislation begins with the English Bankruptcy Act 1824 ss 3,8,108,122,and culminates in the Bankruptcy Act 1861 s 70 and the Bankruptcy Act 1883 ss 4(1),29,47 –49[reproduced and enlarged in New South Wales by the Bankruptcy Act 1861(NSW)ss 1 –2 and the Bankruptcy Act 1887(NSW)ss 4,51,54 –56].

[53] 关于19世纪制定法下分配和设定优先权作为破产行为的历史可以追溯到 *Williams v. Official Assignee of the Estate of William Dunn*(1908)6 CLR 425(HCA)432 –42 by Griffith CJ；基德法官(Kitto J)在Taylor v. White(1964)110 CLR 129(HCA)142 –46案中分析了自曼斯菲尔德法官(Lord Mansfield)时期开始的有关司法解释的历史。关于20世纪发展的分析见Robert Reid Pty Ltd. v. Cassidy(1966)c114 CLR 558(HCA)，其中泰勒法官(Taylor J)和温德埃尔法官(Windeyer J)从宽泛的视角来审视案件，支持所有价值转让，但以基德法官为首的多数意见认为应排除偿债款项或已确定的债务金额，仅计算蓄意转让和财产抵押。关于破产时受托人功能背后的关系如何影响本身是破产行为的优先权，见 *Re Gunsbourg*(1920)2 KB 426(CA)。

个判例回顾分析了英国、澳大利亚和美国在“优先权收回”方面的法律原则。其中，*Garuda* 案涉及意图欺诈债权人的转让，比如在一项优先受偿兑现时债权人或预期债权人获得清偿的概率造成不利影响的情况下，此等转让应当可无效[54]，该案确立了对于犯罪意图（*mens rea*）的广泛检验标准，包括基于行为的自然推论。*Compass Airlines* 案关注的则是几近破产情况下的转让，该案判决认定无论当事人的意图如何，此类转让都构成对平等分配的法定和解方案的妨害。[55] 联邦法院在 *Compass Airlines* 案中参考了 1936 年首席法官乔丹颇具学术性的一项判决，对这一领域内法定和司法规则之间的共生关系作出了清晰的解释，并总结了立法机关和法院在一种复杂摇摆的关系中不断延伸和创新有关法律的过程：

> 在 *Page v. Commonwealth Life Assurance Society Ltd.* 案[56]中，首席法官乔丹指出，在确定法律的严格字面含义的运用和限制方面，破产法政策一直以来都被认为具有相当有用的指导意义。首席法官举了两个例子：(i) 即使是在法律的严格字面含义内的程序，如果被认定为是有悖于破产法政策的，也会因此被撤销；[57] (ii) 对于按照法律的严格字面含义适用的限制，也已经从破产法“一般政策”中提取出来。虽然首席法官乔丹并没有提及这两个问题，但曼斯菲尔德法官的判决确实阐明了第 (i) 项主张，而优先权法律证实由此发展而来，同时第 (ii) 项也可以看作是对“往来账户”原则的解释。[58]

在 *Page v. Commonwealth Life Assurance* 案中，首席法官乔丹研究了自《伊丽莎白法令》以来的无力偿债法和相关判决，得出了这样一个结论：类比对一项遗产中的合同性请求权的存续效力的证明情形，无力偿债的公司在其变得无力偿债前被控存在恶意诉讼的侵权行为，那么原告可能可以对无力偿债的公司的

---

[54] *Re PT Garuda Indonesia Limited v. Richard John Grellman*(1992)107 ALR 199(FCA).

[55] *Compass Airlines*(n 43).

[56] *Page v. Commonwealth Life Assurance Society Ltd.* (1935 –36)36 SR(NSW)85(NSWSC)89.

[57] Citing *Higinbotham*(n 3); Re Johns[1928]1 Ch 737(ChD).

[58] *Compass Airlines*(n 43). 关于制定法和衡平法的交叠在 *Nelson v. Nelson* (1995)184 CLR 538(HCA)也有充分体现。

受让人提起侵权赔偿之讼。即使在公司无力偿债时侵权赔偿的主张尚未确定，判决的结果仍未知，这也并不意味着权利动产因无力偿债而被免除，即使与19世纪的判例不相符，原告也仍可以尝试对破产资产池提出权利主张。首席法官乔丹以此阐释了法院的扩大解释如何约束免除债务的法定无力偿债原则。

法院在普通法系中扩大无力偿债原则适用的司法实践也引起了对法律正统的质疑。法院认为，英国无力偿债法（以及由此发展而来的澳大利亚有关法律）是由当事人设计的，而执法机构的作用只是简单地以引导和监督事前和事后协商罢了。这一裁判方式与大陆法系（以及美国法）对无力偿债情形的裁判思路正好形成对比，一般认为后者更加倾向于跳脱于当事人意志之外而利用国家强制力对财产权和合同权利进行重新排序。[59] 普通法系通过优先权收回体现当事人意志高于一切的原则似乎模糊了两大法系之间的这一差异；而这个问题则决定了哪一种当事人设计的权利是法律允许存在于无力偿债之中的。

第六部分 “欺诈意图”与衡平法上的欺诈——犯罪意图问题

关于《伊丽莎白法令》衍生而来的无力偿债原则，接下来，我们必须再更加深入地研究一下这些原则适用中的一个核心问题，那就是为认定优先权而需判断的必要意志状态。对于这一问题，其中一种方法就是与违反信托进行比较。受托人作出保证为受益人持有一项资产，如果出现向外越权（*ultra vires*）支付的情况，那么受托人则受到衡平法上责任约束，可要求替代支付来强制执行其之前作出的保证。债务人作出保证将偿还贷款，同样也受到强制执行该义务的责任限制，但债务人可以将该贷款价值视为自己所有，而只需要以代替价值清偿即可。与受托人不同，债务人是被期待为其个人利益而使用贷款价值的，而且

---

[59] J. Sgard, "Bankruptcy Law, Majority Rule, and Private Ordering in England and France (16th – 19th centuries)" (working version at International Society for New Institutional Economics, June 2008, available at http://extranet.isnie.org/uploads/isnie2009/jerome.pdf accessed 17 June 2011); J. Sgard, "Do Legal Origins Matter? The Case of Bankruptcy Laws in Europe 1808 – 1914" (2006) 10 *European Review of Economic History* 389. The variance between parties' ex ante desire for controlled distribu-tion and ex post desire to grab and run at the expense of overall value is set out in T Jackson, The Logic and Limits of Bankruptcy Law (Cambridge, Massachusetts, Harvard University Press, 1986) 7 – 67.

其使用形式也一般不受特定条件的约束。尽管如此,如果债务人采取行动,向外转移资产明确是为了以防止特定债权人对其资产进行正常追索的,那么债务人的行为就会被视为一种欺诈。在违反信托的案件中,高级法律权威已经确认,在认定受托人违反信托时无需要证明其存在不诚实的意图;[60]但这可能是逐渐偏离旧的衡平法裁判方式的一种现代化发展,在旧的衡平法裁判方式下,不当地处理资产或者错误地行使权力本身就是一种欺诈行为,因为受托人在做错事时本应当对自己的行为有清楚的认知。在另一种类似传统观念中,债务人的"欺诈"意图正是对优先权行使管辖权的依据;债务人可能并无恶意损害债权人的权利,但当债务人意识到自己可能无力偿还债务时,其应当知道自己主动向外转让资产的行为是错误的。如果认定第三方受让人获得了优先权,那么这种情况下,就更能与违反信托原则中的知情协助和知情接受情形进行类比。在此,已付对价的善意接受行为可以保护交易免受质疑,但第三方受让人对债务人欺诈性转让的知情会导致优先权失效。正如在信托法中一样,优先权法律下也是以推定方式来认定交易方(无论是债务人还是受让人)的过错意志,而且相关检验标准方式也一直在主观和客观,或者说真实欺诈与推定欺诈的两极间不断徘徊摇摆。

1870 年哈瑟利大法官(Lord Hatherley LC)在 *Freeman v. Pope* 案中作出的判决,就是支持从客观上推定欺诈优先权意图。该案中,财产授予人是一位牧师,该牧师在已经处于财务危机的情况下仍自发将自己的一份人寿保险授予了第三方。哈瑟利大法官在该案的判决意见中有一段著名的开篇词:"根据《欺诈性转让法》(13 Eliz 1,c 5)确立的原则,人在作出慷慨行为之前必须先是公正的,在其进行赠与之前也必须先清偿债务。"[61]他随后写道:

> 在无直接证据证明意图情况下,如果身负债务者从其可用于清偿该等债务的正当财产中挪用部分财产授予他人,且如果没有这一财产此人的债务就无法清偿,那么,由于一些债权人无法得到清偿是这一财产授予(推定其是有效的)的必然结果,法官就有义务指示陪审团,

---

[60] See eg *Royal Brunei Airlines v. Tan*[1995]2 AC 378(PC)384 –385(Lord Nicholls).

[61] Freeman(n 4)540.

他们必须推定财产授予人的意图是致使债权人无法获得清偿或延迟对债权人的清偿，同时该案也因此在有关制定法的管辖范围内。[62]

另一种主观角度的裁判方式，我们则可以在1886年*Re Wise*案中伊舍法官（Lord Esher MR）的判决意见中看到：

> 我们必须意识到，即使财产授予人从未破产，伊丽莎白法令仍然适用，甚至可能认定契约无效。但在本案中，首先需要的讨论的并不是这个问题，而是另一种推定情况，那就是如果财产授予人的行为自然或必然导致债权人无法或延迟行使权利，那么法院必须认定该财产授予人是确实有此意图。对于这一主张或原则，我表示完全放弃。[63]

澳大利亚法院倾向于第一种观点，这从高等法院和联邦法院近期对*Freeman v. Pope*案[64]判决推理论证方法的认可就能看出。不过在早期案件中，高等法院更倾向于更加严格的第二种观点。1934年，在一件以对抗债权人为目的的欺诈性优先权的案件中，斯塔克法官（Starke J）认为“欺诈不可以推定：对财产处置提出质疑的人应当承担举证义务”，[65]狄克逊法官（Dixon J）也指出：

> 对抗或拖延债权人的真实意图必须存在，问题的关键往往就是在转让交易的整个情节下，这一转让或者其他财产处置行为是否真的是在如此意图驱使下作出。提出肯定主张的一方应当承担举证义务。[66]

---

[62] Ibid. 541.

[63] *Re Wise* (1886) LR 17 QBD 290 (CA) 299. See futher G. Moffat, *Trusts Law*, 4th edn (Cambridge, Cambridge University Press, 2005) 278 – 87.

[64] *Marcolongo v. Chen* [2011] HCA 3, (2011) 85 ALJR 380; *G and M Aldridge Pty Ltd. v. Walsh* [2001] HCA 27, (2001) 203 CLR 662 [29] – [30]; *Cannane v. J. Cannane Pty Ltd.* (*in liq*) [1998] HCA 26, (1998) 192 CLR 557 [12] (Brennan CJ and McHugh J); *Compass Airlines* (n 43); *Garuda* (n 54); *Noakes v. Harvy Holmes* (1979) 26 ALR 297 (FCA) 303 (Brennan J).

[65] *Williams v. Lloyd* (1934) 50 CLR 341 (HCA) 361.

[66] Ibid. 372.

关于这一问题辩论引出了经典的衡平法上的问题，那就是根据案件情节对犯罪意图进行推论可以做到何种程度，以及“欺诈”是指未能达到正当审慎标准的普遍诚信，还是指更加糟糕的人性恶意。在早期，破产具有犯罪意义上的不诚信含义（对于未偿还债务的行为，除了监禁刑之外还有一些更加极端的处罚，包括在17世纪和18世纪有身体致残甚至死刑），[67]因此，要求以达到刑事司法标准的程度确凿地证明主观意图是很自然的。如今在一些领域类似要求也仍然存在，例如，公司在无力偿债时仍继续交易而其董事需承担有关责任，追究附加的刑事责任也是处罚的一种：这种情况下“欺诈债权人的意图必须是明示的或者是事实且真实存在的：不承认推定归责或暗示的意图”。[68] 不过，如果核心处罚是简单地撤销恶意交易，那么归根结底这是一种民事的衡平法管辖的核心救济，对犯罪意图（*mens rea*）的证明要求可能就没有这么严格了。

在与反方观点经历漫长辩论后，联邦法院和高等法院现在已经认定推定欺诈性优先权的现代检验方式应当遵循哈瑟利大法官在 *Freeman v. Pope* 案[69]中采取的上下文分析法。不过，法院也承认并不存在所谓统一的检验方法可以适用整个破产和无力偿债情形范围内的各种优先权。值得注意的是，澳大利亚法联邦制对这一领域的司法实践产生了一些复杂影响。[70]《澳大利亚宪法》第51条第（xvii）款和第109条允许澳大利亚联邦通过立法规范破产和无力偿债领域的行为。澳大利亚联邦破产法直到1996年才效仿旧英国法制定了有关“欺诈意图”等内容，[71]但1996年之后，该法就围绕着债务人的“主要目的”应是在法定分配方案下对抗债权人权利这一点进行了修订。在任何案件中，破产法只有在真实出现破产的情形下才能适用，联邦权力这时才能发挥作用。一旦出现破产情况，联邦破产法必须优先于州法，但在濒临破产时作出的财产转让行为损害债权人权益的情况归州法管辖。[72] 同时，更为复杂的是，各州参照联邦对于自然人破产的有关规定对公司无力偿债制定了有关规则，但随着澳大利亚联邦在

---

[67] E. Kadens, “The Last Bankrupt Hanged: Balancing Incentives in the Development of Bankruptcy Law” (2010) 59 *Duke Law Journal* 1229.

[68] *Hardie v. Hanson* (1960) 105 CLR 451 (HCA) 458 (Dixon CJ).

[69] See cases cited in n 64.

[70] See eg Gould v. Brown (1998) 193 CLR 346 (HCA).

[71] Bankruptcy Act 1966, s121.

[72] See further W. Lee, “Trusts and Bankruptcy” (1973) 47 *Australian Law Journal* 365, 365 – 367.

州权力移交之后通过2001年公司法[*Corporations Act* 2001(Cth)],该法取代了各州对无力偿债案件的管辖权。

在近期的 *Marcolongo v. Chen* 案[73]中,新南威尔士上诉法院和高等法院对旧法下的"欺诈意图"作出了不同解读。此案案情如下:在一个土地毁坏案件的诉讼过程中,原告公示称其对涉嫌侵权行为人所有的其他土地上设有财产保全令,以此可以确保有可用财产来执行任何判决。虽然如此,该土地所有人还是以有效对价将该土地出售给了第三方。在侵权诉讼胜诉后,原告无法执行该土地所有人的剩余财产以获得判决债务的清偿,于是请求根据《1919年转让法》(新南威尔士州)[*Conveyancing Act* 1919(NSW)]第37A条撤销该第三方土地转让。原告援引的法条规定,"对于所有在欺诈债权人意图下作出的财产转让,一旦受损害的一方提出请求,均应当撤销该类转让",但购买者善意收购且对该欺诈意图不知情的情况除外。本案中原告胜诉的原因在于,土地所有人在侵权之诉判决下达前转让有关土地的动机满足法律检验标准。在上诉法院奥尔索普法官(Allsop P)和扬法官(Young JA)都审查了各州和联邦制定法中关于"优先权设定意图"认定的各种检验标准,并且意识到对一个法律文本中规定的必要意图作出的司法解释可能并不能映射到其他法律文本中。尤其值得一提的是,州法中对于破产前损害债权人权利之行为的认定直接源于《伊丽莎白法令》,对于比不诚实更强的意图,其证明标准可能必须高于从有关行为的自然效果可直接作出推论的程度,但联邦管辖权对破坏破产后财产分配的转让的监督(继承了曼斯菲尔德法官对于伊丽莎白优先法延伸的一种管辖权)可能适用了更为简单的一种意图推定方式。上诉法院通过此举恢复并采纳了基于《伊丽莎白法令》的州破产法中更为严格的狄克逊法官式的检验方式,不过如今其中还有涉及很多关于遵循先例(*stare decisis*)的有趣问题。联邦法院对 *Noakes* 案[74]的判决为 *Garuda* 案[75]和 *Cannane* 案[76]中确立的推定目的原则提供了依据,也至少对与新南威尔士州优先权法有着类似出处的法律作出了阐释,诺福克岛也自此拥有了自己版本的1571年黄金法则。不过联邦法院和高等法院在 *Garuda*

---

[73] *Marcolongo*(n 64), reversing *Chen v. Marcolongo* [2009] NSWCA 326.

[74] Noakes(n 64).

[75] Garuda(n 54).

[76] Cannane(n 64).

案和 *Cannane* 案判决的后半部分阐述中，确实关注优先权的生效违背法定破产分配方案，而不是对特定债权人的损害。“曼斯菲尔德”式的优先权收回有着些许公法或警察行为的意味，而《伊丽莎白法令》则构建了这一种对私法主体的违约责任。[77] 上诉法院在 *Marcolongo* 案中支持了上诉人，认定在没有直接证明欺诈债权人的主观动机的情况下，优先权也无从证明，不过这一判决是站不住脚的，因为在陈述主观犯罪意图的检验时其所依据的有关优先权的司法权威就是有误。

在进一步上诉中，高等法院恢复了导致 *Marcolongo* 案的诉讼案件审判，并转而采用了从行为客观推定意图的检验方式。本案中，相对多数的法官认为，普通法和衡平法上的欺诈有着不少细微的含义差别，这都体现在已经订明的行为标准上，包括任何不当权力行使；这也相当依赖于案件调查的背景。在反优先权管辖背景下，“欺诈意图”的基本概念同样有着多重含义，在很多情况下都取决于有关法律文书上的精准用词。虽然如此，多数意见认为，根据对立法的司法解释的主流趋势，“‘欺诈’一词再现的是《伊丽莎白法令》中‘拖延、阻碍或欺诈’这一表述的含义”，[78]此外，作为一个政策问题，“为实现遏制欺诈行为的目的，应当对现代立法条款进行自由解释”。[79] 这一自由解释途径的法律权威来自一新南威尔士州上诉至枢密院的案件，[80]该案反过来采纳了金德斯利法官（Kindersley V－C）在 *Thompson v. Webster* 案中关于欺诈意图检验标准的论述，认定“法庭在审查每个特定案件时，应当结合案件的所有有关情节，来判断财产授予人在财产授予时是否有对抗、妨碍或拖延其债权人的意图并最终得出结论”。[81] 高等法院多数法官同时还支持了金德斯利法官的另一观点，那就是除自愿转让之外，还需要更多证据才能证明财产授予人的意图，而这种必要意图可以通过无力偿债前转让的情节推断得出。举证责任在于寻求该转让撤销的一方，不过根据上诉法院的主张，这一方无需证明对方存在主动的不诚实或欺

---

[77] 关于欺诈性优先权构成“违反义务”行为且涉及法定时效的意见，见 *Giles v. Rhind* 案［2008］EWCA Civ 118，［2008］3 WLR 1233［36］－［55］（Arden LJ）。

[78] *Marcolongo*（n 64）［19］.

[79] Ibid.［20］.

[80] *Godfrey v. Poole*（1888）13 App Cas 497（PC）503.

[81] *Thompson v. Webster*（1859）4 Drewry 628，632；62 ER 241，242（emphasis in original）.

诈行为,即无需证明对方有欺诈或给债权人造成损害或损失的"实际且真实的意图"。根据民事证明的一般程序,即使没能证明转让人存在主动损害债权人的行为,如果法院可以认定转让人一方有阻碍、拖延或对抗债权人的意图,那么也已经足够了。这是一种特定类型的客观不诚实,是衡平法在其欺诈管辖权中特别禁止的,而且这与不诚实协助等问题的规定也颇为相似。法院此前在 *Farah Constructions Pty Ltd. v. Say-Dee Pty Ltd.* 案的判决中就说明了这一点:

> 按照一般理解,当然澳大利亚刑事法律中也有所体现,如果一个人未能评估其遭质疑的行为从一般正派之人的标准上来判断是不诚实的,那么从这些标准上来说这个人的行为可能就是不诚实的。[82]

由于 *Cannane* 案中首席法官布伦南(Brennan CJ)和麦克休法官(McHugh J)都提到了"真实意图的举证义务",后来的司法实践不得不孤立这一早期权威。*Marcolongo* 案中相对多数的法官似乎认为,这一检验方式的适用涉及的是区分事实上的暗示意图和法律上默示的推定意图,有评论认为,在 *Cannane* 案中"法官加入了'真实存在'一词来迂回地强调如果根据证据可以推断出意图的存在,那就会被认定为事实"。[83]

此外,这种意图只需要有效,而无需起主导作用:对于有效性而言,法律"并不要求被禁止的欺诈意图是唯一意图"。[84] 因此,从 *Marcolongo* 案中相对多数法官的意见引出下述结论:如果根据证据判断有必要的话,可以将通过转让来拖延、妨碍等意图作为事实问题进行认定;这一意图必须是有效起作用的,但并不一定是唯一或主导的意图;这应当由寻求撤销该转让的请求人来证明;但对触发法定管辖权的转让人欺诈意图的界定应当通过客观检验来决定。以上结论将法律从上诉法院主观主义的检验中脱离出来,确保有利于原告的结果。在此案的事实中,转让人和受让人显然知道未决侵权之诉的存在,并迅速完成了土地转让来对抗原告的请求权,因此,这充分达到了法定检验标准。同时这也

---

[82] *Farah Constructions Pty Ltd. v. Say-Dee Pty Ltd.* [2007] HCA 22, (2007) 230 CLR 89 [173].

[83] *Marcolongo* (n 64) [34].

[84] Ibid. [57].

意味着由于已经公告，善意购买的但书抗辩不再适用。海顿法官（Heydon J）在另一个案件的判决中对此发表了赞成意见，他认为应当支持这一上诉，不过并不需要修改法定检验方式，因为从事实意义上来说“这就是尽最大可能可以证明的‘真实’且‘不诚实’意图了”。[85] 无论如何，*Marcolongo* 案的相对多数意见已经相当清晰地重述了相关检验，将制定法上对无力偿债前创设的优先权的界定与衡平法上对欺诈意图主客观角度混合的解释结合了起来，这也是如今澳大利亚有关法律的制定依据。

尽管如此，我们也不能完全确定主客观混合的优先权检验标准是否会一直适用下去，因为立法的不断变化会不断影响这一法律体系。例如，由于对另一类特殊案件的立法，澳大利亚联邦法律变得更为复杂了。这类案件涉及债务人计划破产或在短时间内破产，且适用一种与之前不同的法定检验方式，即转让的效果是否会给予某一债权人优先于其他债权人的权利。殖民时代也有一个类似版本，1861 年枢密院就新南威尔士州的一个案件作出解释，其裁判方式更偏向于过去有关优先权案例法中的主观主义，要求无论如何证明设立优先权时的欺诈意图[86]。不过 1933 年澳大利亚高等法院解释《联邦破产法》（Federal Bankruptcy Act）中的一个类似条款时，提出了一种严格责任的解释。在引用了枢密院和其他法院的主观主义观点后，史塔克法官（Starke J）写道：

> 尽管如此，无论从这些判例对其他法律的解释中我们能得到何种借鉴，本庭对本案的判决取决于对《1924 – 1930 年联邦破产法》（*Federal Bankruptcy Act* 1924 – 1930）的真实解释。既然该法没有对任何有关债务人意图或是债务人选择作出表述，那么这清楚地说明在破产前特定时间段内进行财产转让、转移或让与从而为特定债权人创设优先权的情形下，这类转让应当是无效的。这里关注的是转让的效果而不是债务人的意图或者意志状态。[87]

---

[85] Ibid. [87].

[86] *Bank of Australasia v. Harris*(1861)15 Moo PCC 97,15 ER 429(PC)(Knight Bruce LJ).

[87] *S Richards & Co Ltd. v. Lloyd*(1933)49 CLR 49(HCA)62.

里奇法官(Rich)和狄克逊法官(Dixon JJ)认定,尽管与枢密院在1861年新南威尔士州的旧立法文本有种种相似之处,澳大利亚联邦法律完全不同的立法背景意味着其中的文字含义与旧法无关。[88]

第七部分 犯罪行为、评估优先权时的唯意志论与混合动机论

法院对优先权法律的解释还有一个核心观点,即债务人赋予另一人优先权的行为是基于选择性意图,即在有可自由选择的几种方式中选择了直接有利于该人权益或使其权益提前实现的行为,完全自愿作出转让,只有这种情况下,此种转让行为才构成创设欺诈性优先权。因此,如果债务人处置资产时是受到完全不同的动机所驱使而选择以其他债权人的权益为代价来赋予特定的债权人的优先权,那么这种情况下不能说债务人是以在欺诈方式赋予特定债权人优先权。举个例子,任何胁迫的迹象,包括债权人威胁诉讼或要求支付款项并暗示如果未能支付将影响供应,都可能排除优先权原则的适用。这一法条表述相当模糊,也因此给了法庭在保护债权人—债务人交易方面很大自由裁量权,区分确实以他人利益为代价而裨益特定债权人的效果但并非欺诈性的其他意图。不过这为触发优先权收回的意图增加了调查困难。

就未来财产转让而言,评估债务人意图和意志的正确时机应当是该转让合同订立之时,因为正是这个时候受让人被授予了可在债务人获得该未来财产时自动接收该财产的"更高权利"。一旦债务人获得该财产,之后就不需要对该财产进行进一步转让;该财产自动用于实现受让人的"衡平法权益",转让人的自愿状态在此是无关因素。[89] 如果说还有一个遗留问题的话,那就是受让人应支付的对价是否应在更高权利授予前完全支付,那么可能需要根据权利授予时对价是否完全支付来检验债务人的意图。对于影响受益权处置的推定信托机制成立之时的有关情况,以有价转让来转移衡平法上权益的有关手续规则并没有

---

[88] Ibid. 59－60.

[89] *Crofts v. Middleton*(1855)2 Kay & J 194,203;69 ER 749,753; *Eyre v. Burmester*(1862)10 HLC 90,11 ER 959(HL).

就此给出清晰答案，更不要说提出些许可用的类推逻辑了。[90]

1909 年在 *Muntz v. Smail* 案[91]审理中，高等法院对优先权创设时意愿的正确检验标准进行了详尽讨论。此案从多个层面来说都相当有趣：首席法官格里菲思（Griffith CJ）和奥康纳法官（O' Connor JJ）分别在其各自判决意见中都将直接意图而非动机作为自愿优先权检验的关键因素，而艾萨克斯法官（Isaacs J）为动机检验方式据理力争，允许转让中存在更大范围的压力因素以免该转让轻易地因欺诈而撤销。这些判决意见中体现的政策选择是微妙的。一方面，艾萨克斯法官运用了主观检验方式，采纳如当事人谈判权力等旁证来否认其选择的自主性，但这么做实际上是保护他们的受限选择不会因优先权收回原则而引起重新分配，因此，在一定程度上保护了当事人自主权免受国家力量的控制。相反地，在 1920 年 *Commissioner of Stamp Duties（Old）v. Jolliffe* 案[92]中，艾萨克斯法官提出了一个颇具影响力的异议意见，坚持认为对信托的成立应当采用严格的客观检验方式，拒绝承认客观动机的证据，因此，致使信托持有者因非法银行账户需承担更多财政税税负。或许 *Muntz* 案的事实能够解释为什么艾萨克斯法官在同样是有关优先权的案件中作出了与先前主观检验方式不同的选择。*Muntz* 案中，贩牛商人艾尔斯（Eyles）依赖于外部信贷来为他的买卖提供资金，结果陷入了还款困境中，他对斯梅尔（Smail）有一张即将到期的本票，但无法兑付，芒茨（Muntz）是此案中另一名债权人。就在艾尔斯准备宣布破产时，斯梅尔带着一位买家上门，提出购买艾尔斯的货物，而这笔交易款足以收回其对斯梅尔的债款。艾尔斯担心接受这笔交易会对其他债权人不公，但斯梅尔暗示艾尔斯他可以提供一个很好价钱以减轻艾尔斯的债务负担，而且在作出决定的关键时刻，斯梅尔还告诉艾尔斯“我希望他能与我一起履行这个合同”。于是，艾尔斯接受了，并通知自己的代理人将货物卖出并将收益用于归还斯梅尔的债务。芒茨随后起诉要求撤销这笔优先权交易。法院承认，证据显示艾尔斯确实希望

---

[90] *Oughtred v. IRC*［1960］AC 206（HL）和 Neville v. Wilson［1970］Ch 144（CA）的讨论见 Meagher，Heydon and Leeming，*Meagher，Gummow and Lehane*（n 16）paras［7－155］－［7－195］.

[91] *Muntz v. Smail*（1909）8 CLR 262（HCA）.

[92] *Commissioner of Stamp Duties（Old）v. Jolliffe*（1920）28 CLR 178（HCA）. The majority decisionfavouring a subjectivist view of intention to constitute a trust was possibly confined in Kauter v. Hilton（1953）90 CLR 86（HCA）97；*Associated Alloys*（n 9）［27］－［42］；and probably overruled in *Byrnes v. Kendle*［2011］HCA 26，，especially at［65］（Gummow and Hayne JJ）和［116 ］（Heydon and Crennan JJ）。

能为他的债权人作出正确选择，但多数法官认定艾尔斯是基于为一名债权人创设优先于其他债权人权利的想法而作出行为的，因此即使他是善意的，也触发了优先权法定撤销和收回。在 *Ex parte Griffith* 案和 *In re Wilcoxon* 案中，首席法官格里菲思（Griffith CJ）引用了杰塞尔法官的一段陈述，“债务人的意识并不是被债权人提出的优先权要求所影响，而是被他自己想要接受债权人的要求并给予他优先权的愿望所影响”。[93] 随后，他还援引了 19 世纪英国法的主要权威对意图和动机两者区别作了详细阐述。[94] 他总结道：

> 这些判例确认案件的关键取决于对债务人意识状态的判断，需要确定的问题在于：债务人通过所谓创设优先权的行为想要达到的主要目的是什么？博学的法官们在形形色色的案件分析中使用了“意图”“想法”“对象”“动机”“目的”等词语，甚至有些时候把它们当作近义词，但是没有对意图和引起意图的动机进行区别反而导致了一些混淆。我认为“他所想要达到的主要目的”这一短语能清楚表达以上这些用词所包含的意思。
>
> 在 *Sharp v. Jackson* 案[95]中，遭到质疑的财产处置是债务人违反信托义务进行的转让，法庭根据有关证据认定债权人根本就没有想到要赋予受益人优先权的问题。日常生活中也常常出现这样的事，有人为了实现一个特定的目的而作出特定行为，但最后的偶然结果却与自己设想的相当不同。因此，一个人被迫作出的行为赋予了其债权人优先权，但他想要达成的其实是另一种完全不同的结果，这也是相当有可能的。从事实角度来说这可能很难证明，但如果真的证明了，那么就不能说债务人是抱着创设优先权的想法作出其行为的。依我之见，我们必须谨记动机或者说引起某人想要实现特定目的的原因与这种愿望本身之间的区别。就本案而言，只有这个想要实现的目的才是与争议点相关的。[96]

---

[93] *Ex parte Griffith*; *In re Wilcoxon*(1883)23 Ch D 69(CA)72.

[94] *Muntz* (n 91)271 – 76.

[95] *Sharp v. Jackson*[1899]AC 419(HL).

[96] *Muntz* (n 91)273 – 74.

首席法官格里菲思随后针对斯梅尔的代理律师哈登·史塔克(Hayden Starke)的一段颇为机智的辩词发表了他的意见。哈登·史塔克提出,艾尔斯并没有将自己的货物出售给斯梅尔而是将该笔交易可能产生的未来收益进行了转让,这与帕克法官(Parke J)在 *Hunt v. Mortimer* 案[97]中的判决意见相符,即这类未来财产的转让不属于欺诈性优先权的定义范围。不过,首席法官格里菲思认定,艾尔斯同意在这笔交易之上增加附属协议,通过中介支付收益,没有证据显示"任何一方曾出现过转让未来货款这一想法";因此,*Hunt v. Mortimer* 案确立的原则在本案中并不适用。在任何情况下,任何账面债务的推定转让都无法进行登记[巴顿法官(Barton J)在其判决意见中详尽地探讨了对这一观点的反对理由]。然而,首席法官格里菲思并没有完全否定史塔克的未来利益转让本身就不可能构成优先权的理论。

对于帕克法官在 *Hunt v. Mortimer* 案中关于转让的判决意见,或许首席法官格里菲思在 *Muntz* 案中并没有详细解释其全部意义。*Hunt v. Mortimer* 案的判决是于 1829 年作出,而 *Holroyd v. Mortimer* 案则是在 33 年之后。值得一提的是,这也是帕克作为英国王座法庭新法官的早期判决,之后他才先后任职财政署和上议院。在 *Hunt v. Mortimer* 案中,一个无力偿债的商人(债务人)为了完成东印度公司的一笔大订单借了一大笔款项,该笔款项的出借人(债权人)知道该商人已经无力偿债或者即将无力偿债的情况,债务人同意将自己未来与东印度公司贸易所得收益转移给债权人从而清偿债务。帕克法官认为,此种未来收益的转让从优先权收回角度来说是安全的,因为这笔信贷的注入是以其用于贸易后所得利润的转让作为交换,从未算入债务人全部财产中:

> 将其称为欺诈性转让是没有任何事实依据的。被告出借款项并不是基于破产者的一般信用,而是基于东印度公司将向债务人支付有关贸易款的信赖;破产者与被告对这笔特定资金的安排构成衡平法上的转让,而原告对此并无请求权(只有破产者的行为同时构成普通法上的和衡平法上的转让,作为受让人的原告才对该转让享有请求权)。本案中,确实没有任何人告知东印度公司这一安排;虽然由于破产者

---

[97] *Hunt v. Mortimer* (1829) 10 Barn & Cress 44, 109 ER 367.

> 在其破产时是该资金的表见所有人,为了避免受让人的权利与建立在已经废除的 Statute of the 21 Jac. 1 之上的《破产法》有关条款联系起来,告知是有必要的,但在本案这类情况下,有关方之间衡平法上的转让并不以告知为生效必要条件。这里之所以不要求任何告知是因为从东印度公司处收到的钱款支付给被告的时间远在两名破产者破产之前。因此,我认为判决的方向和最终裁定是正确的。[98]

实际上,帕克法官在此案中确认了与 *Quistclose* 案信托相类似的一种情况,即债权人向受到经济困扰的债务人秘密注入信贷,如果对债务人未能如期还款则债权人对有关收益拥有超级优先权的衡平权益。当时存在且普遍承认的所有权原则[99]不允许债权人分配最初的信贷资金本身,但他可以利用衡平法上的转让来从破产资产中分配由该笔资金产生的利润。

现在,让我们将目光从 *Muntz* 案中睿智威严的首席法官格里菲思转向机智灵活的艾萨克斯法官。从今天的角度看来,无论是提出异议还是作为主审法官艾萨克斯法官的表现都相当有趣,最典型的就是在 *Muntz* 案中他提出了异议意见,其中措辞可谓一鸣惊人。他在判决意见的开篇就直接否定了史塔克的转让理论。

> 在无力偿债之后,除了财产保全令和财产处置条款之外,艾尔斯和斯梅尔之间的协议是否构成衡平法上的担保从而赋予斯梅尔要求特定履行的权利,或者它是否仅仅是艾尔斯的一项个人保证,即保证通过斯梅尔进行转售而斯梅尔可以收取货款,或者通过斯梅尔认可的另一代理人来进行转售有关收益之后转交至斯梅尔,我认为这些对于欺诈性优先权的认定而言都无关紧要。[100]

---

[98] Ibid. 46 - 47,368 - 369.

[99] See eg *Dearle v. Hall* (1823)3 Russ 1,20 - 24; 38 ER 475,482 - 484(Sir Thomas Plumer MR), building on *Ryall*(n 51),n turn building on Elizabethan and Jacobean insolvency statutes: see J. Getzler and M. Macnair,"The Firm as an Entity before the Companies Acts"(n 51)272 - 276.

[100] *Muntz*(n 91)291.

他随后还对首席法官格里菲思分析中的整个主旨进行了反驳，比起意志心态这样的抽象概念，艾萨克斯法官更加强调实证法：

> 整个案件其实取决于对《1890 年破产法》(Insolvency Act 1890)第 73 节中寥寥数语的解释，即"有给该债权人优先于其他债权人的权利的想法"。
>
> 关于"有……想法"这一表述，其中"想法"一词究竟是指"意图"还是"动机"，又或者是其他什么有着类似含义的词，我们可以看到各种各样的争论。我认为这些词语的意思并没有特别大的差别。他们之间一些微妙区别可能只有在形而上学中才有意义，但是，对于欺诈性优先权的认定而言，讨论这些差异确实是没意义的。"有……想法"这一短语并不是在英国《1869 年破产法》中才新出现的词；曼斯菲尔德法官在这一法律部分最初的一系列案件中使用了这一表述——*Alderson v. Temple* 案[101](1768 年)以及 *Rust v. Cooper* 案[102](1777 年)。[103]

在回顾了曼斯菲尔德法官的法律权威之后，艾萨克斯法官总结道：

> 为了偏袒一位债权人从而以牺牲其他债权人的利益为代价，债务人赋予该债权人优先待遇的这种意愿或是期许或曰目的(*voluntas*)，导致债务人授予一位债权人优先于其他债权人的意志状态。这才是这一制定法所排除的"授予优先权的意图"。如果上诉人是正确的，即仅凭深思熟虑后的全额还款就足够认定其为欺诈性优先权，那么所有涉及施压和多种动机混合的案件都可能错判了。这种两难之境恐怕就没有解决之策了。[104]

艾萨克斯法官随后列出了一系列法律权威，认识到偿还债款属于法律义务

---

[101] *Alderson*(n 2).

[102] *Rust v. Cooper*(1777)2 Cowp 629,98 ER 1277.

[103] *Muntz*(n 91)292.

[104] *Muntz*(n 91)297.

这一想法本身就能够排除欺诈性优先权的认定："如果债务人的主导动机是在有还清债务能力时履行先前订立的合同义务，或者是履行其真诚相信存在的法律义务，那么这就可以否定关于债务人行为是为了授予'优先权'的推定。"[105]这表明了艾萨克斯法官完全区分了这种优先权收回的特殊情形与濒临破产或规避法定财产分配方案的案件。

艾萨克斯法官的异议意见中最后一个要点与史塔克衡平法上的转让理论有关，对此他也接受了债务人的观点：

> 如果必须确认艾尔斯和斯梅尔之间的协议是否构成对收益设定衡平法上的担保，那么我的意见是肯定的。艾尔斯买卖交易的基础在于卖牛所得收益应用于斯梅尔所持票据的兑付。根据事物的自然进程，这必然意味着其不能拒付该票据，因此，在票据到期前一段时间内，必须通过斯梅尔或者其批准的代理人转卖小牛，所得收益的一部分应首先用于兑付票据。艾尔斯说"有关收益都会先给到斯梅尔"。如果协议中没有这一条款，那么这一交易就不可能达成，这些小牛也不会被卖出，它们或者它们带来的收益也不会成为艾尔斯财产的一部分。这里的买卖交易并不是建立在艾尔斯一般信用上（见 *Hunt v. Mortimer* 案）。我认为，这是给斯梅尔提供担保的一种衡平法上的转让。从制定法角度来说，这并不属于《1890 年票据法》（*Instruments Act* 1890）第六部分所规定的范围，同时，这也不在《1896 年账面债务法》（*Book Debts Act* 1896）中"账面债务"的含义范围内，因为本案涉及的并不是对潜在买家的任何"债务"，而是在艾尔斯或其代理人手中的转卖所得收益。因此，根据 *Alexander v. Steinhardt, Walker & Co.* 案[106]、*Palmer v. Culverwell, Brooks & Co.* 案[107]以及其他这一类型案件中所确立的规则，本案中斯梅尔和艾尔斯之间的转让其实是艾尔斯为斯梅尔提供的衡平法上的担保。[108]

---

[105] Ibid. 302 – 303.

[106] *Alexander v. Steinhardt, Walker & Co.* [1903] 2 KB 208 (KBD).

[107] *Palmer v. Culverwell, Brooks & Co.* (1902) 85 LT 785.

[108] *Muntz* (n 91) 304 – 305.

这段论述其实很难令人信服。在 *Hunt* 案中,买卖所得收益的转让是作为新资金注入的交换条件,而新资金是用于支持新的贸易活动的,这也就是为什么认定转让所得收益应当从全部财产中分离出来。在 *Muntz* 案中类似的分析站不住脚。同时,艾萨克斯法官也没有解释他到底是用什么魔法将未来收益的转让应当排除在法定优先权禁止情形之外。他引用的两个商业案件确认了未来财产有价转让的衡平权益产生于契约型担保设立之时,并因此赋予该担保在之后出现无力偿债情况下享有优先权;但是,在这些法律权威中,优先权从来不是争议焦点所在。

第八部分　无力偿债前的新资金和往来账户

对于濒临破产时涉及新资金的交易,澳大利亚法院在之后也明确了有关认定标准。其基本观点就是:从自然属性来说,在业务经营中循环的新资金或贷款属于中级或者更高级别的资产,因此,也不存在将其从商人的全部财产中分离出来作为优先清偿款项的情况。[109] 就优先权收回原则而言,高等法院豁免了基于保持或者扩大资金池而非减少全部资产的意图作出的一次性交易,这在 1959 年 *Burns v. Stapleton* 案[110]判决中就有所体现。该案中,一个商人濒临破产,基于一项衡平法回赎权发行了证券。法院认定,债务人为了业务运营买进新货随即转售而创设衡平法上的抵押并不会给破产后债权人可分配的资金池带来不利影响,因此,该抵押有效而不受优先权收回原则的约束;不过法院确实认定同一时间债权人为了给当时无担保债务提供担保而发行的其他证券无效;在债权人知悉债务人经济困难的情形下,这显然是创设了导致债务人财产减少的优先权,因此,善意接受的抗辩在这里不能适用。这一分析中有一处转折,高等法院近期认定,有担保的债权人有权从违约公司的资产中获得清偿,但若该

---

[109] English authorities supporting this approach are adduced in L. Smith, "Security" in A Burrows (ed.), English Private Law, 2nd edn (Oxford, Oxford University Press, 2007) paras [5.159] – [5.160]. A theoretical and empirical case for allowing new money credit to attach to collateral ahead of prior creditors is given in S. Schwarcz, "The Easy Case for the Priority of secured Claims in Bankruptcy" (1997) 47 Duke Law Journal 425.

[110] *Burns v. Stapleton* (1959) 102 CLR 97 (HCA).

债权人选择通过财产接管人维持该公司的经营，并以破产公司的资本资源继续向交易者支付款项，这种情况并不属于创设优先权，因为有担保的资本从未进入可供分配的无担保资产池。[111] 高等法院以 3∶2 的票数作出判决，基于与确定的特定财产相关的对价交付而创设的衡平法上的留置权不受优先权收回原则的约束。这一衡平法权益在当事人意愿之外通过法律运作而产生，是为了保护对价，因此从全部财产中取出部分价值资产可以对抗优先权收回原则。[112]

第二类豁免类型则涉及澳大利亚独特的"往来账户"原则，此原则允许向浮动信用账户还款，从而维护已建立的连续商业关系中货物和贷款的相互交换。同样地，这一情况之所以例外是因为此处涉及的相互转让并不是为了创设优先权，实际上也不会导致受让人可分配的最终资产池减小，相反甚至可能会扩大这一资产池或将其维持在一个较为平稳的状态。[113]

在 *Muntz* 案大约 15 年后，1924 年的 *Carey v. Palmer* 案[114]中，艾萨克斯法官又借此机会考察了无力偿债情形下未来财产转让的效力。这一次，当年斯梅尔的辩护律师已经成了史塔克法官，艾萨克斯法官在他的助力下得以作出多数判决。该案件的事实如下：凯里（Carey）向进口商人约翰斯通（Johnstone）提供了一笔贷款，并且明确表示该笔贷款的用途是购买进行贸易的货物，合同上也规定约翰斯通应当及时出售货物并将交易所得收益直接支付至凯里的银行账户中，而凯里之后也会向借款人（约翰斯通）支付利润分成并提供新一笔借款。约翰斯通随后濒临破产，于是与凯里签订了私下和解协议，向凯里转让其所有存货和商业设施；破产受托人以构成创设优先权为由撤销了该转让。而凯里反诉称基于原先的贷款协议他是所有以贷款款项购买的未来货物的受让人，因此他可以不受优先权原则影响持有现有的存货，因为这些存货从始至终都不是约翰斯通的财产。首席法官诺克斯（Knox CJ）则坚持了他在 *Jolliffe* 案[115]中获得多数意见支持的原则，即使赊购安排中没有明示，也要求案中当事人必须有创设抵押或信托的"真实意图"，否则，就不构成衡平法上的转让。此外，在破产前转让

---

[111] *Sheahan v. Carrier Air Conditioning Pty Ltd.* (1997) 189 CLR 407 (HCA).

[112] *Hewett* (n 15).

[113] *Compass Airlines* (n 43).

[114] *Carey v. Palmer* (1924) 34 CLR 380 (HCA).

[115] *Jolliffe* (n 92).

货物的欺诈企图也有力地表明先前协议并未创设任何所有人权利。[116] 因此，根据首席法官诺克斯的观点，这一转让创设了优先权，应当撤销；不过在该案中，他的观点属于少数意见。属于多数方的艾萨克斯法官并没有援引他在 *Jolliffe* 案中的异议意见，但适用了该案中对信托意图的客观检验方式，基于贷款协议的内容和订立背景，他认定了本案涉及的转让属于衡平法上的转让：

> 从期限角度来看，这一文契的主要目的在于出借款项并不仅仅是约翰斯通对凯里无担保的债务，而凯里也不必依赖于约翰斯通的个人保证获得该笔借款的清偿。约翰斯通只是在一定期限内受托该笔款项，而该笔款项只能用于为业务需求购买货物，即该笔款项转换为货物，而这些货物一经购得应“尽快”通过业务运作转换为钱款，而该笔钱款应以实物方式（in specie），即全部实际收益，交给上诉人，根据协议这些收益的分配应当由上诉人全权掌控……官方受托人虽然获得这些货物的权利，但以凯里为获益人的信托或者权益对其仍有约束力。[117]

史塔克法官同意以上观点，并补充道：根据 *Taiby* 案，“如果各方的意图都很明确，那么协议的模式或者构架就绝对无关紧要”。[118] 他还认为，《卖据法》（Bills of Sale）并不适用于基金控制或者款项转让。[119] 两位法官都认为，无论破产还是后来被撤销的货物转让都不能破坏在原协议订立之前几年就已经创设的衡平权益。在 *Palmer v. Carey* 案的上诉中，枢密院允许了上诉，且采纳了高等法院诺克斯法官的少数判决意见。[120] 伦伯里法官（Lord Wrenbury）认定，从一基金中的支付买卖收益的责任应当有明确的规定，如此才能够要求特定履行；也只有这样，才能认定为衡平法上的转让。此处并不涉及对 *Holroyd* 案争议点

---

[116] *Carey*（n 114）388 – 89. In *Williams*（n 65）368 – 72, Dixon J similarly used the technique of refusing to find a valid transfer of beneficial interest by perfected declaration of trust in order to stop a purported preference in its tracks.

[117] Ibid. 389 – 391.

[118] Ibid. 392.

[119] Ibid. 392 – 393.

[120] *Palmer v. Carey*［1926］AC 703（PC）.

的讨论。事实上,这是介于对人债权和有价动产转让的一种中间情形:

> 具有有效对价的协议如果规定了基金只能以特定方式使用,那么就可能基于这一协议支持限制以其他方式使用该基金的禁令请求。但是如果没有更多相关限制,那么这一条款就不会构成衡平法上的转让。[121]

基于有关事实,伦伯里法官认定在双方协议下约翰斯通是贷款款项、货物和买卖所得收益的所有人,且之后受到合同义务的约束须向凯里的银行账户转账还款。关键的事实认定似乎在于双方并没有从收益中分离出部分资金来特意设定担保;法院需要找到一些比通俗语言所描述的收益更为明确的东西才能认定新的衡平法上的权利。[122]

第九部分 限制对优先权的管辖权:20 世纪 30 年代

澳大利亚优先权和转让相关法律的发展在 20 世纪 30 年代出现了极大的方向性转折,这或许体现了信用经济在当时面临的一些困境。在 1932 年的 *Robertson v. Grigg* 案[123]中,包括如今狄克逊法官在内的高等法院六人合议庭将 *Palmer v. Carey* 案所确立的法律原则推向了相反的方向,一个更加偏向于债权人自由的方向。*Robertson v. Grigg* 案的事实如下:筑路工人迈尔斯(Miles)在 1929 年早期向金融家格里格(Grigg)借了一笔 1000 英镑的贷款,格里格同意支持迈尔斯向西澳大利亚主干道工程局(West Australian Main Roads Board)投标,争取赢得这一系列大单。贷款协议规定,这笔贷款只能用于公路承包合同的履行,同时收取 10% 的利息,而本金则"随着公路建设工程的进展从迈尔斯收

---

[121] Ibid. 706, citing Lord Truro 的 *Rodick v. Gandell* (1852) 1 DeG M & G 763, 777; 42 ER 749, 754.

[122] *Palmer v. Carey* despite its bare reasoning has proved a useful precedent when judges wish to deny that an equitable interest binding third parties has arisen in relation to a specific fund imprinted with a contractual purpose: See eg *Swiss Bank Corp* (n 3) 596 (Lord Wilberforce), cf Browne-Wilkinson J at first instance: [1979] Ch 548 (ChD) 566 – 68. *Re Schebsman (dec' d)* [1944] Ch 83 (CA) 100 – 07 (du Parcq LJ) is the *locus classicus* of the basal doctrine that benefit does not automatically equate with beneficial interest.

[123] *Robertson v. Grigg* (1932) 47 CLR 257 (HCA).

到的施工进度款中分期偿还，且与主干道工程局的工程款同时到期”。几个月之后，迈尔斯又以类似条款获得了另一笔预付的1000英镑贷款，同时口头约定继续起算新的贷款周期，并将以远期合同收益分期清偿本息。迈尔斯随后书面告知主干道工程局，要求将其所有合同款直接支付给格里格，而格里格收款后，迈尔斯对其债务即视为全部清偿。1930年迈尔斯破产，破产受托人试图追回向格里格清偿的款项，因为该账面债务的转让并未登记，因此，属于违反卖据法的无效转让，或者至少应该是无效的优先权。但法院支持了该笔款项的清偿，并指出：即使根据 *Palmer v. Carey* 案中确立的严格检验原则，即要求债务人有以未来应收账款作为担保的明确且有效的意图，从最早1929年的第一次贷款开始，迈尔斯和格里格双方之间的书面和口头协议也都体现了将迈尔斯未来合同收益转让给格里格的充分实质意图。这一判决有意思的地方在于用后行为过程来帮助描述先前交易的法律性质。[124] 法院随后确认，从法定解释的角度而言，不能将合同收益归类为业务的账面债务，因此，对其也没有登记要求。由于格里格和迈尔斯确实达成合作，为迈尔斯的日常业务运营投入了正规资金，因此，认定两人并不存在创设优先权的意图。最后，对于在破产行为发生之日起的六个月内作出的与意图无关的减少财产的还款行为，法定规则不可能全部适用，因为早在1929年，也就是在无力偿债行为发生的前一年，公路承包合同未来收益的衡平法上所有权就已经创设。而与向格里格转移价值之日有关的是未来收益转让的日期，而非这些收益产生的日期。这显然是一个关于衡平法上的转让案件，该转让创设了一个其他债权人难以发现的非占有性担保，且使其免受任何优先权收回原则的约束。迈尔斯破产的准确时间(1930年8月9日)可能是有重大意义的，因为这个时间点引起了法院对于经济衰退时期迈尔斯不幸遭遇的同情。无论该案的是非曲直如何，法院在后来的案件中认可了类似的融资协议，即通过未来权利转让来转移信贷流量的收益，并将有关法律从破产法中分离了出来。[125]

对于这些问题，法院在1937年 *Palette Shoes Pty Ltd.* (*in liq*) *v. Krohn* 案[126]

---

[124] Cf *Paul v. Constance*[1977]1 WLR 527(CA).

[125] *Re Ferdinando Antonio Puntoriero and Tonetta Puntorier Ex Parte*: *Nickpack Pty Limitied v. Richard Andrew Gagie* [1992]FCA 257.

[126] *Palette Shoes Pty Ltd.* (*in liq*) *v. Krohn*(1937)58 CLR 1(HCA).

中又再次详述,此案也是本章研究中的最后一个重要案例。这也是涉及信贷安排的案子,只不过具体案情是关于鞋子的制作和销售。虽然该案的信贷安排比 *Carey v. Palmer* 案或者 *Robertson v. Grigg* 案中的情况要复杂一些,但基本构架还是相似的,具体的信贷计划时间线如下:

1. P 向零售商和其他顾客(R)销售其制作的鞋子,后者可赊账 x 英镑。

2. P 向金融家 K 提供了借记通知单要求借款,借款金额为 x 英镑减去交易税和 5.5% 的信贷收费,即计算公式为:£ x - (£ t + £ c) = £ n(t 代表交易税,c 代表信贷收费,n 代表净营业额)。

3. K 立即向 P 支付了 n 英镑,而 P 则利用这笔款项来弥补成本、赚取营业利润。

4. R 最后向 P 支付了 x 英镑,第一阶段 P 和 R 之间的赊销交易就此履行完毕。

5. P 立即向 K 付清了 x 英镑。

6. K 按照约定的分配方式将这 x 英镑分成了几份,向州支付税款 t 英镑,向 P 清偿了之前的 n 英镑债务;剩余的 c 英镑由 K 作为信贷收费或贷款利润保留。由此,信贷周期形成,并开始不断循环。

7. P 因对其他债权人的大笔债务而陷入无力偿债状态,同时 K 在 P 的业务中还有 n 英镑的投资。在 P 无力偿债后,R 准备支付 x 英镑的赊欠款项。K 主张,信贷协议已将 x 英镑指定给了 K,即一旦应收账款产生,K 对其就有衡平法上的请求权。P 的清算人则主张 x 英镑作为破产信托的一部分用于清偿对一般债权人的债务。

首席法官莱瑟姆(Latham CJ)指出,P 有义务向 K 支付赊销交易的所有收益(x 英镑的总额)这一点十分关键:

对于 *Palmer v. Carey* 案确立的原则并不会有任何后续调整。证据显示,本案涉及的款项与公司款项是独立分开保存的。在这一情形下,在公司收到该笔款项时,该笔款项上的受益权就属于原告而非公司，公司以信托形式为原告持有该笔款项。[127]

关于 *Palmer v. Carey* 案中，凯里将利润分割并转移回约翰斯通处的情况为何不构成信托，首席法官莱瑟姆在此并未对其中原因作出清楚解释。不过他提出了另一种思路：

> 假设与我的观点相反，即如果公司从客户处收到这些赊购款时，这些款项即成为公司资产的一部分，那么就这一财产而言，具有有效对价的协议构成衡平法上的转让。对于未来动产转让的创设，并没有特定形式的要求。对基于有效对价作出的转让未来财产的承诺而言，如果该财产是可确定或认定的，那么一旦合同可履行，这一承诺就可以约束转让人的良心以及该财产本身。与韦斯特伯里法官在 *Holroyd v. Marshall* 案中所述不同的是，这一原则的适用并不是取决于衡平法院作出特定履行判决的可能性。与之相关的还有一个原则，那就是衡平法认定应为之事已为（equity considers as done that which ought to be done）。关于这点可见麦克诺滕法官在 *Tailby v. Official Receiver* 案中的判决意见以及 *In re Lind* 案中对这一问题的讨论……显然这笔款项是独立于受让人自己财产而保存的，而且该笔款项也是可确定的，那么就没有任何理由不适用这一原则……（无论是信托还是未来价值的转让），账面债务的转让和《票据法》第九章都不适用这两种情况中的任何一种。[128]

狄克逊法官更加细致地分析了有关制定法的历史，解释了为什么公司应像商人一样登记账面债务的转让而并不拥有法人豁免权。这一点十分重要，因为如果 K 对于 P 赊销收益的权利构成账面债务的转让，那么 K 就会因未登记注册而无法维护自己的利益。狄克逊法官于是采纳了 *Re Lind* 案中对 *Tailby* 案的解释，描述了未来权益转让是如何形成的，从衡平法角度来分析这一问题，因为

[127] Ibid. 12 – 15(footnote omitted).

[128] Ibid. 16 – 17(footnote omitted).

债权人已经支付了全部对价，则一旦债务人被授予该未来财产就应现时将其转让给债权人：

> 鉴于转让的主体尚不存在，问题的关键主要在于合同。由于一方已经支付对价，一旦主体（通常情况下授予另一方财产）出现，另一方的良心即受到约束。因为就财产主体而言，另一方的良心是受到约束的，衡平法固定了这一财产本身，另一方作为受让人的受托人而持有这一财产的普通法权利（Legal rights）或所有权。不过，即使问题的关键主要在于合同，受让人获得该财产上的预期权利"比要求合同特定履行的权利更加高级"，且可能在转让人破产时依然有效，因为这一权利在财产出现并授予受让人其中的衡平权益时就同时（*eo instanti*）产生了。[129]

下一个问题就是如何描述 P 和 K 之间的信贷关系。鉴于 K 对 P 所制作鞋子和其销售的现时收益都没有权利，因此，可以排除两人之间存在代理和信托关系。这也是为什么对卖据和账面债务转让适用的法定登记要求在此并不适用。尽管如此，代理和信托关系中的一些要素在该案中还是有所体现的，因为 P 须以独立基金的形式保管赊销收益 x 英镑，就像 P 对该基金账户负有代理人或者受托人义务一样。P 随后有义务将该基金中的收益支付给已经为此支付有效对价的 K。狄克逊法官通过引入从基金中分离出未来收益的概念，并结合该未来收益的衡平法上的转让，合理地将未来收益认定为公司受益财产权之外的资产，即破产财产以外的资产，从而也将根据协议强制执行该转让合理化了。该案中并没有对优先权问题的公开讨论，但该判决的政策影响却令人担忧，因为债权人不仅无需为其优先清偿进行辩护，反而基于未登记的、也因此几乎不可能被发现的账面债务的价值转让成功赢得了优先权。未来价值的隐蔽担保有如此强大的效力，使得优先权完全偏向一个债权人，而将其他债权人置于劣势地位，这就算不违反无力偿债法的字面意义，也违反了无力偿债法的精神。*Palette Shoes v. Krohn* 案依然是澳大利亚衡平法中极具权威性的判例（*locus*

---

[129] Ibid. 26 – 27.

classicus),该案体现了衡平法不仅可以扩大制定法政策的解释或防止制定法的误用,还可以逐渐削弱已经颇受尊重的法定政策。这最后一种类型的衡平法适用是否合理不仅是一个法律学理上的问题,同时也是一个政治性的问题。

第十部分　结语:新的法律,旧的故事?

随着《2009 年个人财产担保法》(Personal Property Securities Act)在 2012 年初开始实施,澳大利亚衡平法和制定法间的关系开启了新的篇章。新的立法支持债务的自由转让,同时也很有可能鼓励未来利益的事后担保和证券化。新证券体系的核心将是全国综合登记和公告制度,而其中最重要的问题将是如何将现在和未来债务的转让纳入到这个新的制度中。如果能够从过去得到些许借鉴,我们可以自信地期待信托和衡平法上的转让将给这个已经错综复杂的法律体系增添新的复杂因素,就像衡平法几乎自始都贯穿在托伦斯土地等级制度的发展历程中一样。在信贷经济中,衡平法与制定法之间的互相循环,就像在都铎王朝时期一样,也将不断延续下去。

第五章　受信人“自我交易”规则

詹姆斯·艾登曼(James Edelman)*

第一部分　导言:信义义务与无能力

“信义义务”(fiduciary duty)这一概念具有很强的神秘色彩,因为“信义”(fiduciary)一词会引发误解。“信义”(fiduciary)源自拉丁语“fiducia”,①是信任与信心(trust and confidence)的意思。但是,信义关系②的形成并不一定需要信任与信心。我曾在别的文章中指出,我们必须逐步认识到信义义务只是自愿承诺③所明示或默示的义务。加拿大最高法院已经迈出了重要的一步。④ 如果不能认识到这一观点的合理性,就无法理解许多信义难题。例如,为什么一份合

---

* 我十分感谢 Steven Elliott 和 Joshua Getzler 在这个话题上能不厌其烦地与我进行长时间的磋商和辩论,我也十分感谢研讨会的参与者与组织者为成功举办一个如此充满活力的讨论会所做出的积极努力,使本人的文章得以呈现在讨论会上,听取大家更多宝贵的意见。

① J. Morwood (ed.), Pocket Oxford Latin Dictionary (Oxford, Oxford University Press, 2001) 56; Oxford English Dictionary, 2nd edn (Oxford, Oxford University Press, 1989) definition 3:具有信托或依赖的性质,或基于信托或依赖,或含有信托或依赖的意思。

② R. Meagher, D. Heydon and M. Leeming, Meagher, Gummow & Lehane's Equity: Doctrine and Remedies, 4th edn (Chatswood, Butterworths LexisNexis, 2002); Hospital Products Ltd. v. United States Surgical Corporation (1984) 156 CLR 41 (HCA) 69 (Gibbs CJ), 141 – 42 (Dawson J); *White v. Jones* [1995] 2 AC 207 (HL) 271 – 73 (Lord Browne-Wilkinson); Breen v. Williams (1996) 186 CLR 71 (HCA) 93 (Dawson and Toohey JJ); F. Maitland, Equity: A. Course of Lectures, rev edn (Cambridge, Cambridge University Press, 1936) 42 – 43.

③ J. Edelman, "When do fiduciary duties arise?" (2010) 126 LQR 302.

④ *Galambos v. Perez* [2009] SCC 48, [2009] 3 SCR 247.

约可以"修改"或"形成"信义义务?[⑤] 为什么信义义务可以通过协议免除(明示或默示)?[⑥] 为什么合同承诺下信义义务会随着合同的终止而失效?[⑦] 只有当信义义务被理解为自愿承诺,这些难题才能迎刃而解。[⑧]

这篇对信义义务进行解构的论文可能会遭受的一个批评是,论文并没有解决受信人无能力以及相关原则豁免的问题。最常见的两种无能力情况是禁止受信人"自我交易"和要求受信人"公平交易"。本部分将探讨无能力中的"自我交易"问题。本文认为,孤木不成林,单一的自我交易规则无法发挥效用,也不会存在某一规则是某一国或某一地区信义法(fiduciary law)所特有的。

第二部分　自我交易规则

关于"自我交易"和"公平交易"规则最著名的是 *Megarry V – C in Tito v. Waddell*(No. 2)案中的表述:

> "自我交易"是……如果受托人将信托财产售与受托人本人,任何受益人依据法定权利(ex debto justitiae)主张将其撤销的,该交易即可撤销,无论该交易是何等公平。公平交易规则是指……如果受托人向受益人购买受益权,则该受益人无法依据法定权利主张交易无效,但是如果受托人无法证明在该交易中未利用其作为受托人的特殊身份获益,或者无法证明他充分履行了对受益人的告知义务,或者无法证明该交易本身是诚信、公平的,那么该交易可以由受益人主张而

---

⑤ *Hospital Products*(n2)102(Mason J); *Boardman v. Phipps*[1967]2 AC 46(HL)123 – 25(Lord Upjohn); *New Zealand Netherlands Society 'Oranje' Inc v. kuYs*[1973]1 WlR 1126(PC)1129 – 30; *Hilton v. Barker Boothd Eastwood*(afirm)[2005]UKHL 8,[2005]1 WLR 567[30](Lord Scott).

⑥ *Kelly v. Cooper*[1993]AC 205(PC)(implied exclusion); *Citibank NA v. QVT Financial LP*[2007] EWCA Civ 11(express exclusion); Cf the doubts expressed in *Premium Real Estate ltd. v. Stevens*[2009] NZSC15,[2009]2NZLR384.

⑦ *Attorney General v. Blake*[1998]Ch439(CA)453 – 55; *Bolkiah*(*Prince Jefri*) *v. KPMG*(a firm)[1999]2 AC 222(HL)235. 如果客观上规定了信义义务在合同终止后仍有效,那么该义务仍将继续。

⑧ J. Edelman,"Four fiduciary puzzles" in E. Bant and M. Harding(eds.), Exploring Private Law (Cambridge,Cambridge University Press,2010)298.

撤销[9]。

在澳大利亚,法院也采取了同样的处理方法。在 *Clay v. Clay* 案中,澳大利亚最高法院判决如下:

> “公平交易”规则规定,如果受托人向受益人购买受益权,则受益人无法依据法定权利主张交易无效,但是可以被撤销,除非受托人能够证明在该交易中未利用其受托人的特殊身份获益……根据“自我交易”规则,如果受托人将信托财产售与其本人,任何受益人都可以根据法定权利主张该交易无效。[10]

这些陈述代表了英国和澳大利亚对自我交易和公平交易的普遍观点。但仔细推敲就会发现,并不存在单一的自我交易规则。下面列述几种完全不同的情况,它们在案件中都被认定为“自我交易”:

1. 受托人试图利用其对信托资产的法定权利将信托资产转让给自己;
2. 受托人为了达成交易将信托资产售与其指定人;
3. 受托人为了达成某项交易,且该交易将剥夺或超越信托受益人的权利;
4. 公司董事试图将公司资产售与自己;
5. 公司董事试图将公司资产售与其指定人。

所有这些案例其实都可以由参考已确立的判例学说来解决,而不需要诉诸像“自我交易”规则或者诸如“根据法定权利可以宣称交易无效”这样的口头程序。

一、受托人试图将信托资产转让给自己

这种“自我交易”的情况有着很深的根源。在上述 *Tito v. Waddell* 和 *Clay v. Clay* 的案件中引用的被普遍接受的观点最早由国王大法官提出。[11] 在受益人

---

⑨ *Tito v. Waddell*(No. 2)[1977] Ch 106(Chp)241.

⑩ *Clay v. Clay*[2001] HCA 9,(2002)202 CLR 410[51] – [52].

⑪ See M. Conaglen, Fiduciary Loyalty (Oxford, Hart Publishing, 2010) 126, citing *Whitackre v. Whitaclre*(1725) Sel Cas t King 13,25 ER 195.

有权撤销交易情景中,直接的困难是这本身就是荒谬的。因为没有可撤销的“交易”。所谓“交易”即应涉及买卖双方。一项资产的法定所有人自买自卖,对法律关系没有任何影响。上诉大法官米勒特(Millett)将此言简意赅地描述为“双方规则”(two party rule)。⑫

对于双方规则,并不存在真正的例外。不过英国1925年《财产法》第72小节第3款却是一个明显的例外,该款规定:“在本法案开始实施后,一个人可以将土地转让或给予自己。”⑬在 *Rye v. Rye* 案中,摆在上议院大法官们面前的问题是:该条款是否允许同一处房产的两个共有人通过口头协议将房屋租给他们自己,那么拥有房屋占有、使用权的承租人即有了驱逐另一个房屋所有人的权利⑭。根据普通法任何人不得既是佃户又是地主(nemo potest esse tenens etdominus)的规则,同一处房产,没有人可以既是房东又是房客。那么《财产法》的该条款是否改变了这一项原则呢?如果是,那么这将意味着,在同一片土地上,一处较小的地产不同并入同一主人拥有的一处较大的地产。⑮ 如果想要并入,那么该主人需要用自己的钱向自己购买,并承担相应的责任。⑯ 麦克德蒙(MacDermott)大法官认为这个问题很棘手,但西蒙德斯(Simonds)大法官在他的一次重要演讲中提到,他对这种“既花哨又古怪的”法条解读方式很反感,而且他认为在任何的法学教材中都没有提到该条款可以产生这样奇怪的设想。⑰

关于第72节第3款,存在两种可能的解读方式,任何一种都没有违背“双方规则”。第一种解释是,该法律条文的目的是为了放宽对土地限嗣继承的禁止,而不是为了修改普通法上的“双方规则”。土地的所有人通过土地的自我交易,可以使土地摆脱限嗣继承的限制,并且可以向家庭外人员买卖土地。第二

---

⑫ *Ingram v. Inland Revenue Commissioners* [1997] 4 All ER 395 (CA) 423, 参见 The *Peope's Prudential Assurance Co Ltd. v. The Australian Federal Life and General Assurance Co Ltd.* (1935) 35 SR (NSW) 253 (NSWSC) 265; Clay (n 10) [51] – [52].

⑬ See the Property Law Act 1969 (WA), S 44; Conveyancing Act 1919 (NSW), S 24; Property Law Act 1962 (NZ), S 49.

⑭ *Rye v. Rye* [1962] AC 496 (HL).

⑮ Cf W Blackstone, Commentaries on the Laws of England, 9th edn (London, Strahan and Cadell, 1783) vol II, 177.

⑯ 关于这一点,正如丹宁(Denning)大法官在 *Rye* 案中解释到的:“如果A将房子租给他自己,他能够悄悄地通知自己退出该租赁合同,并且还期望法律会注意到此吗?”

⑰ Ibid. 505 – 506.

种可能的解释[18]也集中于权利的移转变化，而不是合同本身。它提到，普通法曾允许授予人为了自身的收益将土地的占有、使用权转移给受让人，即根据 1535 年《用益法》，土地所有人可能将土地的用益权转让给了自己。1925 年《财产法》颁布生效后，《用益法》被废除，正是为了保护基于已生效用益设立的信托，才有了第 72 小节的第 3 款。无论是哪种解释，该条款设立的意图都绝不是为了允许一个人将其本身已经拥有的权利（无论是无条件拥有的还是基于信托的）再转让给他自己。

在 *Rye v. Rye* 案中，丹宁（Denning）大法官承认对于“双方规则”存在一个潜在不寻常的例外。他认为，一个人若为遗嘱的唯一执行人，那么他是可以作为遗赠继承者来接受财产的转让。[19] 这项原则同样被应用于 *Holder v. Holder*[20] 案中［并未引述丹宁（Denning）大法官的附带意见］。该案中，被告为某处不动产的遗产执行人，随后又放弃担任，但他对该项权利的放弃并不具有法律效力。之后，在该不动产的拍卖会上他成功竞拍得到一处农场。于是，其他的遗产执行人（包括潜在的受遗赠人）将他告上法庭要求撤销该交易。上诉法庭认为，该交易具有法律效力，且本案不适用于“自我交易”规则。但法院给出的理由并不具有说服力。大法官哈曼（Harman）是本案中唯一一位对该问题作了解释的法官。他认为，尽管被告当时仍然是遗嘱的执行人，但被告并未参与到该地产的估价中，他既未承担起作为遗嘱执行人的责任，也未借此获取任何关于该地产的特殊信息，因此，被告并没有同时身为卖家和买家。

这样的分析可能是正确的，但它却偏离了重点。被告是根据已故者的意愿承担遗嘱执行者的职责，但他却没有通过正式的法律途径放弃该职责。尽管被告并没有参与遗嘱的检验，但自他接受该职责起，财产的所有权便转移至他名下。因此，在拍卖会上的那笔交易实则是一场“自我交易”。其实不难设想，如果被告未能履行该交易的相应义务，身为遗嘱执行人的他就必须对自己提起诉讼。那么他为了应对这件荒唐的案件而不断地咨询两方律师，这样的情形光想

---

⑱ Speculated in B. McPherson, “Self-dealing Trustees” in A. Oakley (ed.), Trends in Contemporary Trust Law (Oxford, Oxford University Press, 1996) 135, 142, and suggested by the High Court of Australia in Clay (n 10) [51] - [52].

⑲ *Rye* (n 14) 514.

⑳ *Holder v. Holder* [1968] Ch 353 (CA).

想就觉得十分可笑。

遗产普通法所有权的遗嘱执行人，与受托人或任何其他普通法所有人应当被同等对待。像其他拥有普通法所有权的人一样，双方规则在阻却受托人自我交易，这是一条公认的原则。对此，Romilly MR 曾将该种交易形象地描述为“一张废纸”。[21] 无论如何，除了刚才提到的那个关于遗嘱执行人的例外，“双方规则”是普遍适用的，且这条规则只有应用于受托人时才具有意义。

继理查德·阿登（Richard Arden）大法官将“双方规则”运用于 *Campbell v. Walker*[22] 案后，埃尔登（Eldon）大法官也试图将这套理论独立运用在 *Ex parte Lacey*[23] 案中。该案中，一名破产受托人在拍卖会上购买了破产财产，对此，埃尔登（Eldon）大法官提到：

> 对于“自我交易”规则，我是这样理解的：该规则并不是规定受托人不得与受益人进行交易，而是规定受托人不得同自己进行交易。受托人，是受人之托为他人的利益买卖、管理资产，同时承诺不从中为自己牟取利益。但该规则并不禁止受托人与委托人订立新的合约，也允许受托人对其是否愿意继续履行职责留有商讨的余地。而受益人也可以通过与另一个受托人订立新的合约解雇受托人。但即便如此，该交易也应按照本法庭的规定严格地把关、审查。因此，法律推定该受托人知道作为一个受托人应当知道的一切，而这可能包括有利于其参与竞拍的重要信息。但法院无法确认其是否与受益人就辞去“受托人”有过通讯交流。我认为，关键并不在于他是否利用其受托人的身份谋取私利，而是他与受托人这一身份是否明显地斩断了联系；如果没有，那么是否收回财产的选择权就在受益人的手中，若他们认为受托人并没有利用其特殊身份，该交易公平合理，则他们可以选择不撤

[21] *Denton v. Donner*（1856）23 Beav 285，53 ER 112，参见 *Lewis v. Hillman*（1852）23 Beav 285，290；53 ER 112，114；*Franks v. Bollans*（1868）LR 3 Ch App 717（CA）；*Farrar v. Farrar's Ltd.*（1888）LR 40 ChD 395（CA）404；*Hodson v. Deans*［1903］2 Ch 647（ChD）653. 这些案例在 McPherson，“Self-dealing Trustees”（n 18）138 – 141 中讨论。

[22] *Campbell v. Walker*（1800）5 Ves Jun 678，31 ER 801.

[23] Ex parte Lacey（1802）6 Ves Jun 625，31 ER 1228.

> 销该交易。我之所以认为“明显地斩断联系”为问题的关键,是基于以下考虑:尽管在个别案件中可以查明受托人是否利用其特殊身份谋取私利。但100个案子中可能就有99个案子仅凭法院或者说当事人的力量根本无法搜集到确凿证据证明受托人是否利用其特殊身份谋利。不妨设想一下,某人因其受托人的身份而了解到其受托的地产下有一处极具价值的煤矿,因此,与受益人订立合约买下了这处地产,而对该内情只字不提。如果在随后的诉讼中他对此矢口否认,法院根本无法检验其真伪。事实上,一旦受托人产生过这样的念头,他就不太可能透露他的这种念头,而受益人也就很有可能受到实质上的诈骗。[24]

这种推理存在一个明显的问题是,如果运用“双方规则”,则受托人知不知情都无关紧要,因为并不存在“交易”,也就没什么可以撤销的。枢密院曾受理了由新南威尔士上诉法院上诉的 *Williams v. Scott*[25] 案,其做出的裁决为我们理解这个法律概念提供了更清晰的视角。在本案中,根据遗嘱信托,对信托财产拥有普通法所有权的一名共同遗嘱执行人为了购买该房产并将其“抵押”给斯科特(Scott)。随后,斯科特(Scott)终止了该房产的赎回权并将其出售给威廉姆斯(Williams)。但威廉姆斯拒绝履行,且枢密院也驳回了斯科特强制履行的请求。试想,如果本案中该名遗嘱执行人购买受托房产的合同仅可撤销,那么斯科特就应当取得了合法的所有权,且其与威廉姆斯订立的合同应当被强制履行[26]。

尽管“双方规则”是一个典型的普通法规则,暗含着受托人的自我交易从根本上无效,而不是可以撤销的,但关于“自我交易”的学说和“根据权利可以宣告无效”的这一独特的概念,在“受托人与其指定人之间的交易”这种案件中仍有存在的意义。下面就来谈谈这种情形。

二、受托人试图将信托财产售与其指定人

在 *Tito v. Waddell* 案和 *Clay v. Clay* 案的附带意见中提到了这第二种可能

---

[24] Ibid. 626 – 627, 1228 – 1229.

[25] *Williams v. Scott*[1900] AC 499(PC).

[26] McPherson(n 18)140 – 141.

的情况:受托人将受托财产售与其指定人。那么,在这种情景中谈论“根据法定权利该交易可以撤销”是否具有意义?

首先,“指定人”的概念并不确切。它既不是一个人文术语,也不是一个公认的法律范畴词。有时候它用来指提名人的代理人,有时候它又用来指提名人的受托人。如果受托人将其受托财产售与其代理人,那么就可以适用“双方规则”来撤销交易。受托人的代理人是代替受托人实施民事法律行为,因此,该交易的实质是受托人的自我交易,从根本上便是无效的。[27] 正如普日斯德恩特·霍普(President Hope)大法官在苏格兰最高民事法院复审部中所提到的:

> 我知道没有任何案例,也没有可引用的案例,用以支撑代理人可以与他的委托人签订合同,以便形成新的权利和义务,这些权利义务不涉及任何第三方,只代表他的委托人。所以,我认为这种情形与“一个人不得同自己订立合同”的原则相悖。[28]

在第二种情形中,受托人将受托财产售与其“指定人”(nominee),该指定人以信托方式替他经营管理这笔财产。举个例子来说,某受托人将受托财产售与其妻子,以信托方式为他打理这笔财产。[29] 可能有人会认为,该交易应当可以根据普通法权利而主张撤销交易,以避免第三方从中获益。至于此处的推理,埃尔登(Eldon)大法官的推理可能有所帮助。在上文的引述中,埃尔登(Eldon)大法官谈到之所以这样的交易可以主张撤销,是因为就“受托人是否利用其受托人的身份了解到重要信息”这一事实问题不具有可裁决性。

然而,这里并不需要搬上“可以主张撤销”的这套理论。首先,主张这样的交易可以撤销的观点其实忽视了授权交易与未授权交易之间的不同。受托人被授权将法定权利转让给第三方的,若该第三方为善意第三人,则该第三方所获得的权利的合法性就不容质疑。

或者说,受托人未经授权的,但该指定人在明知受托人未经授权情况下依

---

[27] Re Bloye's Will Trust(1849)1 Mac & G 488,494 – 95; 41 ER 1354,1357; Campbell(n 22); *Randall v. Erington*(1805)10 Ves Jun 423,32 ER 150. See McPherson(n 18)140.

[28] *Kildrummy(Jersy) Ltd. v. IRC*[1990]STC 657(C Sess,IH)662.

[29] *Robertson v. Robertson*[1924]NZLR 552(NZSC).

然购买了该信托财产，那么该指定人为非善意第三人，则其是以信托方式替原始受益人持有权利。因此，受益人无需主张撤销该指定人的权利，而只需要求其转让相应权利。[30] 即使指定人并不知道该交易未经授权，结果同样如此，但需要更多的程序。指定人以信托方式替受托人持有普通法权利，相应地，受托人以子信托方式替受益人持有权利。曾有人认为在这样的情景中，子信托应当无效。[31] 但更合理的解释则是：子信托依然有效；[32]又因为受益人可以要求受托人向指定人要求转让权利，继而受益人可以要求受托人转让其权利，所以这里并没有使用“可以主张撤销”这套理论的必要。将受托人与其指定人之间的交易形容为“可以根据普通法权利宣判无效的交易”对于这种传统的分析方式并没有太大帮助。

埃尔登（Eldon）大法官推论中有一个更深入的问题在 *Holder v. Holder* 案得到了解释。丹克沃特斯（Danckwerts）大法官否认了埃尔登大法官的观点，认为受托人知情状态是可以被确认的。他引用了博文（Bowen）大法官的一个著名观点“一个人的心理状态就像他的消化状态，都是可以被证明的事实状态”，并提到“一个法官的日常工作基本上就是来查明诉讼一方是否知情和其意图”。[33]

总之，在受托人意图将信托财产售与指定人的情形中，若将该交易描述为可撤销的行为并不会有利于信托法传统上的理解，只会使其更令人困惑。

三、受托人试图就信托资产缔结的某项交易，会损害或超越剥夺受益人的权利

在自我交易的第三种可能的情形中，信托受益人和受托人同为交易的一方。尽管可以牵强地将这样的交易描述为受托人的自我交易，但事实上，如果将其理解为受益人自愿放弃他在衡平法上不利于受托人的权利，则受托人就受托财产可以拥有完整的普通法所有权，那么该交易并没有违反双方规则。

尽管受托人与第三方订立的超越受益人利益的合同无效，除非受托人在授

[30] *Saunders v. Vautier*（1841）4 Beav 115；49 ER 282.

[31] *Grainge v. Wilberforce*（1889）5 TLR 436.

[32] *Nelson v. Greening Sykes*（Builders）*Ltd.*［2007］EWCA Civ 1358［54］–［57］.

[33] *Holder*（n 20）398.

权范围内与第三人订立[34],受益人仍经常因其本身即为交易的一方或者事后认可了该交易而同意此种超越。如果受托人在未经授权的情况下试图与第三方订立一个超越受益人利益的合同,那么该行为无效,除非事后得到了受益人的追认。正如奥·苏立维(O'Sullivan),艾立特(Elliott)和扎克泽威斯克(Zakrzewski)所解释的,"这事实上就是逆向合同解除"。受益人可以选择是否放弃其现行收益权,而解除合同则是重新获得其丢失的权利或者是一项新的可以追溯既往的替代性收益权。[35]

如果受托人试图通过与受益人的交易超越受益人权益,那么交易合同有效。在1873年以前,在签订这样的合同后,如果受益人上诉到衡平法院要求强制执行信托,那么其行为会被视为违反合同约定,且可能在普通法院被起诉。在《司法组织法》被颁布后,面对这种情况,受益人不得再对受托人提起诉讼,因为这样做会导致循环诉讼。[36] 显然,这个关于自我交易的例子中的合同并无法根据权利而主张撤销;且恰好相反,如米勒特(Millett)大法官解释的,这是一个完全有效的且可以强制执行的合同。[37] 一些权威人士认为,"受托人试图与自己或其指定人进行交易"的情况又可以被解释为"受托人通过订立合同消灭受益人收益权"的情景。尽管仅认定该合同本质上可能是一种"自我交易"不可以主张撤销合同,但如果有其他合理理由仍可主张撤销该合同。这里就需要运用到一条公认的原则:受托人被充分告知相关信息后,对于冲突利益的同意或放弃。有人认为这里也可以运用"公平交易"这一衡平法上的理论。本章并不详尽探讨"公平交易"学说的细节问题,只需提一下卡纳格伦(Conaglen)曾就此给出的一个有说服力的观点:"公平交易"理论并不独立于那些关于"冲突利益"及"从受益人地位中获益"的传统公认的规则之外。根据这个观点,"公平交易"规则本身就存在名称错误:它关心的根本不是实质正义。[38]

---

[34] *Ingram*(n 12)423; Clay(n 10)[51].

[35] D. O'Sullivan, S. Elliott and R. Zakrzewski, The Law of Recession(Oxford, Oxford University Press, 2007)para[1.58].

[36] *Hirachand Punamchand v. Temple*[1911]2 KB 330(CA)337(Vaughan Williams LJ).

[37] *Ingram*(n 12)424.

[38] M. Conaglen, "A Re-Appraisal of the Fiduciary Self-Dealing and Fair-Dealing Rules"(2006)65 CLJ 366.

四、公司董事试图将信托资产售与自己

在 *J. J. Harrison(Properties) Ltd. v. Harrison*[39] 案中,彼特·哈里森(Peter Harrison)是一名房地产公司的董事,他曾以低价从公司购得一处地产。哈里森并未向其他表决董事披露该地产的建筑规划,但工程设计师们相信该项目一定能通过。随后,哈里森在开发、销售该地产中获得巨额利润。很多年后,哈里森的"未披露"行为被发现,公司以违反受托人义务为由对哈里森提起诉讼,要求其返还收益(推定该收益及衡平法上的赔偿为信托)。上诉法院判决哈里森是以信托方式替公司持有该地产。

针对该判决结果,首先要注意到的是,无论公司是否将地产转让给该董事,都通过推定方式应用信托原则。无论公司的资产是该董事以自我交易方式转让,还是通过该董事与知道其未经授权的第三方交易售出,只要收购方知道该转让未经授权,那么收购方便是以推定信托方式替公司持有该资产。这一判决得到许多法学权威人员支持。[40] 依据该观点做出的最著名的判决当属 *Rolled Steel Products(Holdings) Ltd. v. British Steel Corporation*[41] 案。在本案中,Rolled Steel Products(Holdings)Ltd 的一名董事欠 S. Ltd 40 万英镑,而 S. Ltd 欠 British Steel Corporation[42] 80 万英镑。Rolled Steel 的该名董事为 S. Ltd 向 Rolled Steel 所欠债款提供个人担保。Rolled Steel 和 British Steel 共同提出了一个方案由 British Steel 借钱给 Rolled Steel 来偿还 Rolled Steel 欠 S. Ltd 的债款,而 S. Ltd 将用这笔钱来偿还其欠 British Steel 的部分债款,同时 Rolled Steel 将为 S. Ltd 的剩余债款向 British Steel 提供担保。

这个方案的效果是,Rolled Steel 将清偿所欠 S. Ltd 的债款,S. Ltd 也将清偿所欠 British Steel 的部分债款,从而减轻该名 Rolled Steel 董事的附条件责任。这个方案之所以可能实现,是因为 Rolled Steel 提供担保,由 British Steel 贷款给

㊴ *J. J. Harrison(Properties) Ltd. v. Harrison*[2001]EWCA Civ 1467,[2002]BCC 729.

㊵ *Russell v. Wakefield Waterworks Co.* (1875) LR 20 Eq 474(ChD)479; *Belmont Finance Corp v. Williams Furniture Ltd.* (No. 2)[1980]1 All ER 393(CA)405; *Paragon Finance plc v. D. B. Thakerar Co.* [1999]1 All ER 400(CA)408; Re Sharpe; Masonic and General Life Assurance Co. v. Sharpe[1892]1 Ch 154(CA)172; *Soar v. Ashwell*[1893]2 QB 390(CA)398.

㊶ *Rolled Steel Products(Holdings) Ltd. v. British Steel Corporation*[1986]Ch 246(CA).

㊷ 为了简便,此处英国钢铁集团下的公司视为可互换的。

Rolled Steel。尽管这个方案涉及这位 Rolled Steel 董事的个人利益,但他并未披露其利益关系并对该方案投了赞成票。随后,British Steel 要求 Rolled Steel 以其担保来清偿 S. Ltd 的债务。当 Rolled Steel 进入破产财产接管程序,其破产财产接管人寻求收回其就该担保做出的支出。该主张未得到支持,因为 Rolled Steel 此时仍未清偿所欠 British Steel 子公司的债务。但上诉法院认为,British Steel 子公司是以推定信托方式持有该笔保证合同下的付款,因为 British Steel 是在明知未授权的情况下收受该笔付款。

一个困惑是为什么在这些案件中会出现信托呢?如果第三方明知[43]某公司董事是在未经公司授权的前提下出售公司资产,那么公司并不受任何该双方所订合同的约束,[44]除非公司选择追认该合同的效力。[45] 对公司资产的转让,公司可以就对公司的本项支出不当得利的第三方提出个人索赔权。[46] 既然已经有"个人索赔权"来维护原告方的权益,为什么还需要"推定信托"这套理论呢?

针对这一问题,*J. J. Harrison* 案中的上诉法院是这样解释的:除了受托人以行动做出明确的信托声明,受托人的合意表示一样能产生信托。尽管作为一名公司董事,哈里森不是公司财产的受托人,但哈里森承担起的责任却和一名公司财产受托人应承担的责任并不二致。[47] 当公司资产转移到哈里森名下后,哈里森就成为一名受托人,因为他所要承担的责任是针对一笔特殊资产的。[48] 这样的解释可能解决了一些案件,但是,是不是在所有的案件中,只要被转让方仅

---

[43] 该原则可能也可适用第三方仅仅知道该董事缺乏授权的情景:参见 *Nelson v. Larholt*[1948]1 KB 339(KBD),以及 *Eddis v. Chichester Constable*[1969]2 Ch 345(CA)358. 原则上表见代理下的合同并不会因为另一方的粗心大意而无效,除非存在欺骗或者不合理性:参见 *ThanakharnKasikorn Thai Chamkat (Mahachon) v. Akai Holdings Ltd.* (in liq)[2010]HKCFA 63(Lord Neuberger of Abbotsbury NPJ)。

[44] *Heinl v. Jyske Bank(Gibraltar) Ltd.* [1999]Lloyd's Rep Bank 511(CA)521(*Nourse LJ citing dicta of Slade and Browne-Wilkinson LJJ in Rolled Steel Products*(n 41)295,297,304). 与另一种表见代理对比一下:当第三方并不知道代理人缺乏授权,但倚赖代理人董事的身份:*Auxil Pty Ltd. v. Terranova*[2009] WASCA 163,(2009)260 ALR 164,[176; *Akai Holdings*(n 43)。

[45] *Heinl*(n 44)533.

[46] *Criterion Properties plc v. Stratford Properties LLC*[2004]UKHL 28,[2004]1 WLR 1846[4](Lord Nicholls); *Primlake Ltd. (in liq) v. Matthews Associates*[2006]EWHC 1227(Ch)[335].

[47] *J. J. Harrison*(n 39)[25]. See Re *Lands Allotment Co.* [1894]1 Ch 616(CA)631,638; *Cook v. Deeks*[1916]AC 555(PC)564; *Belmont Finance*(n 40)405; *Paragon Finance*(n 40).

[48] See *Sharpe*(n 40)172; *Soar*(n 40)398.

仅知道资产的转让未经授权，他在客观上就做出了信托声明呢？这一点值得商榷。[49]

另一种可能的解释则是，信托的产生是用来处理与个人索赔权同样问题的。[50] 因第三方不当得利的费用是由公司支付，公司有权向第三方提起返还原物的个人索赔权。主张被告是以信托方式替原告持有权利的可能是一种更好的实现原物返还的方式。因为索赔者有权获得其转移的被被告所持有利益。从这一角度看，因不当得利而产生的信托应被称为归复信托。[51] 在 *Nelson v. Nelson*[52] 案中也给出过相似意见。在该案中，纳尔逊(Nelson)太太为了获得政府的补助贷款，将土地转至她子女名下。正如公司董事可能会将公司资产转让给公司无意使之受益的接收方，纳尔逊(Nelson)太太也可以在无意使她的子女受益时，将土地的使用权和收益权转让给她的子女。纳尔逊(Nelson)太太的计划是仅做纸上转让，但保留土地的使用权和收益权。在该地产被出售后，她的女儿否认纳尔逊(Nelson)太太有权从中获益。迪恩(Deane)和古莫(Gummow)大法官引用 Scott 和 Fratcher 博士的言论认为这样的裁决将使女儿获得不当得利。[53] 澳大利亚最高院最终判决该收益为归复信托(但附有限定条件)。

未经授权处置权利请求人资产为何会产生信托关系，不管其产生的原因如何，至少可以确定的是，这并不局限于被请求人参与了自我交易或担任了信托受托人。

五、公司董事试图将信托资产售与指定人

正如在之前“受托人将受托资产售与指定人”这一情景中讨论过的一样，“指定人”一词并非人文学科的专用术语。在这里也是如此。公司董事未经授权交易公司资产也存在两种可能的情况。第一种情况，公司董事的指定人为其代理人，则其行为等同于自我交易。该未经授权的交易除非得到事后追认否则

---

[49] 受托人的主观意见是不相关的：*Twinsectra Ltd. v. Yardley* [2002] UKHL 12，[2002] 2 AC 164 [71]；*Re Kayford Ltd.* (*in liq*) [1975] 1 WLR 279 (ChD)；*Re Multi GuaranteeCo Ltd.* (No. 3) [1987] BCLC 257 (CA)；*Mills v. Sportsdirect. com Retail Ltd.* [2010] EWHC 1072 (Ch) [53] - [54].

[50] *Nelson v. Larholt* (n 43) 342 - 43.

[51] R. Chambers, Resulting Trusts (Oxford, Oxford University Press, 1997).

[52] *Nelson v. Nelson* (1995) 184 CLR 538 (HCA).

[53] Ibid. 564. See 597 (Toohey J).

不具有任何法律效力，且转让的所有权将被视为以信托方式代公司持有。

第二种情况，公司董事的指定人同意购买公司资产且承诺替该名公司董事以信托方式持有该资产。如果指定人明知该资产是未经授权而转让的，那么正如上文所解释过的，指定人和公司之间的合同可以宣告无效，而指定人以信托方式替公司持有该资产。或者，指定人不知该交易未经授权，那么指定人将以信托方式替该名公司董事持有公司资产，而相应地，该名董事也将以信托方式替公司持有他衡平法上权益（理由同上）。

第三部分　总　　结

本章的目的是为了阐明所谓的反对受托人自我交易的原则。细究后不难发现，事实上并不存在这样的原则，也不存在这种交易可以根据法定权利主张撤销的推论。其实，这些被认为是"自我交易"的情景是一些毫不相干的案例，它们涉及不同但已成熟的规则，但这些规则都不能笼统地类推并适用于一切信托关系中。

因此，解决不同假象的自我交易，最好的方法还是分析具体不同的案情。不同的案情适用不同的原理，将所有的原理生硬地合并到一个反自我交易规则中并没有什么帮助。总结来说，涉及的原理有：

1. 如果某人试图与自己或其代理人进行交易或财产转让，无论是否为受信人，该交易或转让均无效。

2. 如果受托人在授权情况下将受托财产售与其指定人，且指定人承诺以信托方式替受托人持有财产，那么原受益人的利益将因该交易而无法得到实现。

3. 如果某笔"交易"是受托人与受益人达成的，该"交易"可以视为受益人同意放弃其衡平法上的权利，那么该协议有效，受托人将拥有完全的财产权，但该权利受到撤销规则的约束，此规则并不关心实质公平，但有时仍被含糊地被概括为"公平交易"规则。

4. 如果受托人在未授权的情况下将受托财产售与其指定人，且指定人承诺以信托方式替受托人持有财产，那么：

a. 如果指定人不是诚信的善意购买人，那么该指定人以受托人的身份直接替原受益人持有财产；或者，

b. 如果指定人是诚信合法的善意购买人，那么指定人以受托人的身份替原受托人持有财产（如双方约定），而原受托人将以子信托的方式替原受益人持有其衡平法上的权利。原受益人可以通过要求原受托人从指定人处收回其法定权利并执行该信托以将法定权利强制转移给自己。

5. 如果公司董事在未经授权的情况下将公司资产售与或转让给自己，那么该销售合同无效（除非事后得到公司追认），该董事将以信托方式替公司持有该资产。

6. 如果公司董事在未经授权的情况下将公司资产售与或转让给其指定人，且该指定人以信托方式替该董事持有资产，那么：

a. 如果指定人明知该董事未经公司授权，那么合同无效（除非公司事后决定追认其效力），且该指定人将以信托方式替公司持有该资产；或者，

b. 如果指定人不知该董事未经公司授权（而且很可能并未注意到），那么该合同有效，且该指定人将以信托方式替该董事持有该资产，而该董事将以子信托方式替公司持有（解释同4b）。

第六章　参与违反信托或信义义务的责任承担

保琳·瑞芝(Pauline Ridge)

第一部分　引　　言

依衡平法,信托或信义关系的第三方,若参与违反信托或信义义务(fiduciary duty),但又不一定获得信托财产时,其所要承担的责任存在很大争议。① 产生争议的原因是,遵循共同衡平法院法律传统的法院之间未能达成共识。尤其是英国法院(包括那一时期的枢密院)与澳大利亚高等法院,对相关第三方的法律责任作出了截然不同的判定,尽管它们都同样采用了19世纪信托法判例。即便是对于同一类型的案子,加拿大依据其普通法作出的判决又有所不同。② 直到最近,由于澳大利亚的法院和加拿大的法院未深入考虑枢密院在1995年*Royal Brunei Airline Sdn Bhd v. Tan*(*Royal Brunei*)案中对该类型案件所提出的衡平法上参与责任判定的合理性,才让这些司法差异得到了解释。③ 加拿大法律至今遵从这一判例,本章不会对此进行深入讨论,但现在似乎可以清楚地看到澳大利亚的法律正在走上另一条路。④

英国法院的责任判定方式被广泛采纳。在*Royal Brunei*案中,法官尼克尔斯(*Lord Nicholls*)收集了19世纪的信托法判例,并对其进行重新表述,即当第

---

① 本章并不直接讨论受托方责任,即D违反信托获得信托财产的责任。

② *Air Canada v. M. L. Travel Ltd.* [1993]3 SCR 787(SCC). 另参见 D. Waters, M. Gillen and L. Smith, Waters' *Law of Trust* in *Canada*, 3rd edn(Toronto, Thomson Carswell, 2005)

③ *Royal Brunei Airlines Sdn Bhd v. Tan*[1995]2 AC 378(PC).

④ 本章不涉及新西兰法律(*New Zealand Law*)。该国已采用 *Royal Brunei* 的不诚实标准:*US International Marketing Ltd. v. National Bank of New Zealand* [2003]NZCA 295,[2004]1 NZLR 589。

三方 D 诱使或协助受托人 F 违反信托时，第三方 D 须对损失承担从属责任。[⑤] 根据 20 世纪的信托法先例，尼克尔斯认为第三方 D 具有“不诚实”这一要件。尽管大多数法院倾向于 *Royal Brunei* 案的观点，但 2007 年澳大利亚高等法院在 *Farah Constructions Pty Limited v. Say-Dee Pty Limited*（*Farah*）一案中并没有采纳 *Royal Brunei* 案的这一观点。[⑥] 相反，澳大利亚高等法院更严格地遵循了 19 世纪的先例及其于 1975 年在 *Consul Development Pty Ltd. v. DPC Estates Pty*（*Consul*）一案中的判决，[⑦]一方面，该判决区分了 D 的诱使行为[⑧]与 D 的协助行为，另一方面，也区分了 F 违反信托的诚实行为与不诚实和欺骗行为。在澳大利亚，D 对请求权人受益人或委托人 C 须负的责任依然取决于 D 对 F 违反义务的知情程度，而非取决于英国改订范例下的 D 的不诚实行为。

无论是英国的方法还是澳大利亚的方法都没有获得普遍认可。由 *Royal Brunei* 案形成的乐观主义逐渐消失，随之而来的是分别由（英议会的）上议院[⑨]和枢密院[⑩]对不诚实测试标准的解读与再解读。澳大利亚法律的规定仍然模糊，因为在 *Farah* 案中高等法院并没有完全排除未来遵循 *Royal Brunei* 案这一先例的可能性。[⑪]

为什么基于本质上一样的衡平法先例会产生两种截然不同的责任判定方案呢？是否存在一种完全合理的方案？在本章中，我对英国枢密院在 *Royal*

---

⑤ 根据信托规定责任；下文将讨论该责任是如何适用于受托人的。

⑥ *Farah Constructions Pty Ltd.* v. *Say-Pty* Ltd［2007］HCA 22，（2007）230 CLR 89. For approval of *Royal Brunei* by Australian lower courts 参见，eg *Beach Petroleum NL v. Abbott Tout Russell Kennedy*［1999］NSWCA 408；（1999）48 NSWLR 1，87（Spigelman CJ，Sheller and Stein JJA）；The *Hancock Family Memorial Foundation Ltd. v. Porteous*［1999］WASC 55，（1999）32 ACSR 124［77］（Anderson J）；*Aequitas v. AEFC*［2001］NSWSC 14，（2001）19 ACLC 1006［392］（Austin J）. 可以参见 *NCR Australia v. Credit Connection Pty Ltd.*（in liq）［2004］NSWSC 1［164］（Austin J）and *Cadwallader v. Bajoc Pty Ltd.*［2002］NSWCA 328［199］（Heydon J）.

⑦ *Consul Development Pty Ltd. v. DPC Estates Pty Ltd.*（1975）132 *CLR* 373（*HCA*）.

⑧ 高等法院使用短语“knowingly induced or immediately procured”：ibid［161］。区分这些术语的不同点是很难的。因此，“procurement”在本页中将会在使用时包含了 inducement 的意思。但是 P. Finn，“The liability of Third Parties for Knowing Receipt or Assistance”in D. Waters（ed.），同样，区分诱导违背信义义务情节以及导致违背信义义务情节的受托人和信托（Toronto，Carswell 1993）195，22 也将被描述。

⑨ *Twinsectra Ltd. v. Yardley*［2002］*UKHL* 12，［2002］2 *AC* 164.

⑩ *Barlow Clowes International Ltd.*（*in liq*）*v. Eurotrust International Ltd.*［2005］UKPC 37，［2006］1WLR 1476. 一位法官提及到先例上噩梦般的存在是由这些决议造成的：*Attorney General of Zambia v. Meer Care Desai*［2007］EWHC 925（Ch）［351］，［358］（Peter Smith J）。

⑪ 我使用术语“先例”（precedent）来表示那些与争议中的法律问题相关的案件，是否要约束法院。

Brunei 案中以及澳大利亚高等法院在 *Farah* 案中关于衡平判例法的适用进行了严格的评估,并提出了一个更能够反映衡平法案例特点的可行性方案。当然,在制定参与违反信托或信义义务的责任判定制度时,先例的原则性适用并不是唯一的考量因素。其他相关因素还包括政策权衡、与受托人有关的第三方所在的制定法和普通法监管环境,以及是否存在司法管辖特性认为适合采取不同的处理方式。尽管如此,为违反信托约定提供一个可辩护的责任分担方案,根本一步必须是确保它是稳定的且恰当地建立在衡平法判例之上的。

本章的第二部分概括了英国和澳大利亚的责任分配制度之间学理差异的要点。第三部分介绍且评估了枢密院和高等法院在 *Royal brunei* 案和 *Farah* 案中对于衡平判例法的适用。我认为两者都有缺陷,高等法院拘泥于字面意思,对所选案件的理解太过狭隘;而枢密院对判例法的理解则不够细腻。尽管法官尼克尔斯的方法更可取,但他缺乏足够的相关判例先例,因此他在 *Royal Brunei* 案中提出的责任分担方案也是有瑕疵的。第四部分会论证在责任分担中,如果对衡平法案例进行更广泛的考虑,是否可在组织判例法和重塑一条原则时提出一种可代替的方式。依据这些结论,第五部分对于如何解决第二部分中概括的学理差异提出了一些建议。

第二部分　学理差异

广义上来说,英国和澳大利亚目前采取的责任体系之间存在三大明显的学理差异以及一个潜在的争议点。[12]

A. 有多少责任类别?

第一大分歧点在于到底是否存在一个总括性的“从属责任”,还是两种类别的责任,换言之:

(1)在 F 做出的一个不忠实的带有欺骗性的行为中,D 知情并且提供协助;以及,

---

[12] 这里存在教义上的问题在司法权上无法进行分配。另参见 C. Mitchell,“Assistance” in P. Birks and A. Pretto(eds.),*Breach of Trust*(Oxford,Hart Publishing,2002) 139。

(2)D 知情并诱使 F 实施任何信托违约行为。

根据 *Royal Brunei* 案,D 的从属责任是建立在 D 的不诚实行为基础上的,适用于所有由 F 引起的信托违约,以及除 D 获得信托财产收益以外的所有类型的参与。在 *Farah* 案中,高等法院遵循了 19 世纪判例法,认为这是两种不同形式的责任,是与参与信托违约并且没有得到信托财产的 D 相关联的。换言之,D 协助了 F 的不诚实的带有欺骗性的违反信托或者信义义务(fiduciary duty)行为,[13]并诱使 F 进行信托违约。[14]

B. 责任是取决于 D 的是否知情还是不正当行为?

传统意义上来说,D 的责任取决于 D 是否“知情”F 做出的不诚实的带有欺骗性的违反信托行为。这一规则起源于塞尔伯恩法官(Lord Selborne LC)在 *Barnes v. Addy* 案中所谓的“第二部分”的临时判决,该案涉及受托人的代理人的衡平法责任:

> 在交易中,仅因在法律权力范围内担任受托人的代理人,陌生人不会被推定为受托人,因为衡平法院可能会不支持该类交易,除非……他们在知情情况下协助受托人作出不诚实和欺诈的行为……[15]

更多的注意力集中在 D 是否应当担责,而不是对 F 的不道德行为的是否实际知情。*Baden* 案的知情程度,包括从实际知情到推定知情五个层次,将遍布本章。[16] 一个疑惑是,知情的构成要件的产生不仅与 *Barnes v. Addy* 案中的第一部分相关联,其中 D 在违反信托行为中获得信托财产;还与第二部分相关联,其中 D 参与了违反信托约定但是没有获得信托财产。人们的分歧在于,较低的责任认定门槛以及由此产生的较低知情层次是否可能在第一部分下适用而根据物

---

⑬ *Barne v. Addy*(1874) LR 9 Ch App 244(CA).

⑭ *Fyler v. Fyler*(1841) 3 Beav 550,49 ER 216;*Alleyne v. Darcy*(1854) 4 1 Ch R 199; *Eaves v. Hickson*(1861) 30 Beav 136,54 ER 840.

⑮ *Barnes*(n 13)251 –51.

⑯ *Barnes v. Societe Generale pour Favoriser le Developpement de l'Industrie en France SA*[1993]1 WLR 509(ChD). 正确的推定知情并不包括在 *Baden* 案程度中:Simon Gardnet,“Knowing Assistance and Knowing Receipt:Taking Stock”(1996) 112 LQR 56,57 –58。

权法 D 的行为可能被证明为合法。[17] 也就是说，如果涉及受让方的责任，可能会有人认为对 C 的财产权的保护应当比关注 D 的良心状态（D 的知情程度）更为重要；并且，据此更容易认识到对 D 是否应当担责的关注要少于对 D 是否对所获得信托财产是违反信托合约的实际知情。[18]

在 *Royal Brunei* 案中，法官尼尔克斯拒绝将是否知情作为 *Barnes v. Addy* 案第二部分中 D 的责任的唯一决定因素。反而，根据法官尼尔克斯的说法，关键在于 D 在任何情况下的举止是否像一个诚实的、明智的人。在一个更为广泛的实际范围内 D 的认知是一个（重要）[19]因素，由法院来判定 D 是否行为正当。在此次探究中 *Baden* 案分级被认为是毫无帮助的，因为在不断暗黑的领域，如果差异是按程度而不是种类评定，"知情"是不适合作为一个准则的。[20] 在许多困惑被上议院在 *Twinsectra v. Yardley* 案中集中讨论之后，在 *Barlow Clowes International Ltd.* (*in liq*) *v. Eurotrust International Lt*（*Barlow Clowes*）案中，枢密院依据客观标准认定不正当行为有待商榷。[21]

相反，澳大利亚高等法院在 *Farah* 案中认为，当事人 D 协助 F 进行了一次不正当的且带有欺骗性的违反信托约定行为，D 的责任取决于 D 的知情程度，而不是更多具不正当性的认定。也就是说，*Barnes v. Addy* 案表达的第二部分被保留。根据高等法院的说法，在描述知情程度时 *Baden* 案中的知情程度是十分有用的工具，并且应当用于解释法院对 1975 年 *Consul* 案的判决，该判决继续约束着澳大利亚的法院。[22] 因此，在 *Consul* 案中，法官将 *Baden* 案中的知情程度应用于判决中，在该案中为第四层次，"对情况的知情程度，表明一个诚实谨慎的人足以确定在澳大利亚 D 应承担知情参与责任。这将会逮捕在道德上迟钝麻木的行为人 D，因为他没有辨别出一个普通人应当辨别出的不正当行为[23]。但在 *Farah* 案中，对于知情的同样标准是否适用于诱使而不是协助 F 的违反信

[17] J. Dietrich and P. Ridge, "The Receipt of What": Question Concerning Third Party Recipient Liability in Equity and Unjust Enrichment (2007) 31 *Melbourne University Law Review* 47, 58 - 60.

[18] *Consul* (n 7) 410 - 411 (Stephen J).

[19] 另参见 Gardner, "Knowing Assistance and Knowing Receipt" (n 16) 66 - 68.

[20] *Royal Brunei* (n 3) 391 (Lord Nicholls).

[21] *Barlow Clowes* (n 10).

[22] *Farah* (n 6) [175].

[23] Ibid. [177].

托约定行为D,并没有明确陈述。[24]

因此,目前澳大利亚和英国之间最明确的争论点在于,对于知情的单一标准是否足够认定D的责任,又或者是,法院应当通过考虑包括不限于对D知情状态在内的一系列事实来认定D是否行为不当。[25]

C. 责任范围

我们并不清楚,英国规定的从属责任范围是否包括F控制的信托或财产之外的信托违约责任。[26] 法官尼尔克斯在 *Royal Brunei* 案中的论证集中在因违反明示信托而需承担的责任,尤其是代理受托人事务的代理人责任,尽管在最后的结论中他提到了"违反信托或信义义务"。[27] 他的论证大部分只适用于明示信托的情况。如果公司的财产被认定为信托财产,那么公司董事违反信义义务的话也将被认定为信托违约,基于这一事实,责任范围得到了大幅扩展[28]。但是,是否将责任范围扩展至违反不涉及财产的受托义务的情况,英国并没有给出权威的解释。澳大利亚高等法院在处理 *Consul* 案和 *Farah* 案时,都考虑到了从属责任,这两个案子只涉嫌违反"单纯"的信义义务,不涉及误用财产、信托等。[29]

D. 救济

澳大利亚和英国的一个司法管辖权差异是,对衡平法上的责任分担可用的救济方法不同。直到最近,英国法院除了基于损失的救济外并不需要考虑其他

㉔ 法官斯蒂芬(Stephen J)驳回了被告认为D积极诱导F进行违反忠义义务行为的辩解,并且解释道,"Even were this so I doubt whether, in the absence of knowledge by D, C would be entitled to equitable relief"。

㉕ 有关D的知情,同等重要的问题(例如,D一定要识别出信托违约行为已经发生了吗?)并没有得到充分的关注。参见,例子 *Barlow Clowes* (n 10)[28];*of United States Surgical Corporation v. Hospital Products International Pty Ltd.* [1983] 2 NSWLR 157(NSWCA) 253. 另参见 Mitchell,"Assistance"(n 12) 195 - 200。

㉖ 参见例子 *Mitchell*(n 12)160。

㉗ *Royal Brunei* (n 3) 392.

㉘ *Soar v. Ashwell*[1893]2 QB 390(CA) 举一个最近的例子,参见 *Statek Corporation v. McNeill Alford*[2008]EWHC(Ch)。

㉙ *Consul* (n 7) 396 - 397(Gibbs J).

方面,可以确定其救济仅仅是基于损失的。[30] 澳大利亚则采用基于所得进行救济。到目前为止,这一差异可以归因于两个司法管辖区的高等法院所面临的案件事实不同。举个例子,澳大利亚法院处理过“单纯”的受信人违约的情况,比如D为了自己的利益,利用了本应由C享有的商业机会,[31]或盗用了C的产品或产品市场。[32] 若请求成立,这些情况下自然应适用基于所得的救济,当然,相关法院对此也没有任何疑问。英国方面不再频繁将基于所得的救济方法适用于从属责任,这也许也导致了英国更趋向于采用基于损失的救济方法。[33]

第三部分　对先例的不同处理方法

Royal 案与 *Farah* 案中最大的区别在于两者司法推理方式的差异,尤其是它们对于相同或者相似的判例采取了截然不同的处理方式。司法方式的不同是导致 *Royal* 案的结果优于 *Farah* 案的一个重要原因。

Royal Brunei 案的案件事实是,一个旅行社的主要董事兼股东将顾客支付给航空公司的机票钱购买了航空信托。由于对公司疏于管理,公司经营不善,违反了信托约定。枢密院在审理时遇到的唯一问题是,尽管该信托违约的行为不属于“不诚实和欺诈”的情况,依据塞尔伯恩法官就 B*arnes v. Addy* 案的第二部分提出的意见,该负责人是否应当受到处罚。该诉讼也被视为解决围绕这一法理的多种不确定性的机会:

㉚ *Cf Fyffes Group Ltd. v. Templeman*[2000]2 Lloyd's Rep 643(Comm);*Ultraframe*(*UK*) *Ltd. v. Fielding*[2005] EWHC 1638(4)(Ch),[2006]FSR 17;*Sinclair Investment Holdings SA v. Versailles Trade Finance Ltd.* [2007]EWHC 915(Ch),[2007] 2 ALL ER(Comm) 993;*Aerostar Maintenance International Ltd. v. Wilson*[2010]EWHC 2032(Ch).

㉛ *Eg Consul* (n 7);*Farah*(n 6).

㉜ *United States Surgical Corporation*(n 25).

㉝ 不确定性是一个涉及D责任的本质的概念上的问题,尽管问题大部分是由评论员提出,并且普遍是关于公民参与性责任的,但是,问题的关键点在于D的责任是否应当被概念化为独立的主要责任或者是加倍的次要责任。另参见 P. Ridge,“Justifying the Remedies for Dishonest Assistance”(2008) 124 LQR 445。参见 P. Sales,“The Tort of Conspiracy and Secondary Liability” [1990]CLJ 491;S. Elliott and C. Mitchell,“Remedies for Dishonest Assistance”(2004) 67 MLR 16,46;M. Clapton,“Gain-based Remedies for Knowing Assistance: Ensuring Assistants Do Not Profit From Their Wrongs”(2007 – 2008) Alberta Law Review 989。

> 不应仅凭违反信托的性质下结论，还需同时考虑其他相关要素，尤其是第三方的意图，因为很可能会引发从属责任。[34]

这引导我们考虑构成责任的所有要件。

高等法院在审理 *Farah* 案时，并没有根据案件事实提出衡平法上的责任分担，案件当事人也没有在提交给法庭的详尽材料中着重提到这一点。*Farah* 案的问题在于，在合资企业中董事的妻子和女儿是否须因参与公司涉嫌违反受托义务的行为而负有责任。新南威尔士上诉法院和高等法院的关注焦点在于他们是否是信托财产（B*arnes v. Addy* 案的第一部分）的接收者；然而，根据 B*arnes v. Addy* 案的第二部分，其应当承担责任。高等法院肯定了初审法官的判决，认为该案中不存在违反信义义务的行为，由于其强烈反对上诉法院的解决方式，高等法院继续考虑 B*arnes v. Addy* 案中的两大部分。但是，高等法院拒绝考虑澳大利亚是否该采纳尼尔克斯法官对于共有责任的设想，因为这一问题并不是争议焦点。[35] 就目前而言，澳大利亚的法院应当继续观察 *arnes v. Addy* 案的第二部分在 *Consul* 案以及 19 世纪早期采购案件中的适用有何区别。

因此，尼尔克斯法官充分挖掘了 *Royal Brunei* 案在改革因违反信托产生的衡平法上责任分担之作用，高等法院在处理 *Farah* 案时没有参考这一点。高等法院没有利用由 *Farah* 案提供的这一机会十分可惜。被告提议的对 B*arnes v. Addy* 案中第二部分进行重新阐述显然响应了 *Royal Brunei* 案作出的重大变化，并且提出了 *Royal Brunei* 案中关于“从属责任”原则是否应当在澳大利亚得到采用的问题。在澳大利亚，高等法院就商法的某个重大问题提供指导意见的情况并不多。由于商业诉讼案件较少，加之受澳大利亚联邦制度（多个上诉法院享有同样的地位）的影响，在上诉法院层面就这些事项建立一个稳定持久的审判标准并不容易。因此，应抓住每一个可以进行学理阐释的机会。

需要记住的是，高等法院可能会在一个更合适的案件中修改澳大利亚的法律，法院又如何在 *Royal Brunei* 案和 *Farah* 案中使用衡平法判例来塑造他们对

---

[34] *Royal Brunei* (n 3).

[35] *Farah* (n 6) [160].

责任的判定方法呢？

A. 衡平法先例在 *Royal Brunei* 案和 *Farah* 案中的运用

在 *Royal Brunei* 案中，尼尔克斯法官没有严格参照判例法，因为在他看来，正是这种做法产生了许多困扰这一法律领域的问题。更确切地说，他没有采用 Barnes *v. Addy* 案这一传统判例，因为他认为人们将该判例当作“成文法”一样使用，并且“这种方法不利于分析根本问题。”[36]他将其视作一个将所有关于第三方和违反信托问题的判例法考虑在内的原则，不管其是否具有拘束力。

在他的论证中，判例法分两步使用。首先，塞尔伯恩法官为了论证 Barnes *v. Addy* 案中将人们的注意力引向受托人 F 的意图，以此决定 D 是否该承担责任的不合逻辑性，尼尔克斯法官引用了 19 世纪涉及第三方和违反信托的案件。为什么不诚实的 D 协助了不诚实的 F 就应当负有责任，而协助了诚实的 F 却不用承担责任？法官尼尔克斯引入了许多与 Barnes *v. Addy* 案同时代的信托案件，在这些案件中，当 D 诱使而非协助 F 违反信托的行为时，并不要求该违反行为具备不诚实性或欺骗性。判例之间的不一致让人得以重新考虑与违反信托相关的责任分担问题。尼尔克斯法官对这些案件要点的发现具有重大革新价值，因为许多法官和学者都忽视了这些方面。[37]

其次，在 D 的责任判定标准这一问题上，尼尔克斯法官也讨论了 20 世纪的 Barnes *v. Addy* 案。在考虑相关法律时，尼尔克斯法官参考了其他司法管辖区法官（不论其资历）的判决以及学术评论作品。他运用 20 世纪的案例引申出了 D“不诚实”这一要件，尽管这些案件中的大多数都没有使用这一术语。按照尼尔克斯法官的方法，个案的细节在论证过程中变得无关紧要，相反地，这些判例都用于探究一个标准性的问题，即第三方在与受托人打交道的过程中何时需承担衡平法上的责任。[38] 就这一问题，他考虑了 20 世纪的 Barnes *v. Addy* 案所涉问题中最主要的几个点，例如，若 D 的行为是过失行为或放任行为结果会如何。

Royal Brunei 案所采用的司法论证方法与高等法院在 *Farah* 案中的方法截

---

[36] *Royal Brunei*（n 3）.

[37] 但是，参见 *Elders Trustee Executor Co Ltd. v. EG Reeves Pty Ltd.*（1987）78 ALR 193（FCA）238 –39（Gummow J）citing C Harpum. “The Stranger as Constructive Trustee”（1986）102 *LQR* 114.

[38] 法官尼尔克斯驳回了无责任或者是严格责任的选项。

然不同。在 *Farah* 案中,高等法院驳回了被告对于 B*arnes v. Addy* 案第二部分进行重新阐释的提议。[39] 法院坚持对塞尔伯恩法官的判决进行字面上的解读,以及对尼尔克斯法官审理 *Royal Brunei* 案时所援引的同样涉及诱使或诱导违反信托的案件进行字面上的解读。遵循"基于已决判例进行推理"的方式,[40] *Farah* 案的判决并没有明显地表明法院是否同意 *Consul* 案的判决,也没有说明为什么没有必要考虑自该案以后的澳大利亚原审法院作出的判决、国际判例法和法律评述。这或许是由于法院的判决将对 *Royal Brunei* 案进行的考虑推迟至了另一天,又或许是因为只有 *Consul* 案对于澳大利亚的法院来说才是一个具有约束力的先例。另外,该判决中也缺少规范论证。

B. 哪种方式更为可取?

在这两个例案中,对于衡平法判例的运用有何不同?我将从 *Farah* 案开始说起。*Farah* 案中运用的司法论证方式与费恩法官(Finn J)在法庭之外所述的"法律规则至上"法律论证原则相符。[41] 在这种方式下,法官主要关注早期案例中的细节与法律规则的展示,忽略了案件的背景及蕴含的基本原则。为了追求费恩法官的宗教隐喻,这成了一种基要主义的字面解释方法。在 *Farah* 案中被选中用以解释的文本是 1874 年 B*arnes v. Addy* 案的判决和 1975 年 *Consul* 案的判决。

集中于先前案例中的细节,但并不解释为何这些细节是重要的,这可能会使下级法院对于"法律为何如此规定"产生误解。*Fararh* 案由于没有对法院坚持遵循早期判例法,而不将枢密院判决中的变化作为判例法进行解释,因而无法对下级法院、法律从业者以及法学学者产生帮助和指导作用。

即使我们承认 *Farah* 案不能作为事实载体解决 *Royal Brunei* 案的挑战,但

---

[39] *Farah*(n 6) [183] 被告方的重塑将"a significant breach"取代为不正当的带有欺骗性违约的必备条件,并且将"协助"(assistance)取代为"以重要方式参与"(participated in a significant way)。

[40] M Kirby,"Overcoming equity's Australia isolationism"(2009)3 *Journal of equity* 1,19.

[41] P. Finn,"Knowing Receipt and Knowing assistance:Balkanising Equity"(25th Annual Banking & Financial Services Law & Practice Conference,New Zealand,July 2008)5. 另参见 Finn,"The Liability of Third Parties"(n 8);P. Finn,"Internationalization or isolation: the Australian cul de sac? The case of constract law"in E. Bant and M. Harding(eds.),Exploring Private Law(Cambridge,Cambridge University Press,2010) 41,47.

考虑到 *Consul* 案并不是一个完全有说服力的先例,高等法院对于 *Consul* 案的遵从可能有失偏颇。案件争论的焦点在于,D 作为离岸公司中一位律师的受雇秘书,是否在知情的情况下参与了 F(该律师的财产管理人)违反信义义务的行为。D 得到了房地产开发的机会,这机会本应是 F 提供给房产开发公司 C 的,但是却由 F 提供给了 D。这个上诉案的结果很大程度上取决于法官对于霍普法官初审时对事实的认定如何解读。[42] 这些都与这名年轻职员的动机、他对于 F 的行为是否知情以及他对于律师的财务状况的了解程度息息相关。

新南威尔士州上诉法院多数意见(雅各布斯法官持反对意见)认为,作为第三方的 D 在 F 的违反信托中是有责任的。[43] D 认为,对 F 违反信托的行为实际知情是必备条件但却没有在审判中展示,遂上诉至高等法院。D 的依据是,英国上诉法院在 1969 年对 *Carl Zeiss Siftung v. Herbert Smith Co.* 案[No. 2](*Carl Zeiss Siftung*)中的裁决。[44] C 回应称,完全可以推定 D 知情,[45]并以英国衡平法院最新的两个裁决作为依据,而这两个案件似乎在这一点上与 *Carl Zeiss* 案的裁决相冲突。[46] 在高等法院对 *Consul* 案的判决中,持多数意见的法官包括吉布斯法官(Gibbs J)和斯蒂芬法官(Stephen J)以及巴威克大法官(Barwick CJ),前两位法官给出了缜密的司法意见书,而巴威克大法官则赞同斯蒂芬法官的意见。按照惯例,需在高等法院宣读斯蒂芬法官的意见书,以及雅各布斯法官在上诉法院的意见书,因为斯蒂芬法官的意见书是在雅各布斯法官法律陈述基础上做出。高等法院持反对意见的麦克蒂尔南法官(McTiernan J)也基于霍普法官对事实的认定给出了一份逻辑缜密的司法意见书。

---

[42] 法官霍普发现尽管 D 和 F 有意向律师隐瞒他们的房地产交易(这表明 D 对于 F 的不正当行为是知情的),这是因为职员认为自己作为经合同雇佣培训的职员,F 作为律师的雇员去参与交易是不合适的,且这一交易与 C 个人房地产交易相似。此外,这个职员想要预先阻止律师提出的有关 D 为什么没有参与律师自己的公司的棘手问题。法官霍普还发现 D 相当地相信 C 没有兴趣或者是经济上不允许去追求房地产开发机会。*Consul*(n 7) 405 - 07(Stephen J)。

[43] *DPC Estates Pty Ltd. v. Grey and* Consul *Pty Ltd.* [1974] 1 NSWLR 443(NSWCA). Hardie JA 认为,这名职员违背了直属于律师公司的忠义义务,但是,他同时他也同意 Hutley JA 的看法:这名职员在 *Barnes v. Addy* 案下是有责任的,因为他怂恿 F 去违背忠义义务。

[44] *Carl Zeiss Stiftung v. Herbert Smith Co.* [No. 2] [1969] 2 Ch 276(CA).

[45] ie, "the sort of knowledge a reasonable and honest man would have had in the circumstances after making due inquiry": *Consul*(n 7) 400(Gibbs J).

[46] *Karak Rubber Co Ltd. v. Burden* [1972] 1 WLR 602(ChD); *Selangor United Rubber Estates Ltd. v. Cradock* [No. 3] [1968] 1 WLR 1555(ChD).

高等法院在审理 *Farah* 案时在两个法律问题上运用了 *Consul* 案这一判例。第一个法律问题是,在 *Barnes v. Addy* 案第二部分中,哪种程度的知情才足够认定 D 的责任? 这一问题也是 *Consul* 案的争议点,尽管只有斯蒂芬法官在是否应采用"推定知情原则"这一问题的基础上给出了详尽的司法意见书。[47] 吉布斯法官认为,没有必要基于英国案例的正确性得出最终的结论,他也在没有肯定答案的情况下假定两者是一致的。[48] 根据法院对 *Farah* 案的判决,由于斯蒂芬法官拒绝用 *Baden* 案的标准衡量知情的程度,[49]吉布斯法官也没有就这一问题给出一个确切的答案,因此,知情的程度[50]是认定 D 是否应当负有责任的限定因素。[51] 可以说这是对一个问题的高度机械式的推理,这一问题占据了 1975 年后的判例汇编以及 *Consul* 案的大量篇幅。这并非意指斯蒂芬法官的推理以及法官雅各布斯法官在上诉法院的推理不具有说服力,而是高等法院没有明确地参照这一推理,而是依靠其所认为的案件的判决理由。

Farah 案的第二个法律问题是,在判定 D 的知情协助责任时,F 的不诚实、欺诈性违反信托的行为是否为必要要件(这是 *Royal Brunei* 案中最大争议问题)。[52] 这一问题并没有在 *Consul* 案中得到解决。*Farah* 案的被告援引了吉布斯法官司法判决书中的判决意见,该法官称"通过参考衡平法原则"描述了不诚实、欺诈性的这一必要条件。[53] 高等法院未采纳被告方的关于吉布斯法官指的

---

[47] 在他看来,对这一问题的决议是十分必要的,因为并没有显示出 D 对 F 的违约行为是实际知情还是故意拒绝质询。*Consul*(n 7)408(Stephen J).

[48] 吉布斯法官认为,事实就像职员认为的那样,受托人并没有利益的冲突。因此,D 并不是在知情的情况下参与任何的违背信托或者忠诚义务,并且不需要对推定通知是否充足进行判断。*Consul*(n 7)400(Gibbs J)。

[49] ie,"knowledge of circumstance which would put an honest and reasonsble man on inquiry":Baden(n 16).

[50] ie:"knowledge of circumstance which would indicate the facts to an honest and reasonable man": ibid.

[51] 法官麦克蒂尔南同意上诉法院对于法官霍普的裁决的推翻。在他看来,是这名职员动摇了 F 的忠心,因此 D 是有责任的。*Barnes v. Addy* 案也支撑了这一结论,但如果需要的话,他可能会接受"教义的任意扩张",可能是涉及在 *Selangor* 和 *Karak* 的决议中。*Consul*(n 7)385 – 86。

[52] Ibid. 398.

[53] Ibid. 法官吉布斯引用了法官 Ungoed-Thomas 在 *Selangor United Rubber Estate*(n 46) 案中的判决,其中法官 Ungoed-Thomas 强调"不正当的带有欺骗性的计谋"应当被理解为涉及衡平法原则而不是刑法或者是侵权法或者是合同法。在法官 Ungoed-Thomas 的判决中,并不清楚这是否意味着"不正当的带有欺骗性的"是经过仔细研读的。例如,参考衡平法上欺骗的概念。

是任何违反信托或者信义义务的行为的抗辩。[54] 从吉布斯法官在 *Consul* 案中的判决来看,无论是被告方的抗辩还是高等法院对其的不采纳都无法自证。

吉布斯法官的推理所依据的重点在于,*Barnes v. Addy* 案的责任(在两部分下)是否适用于不存在滥用信托财产的情况中。吉布斯法官认为,尽管是否违反信托很难证明,但有足够证据表明违反信义义务,但是,我们并不清楚他所设想的这种违反信义义务的行为成立,是否以不诚实和欺诈性为要件。这首先是由于他并没有在知情接受和知情协助之间划上明确的界限,其次,他并没有考虑那一问题。[55] 因此,就这两个理由看来,高等法院在审理 *Farah* 案时,并不能将 *Consul* 案作为一个可靠的有说服力的先例。

为什么说高等法院在判决 *Farah* 案时援引其之前在 *Consul* 案判决时的同样先例不恰当,有两大最终原因可以解释。审判 *Consul* 案时,正是英国判例受到一致的遵从与尊敬之际,尽管这些判例对于高等法院没有约束力。[56] 但现今该遵从与尊敬已经不复存在。[57] 在 1975 年,人们仍可以从州上诉法院直接上诉至枢密院,但自 1975 年 7 月起,从高等法院上诉至枢密院的规定被废除,这距离 *Consul* 案作出判决仅仅只有四个月。[58] 高等法院不可能对英国法律进行大刀阔斧的改造,它也不可能为了迎合当地条件而将自己置身于英国法律之外。[59] 其次,纳入 *Consul* 案考量范围的英国判例是 20 世纪人们对 *Barnes v. Addy* 案重新燃起兴趣的一些早期例子,并且处理的是尚未解决的法律问题。[60] 在那种情况下,*Barnes v. Addy* 案中两大部分的区分却不明显,判定责任的理论基础也不明确。根据以上所有理由,可见太过强调 *Consul* 案的寥寥几句判决理由和附带

---

[54] *Farah*(n 6) [181].

[55] *Consul*(n7)396 –979(Gibbs J).

[56] *Public Transport Commission*(NSW) *v. Murray-More*(NSW) *Pty Ltd.* (1975) 132 CLR 336 (HCA).

[57] Ibid. 341 (Barwick CJ). 另参见 A. Mason, "The Break with the Privy Council and the Internationalisation of the Common Law" in P. Cane(ed.), *Centenary Essays for the High Court of Australia* (Sydney, Lexisnexis Butterworths, 2004) 69.

[58] Privy Council(Appeals from the High Court) Act 1975(Cth). The Act Commenced on 8 July 1975: Commonwealth, Gazette: Special, No. S129, 1 July 1975. *Consul development v. DPC Estates* was decided on 26 February 1975.

[59] Finn, "Internationalization or isolation" (n 41) 44.

[60] *Carl Zeiss Stiftung*(n 44); *Selangor United Rubber Estates* (n 46); *Karak Rubber Co.* (n 46).

意见是非常不明智的。这给我们的启示是，在涉及因协助违反信托以及信义义务而产生的衡平法上责任时，高等法院在判决 *Farah* 案时依赖于 *Barnes v. Addy* 案的判决，以及法院认识到了责任分担与 D 在诱使 F 违反信托情形下所担责任的差异。

鉴于对在 *Farah* 案中一些批评指向了援引的判例，不论我们从法律角度看是否同意其作出的结论，在 *Royal Brunei* 案中代表枢密院的尼尔克斯法官采用的原则性方法显然更为可取。终审上诉法院在审判时必须同时考虑先例和法律原则，尤其对于那些复杂的案子。但是，尼尔克斯法官对待先例的原则性方法难道就是正确的吗？他的一个重要贡献是把更多的关注点引向 19 世纪涉及第三者因违反信托承担责任的其他判例法上，但这些判例能够证明协助违反信托与诱使违反信托行为之间的差异吗？本章后部分将说明尼尔克斯法官对于相关衡平法判例的收集是不完整的，因此，他关于衡平法上的从属责任的构想也存在瑕疵。

第四部分　提炼抗辩原则

A. 确立相关的先例

Royal Brunei 案和 *Farah* 案选择了 19 世纪的 5 个涉及参与明确私益违反信托的判例。在 *Barnes v. Addy* 案以及两三个其他案件中，审判法院认为，诱使或者诱导违反信托的第三方应当负有责任。[61] 这些先例均涉及第三方参与违反信托，具有明显的相关性。[62] 但从更多涉及参与责任判定原则的判例中明确适用的相关衡平法判例，可能还需要更多努力。但明确相关衡平法判例，以得出参与责任判定原则，可能还需要进一步进行分析和总结。尼尔克斯法官推理中的一个瑕疵在于他只考虑了涉及参与违反信托的案件。

---

[61] *Barnes*(n 13)；*Fyler*（n 14）；*Eaves*（n 14）. The Privy Council also cited *Attorney-General v. Corporation of Leicester*(1844)7 Beav 176,49 ER 1031. The High Court also cited *Alleyne*（n 14）. The two latter cases applied *Fyler*. 另参见 Harpum,"The Stranger as Constructive Trustee"(n 37)141 - 144.

[62] 为了清晰和充分说理计，我不打算全面考虑分析 20 世纪和 21 世纪的判例。

显然可见,只要涉及第三方,处于信义法[63]边缘的那些衡平原则可以与因违反信托和信义义务而产生责任分担情况进行比较,如不正当影响和违反保密义务。其中一个例子是,如在知情情况下接受了一份由于债务人对保证人施加不正当影响且具有瑕疵的保证书,某个第三方金融机构应当承担责任。[64] 同样地,若第三方在知道或者应当知道这是机密信息的情况接受了此机密信息,则其也要承担衡平法上的责任。[65]

若 D 的第三方责任转变为一个独立的案由,这些与信义有关的法律规则也有可能适用。衡平法上存在两个有交集的准则支持对独立案由的描述,它们都可以被理解为第三方责任,该责任与违反信托或信义义务所要承担的责任具有相同的形式:

(1)在英国,若担保人受到不正当影响或债务人虚假陈述,或者金融机构未及时履行披露信息义务的情况下,金融机构接受抵押的,该金融机构应当承担责任。[66]

(2)在澳大利亚,若存在由担保人和债务人之间的委托与信赖关系引发的误解风险时,或在不能确保担保人充分知情的情况下,金融机构接受抵押的,该金融机构需承担责任。[67] 这一责任不取决于债务人是否实施了衡平法上的不正当行为。因此,不能在任何情况下都将其理解为第三方责任。[68]

---

[63] Opinion is divided on whether these doctrines form part of fiduciary law. P. Finn, Fiduciary Obligations(Sydney,Law Book Co,1977);M. Conaglen, *Fiduciary Loyalty*(Oxford,Hart Publishing,2010) 236 –44. My arguments do not depend upon which view is correct.

[64] Eg,*Bank of New South Wales v. Rogers*(1941)65 CLR 42(HCA). 另参见 R. Meagher,D. Heydon and M. Leeming, *Meagher*, *Gummow Lehane's Equity*: *Doctrine and Remedies*, 4th edn (Chatswood, Butterworths LexisNexis,2002) para [15. 150].

[65] *Prince Albert v. Strange*(1849) 1 Mac &G 25,41 ER 1171. 另参见 Meagher,Heydon and Leeming, *Equirty* (n 64) Para [41 –110]. Even a D who acquires notice of the confidentiality of information after its receipt will be bound by the confidentiality obligation, although there are unresolved questions concerning whether D's change of position should be accommodated. *Wheatley v. Bell*[1982] 2 NSWLR 544(NSWSC); *Johns v. Australian Securities Commission* (1993) 178 CLR 408(HCA) 459 –460(Gaudron J).

[66] *Royal Bank of Scotland Plc v. Etridge* [No. 2] [2001] UKHL 44,[2002] 2 AC 773. 另参见 C. Rickett,"The financier's duty of care to a surety"(1998) 114 LQR 17. 里基特认为在这种案件中贷方的责任可以被概念化为取决于察觉到原发性错误的次要责任或者是基于贷方自身不正当行为的主要责任。

[67] *Garcia v. National Austrilia Bank Ltd.* [1998] HCA 48,(1998) 194 CLR 395.

[68] 对于不合理交易的澳大利亚教义可以归纳为种类三,可以到达的程度是较弱的一方的特殊不利条件是另一种衡平法不正当行为的产物,参见,例如,*Commercial bank of Austrilia Ltd. v. Amadio*(1983) 151 CLR 447(HCA) 464(Mason J)。

如果我们承认这些独立案由都可能被理解为第三方责任，那么诸多衡平法上的责任分担都可被认为是违反信托或信义义务的第三方责任。[69]

在收集涉及 D 因接收信托财产而承担个人责任（*Barnes v. Addy* 的第一部分）情况的衡平法上的责任分担判例时，一系列责任分担案例被囊括在内。但是现在我们要排除这些判例。无论它们在过去与明知而协助案件的相关性有多大，由于与追及过往和优先受偿权相近，它们引起了一些不同的考虑。无论正确与否，责任的判定有时取决于对 C 的财产利益的保护，而不是取决于 D 的道德状况。[70] 当第三方在没有预先通知的情况下接受赠与或因衡平法上的（除违反信托之外的）不当行为而遭到破坏的交易，保护财产权益与考虑 D 的道德状况之间存在的类似矛盾也可见一斑了，尽管很少有人会注意这些同样复杂的有关衡平法责任的情况。[71] 在我看来，对这些判例与不涉及财产的衡平法上的责任分担实例之间进行调和是可行的，但就目前而言，不考虑那些可能涉及财产法分析的案例是最安全的做法，这样不会对分析造成扭曲。[72]

在考虑了包括但不限于参与违反信托及信义义务的一系列衡平法上责任判定的先例后，我们可以清晰地将这些涉及第三方参与的案件分为两大类。

1. 第一类：为了获得服务报酬范围以外的私利而参与衡平法上的不正当行为。

第一类衡平法上的责任分担案件涵盖了各种形式的参与行为，不论在最初的衡平法上的不当行为中的参与程度如何，参与者都从中获取了服务报酬以外的利益。这一类几乎涵盖了所有衡平法上的责任分担案件。

处于第一类案件范围末端的是积极诱使最初的不正当行为发生的第三方。[73] 因此，当一名律师在知情的情况下，将信托资产投资于对其负有债务的另

[69] 这并不是一种新奇的方式：参见 R. Austin，"Constructive Trusts" in P. Finn（ed.），Essays In Equity（Sydney，LawBook Co，1985）196，200；Finn（n 8）212－213.

[70] Dietrich and Ridge，"The Recipt of What?"（n 17）58－60. 另参见 Harpum（n 37）126.

[71] 例如，一位志愿者收到了被不正当影响所玷污的财产，那么不论他/她是否察觉了不正当影响，他/她必须要撤回这份礼物：*Bridgeman v. Green*（1757）Wilm 58，97 ER 22；*Tottenham v. Green*（1863）32 LJ Ch 201，206；*Addie v. Campbell*（1841）4 Beav 401，49 ER 394，参见 Meagher，Heydon and Leeming（n 64）Para［15.150］；A. Burrows，"The Australian law of restitution：has the High Court lost its way？" in Bant and Harding（eds.），Exploring Private Law（n 41）67，81。

[72] 接收信托财产的有关判例的相关拓展研究，见 Harries v. Rees［1867］37 LJ Ch 102。

[73] Eg *Syrimi v. Hinds*（1966）6 NTLR 1（NTCA）.

一位客户,诱导不知情的受托人违反信托约定,那么该律师有责任归还信托资金。[74] 同样地,若一名公司董事诱使公司受托人[75]违反信托,或债权人以不正当途径(如通过不正当影响或虚假陈述)说服债务人从一名亲戚处获得抵押,该董事也需承担责任。[76] 在所有这些案件中,实施了最初的不正当行为的一方的善意与 D 的责任无关[77]。

靠近第一类案件范围中端的是那些积极促使、而非必然诱使原发性违约的第三方。[78] 其中一个例子就是在 *Consul* 案中,第三方涉嫌参与 F 违反信义义务行为的见习职员,F 是聘用该见习职员雇主律师的一位高级雇员。[79] 该见习职员没有诱使或者是诱导 F 的衡平法上的不正当行为,但是他通过给不正当的产权交易连带地提供经费来积极地促使了这种行为。同样地,从被衡平法上的不正当行为(如不正当影响或错误陈述)破坏的抵押中受益的金融机构,可能会通过不遵守建议[80]的必备标准或者在知道主要义务被违反的情况下获取利益等方式促使该不正当行为的发生。[81] 除此之外,如果一家出版商在知情情况下出版机密信息,其也可能被视为积极促使了不正当行为发生。[82]

处于第一类案件范围另一末端的是那些被动促使衡平法上的不正当行为发生的第三方。其中一个例子就是来自枢密院对于 *Cook v. Deeks* 案的裁判。[83] D 是一家由 F 掌控的公司,获得了 F 在违反信义义务的情况下从主公司 C 处转

---

[74] *Fyler*(n 14). The principle in *Fyler* was applied in Alleyne (n 14) and *Attorney-General v. Corporation of Leicester*(n 61).

[75] *Elders Trmstee Executor Co Ltd.* (n 37) (procurement not found on the facts). 另参见 *Australian Securities Commission v. AS Nominees Ltd.* (1995) 62 FCR 504(FCA)523(Finn J).

[76] *John Owen JM Gutch v. Sarah Homan*(1853) 4 HL Cas 997, 1034; 10 ER 752, 767(Lord Cranworth LC). The House of Lords held strong suspicions as to the lack of probity of the creditor in this case, although no positive finding was made that the creditor procured the debtor's misrepresentation.

[77] Eg *Eaves*(n 14).

[78] Eg *Mayor of Salford v. Lever* [1891] 1 QB 168(CA). At F's suggestion, D. agreed to pay a bribe to F. so that F would ensure that C entered a contract for the supply of coal by D.

[79] *Consul*(n 7).

[80] *Royal Bank of Scotland Plc v. Etridge* [No. 2] (n 66); *Garcia* (n 67).

[81] *John Owen JM Gutch* (n 76); *Bank of New South Wales v. Rodgers*(n 64).

[82] Eg *Attorney General v. Guardian Newspapers*(*No.* 2) [1990] 1 AC 109(HL). Toulson J in *Fyffes* (n 30) 670 describes the facts thus: "*The Sunday Times* knowingly assisted Mr peter Wright to breach his duty of confidentiality to the British Government by publishing extracts from his memoirs as an MI5 agent."

[83] *Cook v. Deeks*[1916] AC 554(PC).

移过来的商业机会。同样地，有关违反保密责任的衡平法上不正当行为，一家出版商企图出版其明知只有在另一位 F 违反信义义务的情况下才可以获取的材料，那么不论该出版商是否积极诱使 F 违反保密责任，其都无法出版该材料。[84]

尽管有些不合适，但第一类中还包含一个案例，即 *Eaves v. Hickson* 案[85]，*Royal Brunei* 案和 *Farah* 案的审理中都引用了该判例。一位父亲 D 为了确保自己的私生子拥有分割某份信托的资格，伪造了一份结婚证书。受托人对伪造的证书深信不疑，因将信托财产分配给该孩子而违反了信托。约翰·罗米利先生认为，D 必须要将孩子所获得的不可恢复的财产支付给法院，并且受托人必须要弥补信托的漏洞。能否把该案归于第一类的关键在于，这位父亲并没有从中获取直接的个人利益，然而他的确从他孩子在信托下获得的福利中得到了间接财产利益。也许在这个案例中，我们可以将 D 的责任理解为一个独立案由（欺诈），其可以被认定为第三方对于另一个衡平法上的不正当行为（违反信托）所要承担的责任。如今，若受托人行为合理，其无须承担责任，而 D 将会因诈骗而被起诉。

因此，第一类衡平法上的责任分担案件，包含了那些诱使衡平法上不正当行为的、促使衡平法上不正当行为，以及那些只是通过接受被不正当行为而存在瑕疵的交易利益进而参与衡平法不正当行为的情况。将上述三类人归在第一类的原因在于，在构成衡平法上的不正当行为相关交易或者行为中，他们都获取了职业报酬以外的一些其他利益。第一类的案件与很多衡平法上不正当行为相关。

2. 第二类：纯粹代理人提供服务的行为促使了衡平法上不正当行为发生。

第二类，也就是另外一类即第三方引起了衡平法上的责任分担，但是，他们并不符合第一类的几种情况，我将这类人称为“纯粹代理人”。纯粹代理人是向第一过错方提供代理服务而促使衡平法上的不正当行为发生的第三方。不同于第一类的参与人，除了服务报酬外，他们不从有瑕疵的交易行为中获取任何直接利益。通常情况下，他们与违法犯罪者之间的关联仅仅在于彼此的代理与

---

[84] *Abernethy v. Hutchinson*（1824）3 LJ Ch 209；*Prince Albert*（n 65）.

[85] *Eaves*（n 14）.

被代理关系。律师[86]和会计师[87]在这一类案件中占据绝大多数。

值得注意的是，第二类案件仅与违反信托和信义义务相关联。也就是说，衡平法对因提供专业代理服务而陷入不正当行为的代理人仅施加参与责任分担，而似乎没有其他的衡平法上的过错。塞尔伯恩法官在 *Barnes v. Addy* 案中形容了这类人，他在该案中不遗余力地对其所应承担的责任进行了限制。[88] 尼科尔斯法官在 *Royal Brunei* 案中讨论一位疏忽大意的参与者在信托违约中是否应当对 C 负有责任时也重点关注到了这类案件。[89]

具有讽刺意味的是，在 *Barnes v. Addy* 案中以及尼科尔斯法官在 *Royal Brunei* 案中，塞尔伯恩法官就对因疏于职责促使了信托违约的专业代理人施加法律责任这一点关注没有反映 *Royal Brunei* 案的实际情况，因为并没有涉及"纯粹代理人"。唐先生(Mr Tan)是 *Royal Brunei* 案中受托人公司的公司董事，属于第一类情况：他对由他掌控的受托人公司疏于管理而出现了违反信托。尼科尔斯法官认为，唐先生(Mr Tan)并没有从他对公司的经营不善中获取个人利益，因为信托资金仅用于公司的日常运作。[90] 但是，考虑到唐先生(Mr Tan)管理着整个公司并且是公司的大股东，公司的所有收益(通过信托资金保证现金流)都是属于他的。他不仅仅是只接受服务报酬的纯粹代理人。他与公司息息相关，因此他会从违反信托中直接获益。尽管尼科尔斯法官的推理仅仅与第二类中的责任分担情况相关，*Royal Brunei* 案基于其案件事实依旧属于第一类情况。

Midgley v. Midgley 案是个特殊的案例，很难对其进行分类，也许它可以被归为第二类。[91] 该案中有一位过分热情的律师，他积极地怂恿并诱使遗产执行者违反信义义务，他被认定为应对遗产、违约遗产执行人以及因违反信托而从遗产中获得已过法定时效债务的律师的客户承担法律责任。该律师被认为是"整件事情的煽动者和策划者"。[92] 一方面，案件事实看上去符合第一类的情况，因为 D 积极诱使了违反信托。另一方面，除了职业报酬外，D 并没有从中获

[86] Eg *Barnes*(n 13); *Carl Zeiss Stiftung*(n 44); *Twinsectra*(n 9).

[87] Eg *Barlow Clowes*(n 10).

[88] *Barnes*(n 13)251 – 52.

[89] *Royal Brunei*(n 3) 391.

[90] Ibid. 383.

[91] *Midgley v. Midgley* [1893] 3 Ch 282(CA)参见 Harpum(n 37)142 – 43.

[92] Ibid. 301(Lindley LJ).

取其他利益,并且其一直是一名提供专业服务的代理人。D 的责任看起来似乎取决于追踪情况,因为大部分被误用的资金依旧存留在 D 的信托账户里。[93] 然而,将追踪的可能性放置一旁不谈的话,这些事实看上去是第二类责任分担的一个极端且非同寻常的例子。

B. 第一类责任和第二类责任判定原理

在第一类责任判定案件中,不论衡平法上不正当行为的性质如何,对于该责任的原理有一个普遍认可的观点,即防止 D 利用 C 在衡平法上不正当行为中出现的脆弱性来获取利益。澳大利亚新南威尔士州最高法院在对 *Khan v. Khan* 一案的判决中包含了对该原理的有益陈述。[94] 在该案中,法院驳回了买方要求实际履行土地买卖合同的申请,理由是买方已经注意到了其宗教领袖对卖方施加了不正当影响。巴雷特法官(Barrett J)注意到了第三方对于施加不正当影响所要担负的责任:

> 基于在 *Royal Brunei Airlines Sdn Bhd v. Tan* 案中讨论的知情参与,便涉及了间接责任。获得利益的第三方(D),在注意到处于支配地位的一方(F)对转让人施加了不正当影响后收取了利益,其不公正或者是无意识地利用了这一形势。[95]

该原理也同样适用于违反保密义务、[96]涉及不道德交易及相关教义的案件,[97]在讨论有关于不当行为而非违反信托或信义义务的衡平法上责任分担时,法院和评论家常常会参考这种形式的责任。在判例法中也存在一些交叉引用,

[93] But see Sales,"The Tort of Conspiracy and Secondary Liability"(n 33)504,n 38.

[94] *Khan v. Khan* [2004] NSWSC 1189,(2004)62 NSWLR 229.

[95] Ibid. 235. Barrett J based his analysis on Meagher,Heydon and Leeming(n 64)para[15.150].

[96] In the leading case of Prince Albert(n 65) 44 – 45;1178 – 9 it was said that a third party who knowingly took advantage of"a breach of trust,confidence or contract by another"would be liable in equity. See generally Mitchell(n 12)164 – 165;R. Toulson and C. Phipps,Confidentiality(London,Sweet&Maxwell,1996)92;Meagher,Heydon and Leeming(n 64)para[41 – 035].

[97] *Amadio*(n 68)462(Mason J).

将因违反信托及信义义务引起的责任判定归为衡平法上其他形式的责任判定。[98] 不可否认是,不论衡平法上的不正当行为性质如何,对第一类案件基本原理的阐述都是一致的。

第二类案件中的责任指的是纯粹代理人因促使违反信托或信义义务行为的发生而须承担的责任,该责任的原理则没有那么清晰。这类案件责任的原理的本在于,D 对 F 的欺诈行为有很大的影响,他/她也应当被认定为实施了衡平法上的不正当行为,即使除了服务报酬外其并没有其他所得。[99] 但是,对于第二类案件中的责任而言,该本质性原理并不是唯一的,甚至不是主要的。它还受到很多实际因素的影响。第二类案件中的责任是以纯粹代理人对于受托人或受信人的不当行为的"吹哨人"能力为基础的。这里还存在一种威慑作用:这种责任的威慑作用可能会阻止纯粹代理人提供其服务,从而减少此类违约行为的发生。也就是说,考虑到第二类案件仅仅由涉及违反信托或信义义务的案件组成,所以,此处的责任看起来与历史上成熟的预防法以及衡平法信托管辖的保护功能密切相关。[100]

第五部分 对衡平法先例的深度思考

在区分了判例法中的两类责任判定情况后,对第二章概述的英国与澳大利亚的参与责任判定方案,是否能比较出哪个更胜一筹呢?让我们一起回忆一下这两种方案在违反信托及信义义务这一点上有何学理上的差异:

(1)因违反信托或信义义务而承担的责任,究竟是属于一种责任,即从属责任(*Royal Brunei*),还是两种类别的责任,即 D 在知情的情况下协助了 F 的不诚实的、欺诈性的行为以及 D 在知情的情况下诱使了对信托违约(*Farah* 案)。

(2)D 的责任是否取决于 D 的知情(*Farah* 案)或 D 的不诚实行为(*Royal Brunei* 案)。

(3)在 *Royal Brunei* 案中详细解释的从属责任是否可以适用于不涉及 F 控

---

[98] 例如,*Fyffes*(n 30)670。

[99] *Harries v. Rees*[1867] 37 LJ Ch 102,106 - 107(Rolt J);*Harpum*(n 37) 116.

[100] Finn(n 8) 197; Ridge,"Justifying the Remedies for Dishonest Assistance"(n 33)446 - 47.

制下的财产的信托违约。

(4)救济是否仅仅基于损失。

论述本节的目的仅仅是就如何解决这些差异提出一些建议,并为发展关于因违反信托和信义责任而产生的责任分担的法律提供一个思路。

A. 责任有几种分类?

在对衡平法上责任分担进行了整体考量后,可以发现枢密院和高等法院的分类都有瑕疵。尼克尔斯法官将知情协助案件和诱使违反信托案件都归为一种情况,即由违反信托引起同样的从属责任,这种归类方式错误地将两种有着不同原理阐述的且涉及完全不同案件事实的责任划归为一类。另一方面,高等法院在 *Farah* 案中所传达的信息虽然含义模糊,但是,对涉及违反信托或信义义务的诱使案件和协助案件进行了区分,这种分类和我对第一类和第二类案件的区分相符,不过该案还是没有考虑到衡平法上所有责任分担判例,即忽略了将 *Barnes v. Addy* 案的第二部分限于只接受服务所得报酬的纯粹代理人的必要性。

第二类责任的理论基础有力地支持了 *Barnes v. Addy* 案第二部分中对信托违反行为的不诚实性和欺诈性要求的留置权。若 D 因为被卷入 F 的欺诈行为且未能通过披露或拒绝提供代理人服务阻止 F 的欺诈行为而负有责任,则 F 的过错行为与 D 对该过错行为的知情就成为必备条件。这意味着在 *Barnes v. Addy* 案的第二部分中,违约行为的不诚实性和欺诈性对 D 的责任判定至关重要,而且 D 对于 F 不诚实且欺诈性违约行为的知情等同于明知。代理人仅需对参与本可以发现甚至阻止的 F 违反信托行为负责。[101] 这与塞尔伯恩法官在 *Barnes v. Addy* 案中的保留意见相一致,两者都反对轻率地让受托人代理人承担责任的做法。[102]

---

[101] 另参见 *Gardner*(n 16)77.

[102] *Barnes*(n 13)251 - 252. 另参见 *Harries* (n 9)106 - 07(Rolt J):"[I]t is well settled that, as a general rule, the solicitor or agent of a personal representative or trustee is accountable only to his principal; that as a general rule the *cestui que trustent* cannot call on the agent to account as trustee, unless fraud can be made out against him personally, or unless he, knowing of the fraud of the trustee, has derived personal benefit therefrom, or unless some other special equity is established against him." Rolt LJ cites *Lockwood v. Abdy* (1845) 14 Sim 437, 60 ER 428 and *Fyler*(n 14).

因此，英国和澳大利亚的参与责任判定方案都遗漏了一点，即 *Barnes v. Addy* 案的第二部分责任判定适用范围是有限的，仅适用于只接受服务报酬的代理人。[103] 一旦认识到这一点，一个很明显的问题就是，当普通法和制定法对于代理人向受托人提供的专业服务对促使违反信托行为发生的情况作了充分规定时，第二类责任是否还有价值。[104]

B. 责任取决于 D 的知情还是 D 的不诚实行为？

尽管人们对于责任的判定取决于 D 的知情还是 D 的不诚实行为这一问题给予了充分地关注，但是，对一系列衡平法上责任分担案件的分析表明：这是第二阶次的问题，只要对这些案件进行正确的分类并对其基本原理理解得当，这个问题就能迎刃而解了。在涉及第一类中出于个人利益参与衡平法上不正当行为的案件中，D 知道或注意到该不正当行为普遍被认为符合责任认定的适格标准。这与目前仍有很多未解之谜的第三方责任领域息息相关。[105] 强调 D 是否知情一般不会引起什么争议，除非误将第一类案件当作第二类案件处理，即把该种情况下的责任误定为 *Barnes v. Addy* 案中的知情协助责任。[106] 除因违反信托或信义义务而产生责任分担情况之外，法院似乎可以轻松地通过陪审团提问的方式了解 D 是否知情或注意到，且关于责任判定的必备要件存在一套完善的法律。[107] 也就是说，对于是否知情的认定是较为容易的。

当然，在裁判中不对知情程度的散漫态度可能是因为 D 的潜在责任经常会被撤销交易或归还所得所限制。[108] 因此，有必要在综合考量不当行为、对不正当行为的知情程度及潜在救济基础上，我们寻找如何判定第二类责任的方法。如此一来，根据 F 不当行为程度以及所寻求的救济来确定是否知情，可能是比较

---

[103] *Harpum*(n 37) 148.

[104] 参见，例子 Finn(n 8)195.

[105] 例子：participatory liability for breach of confidence：*Johns*(n 65) 459 – 60(Gaudron J).

[106] 例子：*Royal Brunei*(n 3) 386.

[107] 例子：*Amadio* (n 68)467 – 68(Mason J),447(Deane J). This adds to weight to calls for knowledge (or dishonesty) questions to be decided as "jury question"：R. walker, "Dishonesty and Unconscionable Conduct in Commercial Life—Some Reflections on Accessory Liability and Knowing Receipt" (2002) 27 *Sydney Law Review* 187,195,197. 另参见 *Twinsectra*(n 9) [134](Lord Millett)；Mitchell(n 12) 212.

[108] Finn(n 8) 207,n 71.

恰当的。

另一方面,在涉及纯粹代理人的第二类案件中,将知情作为衡量责任的标准是有问题的,尤其是在涉及未达到明知或实际知悉程度的情况时。如果认为D应承担一种特殊责任,即必须无限赔偿C的损失,而非撤销交易或归还所得收益,则也是允许的。也就是说,上文所讨论的第二类责任的理论表明:衡量责任的严格标准应当是以实际知情或者是衡平法知情的相应标准为标准。

C. 责任范围

无论是否涉及信托或信义关系,第一类案件都适用相同原则的认可,意味着这种责任分担形式不取决于是否误用了由受托人或受信人控制的财产。第一类案件包含了参与各种衡平法上不正当行为的情况,包括不涉及误用财产的违反信义义务的情形。同样地,如上文所示,收受财产案件也属于第一类情况。而 *Barnes v. Addy* 案的第二部分与保护信托受益人之间的以往纷繁复杂的联系则表明,我们应对第二类责任的判定加以相应的限制。

D. 救济

一旦第二类责任被限定在合适范围内,我们可以清楚地看到,这类责任的判定以损失为基础,因为第二类案件中的代理人并没有获利。通过协助违反信托或信义义务的行为而获利的受托者代理人属于第一类情况,这种情况下可使用基于所得的救济方式。也就是说,第一类案件的原理在于防止D利用C的脆弱性,使得对于该类案件的救济自然而然地指向基于所得的救济或撤销交易。[109]第二类案件仅适用基于损失的救济,上文提到的该种救济的过度繁重的特点也有助于我们理解为什么塞尔伯恩法官在 *Barnes v. Addy* 案中不愿判定该种责任的原因了。

第六部分　总　　结

在本章中,以 *Royal Brunei* 案以及 *Farah* 案的判决为范例,我评价了英国和

[109] 例如,*Consul*(n 7);*United States Surgical*(n 25).

澳大利亚在其关于违反信托和信义义务而产生的责任分担制度中对于判例法的使用。两个判决在方法论上的差异引发了关于如何在尊重先例成果但又不被误导的情况下探讨法律问题。就司法方法而言，尼克尔斯法官在 *Royal Brunei* 案中的判决是高级上诉法院推理的一个典范。该判决的优点在于，其力图尽可能详细地阐释相关法律。但是，尼克尔斯法官在 *Royal Brunei* 案中得出的从属责任原则是有瑕疵的，因为他选择的相关衡平法判例范围太过狭窄，以至于他只考虑到了涉及违反信托的案件。

从整体上看衡平法上的责任分担，而非仅关注违反信托案件，可以让我们清楚地看到其实存在两种不同形式的责任。首先，对于第一类案件，法官更容易找到一个理论依据来阐述。有一个原则可以对责任进行概括：D 的参与属于诱使、协助还是被动获取利益的情况。责任之所以会产生，是因为 D 利用在衡平法上的不正当行为而导致的 C 的脆弱性来获利。责任的第二种形式，即所提供的提供专业服务促使了违反主要义务的行为发生的纯粹代理人所要承担的责任，这种责任并非出现于所有涉及衡平法上不正当行为的情况，除非案件涉及违反信托或信义义务。这种责任基于历史上对信托受益人的过度保护，根据对专业代理人进行规制的当代普通法和制定法，这种过度保护在现今看来并没有必要。这就意味着，尼克尔斯法官在 *Royal Brunei* 案中错误地将两种明显不同的责任认定为“从属责任”，并且他的讨论和推理指向“纯粹代理人”，但该案中并不存在这种情况。对相关衡平法先例的正确理解开辟了一条更为合理的构建法律原则的道路。

高等法院在 *Farah* 案中所做的解释并没有指明为什么澳大利亚的法院应当继续使用在 *Barnes v. Addy* 案中被确立下来并且在 *Consul* 案中得到应用的法律原则。*Farah* 案的判决几乎完全是在判例基础上作出的，但在此案中参考 *Consul* 案这一先例并不适合。然而，高等法院在同时期作出的其他衡平法判决中并没有采用法官在 *Farah* 案中采用的“宗教法律规则”推理方法，鉴于高等法院在审理 *Farah* 案时没有排除对 *Royal Brunei* 案的考虑，[110]所以澳大利亚还是有可能再次援引衡平判例法。

---

[110] Finn, “Knowing Receipt and Konwing Assistance” (n 41) 5. See *Friend v. Brooker* [2009] HCA 21, (2009) 239 CLR 129 for a recent illustration of the effectiveness of combining contextual analysis of the older precedents with an appreciation for principle and policy matters in relation to the doctrine of equitable contribution.

第七章　衡平补偿

吉米·格里斯特(Jamie Glister)

第一部分　引　　言

本章将从比较的视角探讨衡平补偿(equitable compensation)原则在两个特定领域的应用:一是信托人滥用信托财产;二是受托人未能向其委托人如实披露重大事实从而导致违约。第一种情况涉及对著名的 *Re Dawson* 案、[①]*Union Fidelity Trustee CO. Ltd. v. Perpetual Trustee CO. Ltd.* 案、*Target Holdings v. Rwdferns* 案[②]和 *Youyang v. Minster Ellison Morris Fletcher* 案[③]判决的讨论。对第二种情况的讨论包括:*Brickenden v. London Loan &Savings CO.* 案,[④]以及澳大利亚、加拿大、英格兰和新西兰是如何在案件中避开山克顿大法官所订立的极其严苛的因果规则。

我们不难发现,澳大利亚和 *Youyang* 案在处理前一种情况时采用了与众不同的方法。尽管 *Youyang* 案的判决似乎非常符合替代性赔偿、强制执行首要责任等理论,但是,在加拿大、英格兰或新西兰,该案很有可能会得到不同判决。就第二个判决而言,我们发现有趣的是,新西兰的衡平法学与其他国家相比更为传统。正如安德鲁·巴特勒(Andrew Butler)和蒂姆·米勒(Tim Miller)在本书相关章节中所阐释的那样,尽管新南威尔士存在一些不同意见,但新西兰的

---

① *Re Dawson*(dec'd);*Union Fidelity Trustee Co. Ltd. v. Perpetual Trustee Co. Ltd.* [1966] 2 NSWR 211 (NSWSC).

② *Target Holdings v. Redferns* [1996] 1 AC 421(HL).

③ *Youyang Pty Ltd. v. Minster Ellison Morris Fletcher* [2003] HCA 15,(2003) 212 CLR 484.

④ *Brickenden v. London Loan &Savings CO. of Canada* [1934] 3 DLR 465 (PC).

衡平法与其他国家并没有太大的差异。

我将在本章中频繁使用"替代的"(subtitutive)和"补救的"(reparative)这样的语句,所以,我需要首先对其进行解释。[5] 它们与"首要"和"次要"[6]这两个词紧密相关,也就是说,当原告寻求替代性赔偿时,其试图强制执行被告的首要责任;当原告寻求返还补偿(reparative compensation)时,其旨在强制执行被告的次要责任。对首要责任进行强制执行的手段表现为对交易账户下达彻查指令,如果交易记录显示有一笔未经授权的支出,则受益人可轻松地证明误用信托资产这一事实。受托人则必须归还款项或用他自己的钱补上(替代)这一漏洞。可以对托管型受信人下达彻查交易账户的指令,这意味着,在"真正的信托"和其他涉及托管信托关系情况之间没有差别,但在这等情境下,欲使对首要职责的强制执行分析生效,则必须存在一个起初的信托关系。[7] 与之相反,修复性赔偿则表现为,就委托人或受益人因受托人违反义务的行为而遭受的损失所进行的金钱赔偿。赔偿数目的衡量则须参考损失的数额。但正如下文将讨论的,衡平法中对于量化损失的指导规则并不像在普通法中那样一成不变。但无论与普通法的类推相近与否,原告仍将被强制要求履行赔偿损失的次要义务。

---

⑤ 该术语在艾略特博士的博士论文和出版物中均被提及,See S. Elliott, *Compensation claims Against Trustees*(DPhil thesis, University of Oxford, 2002); S. Elliott "Remoteness Criteria in Equity" (2002) 65 MLR 588; S. Elliott and J. Edeiman, "Remedies for Dishonest Assistance" (2004) 67 MLR 16; S. Elliott and J. Edeiman, "Money Remedies against trustees" (2004) 18 *Trust Law International* 116. 此后他们被其他评论家所认可: See C. Rickett, "Equitable Compensation: Towards a Blueprint?" (2003) 25 *Sydney Law Review* 31; J. Edelman, "Money awards of the cost of performance" (2010) 4 *Journal of Equity* 122。

⑥ 更多关于"主要"和"次要"二词的解释见: R. Chambers, "Liability" in P. Birks and A. Pretto (eds.), Breach of trust (Oxford, Hart Publishing, 2002) 1; L. Smith , "The measurement of compensation claims against trustees and fiduciaries" in E. Bant and M. Harding (eds), *Exploring Private Law* (Cambridge, Cambridge University Press, 2010) 363.

⑦ 一个信托受益人当然不仅限于替代性索赔。如果诉状不涉及太多财产那么受益人可以以故意不履行为由追加赔偿款。追加索赔包括将账目视为受信人挪用财产使其对财产价值损失负有法律责任。但在该种情况下会采取修复性的补偿方案并履行次要义务,尽管相关原则仍属于原告利好型。一个近期的优秀判例是 *Whitefish Lake Band of Indians v. Canada* (*A-G*) [2007] ONCA 744,该案中 Crown 将印第安的采伐权以低于市值的价格售出。该买卖(也即违约行为)发生在 1886 年,该衡平补偿的估价发生在 2007 年。估价要考虑在这些年间若正确的钱款被接收且用于信托投资会发生何种事件。亦见 *Guerin v. R* [1984] 2 SCR 335 (SCC)。

第二部分 滥用信托财产

在讨论衡平法上关于违反信托的赔偿问题时，人们通常会援引里 *Re Dawson* 案。英联邦[⑧]国家的法院在裁判违反信托案件时都会援引施特雷特法官（Street J）的判决，但对其的解释则各不相同。

本文认为，*Re Dawson* 案的适用范围比人们对其推崇的要狭隘，因为它仅适用于涉及滥用信托财产而违反信托或其他保护信托关系的情况。在 *Re Dawson* 案中，经与数位位高权重的权威人士[⑨]讨论后，施特雷特法官这样说道：

> 在这一方案中所体现的原则并没有探究"损失是否由该违反信托的行为所导致"，而是关注于该实例中"若无违反信托行为则损失发生与否"的问题。[⑩]

所以，在施特雷特法官看来，问题不在于损失是否由违反信托所造成，而在于若没有违反信托行为损失是否仍然会发生。这是一个相当拗口的文字游戏，有人或许认为：(1)损失信托财产；(2)在信托期间[⑪]违反保证财产安全的义务

---

⑧ 在 G. McLay 的"Equitable Damages" in A. Butler (ed.), *Equity and Trusts in New Zealand*, 2nd (Wellington, Thomson Reuters, 2009) 911, 927 中这被准确描述为一个"无处不在的判决"。

⑨ *Caffrey v. Darby* (1801) 6 Ves Jun 488, 31 ER 1159; *Clough v. Bond* (1838) 3 My & Cr 490, 40 ER 1016. 在后一个案件中施特雷特法官引用了 Lord Cottenham LC 的判决中的一长段文字，Lord Cottenham LC 引用了 *Phillips v. Phillips* (1676) 2 Freem Ch 11, 22 ER 1024; *Poller v. Evans* (1801) 5 Ves Jun 839, 31 ER 886; *Tebbs v. Carpenter* (1816) 1 Madd 290, 56 ER 107; *Hancom v. Allen* (1774) 2 Dick 498, 21 ER 363; *Howe v. Earl of Dartmouth* (1802) 7 Ves Jun 137, 32 ER 56。引用完他的判决后，施特雷特法官讨论了 *Salway v. Salway* (1831) 2 Russ & My 215, 39 ER 376.

⑩ *Re Dawson* 案(n 1) 215。在这一点上，施特雷特法官在判决中就受托人返还信托本金的义务与普通人债务进行了简单区分。至于以外汇赔偿损害金，就看是否有义务证明不适用普通法规则的合法性之充分特征{在拉德卡日夫勋爵早期判决的 *Re United Railways of Havana & Regla Ware-Houses Ltd.* 案 [1961] Ac1007 (HL) 1060 之说理用于 *Re Dawson* 案中(n1) 214}。在发现有充分特征之后，施特雷特法官认为受托人的义务"[违约的受托人义务]一直被认为等同于严格按规定有效返还的义务……救济形式诸如以实际返还财产或者以等价金钱偿还一直作为实际替代偿还，缺乏根据"。

⑪ 见 *Low Bouverie* [1891] 3 Ch 82 (CA) 99 (Lindley LJ)："一个受信人的义务或许是保护信托财产，支付盈收和本金给予他们授权的客户，并且按其信托受益人的要求，向其提供其钱财的投资模式及去向"。See D. Hayton, "Unique Rules for the Unique Institution, the Trust" in S Degeling and J. Edeiman (eds.), Equity in Commercial Law (Sydney, LawBook Co, 2005) 279, 286 – 90。

并产生支出这两者所表达的意思是相同的。《衡平法论》(On Equity)作者称,除去法庭救济受托人的固有法定权利,法律责任是很严格的。[12] 事实上这不完全准确,因为总有可能出现如下情境:财产因盗窃或毁坏而损失,这是任何一个理智的受托人都无法避开的风险。此处确有信托财产的损失,在事实上保证财产安全的义务亦确未被履行,但这并不算违反职责。这意味着我们需谨慎区分事实损失和由违反义务造成的损失,[13]这也是引用施特雷特法官在 *Re Dawson* 案中所述言论给我们带来的启示。但问题在于,受托人是否违反其保管信托财产的义务,除上述较罕见的因被盗或受损而遭受未获保险的损失的情况外,在绝大多数信托财产损失的案件中,答案是肯定的。

不幸的是,*Re Dawson* 案中采用的方法被称作"严格的因果关系理论"。[14] 根据这个理论,在信托关系的违约行为和可赔偿的受损信托财产之间须有一定的因果联系,即符合"若无违反则无损失"的事实。[15] 但是,这些因果关系的审断和"若非"判断标准实在是如同鸡肋而令人费解。我们不妨从一个更简单的角度看这个问题:就信托财产的安全而言,问题的核心在于是否存在违反信托的行为。其实两者完全没有因果关系,但不少法官仍被迫去探究"若无违反信托则结果如何"这一问题。[16] 当然,后续事件也与前者存在一定联系,但它们的作用仅在于帮助我们确定信托财产在受托人违反信托前的现有价值。评估过程并不止于考量先前财产的后来价值,而更在于考量被错误支出的那部分财产的后来价值。倘若该项支出未被发现,账面被改动,则被误用财产的价值不被考虑。之所以在这一过程中会产生困惑,是因为我们通常只能通过后发的财产损失,来揭示之前发生的违约行为。

如果在财产遭到实际损失之前就发现了违反信托的行为,则可以通过排除损

---

⑫ P. Young, C. Croft and M. Smith, *On Equity* (Sydney, Thomson Reuters, 2009) para [2,490].

⑬ 严格来说,违约就是违约,不因为造成实际损失与否而有所区别;但我们通常只因为损失出现才发现违约行为的存在:见 n 17 下的谈论文本。

⑭ *Bank of New Zealand v. New Zealand Guardian Trust Co Ltd.* [1999] 1 NZLR 664 (NZCA) 687, 681. 亦见 *O' Halloran v. RT Thomas & Family Pty Ltd.* (1998) 45 NSWLR 262 (NSWCA) 277.

⑮ *Target Holdings* (n 2) 434.

⑯ 不仅如此,*Re Dawson* 案经常被用于体现一般意义上"衡平法对未履职的受益人和受信人的严苛性"的权威:近期的判例有彭布罗克法官对 *Thomas v. SMP (International) Pty Ltd.* (No. 4) [2010] NSWSC 984 [73]. On Equity(n 12) paras [2,480] - [2,530]亦指出衡平法对因由的严格探究,且引用 *Re Dawson* 案和 Brickenden 法则作为对这一言论的权威性解释。

害来进行救济。但需要注意的是,上述方法仅适用于相关违反信托的行为发生于财产正受到损害之时,而非损害结果已经实际发生之后。在 *Salway v. Salway* 案中,在银行破产后,财产管理人被判对财产损失负有责任。这是对上述理论的有力印证。[17] 财产管理人怀特先生将托管的财产进行储蓄,这表明他放弃了对财产的绝对控制权。这种对控制权的放弃即是对义务的违反,即便这与银行破产没有直接关系。当然,如果早在银行破产之前就发现该违反信托的行为,就可以在不损耗钱财的前提下进行补救。这正体现了替代行为和替代赔偿的意义。

假设有这样一个案子,受托人在 2010 年 3 月下旬售出英国石油公司(BP)的 100 股股票,[18]当时其股票在伦敦每股价值约 630 英镑。若受益人在 6 月末起诉受托人,此时 BP 股票每股市值约为 300 英镑,则按照 *Re Dawson* 案的判例,法院将要求受托人归还 100 股股票,或支付等值的金钱赔偿约 300 英镑。若受益人等到 10 月下旬再起诉,则受托人需赔偿的等值金额将达到 430 英镑,因为那时 BP 股票交易价约为 430 英镑。当然,在这种情境下,受益人最好还是接受先期违约。但是,这个例子是为了证明 *Re Dawson* 案的判例旨在让信托恢复到违反前的状态,也是为了表明后发事件对于恢复这种状态所需的金额自然会产生影响。确实,这也是 *Re Dawson* 案的关键点,虽然该案所涉及的并非股票市值,而是货币波动。

再回过头看这个例子:假使受托人在 2010 年 3 月下旬误买进 100 股 BP 股票。[19] 由于受到墨西哥湾石油泄漏事件所引发的股市动荡的影响,到同年 10 月该股票市值大跌。根据 *Re Dawson* 案的判例,受益人仅需要否认这笔账目即可就原先 630 英镑的股价寻求赔偿。受益人也可能再对账目收取额外费用,鉴于该股票以 630 英镑一股的价格买进,则受益人会期望有能力的受托人在 7 个月中将信托财产的价值提高一定比例。不论如何,重点在于替代赔偿和修复性赔偿是两个概念:*Re Dawson* 案的判例一般在后者中发挥着权威性作用,但实际上它仅指向前者。

---

⑰ *Salway* (n 9). 实际上这个不幸的受益人将钱先后投入了两个濒临破产的银行。该案在 Elliott, *Compensation Claims* (n 5) 159ff 和 *Cocker v. Quayle* (1830) 1 Russ & My 535, 39 ER 206 中有进一步的讨论。艾略特为这两桩案件未能在上议院面前以 *Target Holdings* 案为判例讨论而可惜。

⑱ 我意识到禁止售出任何股份的信托实际上是几乎不存在的。

⑲ 古茂法官在 W. Gummow, "Compensation for Breach of Fiduciary Duty" in T. Youdan (ed.), *Equity, Fiduciary and Trusts* (Toronto, Carswell, 1989) 中给出了关于错误售出股份的例子。在 *O'Halloron* 案中(n 14)276 引用了那个判例。

A. 中期收入的问题

Re Dawson 案的判例旨在将信托恢复至违约发生前状态。也就是说，以该物本身或等值货币的形式归还违反信托前的信托财产。这听起来简单，但实际上存在诸多难题：本应获得的红利或本应赚得的利息是否应该包括在内？其中一部分可能是信托财产的一部分，例如，在误用行为发生之前股票所创造出的未支付的额外红利，或是直到月末方可兑现的每日利息。但它们很快就被纳入损失赔偿的修复范围内，而非保证财产安全的范围。只有某些形式的收入可能在某一指定日期被视为信托财产的一部分。

另一个问题是，在依据 *Re Dawson* 案准则评估金钱赔偿时，所裁决的赔偿金是否应包括自违约之日起的利息。根据修复赔偿的分析，这样的裁定看似很像对受托人未能赚得的利息的赔偿。[20] 对这个问题的答案显然易见：利息这部分金额并不是对于信托应得利益的赔偿，而是对受托人应获利润的象征性赔偿。正如巴克利大法官（Buckley LJ）在 *Wallersteiner v. Moir*（No. 2）案中所述：

> 在衡平法中有这样一个较成熟的准则：若受托人因误用信托财产而违反信托，则其不仅有责任归还误用的资金，也有责任归还自误用之日起产生的利息。从抽象概念上来说，被误用的钱事实上就是受托人自己的财产，那么如果他将被误用的信托财产据为己有、为己所用，他就将对由此赚得的利润或应由此赚得（而未赚得）的利润负有责任。[21]

关于 *Re Dawson* 案这一判例以及替代赔偿的真正影响范围先论述到这里，现在我们不妨来看看最近的热门案件：上议院在 1995 年判决的 *Target Holdings v. Redferns* 案、[22]澳大利亚高等法院在 2003 年判决的 *Youyang v. Minter Ellison*

---

[20] 在 *Youyang*（n 3）案中利息亦被计入赔偿金额，依照 Supreme Court Act 1970（NSW）中 section94［现见 Civil Procedure Act 2005（NSW）s 100］，但利息在判例法中亦有提及：See D. Browne（ed.），*Ashburner's Principles of Equity*，2nd edn（London，Butterworth & Co，1933，repr 1983）147 – 149。

[21] *Wallersteiner v. Moir*（No. 2）［1975］QB 373（CA）379.

[22] *Target Holdings*（n 2）.

Morris Flectcher 案。[23] 这两个案例案情大致相同，但就误用信托财产而言，其判决在处理衡平法上的赔偿这一问题上采取了截然不同的方法。*Youyang* 案至少在高等法院采用了替代赔偿的模式，*Tardet Holdings* 案却指出，包括有财产损失情节的案件在内的所有违反信托案件，都应按照修复性赔偿进行处理。

B. *Target Holdings v. Redferns* 案

在 *Target Holdings v. Redferns* 案中，Target 是一家金融公司，其同意借款给 Crowngate 发展公司，帮助 Crowngate 购买一块售价为 200 万英镑的土地。[24] 事实上，Crowngate 参与了一个诈骗行为，其只需要付 77.5 万英镑就可得到土地。根据另一个被告所出具的调查报告，Target 同意支付 200 万英镑中的 170 万英镑，提供贷款的安全条件为财产的首次抵押权。Redferns 是一家律师事务所，其受到双方委托同时为其提供服务。

170 万英镑的贷款中，仅有 152.5 万英镑用于购置两块土地，剩余的差额用于支付保费。152.5 万英镑的款项被转到了 Redferns 的账户上，由其对客户 Target 的账户履行被动信托（bare trust）。在土地转移至 Crowngate 名下，且向 Target 缴清相关费用后，Redferns 将得到在 Crowngate 的指示下支付资金的默示授权。但是，在该案中，Redferns 在 Crowngate 尚未获得地产，亦未将相关费用缴至 Target 处的情况下几乎支付了所有的钱款达 149 万英镑，从而违反了信托。相关费用在将近一个月后才被缴纳给 Target。Crowngate 因未能偿还抵押而构成违约最终受损。Target 将财产以 50 万英镑卖出并向 Redferns 提出 99 万英镑的等值赔偿，即为 149 万英镑减去卖出所得的 50 万英镑。

在上诉法院的判决中，Target 获得了 99 万英镑的赔偿金。彼特·基博逊大法官（Peter Gibson LJ）（获 Hirst LJ 授权）认为，当受托人误将款项支付给无关方从而导致信托财产立即受损，则受托方有义务立即归还损失的资金。这被认

---

[23] *Youyang*（n 3）.

[24] 很容易忽略 *Target Holdings* 案仅考虑了申请为违反信托索赔辩护。其实，这并非实质性问题。一审法官几乎作出支持 Target 的即决判决，上诉法院允许 Target 基于此提出上诉并给出支持他们的即决判决意见。Redferns 就此向上议院提出了上诉。虽然 Redferns 赢得了上诉，并就因违反信托索赔向法院支付 100 万英镑，获得了法院许可进行辩护。显而易见，Redferns 未抓住实质案情。基于各方诚实行事为前提，上议院进行了审理，但在布朗妮－威尔金森法官判卷意见的倒数第二段这样讲："如果 Redferns 不存在违反信托引起损失的话，就好比欺诈交易从未发生。"［*Target Holdings*（n 2）441］。

为是对 *Re Dawson* 案判例的合理运用。违约所导致何种损失并非最关键的，但必须证明有违反信托的行为发生。受损财产的现存价值亦需得到评估，当涉及误用钱财的案子这就很简单了。从这一层面上来说，上诉法院是对的，但问题在于大部分人似乎都忽视了相关费用最终被缴清这一事实。㉕

尽管 Target 在 Redferns 违反信托转移财产近一个月后才获得该财产的保证金，但它最终确实获得了保障，并在财产售卖时获得了 50 万英镑的赔偿。即使前期相关费用全部缴清，Target 也应得到全部的赔偿，但由于房地产市场的萧条其未能如愿。这一事实很有力地佐证了布朗妮 - 威尔金森大法官（Browne Wilkinson LJ）的观点，在一次演讲的开篇他这样反问道：受托人是否不仅应该赔偿受益人由违反信托造成损失的财产，也应对受益人无违约情况下承受的损失负有法律责任？㉖ 大法官依此将重点归于损失的原因，而非误用财产这一先发的违约行为。尽管他同意一个由于滥用、转移信托财产而违反信托的受信人应负有立即赔偿的义务，他又说：

> 但在我的裁判中，违约时存在一个已形成的原因并非表明赔偿的数额在违约当日已被最终敲定，赔偿金额的确定在于后果产生之日前，使信托财产归位至若无违约情况所需的必要金额。㉗

“若无违约情况”这六个字至关重要。在修复性赔偿方案中，我们关注的是若无违约则可获益多少，而在替代性赔偿方案中，我们关注的则是违约前的状态。“若无违约”可以从两个方面进行阐释。在 *Target Holdings* 案中，上议院用替代性赔偿的思路对其进行解释，因为大法官认为 Target 的损失均由第三方的欺诈行为造成，而非因 Redferns 违反信托所导致。㉘ 考察损失的起因当然至关重要，但若采用替代性赔偿方案，则不然。为贯彻原告利好性原则，在考察损失

㉕ *Target Holdings Ltd. v. Redferns* [1994] 1 WLR 1089 (CA) 1103 – 04 (Peter Gibson LJ, with Hirst LJ agreeing). Ralph Gibson LJ 对 1098 – 1100 持异议。

㉖ *Target Holdings* (n 2)428.

㉗ Ibid. 437（着重部分由作者标明）.

㉘ Ibid. 431。必会被强调的是，布朗妮 - 威尔金森大法官在据已有线索处理此案时总结成所有当事人均诚实。如上文 n 24 所述，实际上有人怀疑，诈骗意味着无法从其他地方获得基金，因此，Target 的损失是由信托违约造成。

原因时,还是需注重分析损失而非违约行为本身。简言之,此言针对圆滑的监督员回避了问题的实质:Redferns 未能履行保护信托财产义务。

尽管人们普遍评价上诉法院对 *Target Holdings* 案判决不当甚至骇人听闻,[29]上议院的判决却得到了广泛认可。[30] 里基特(Rechett)教授非常赞同布朗妮-威尔金森大法官有关"关注损失是衡平赔偿的天然属性"[31]这一鲜明观点;巴罗斯(Burrows)教授也认为,鉴于衡平法上的赔偿与补偿性赔偿目标一致,上议院的判决是十分正确的。[32] 但是,在包括米勒特大法官、贝克斯教授和艾略特医生(Dr. Elliott)在内的反对阵营中却传出一种不同的声音:[33]他们赞成 *Target Holdings* 案的结果,但认为衡平法上的赔偿的数目不应只取决于因果关系,忽略违反信托这一事实。否则就等于忽视了账目关系的重要性和强制执行基本职责的可能性。[34] 判决结果之所以正确,是因为受托人最终缴清了相关费用可以视为其延迟履行了基本职责;但该案的正确结果却是建立在错误推理上。

用历史眼光来看,如果当时上诉法院将延迟缴纳费用视为对信托财产的修复的话,结果就会很有趣。这一判决很有可能被继续提起上诉。当然,向上议院继续起诉可能一开始不受准许。困扰布朗妮-威尔金森大法官的是:以上诉法庭的判决理由来看,一个诚实、谨慎的受托人应该为自己不等抵押保证金到账,[35]就将客户的钱投入了房地产市场导致亏损的行为负有法律责任。大法官显然是一边考虑相关衡平法的规则,又同时存在与结果[36]相反的强烈倾向。他并没有考虑到的是,相关保证金即使延迟一天也可能导致需要修复的局面。

㉙ D. Heydon,"Casual Relationships Between a Fiduciary's Default and the Principal's Loss"(1994) 110 LQR 328,329("harsh and chancy");法官汉姆"Trustees' liability"(1995)9 Trust Law International 21, 23("startling").

㉚ J Ulph,"Harmony in the law: hitting the target"(1995) 9 Trust Law International 86;法官 Nolan"A targeted degree of liability"[1996]Lloyd's Maritime and Commercial Law Quarterly 1.

㉛ Rickett,"Where are We Going?"(n 30)29;里基特法官"Towards a Blueprint?"(n 5).

㉜ Burrow,"We Do This At Common Law"(n 30)10-11.

㉝ P Millett,"Equity's Place in the Law of Commerce"(1998)114 LQR 214,226;伯尔克斯法官"Equity in the Modern Law: An Exercise in Taxomony"(1996) 26 University of Western Australia Law Review 1, 45-48;Eillott"Remoteness Criteria"(n 5) 590. 这些被称为是艾略特法官和埃德尔曼法官"Target Holdings considered in Australia"(n 5) 550 中的"反英阵营"。

㉞ See Birks,"Equity in the Modern Law"(n 33) 47.

㉟ *Target Holdings* (n 2) 432.

㊱ Ibid. 433.

C. *Youyang v. Minter Ellison Morris Fletcher* 案

澳大利亚的 *Youyang* 案是采取 *Re Dawson* 案判例处理方法的典型案件，此案中铭德律师事务所的律师因挪用信托资金导致违反信托。Youyang 同意向铭德的一个客户，即 EC 综合资产管理有限公司(ECCCL)投资 50 万美元，并于 1993 年 9 月与该公司签订协议。协议中规定 26 万美元可用于购买第三方 Dresdner 银行授予的不记名存款证书；2 万美元可用于 ECCCL 公司产生的开支；剩余的 22 万美元用于投资 ECCCL 在国际货币与证券市场上的活动。不记名存款证书保障委托人在 2003 年 9 月信托到期时可获得至少 50 万美元的回报，无论初始投机金额剩下多少。按照原计划，Youyang 在最坏的情况下也可以在 10 年期结束后拿回其 50 万美元，在最好的情况下，其还可以分享由 ECCCL 创造的利润。

Youyang 将 50 万美元转到了铭德律师事务所的账户，由其履行被动信托，并按照约定支付财产。1993 年 9 月 24 日，铭德及时将 26 万美元转到 Dresdner 银行的账户，但仅获得了一张债务凭证。这与协议不符，并且一旦 ECCCL 破产，这不能对 Youyang 起到任何保护作用。铭德随后向自己支付了 2 万美元作为 ECCCL 的开销花费，并直接付给 ECCCL22 万美元。在协议签订一年后，ECCCL 要求 Youyang 执行一份单方契据，该契据授权 ECCCL 从 Dresdner 银行取出 26 万美元的资金和其在另一个银行的存款。Youyang 同意了这一要求，并安排董事海沃德先生执行这一契据。Youyang 对于一开始并未获得不记名存款证书一事并不知情，也没有从第二家银行获得一份恰当证明。事实上 Youyang 只是 ECCCL 的一个无担保债权人，而 ECCCL 也在 1997 年因没有资产来偿还其无担保债权人的债务而倒闭。

Minters 承认其支付 26 万美元的行为违反了信托，也承认，由于没有获得正当的保障，其无权直接将 22 万美元发放给 ECCCL。然而，律师们坚持主张该违反信托的行为并没有对 Youyang 造成任何损失。在法庭上，布朗妮上诉法官(Brownie AJ)基于误用 26 万美元这一事实判给 Youyang 衡平法上的赔偿，但拒绝就第二次支付行为判给赔偿。法官认为，即使没有获得正当的不记名存款证书一事不构成违反信托，Youyang 的资金也会在 2003 年得到返还，但他会损失剩余投资部分。[37]

在上诉时,新南威尔士上诉法院多数意见认为对于任意一项付款都不应进行赔偿。三位法官都认为26万美元的损失是因海沃德先生自愿代表Youyang[38]执行单方契据而造成,而非因为Minters没有获得正当的存款证书。同理,应撤销布朗妮上诉法官的判决。如果霍奇森(Hodgson JA)就第二笔22万美元的支付款项判给赔偿金的话,[39]哈德利上诉法官(Handley JA)和杨首席法官(Young CJ)认为第二次付款行为建立在第一次违反信托的基础上,没有遭受更进一步的损失,相应地也就不存在应付的赔偿。[40] Youyang向澳大利亚高等法院提起上诉。

在这次判决中,全体法官意见一致,格利森首席法官(Gleeson CJ)、麦克休(McHugh)、古曼(Gummow)、克比(Kirby)和哈妮(Hayne JJ)都认为Minters有责任赔偿Youyang共计50万美元的初始资金。法院认定1993年9月24日发生了多次违反信托行为,Minters就那天的行为负有法律责任,但与关于执行单方契约等后续事件无关:

> 若首先获得一份不记名存款票据,随后该票据被记名票据所取代的话,执行单方契据对于因果关系则意义重大。但本案中事件发生顺序却并非如此。Youyang从头至尾都没有得到其应得到的担保。[41]

如果Youyang获得了存款证书,即使其损失了用于投资ECCCL在国际货

---

[37] *Youyang v. Alexander*[2000]NSWSC 698[2],[27],其中,法官记录道投资目的是“投机的”。这可与*Target Holdings*中the House of Lords的判决相比较,此案中是第三方欺诈行为导致财产损失——至少可根据呈现出的证据得出。

[38] *Youyang v. Minter Ellison*[2001]NSWCA 198[17]-[18](联合代理人哈德利),[29]-[30](联合代理人霍奇森),[75]-[82](首席大法官杨)。

[39] Ibid.[34]-[38]。与联合代理人哈德利和首席大法官杨不同,联合代理人霍奇森在[35]-[36]认为第二次违约与第一次违约互相独立,因此它们有各自的结果。联合代理人霍奇森同样不同意联合代理人汉德利的观点,认为即使Youyang知道存款证书与协议不兼容,他们本在任何情况下都可能继续进行22万美元的支付。有关高级法院对此争议点的观点见*Youyang*(n 3)60。

[40] *Youyang*(NSWCA)(n 38)[17]-[18](联合代理人汉德利),[88](首席大法官杨)。

[41] *Youyang*(n 3)[63],在[32]法庭认为Minters的3次支付均为违反信托:支付Dresdner26万美元,支付Minters自己作为服务ECCCL的2万美元和支付ECCCL的22万美元。

币与证券市场上活动的 22 万美元，其也应获得全部 50 万美元的赔偿。相比之下，上议院则基于即便 Redferns 没有违反信托，Target 也同样会遭受损失这一事实，拒绝判给 Target99 万英镑的赔偿金。在处理 *Target Holdings* 案时，高级法院经批准参考了米勒特的一篇法庭外文章，他在该文中指出，受托人最终付清费用的行为应被视为对信托财产的实际修复。[42]

新南威尔士最高法院和上诉法院的判决，以及澳大利亚高等法院对案件的裁定上体现了对案件处理方法的明显区别。虽然布朗妮上诉法官与上诉法庭对于判决结果持不同意见，但这一区别是基于一个根本事实性问题，即究竟是哪一事件导致了 Youyang 的损失。上诉法庭一致认为是由于海沃德先生自愿执行单方契约，而布朗妮上诉法官则认为是 Minters 导致 Youyang 无法在 2003 年 9 月收回其 50 万美元。布朗妮上诉法官与上诉法院多数法官都不赞成就付给 ECCCL 的 22 万美元向 Youyang 进行赔偿，因为其认为并不是 Minters 的行为导致了这一损失。由此可知，法院的裁定都是修复性方法的体现，这种分析方法与布朗妮－威尔金森大法官在 *Target Holdings* 案中所采用的方法相似，都在关注索赔者遭受损失的原因，而非受托人违反信托的行为。[43] 与之相反，澳大利亚高等法院则聚焦于违反信托这一点。对于这 22 万美元（可以与 *Target Holdings* 案中的 99 万英镑进行比较），高等法院认为，“对于 50 万美元，必须考虑违反信托这一点。全部 50 万美元均是在违反信托的情况下支付的，而非 Youyang 从其对 ECCCL 的投资中所获得的补偿”。[44]

D. *Target Holdings* 案和 *Youyang* 案的比较

如我们所见，澳大利亚高等法院基于保证金缴清与否将两个案子区别开来：在 *Target Holdings* 案中相关保证金最终缴清，而在 *Youyang* 案中则不然。从替代性赔偿角度看，这一解决方案相当有吸引力：论据很简单，即 Redferns 最终履行了它的基本职责而 Minters 未履行。但是，这一观点似乎并不符合布朗妮－威尔金森大法官演讲中所提到的因果关系的讨论与修复性赔偿方法。

---

[42] Millet，“Equity's Place”（n33）227；参考 Youyang（n 3）[45] 中批准。

[43] 布朗妮法官认为原告的平行过失行为，在相同证据上的共同过失占 20%，但认为给予公平补偿不适用于共同过失：见 *Youyang*（NSWSC）（n 37）[36]－[38]。

[44] Youyang（n 3）[65].

在 *Target Holdings* 案中,如果说 Redferns 的法律责任因为缴清费用而被一笔勾销,那么问题就变成了:如果费用从未被缴清,Redferns 是否对除 50 万英镑以外所有误用的财产负有法律责任呢?㊺ 替代性赔偿的分析表明,因为法律责任的建立基础在于是否严格履行保护财产安全并如数归还的义务,则上述问题的答案为:Redferns 应对全额财产负有法律责任。补偿方案也很简单,就是将其误用的全部数额如数归还。而布朗妮 – 威尔金森大法官主张重要因素是造成损失的原因而非受信人的行为。大法官采纳了麦克拉克林在 *Canson Enterprises v. Boughton* 案中的评论,并认为:在开庭时就应有先见之明,对损失进行评估……且要注意,依正常的因由追溯方法来看,所涉及的损失是因为且只能是因为违约行为这一原因而导致的。㊻ 布朗妮 – 威尔金森大法官早已指出,*Target Holdings* 案中的损失完全是由第三方的错误行为造成的,所以,是否缴清费用只对未缴清时造成的损失有影响。也就是说,根据布朗妮 – 威尔金森大法官的理论,倘若费用未被缴清,则 Redferns 对违约负有法律责任;但从后见之明角度看,该法律责任至相关费用作为合适保证金的补偿被缴至 *Target Holdings* 处时已然终止。当然,若根据澳大利亚高等法院的替代性赔偿方法进行分析,将会得到一个截然不同的结果:在该案中,Redferns 仍有责任恢复在违反信托的前提下支付的所有财产。

下面以 *Youyang* 案做一个对比,高院判 Minters 赔付 50 万美元以及自 1993 年 9 月起的所有利息。尽管第一笔金额即保证金已然交付,但第二笔金额的重担还是将直接落到 ECCCL 肩上;赔偿金的裁定是根据信托金总额确定的。Minsters 一开始就获得了相关担保文件,事后也可知 ECCCL 无力偿付第二笔金额,但这并不影响赔偿金的判定。简单来说,下级法庭开始关注 Minters 的行为是否对原告造成损害,但其实根据 *Re Dawson* 案判例的经典方法,高等法院只需关注信托金被违约误用这一事实。

从就 *Youyang* 案中第二次支付行为的赔偿金裁决可看出,澳大利亚高等法院采取了与上议院不同的分析方法。尽管 *Target Holdings* 案最终的确缴清了保证

㊺ 50 万英镑是售卖财产所得。当然,Target 可以只变卖这个金额因为它已经收到了相关保证金。

㊻ *Canson Enterprises Ltd. v. Boughton & Co.* [1991] 3 SCR 534 (SCC) 555 – 56;采用 *Target Holdings*(n 2)439。有人认为该采用有误,因为 *Canson Enterprises* 案不是一起涉及信托财产损失的案件。

金(此为两案案情的主要不同点),但事实上这两个案子揭露了,在信托财产损失的案件中关于衡平法上的赔偿基础有两种不同的观点。[47] 结合上述分析,若 Redferns 未缴纳保证金,则 *Youyang* 案的案情在很大程度上与 *Target Holdings* 案是一致的。

E. 恢复措施(Restoration)

在澳大利亚高等法院的支持下,米勒特大法官和贝克斯教授认为,*Target Holdings* 案中保证金的最终缴纳意味着对信托名义上的恢复。但正如埃德尔曼法官(Edelman J)在近期的一篇文章[48]中提到的,这样的分析回避了问题的实质:倘若 Target 拒绝接受 Redferns 最终提供的抵押赔偿,案情又将如何发展?如果 Target 有权拒绝该抵押赔偿,那么,Redferns 恐怕只能通过偿付误用的全额信托金来履行义务了。

如果一个律师在前一天支出了钱款,在第二天为她的客户获得抵押贷款,那么这位客户是否能拒绝抵押贷款而就信托金提出索赔呢?埃德尔曼的答案是肯定的,这样说来,重点在于在 *Target Holdings* 案中,Target 本可以选择不继续上诉。另一个观点是,该律师可以作为客户的代理人来接受这笔新的抵押贷款。[49] 这也可能使这个案件的定义产生微妙的变化:也就是说,将违反信托的行为视为未能缴纳保证金而非误用了钱款。如果用这种方式分析该种违反行为,那么就可以通过简单地缴清保证金单向修复违反信托的行为。在米列特[50]和海顿[51]看来,违反信托的行为可以以这种方式进行解释,而非解释成"未经授权使用资金",然而,这个观点还未得到广泛接受,澳大利亚高等法院在 *Youyang* 案中也采取了另一套说辞。但人们可能会对这个新模式感兴趣,即不需要委托人

---

[47] 因而我不同意 On Equity 作者的观点,他认为,*Target Holdings* 案与 *Youyang* 案互为辅助作用:(n 12) para [2,520]。

[48] Edelman,"Money awards" (n 5).

[49] 该言论出自康纳格伦对埃德尔曼的回应:M. Conaglen,"Explaining *Tagret Holdings v. Redferns*" (2010) 4 *Journal of Equity* 288。此范例当然取决于相关授权的代理问题,但这在不同案子中可能有很多变化。

[50] P. Millett,"Equity—The Road Ahead" (1995) 6 *King's College Law Journal* 1,7;"对一个错误的人或一笔错误的金额的支付并不构成违反信托。授权律师支付给他已经支付的人之金额不是违反信托,没有实行抵押交易才构成违反信托。"同样情形见:Millett(n 33) 224。

[51] D. Hayton,"Fiducairy in Context: An Overview" in Birks (ed.), *Privacy and Loyalty* (Oxford, Oxford University Press,1997) 287, Hayton cites Millett ibid.

批准或默许其受托人弥补错误的意图，因为该行为不需要委托人授权。

F. 报账(accounting)

证明某账目有误可以强制受信人执行其基本义务，这也会导致经典的 *Re Dawson* 案中的典型模式，即分析单一直接地指向违约问题。但这意味着这一模式仅在存在财务关系时才有效。若是因为广义的原告利好原则而参考 *Re Dawson* 案，来对待所有衡平法中的关系，这一行为是有失偏颇的。更重要的是，即使在"被动信托"中也应该考察是否存在财务关系。[52] 尽管该模式适合持续存在中的托管型信托关系，但可能并不适合例如 *Target Holdings* 案和 *Youyang* 案中短期信托的例子。事实上，两者均与盖茨勒博士[53]引用的两个案子很像。在 *Dooby v. Watson* 案[54]中，凯克威奇法官(Kekewich J)认为，当一个客户把财产交给她的律师去进行一次简单的投资时，这并算不上是受益人和受信人之间的关系；此案或许应该视为信托实际已被完全履行的例子。但在爱尔兰的 *Mare v. Lewis* 案[55]中，虽被判定为不存在信托关系，但解释起来却没有这么简单。查特顿副大法官(Chatterton V-C)认为此案中没有出现一个一般意义上的代理人[56]故不存在财务关系：

> 我既未发现，亦未找到符合的判例，来证明仅仅是将一笔钱交给某人去投资并设置一笔保证金，该人就要履行受托人在衡平法中的义务。举例来说，如果一个人指示其股票经纪人为其投资一只铁路股票，但并未具体指明哪家公司，那么难道仅凭一张以投资为目的的收据，就能使该股票经纪人成为客户的受托人并承担所有相关的法律责任吗？[57]

---

[52] See Birks, "Equity in the Modern Law" (n 33) 19.

[53] J. Getzler, "Equitable Compensation and the Regulation of Fiduciary Relations" in P. Birks 和 F. Rose (eds.), Restitution & Equity Volume 1: Resulting Trusts and Equitable Compensation (London , Mansfield Press, 2000) n 89.

[54] *Dooby v. Watson* (1886) LR 39 ChD 178.

[55] *Mare v. Lewis* (1869) 4 IR (Eq) 219.

[56] Ibid. 239："显然，单纯地将一笔钱交给一个人并收取一笔保证金，并不能充分证明一段账务关系。这并不是一段不稳定的账务关系，而是一笔独立的交易。"

[57] Ibid. 238.

最后一句话值得解析一番。并非所有的信托关系都包含着投资这一任务。如果副大法官说,一个持有客户钱财的经纪人没有义务作为受托人进行投资,但有义务作为经纪人选择恰当的投资项目,这是毋庸置疑的。但倘若大法官说此处完全不存在信托,这就较为引人争议了。如果该种观点正确,那么就和 *Youyang* 案中的分析产生了冲突。

在 *Target Holdings v. Redferns* 案中,布朗妮-威尔金森大法官将传统信托和商业信托做了一次著名的划分:

> 在现代社会中,信托成为商业和金融交易中有利可图的一种手段。衡平法的根本原则在传统信托和现代信托上的适用并无不同。但在我的判决中,有一点非常重要……区分清信托法的基本原则和后来发展起来的与传统信托相关的专门规则,这些规则仅适用于传统信托,其基本原理也不适用于另一种信托。[58]

这样的分类引起了各种反响。[59] 但也许有一点是值得肯定的,至少其考虑到了如 *Re Dawson* 案的替代性财务责任。盖茨勒认为,"为历史正名"是一种责任,他也指出,报账仅能作为持续性托管型信托的基础。[60] 所以,事实上区别不同种类的信托是很有必要的:并非将它们分为商业性和其他的信托,而是探究

---

[58] *Target Holdings* (n 2) 435.

[59] 此段文字经批准摘自 *Guardian Trust Co.* (n 14) 684. A Butler 中的观点更为谨慎,"Introduction to Equity in Context" in Butler, *Equity and Trusts* (n 8) 1105. 在 *Youyang* 案中澳大利亚高院并不支持该评论,在 R. Meagher, D. Heyton 和 M. Leeming 的 *Meagher, Gummow & Lehane' s Equity: Doctrine and Remedies*, 4th edn (Chatswood, Butterworths Lexis, 2002) para [23-015] (Meagher, Gummow & Lehane') 这类区别被称作"迄今未被注意和难以解释的"。另一方面,麻森法官在庭外称其为"值得称颂的进步":A. Mason, "Equity' s Role in the Twentieth Century" (1997) 8 *King' s College Law Journal* 1, 14. On Equity 的作者给出了一个易被接受的回应(n 12) paras [4,940], [6,80], [18.290], 并且在 Eq 中首席大法官杨站在司法角度评论道,在将衡平原则用到商业信托上时,法庭不能太注重技术性的细节:*Youyang* (NSWCA) (n 38) [97]. (这样的区别也同样在 *On Equity* para[18,210]中得到赞许,但那一部分为布朗妮-威尔金森大法官本人所撰!) 在 *Bairstow v. Queens Moat Houses*[2001] EWCA Civ 712 [53]中,罗伯特·沃克法官问道,在监管性和非监管性信托义务之间是否应该有一条更明确的界限? 商业和传统信托的区别是奠基于 *Re Paycheck Services*; *HMRC v. Holland* [2008] EWHC 2200 (Ch) [215]-[217]案的庭审,尽管在上诉中相关区别似乎是, *Target Holdings* 案不是一个非法利润分配案件:[2009] EWCA Civ 625 [95]-[98]。尽管加拿大法庭挣扎于将信托法应用于养老金,一个更普遍的商业/传统区别似乎并不在司法中占有一席之地。

[60] Getzler, "Equitable Compensation" (n 53) 249-50.

这样一个(大部分案子中都类似的)问题:是否正存在一种使一方对另一方有财务请求的关系。若这是正确的,尽管澳大利亚高等法院在 *Youyang* 案中的判决似乎是对正统衡平原则的重申,反驳了那些认为该原则对商业信托不适用的观点;高等法院却因为没有考虑到持续性关系和短期的、一次性的事件的区别,这事实上在无形中扩大了衡平法的范围。[61]

第三部分 非托管信义义务

重点关注强制履行基本责任的替代性方案仅适用于涉及托管且与报账义务有关的信义关系的情况。修复性的衡平赔偿救济在托管的违反信托案[62]中仍然适用:尽管对于非获利性条款[63]来说不适用,但在无争议规则[64]中是适用的。

---

[61] 一个现实的问题是,职业守则意味着交给律师的钱将被投入该客户的账户中,*Youyang* 案在这一基础上可获支持。也就是说,高等法院认为,(不像 Target 和 Redferns) Youyang 并不能说是 Minters 的一位客户:*Youyang* (n 3) [48]. 另外,相关职业守则对于其他投资行业的职业并不适用。

[62] 理所当然地,关于此点存在争议。很多人认为补偿性方法不适用于受托人违反义务,并辩称合适的方案为剥夺不当获利或废除交易。尽管这些方案有时看似是补偿性的,如在一起货币交易案件中废除交易不可能实现,实际上其真正目的是剥夺非法获利或撤销非法交易:如见 S. Worthington,“Corporate governance: remedying and ratifying directors' breaches” (2000) 116 LQR 638, 664ff; 在 Degeling and Edelman,*Equity in Commercial Law* (n 11) 309 中有 P. Millett,“Proprietary Restitution”一文。理所当然地,这些论证均是有力的。然而,如果现在视受托人义务为正当义务且非无资格的,那么我无法理解下面这段话中的问题:“你们违反禁止利益冲突交易规则,导致我们的房子卖便宜了。你们必须赔偿我们房子的应有现价与实际售价的差价。我们现已迁入价值 80 万美元的新房了,这部分钱可以作为一部分抵押,但你们仍使我们失去了购买价值 100 万美元的房子的机会,且在价值上有更大上升空间。”我无法理解其中的任何“义务范围”与将损失归咎于受托人违反义务的细微的问题(而不是共同的非信义义务;cf Worthington, 665)。我认为,真正的问题是我们是否将受托人责任真正视为责任。当然,如果将它们视为无资格的更好,那么人们可以指出,无论是何种准则,现有过多绝对的法律否认公平补偿存在,且适用于受托人违反义务,且不仅是隐藏的获利剥夺和撤销补偿:见 M. Conaglen, *Fiduciary Loyalty* (Oxford, Hart Publishing 2010) 87; cf C. Mitchel, “Book Review—*Fiduciary Loyalty*” (2010) 4 *Journal of Equity* 165。

[63] 这看似理所当然,其实不然。在 V Vann,“Causation and breach of fiduciary duty” [2006] *Singapore Journal of Legal Studies* 86,91-92,引用 A. Phang 和 P. Lee ,“Restitutionary and Exemplary Damages Revisited” (2003) 19 *Journal of Contract Law* 1,10. 即使无利润原则仅仅是无争议条款的一个例子[见 *Commonwealth Bank of Australia v. Smith* (1991) 42 FCR 390 (FCA) 392;cf *Chan v. Zacharia* (1984) 154 CLR 178 (HCA) 198-99],显然合适的方案是以获利为基础的。如果未授权获利造成了本金损失那么自然就构成了对无争议条款的违反。见,eg *Fyffes Group Ltd. v. Templeman* [2000] 2 Lloyd's Rep 643 (Comm)。

[64] 相反于废除交易或在废除交易无法实现时的财产判决,公平补偿是否适用于受托人违反交易规则尚不明确;见 M. Conaglen, “Equitable compensation for breach of fiduciary dealing rules” (2003) 119 LQR 246, 和 Conaglen, *Fiduciary Loyalty* (n 62) 85-96, 125-139; cf R. Nolan, “A fiduciary duty to disclose?” (1997) 113 LQR 220,和埃德尔曼法官在此卷中所撰章节。

接下来的讨论将集中关注 *Brickenden v. London Loan & Savings CO.* 案[65]及其在不同管辖范围内的处理办法。该案涉及的正是违反无争议条款而导致损失的因果关系问题。但是,在讨论起因的不同之前,有必要了解何为"披露义务"。

A. 披露义务

显然,受托人必须向其委托人披露任何个人利益或任何与其原则相冲突的职业利益。除此之外,受托人必须披露许多与利益冲突无关的事。将上述两点归为一个义务可能不那么容易,而 *Canson Enterprises v. Boughton* 案[66]就是一个很好的例证,该案中的律师没有告知其客户他将要买的土地大涨价了,因为一个中间商买进并加价出售了这块地。该客户购置了地产但遭受了严重的损失,因为忽略了建筑方的更换而使土地的后续发展陷入困境。一系列的事实表明该律师亦参与了这场骗局,但也同时证明了如果他们意识到土地价格大幅上涨,他们可能就不会买这块地。该案实际上涉及一个责任冲突,因为该律师也同时为中间商服务。但法官麦克拉克林和拉弗瑞斯特的判决更倾向于忽视这一点,并均援引"第三方"的原则。[67] 简单来说,法庭似乎并没有将"不披露"行为区分为违反普通义务和违反避免冲突的信义义务。[68]

这样的区分很有必要,因为对于不同情况会采取不同的补救措施。当一个律师因为没有披露一些信息而违反非信义义务时,法庭会很自然地关注该不作为对其委托人究竟造成了何种损害。与之相反,若该种不披露行为构成了信托

---

[65] *Brickenden* (n 4).

[66] *Canson Enterprises* (n 46).

[67] Ibid. 542 (麦克拉克林法官), 558(拉福里斯特法官)。

[68] 我慎重地使用了未定"标准"。如果补偿方式相同,这些义务被视为普通法义务还是照管手段与技能的公平义务,孰优孰劣并不重要,但至少可能的是补偿方式实际上会并不相同。在 *Canson Enterprises* 案中多数法官认为在此案中有必要使用一种不同而公平的手段达成同一目的:ibid. 546 – 47 (麦克拉克林法官)。即使是 *Bristol & West Building Society v. Mothew* [1998] Ch 1 (CA) 16 – 17 中米勒特上诉法官的著名判决也仅参考并类比了普通法规定[尽管米勒特超出法庭职权范围地强调了这一点 (n 33) 226]。撇开这一点,将传统剥夺性的受托人责任与其他责任绝对划清界限是否正确值得商榷:见 Getzler (n 53); 德格林和埃德尔曼 (n 11) 239, 185 中 J. Getzler ,"Am I My Beneficiary's Keeper? Fusion and Loss-Based Fiduciary Remedies" 和 D. Haeyton, "Are the Duties of Company Directors to Exercise Care and Skill Fiduciary?". 同样地,在 *Youyang* (n 3) [38] – [40],高级法院参考 *Mothew* 法则的推论并质疑"核心中有信托机构的特别公平基础及目标是否能允许任何同化,即使以侵权与合同中补偿性赔偿这种有限的方法"。Meagher, Gummow & Lehane 衡平法(n 59) 章节 [23 – 020] 的作者当然不同意这一见解,对 Mothew 案的判决感叹道"这样的来源实在不应该产生这样的推断"。

意义上非忠义的因由，正如下节将讨论到的 *Brickenden* 案，则可就损失发生的因果关系与受损程度适用特殊规则。

参与 *Canson Enterprises* 案的所有法官都认为该律师违反了"披露"的信义义务[69]，但最高法院则以多数认为基于因果关系、可预见性和介入原因，[70]该律师对后发的损失不负有法律责任。这似乎很矛盾，而且因为违反信义义务的行为确实存在，这就更让人摸不着头脑了。答案应该是：首先，法官们忽视了第二原则的存在，即本案中不存在相关冲突；其次，他们谈到了规定性信义披露义务。将这类义务解释为受托人向其委托人负有的一般（非信义）义务可能更为合适。[71]

在加拿大以外的辖区，通常也不认为披露冲突的不可避免是信义义务。一个典型情况是，该披露行为一般会使"知情""同意"在无争议条款的违约情况下成为抗辩理由。[72] 最近有一些相关的评论认为披露冲突是受托人的义务，[73]从实践上看的确是这样，因为若不进行该种披露，则意味着会由于未获得知情同意而违反冲突规则。正面考虑这个问题并没有什么意义，且为复杂的情况着想，说"不应做"常常比"应做""应……"更清晰。撇开语义学不谈，人们并不总是赞同某个具体的规范性/禁止性区别，[74]其他司法管辖区并未追随加拿大的做法，肯定一般的、积极的信义披露义务的存在。

---

[69] 包括不列颠哥伦比亚最高法庭和不列颠哥伦比亚上诉法庭中的：(1989) 61 DLR (4th) 732 (BCCA)；(1998) 52 DLR (4th) 323 (BCSC)。

[70] *Canson Enterprises* (n 46) 580 – 86.

[71] 见 P. Finn, "The Fiduciary Principle" in Yuandan, Equity, Fiduciaries and Trusts (n 19) 25 – 26, 引用 *Jacks v. Davis* (1982) 141 DLR (3d) 355 (BCCA) 和 *Laskin v. Bache* [1972] 1 OR 465 (Ont CA), 并批注道加拿大司法越来越趋向于视一般的泄露为受托人责任。另见诺 Nolan, "A fiduciary to disclose?" (n 64)。

[72] *National Mutual Property Services Pty Ltd. v. Citibank Savings Ltd.* [1998] FCA 564; *P & V. Industries Pty Ltd. v. Porto* [2006] VSC 131 [23] – [25]; On Equity (n 12) 章节[7.300].

[73] 上诉法院杨法官在冲突的背景下说过，受信人义务涵盖了"使所有重要事实完全公开的义务"：*Glandon Pty Ltd. v. Strata Consolidated Pty Ltd.* (No. 3) (1990. 6. 4, 未报告), 在与奥尔索普法官和麦克法伦上诉法院法官就这一点达成共识的情况下重复了 *Crawley v. Short* [2009] NSWCA 410 [108]。

[74] 如见 *Item Software (UK) Ltd. v. Fassihi* [2004] EWCA Civ 1244, [2004] BCC 994 [38] – [44], 涉及公开不合法行为的积极受信人义务；在 *P &v. Industries* (n 72) [26] – [32] 中未被授权；在 *Brandeaux Advisers (UK) Ltd. v. Chadwick* [2010] EWHC 3241 (QB) [47] 中被采用但遭质疑。

B. 严格的 *Brickenden* 法则

在 *Brickenden v. London Loan & Savings Co.* 案中,一位名为 Brickenden 的律师,没有告知其客户伦敦贷款储蓄公司,他个人与比格斯夫妇的金融事务有利害关系。比格斯夫妇欲向该贷款公司借钱并将之用于重组债务。一部分重组会涉及偿还欠 Brickenden 的债务,因此,该律师在此事件中具有明显的个人利益。而 Brickenden 没有披露此项利益,[75]交易继续进行,最终贷款公司起诉了他。此案有许多有趣的点,例如,Brickenden 存在与贷款公司的副总裁相勾结的重大嫌疑,[76]但是,令此案名声大噪的是其所作的下述规定:违约受托人不得以即使受托人违反信托,委托人依旧会继续进行交易这一理由为自己辩护。山克顿大法官(Thankerton Lord)说的下列这段话也出现在 *Domination* 案例汇编的提要中:

> 当建立信托关系的一方,因未披露其委托人有权知晓的与交易相关的重大事实而违反义务时,他不能以该种披露不会改变委托人继续交易的决定,因为委托人的行为纯粹由其他因素决定为由进行抗辩。一旦经法院裁定未披露的是重大事实,关于委托人对该披露行为作何反应的推测与此案无关。[77]

在许多案件中,尤其是那些涉及义务/利益冲突的案件,可以明显看到,若受托人进行充分披露的话,委托人就不会继续进行交易。在此类案件中,违反义务与损失之间的因果关系显而易见,甚至无须对这一点再加讨论。然而,*Brickenden* 案必须基于一个不同的理由受到判决,因为 Brickenden 的不披露行为不是导致贷款公司继续交易的唯一因素。朗内法官(Raner J)裁判道,"除了 Brickenden 的 5000 美元抵押金外,在优先顺位抵押权之上不存在抵押财产的权

---

[75] 实际上,Brickenden 已向 Biggs 贷款 3 次,且第一次贷款向贷款公司公开,第 2 次和第 3 次未公开。

[76] Brickenden 和公司副总裁麦考密克先生都被指控关于 Biggs 的贷款欺诈和共谋。在公司委员会决定批准贷款前,贷款基金神秘地出现了,并且似乎 Brickenden 未尝试就自己违反义务行为进行辩护。

[77] *Brickenden* (n 4) 469.

益”。这是一项难以解释的判决，但是既然 Brickenden 实际上已经声明其最初支付了 5000 美元抵押金，这只能说明无论 Brickenden 是否声明了他的第二次和第三次抵押(无论他所有抵押金是否被推迟付给贷款公司)，新贷款公司的担保都是没有价值的。如果在比格斯夫妇的财产中不存在公平权益，那么无关于 Brickenden 的个人利益，新贷款公司抵押没有价值。最高法院的克罗克特法官对此评论道：

> 尽管基于这个理由，Brickenden 并不对此不成功交易负全责，但他不能以他人的默许或共谋行为作为其自身违反义务的借口……可以肯定的是，在这种情况下他不应该以下列理由为自己辩护：与他谈判的公司的职员本不应该在任何情况下接受他的提议。[78]

尽管山克顿大法官全面禁止反事实证据，也许克罗克特法官对传唤证据更有限的禁止本可能是 Brickenden 可以依靠的一个更有说服力的理由。海耶顿法官(Heydon J)提出了另一种观点：受信人在义务/利益冲突中必须对产生的所有收益负责，不论其若履行义务这些收益是否还会产生。[79]

然而，即使现在不再采用山克顿大法官的裁判理由，在讨论 *Brickenden* 案时依然经常会提及相关的因果关系准则。尤其在普通法国家，*Brickenden* 案是一个有约束力的判例，但在英国其约束力则较小。现在法院在处理涉及违反信义义务的案件时，似乎都会关注损失形成的因果关系，不过仍然存在一些差异。

C. Brickenden 法则在今天的应用

在新西兰地区，尽管 Brickenden 法则一度被采用，[80]但其“绝对性”据说已不复存在了。[81] 在 *Guardian Trust Co.* 案中，蒂平法官称：在“真正”的信义义务

---

[78] *Biggs v. London Loan & Savings Co.* [1933] 3 DLR 161 (SCC) 168 - 69.

[79] Heydon, “Causal Relationships” (n 29) 332.

[80] *Farrington v. Rowe McBride & Partners* [1985] 1 NZLR 83(NZCA)93, *Sims v. Craig Bell & Bond* [1991] 3 NZLR 535 (NZCA) 545 - 46.

[81] *Everist v. McEvedy* [1996] 3 NZLR 348 (NZHC) 356 (Tipping J). 蒂平法官在庭外发表了类似的言论：A Tipping, “Causation at Law and in Equity—Do we have fusion?” (2000) 7 *Canterbury Law Review* 443.

的语境中,仍然存在原告利好政策,但存在一个小小的非正式的例外:

> 在该类案件中不会出现可预见性和间接性的问题。政策规定受托人仅在一种情况下可能侥幸免于承担法律责任,即证明若无违约亦会发生损失。[82]

Gilbert v. Shanahan 案中的被告就因上述情况[83]而免于承担责任,但 *Taylor v. Schofield* 案中的被告就没有这么幸运了。后一案件中,哈蒙德法官(Hamaond J)将这一免责的可能性缩至更小,连续两次使用了"的确完全"(precisely)一词:

> 被告必须举证证明原告无论如何都会做出的确完全一样的行为。若被告无法证明,则不能合理地认定原告无论如何都会做出完全一样的行为。[84]

前不久最高法院在 *Premium Real Estate Ltd. v. Stevens* 案[85]中进一步确定了这一高要求的证明标准/小概率的免责手段。该案中一位房产经纪人未能告知其客户,一位潜在的买主是频繁买卖房产从中获利的人。该房产经纪人曾为该买主工作过,并希望能在其再出售房产时继续得到聘用。法庭一致认为本案存在违反"受信人忠义义务"(the fiduciary duty of loyalty)的情形,并且一致同意该经纪人不得获得此次售卖的佣金,但法官在赔偿金额的确定上存在分歧。分歧主要是来源于对因果关系的考量:按照概率平衡论,若该经纪人告知其客户他的房屋被贬值售卖,是否就够了呢?

斯蒂文夫妇(Mr and Mrs Stevens)将他们的房屋以 257.5 万美元出售给拉森先生(Mr Larse)。拉森先生做了一些细微的改善,将其投放入另一个市场,几个月后就以 355.5 万美元将房屋售出。初审法官查明,第一次售卖时房屋市

---

[82] *Guardian Trust Co.* (n 14) 687. 这段出现在蒂平法官的若干推理中,但它在 *Amaltal Corporation Ltd. v. Maruha Corporation* [2007] 3 NZLR 192(NZSC)[30]案中被最高法院采纳。

[83] *Gilbert v. Shanahan* [1988] 3 NZLR 434 (NZHC).

[84] *Taylor v. Schofield Peterson* [1999] 3 NZLR 434 (NZHC).

[85] *Premium Real Estate v. Stevens* [2009] NZSC 15,[2009] 2 NZLR 384;进一步讨论见 Glister 法官 "Breach of fiduciary duty:Brickenden lives on (*Premium Real Estate v. Stevens*)" (2011) 5 *Journal of Equity* 1. 在此卷中安德鲁·巴特勒和蒂姆·米勒的章节中此案亦被提及并产生不同的观点。

值约为325万美元，产生上述分歧的原因在于有证据表明斯蒂文一家本可以280万美元卖出。斯蒂文一家本想与另一个更早的卖家以280万美元成交，并且他们向拉森先生提出280万美元的反要约。[86] 根据这一证据，伊莱亚斯法官认为应该给予原告280万美元减去257万美元房款的赔偿，而布兰卡德法官、麦格拉斯法官和高尔特法官争取到了蒂平法官的支持，主张将赔偿定为325万美元减去257万美元的房款。[87] 法庭以多数意见认为被告没能充分证明原告本可以280万美元售出："如上诉法庭所称，斯蒂文一家曾愿以280万美元售出房屋"，使得不忠的受信人（errant fiduciary）轻易地利用了小概率的免责手段。[88] 这一判决结果很重要，因为其除了表明法官们对于某一事实是否在权衡各种可能性[89]后得到证明存在分歧以外，多数意见认为被告须满足更严格的证明标准。

Brickenden法则[90]在澳大利亚多次得到了应用与区分，[91]但高等法院并未对该问题定下结论。*Maguire v. Makaronis* 案中多数意见认为，该案中撤销合同的权利在受信人违反信义义务之行为发生时即已出现，故不存在进一步考虑任何意外问题的理由。[92] 根据以下解读，可以看到持有少数意见的柯比法官（Kirby J）似乎支持Brickenden法则：

> 此法则中包含关于要求案件需涉及违约行为的表述，以此排除了

---

[86] 一部分原因是斯蒂文夫妇准备以280万美元接受但房屋经纪人仅将该房屋估价为250万美元左右。这远远低于法庭认为房屋的本来价值，但考特尼法官认为该经纪人并非疏忽或不诚实：该房屋位于悬崖旁边并仅处在一个单元的布局中，所以，这里实际上存在一些（法官间的）分歧。

[87] 事实上，最高法院同意赔偿应基于酬金已付的情况来估价，即使酬金事实上被没收了。因而最终的赔款确定为325万美元（去除酬金）减去257.5万美元（去除酬金）。

[88] *Premium Real Estate* (n 85) [86].

[89] 我认为，可以将这一案件称之为对事实有争议的，但我更赞同法官是对举证的标准有所分歧：Glister, "Breach of fiduciary duty" (n 85) 12 - 13。

[90] *Smith* (n 63) 394; *Wan v. McDonald* [1992] FCA 4, (1992) 105 ALR 473, 501 - 02; *Gemstone Corporation v. Grasso* (1994) 62 SASR 239 (SASC in banco) 243, 252. 在不同程度上，司法外和学术的支持见 K Handley, "Reduction of Damages Awards", in P. Finn (ed.), Essays on Damages (Sydney, LawBook Co, 1992) 127 (although cf Handley AJA IN Rigg v. Sheridan [2008] NSWCA 79 [56]); On Equity (n 12) para [2,530]; *Meagher, Gummow & Lehane* (n 59) para [23 - 020] [although cf Heydon (n 29)].

[91] *Beach Petroleum NL v. Abbott Tout Russell Kennedy* [1999] NSWCA 408, (1999) 48 NSWLR 1; *ASIC v. Citigroup Global Markets Australia Pty Ltd.* (No. 4) [2007] FCA 963, (2007) 160 FCR 35 [366]; *Mantonella Pty Ltd. v. Thompson* [2009] QCA 80, (2009) 2 Qd R 524 [89] - [111]. 彭布罗克法官近期评论 *Brickenden* 法则说："字面意义上说，*Brickenden* 法则并不能代表新南威尔士的法律"；Thomas (n 16) [75]。

[92] *Maguire & Tansey v. Makaronis* (1997) 188 CLR 449 (HCA). 对比468和474的评论。

> 一些差别过大的情况。因此，必须证明受信人未能披露的是“重大”事实。禁止“推断”……若无违约相关损失仍未产生，那么这些事实就不是“重大”事实。[93]

在 1998 年，普利斯特列法官（Priestley J）称他认为澳大利亚应全面遵循 Brickenden 法则，除非高院另有他见。[94] 但是，一年后在 *Beach Petroleum v. Kennedy* 案中新南威尔士上诉法庭得出结论，认为 Brickenden 法则并非是一个权威的通用做法，因为这样法庭就被禁止考虑当义务得到履行时会发生何种后果。[95] 2002 年该法院又作出裁判，认为 Brickenden 法则完全不适用于涉及信义义务/义务冲突的案件，但这一观点遭到了质疑。[96] 更有甚者，该法院认为应该由原告来承担举证责任，证明若无律师的不披露行为，原告不会参与此笔交易。[97] 与之相反，在维多利亚最高法院近期处理的一桩有关受信人义务的案件中，法院指出：一旦原告证明其遭受的可获赔偿的损失即可获赔，那么除非受信人能证明该损失在任何情况下都会发生。与新西兰的小概率免责手段不同，澳大利亚的被告无需证明除权衡可能性外的任何事实。[98]

即使没有高等法院的判决，Brickenden 法则似乎也已经在澳大利亚遭到了摒弃。这种摒弃是在一次次的解释和识别（甚至有一个案件参考了“Brickenden 法则建议的通用方法”[99]）的过程中完成的，但怀特法官在 *Short v. Crawley*（No. 30）案[100]中确实碰到了麻烦。在讨论了澳大利亚对于 *Brickenden* 案的处理方式后，怀特法官（White J）总结道：

---

[93] Ibid. 493.

[94] *O' Haalloran*（n 14）280 - 81.

[95] *Beach Petroleum*（n 91）[444].

[96] *White v. Illawarra Mutual Building Society Limited* [2002] NSWCA 164 [138]，[145].

[97] *Watson v. Ebsworth & Ebsworth*（a firm）[2008] VSC 510 [136] [比奇法官引用蒂平法官 Guardian Trust Co（n 14）687 案].

[98] 在 *Cassia v. Kalfus*（No. 2）[2004] NSWCA 315 [98] Hodge JA 总结道，更大的可能性是原告不会继续交易。

[99] Ibid.

[100] *Short v. Crawley*（No. 30）[2007] NSWSC 1322 [407] - [428]. 上诉法庭在某种程度上批准对此次判决再次上诉，但未对 *Brickenden* 法则问题发表评论；*Crawley*（n 73）。

> 依我所见,法官在 *Brickenden* 案中的推理与要求违反信义义务的行为与索赔基于的损失之间存在因果关系这一点存在冲突。法律博士兼(当时)御用大律师海顿先生指出,如果按照该原则在 *Brickenden* 案中的体现,"若在运用该原则时不考虑因果关系问题,则不论违约行为与所受损失之间是否有因果联系,那么根据该原则,都要对受托人受到的损失进行赔偿"。我在判决时的根据是,原告必须证明若无违反信托行为则不会引起损失不会产生。[101]

Brickenden 案是加拿大的一起上诉案,但是,这起案件不再代表该地区法律。[102] 在加拿大,受托人可按自己意愿(尽管他有责任这么做)决定是否证明其委托人在任何情况下都会遭受损失。[103] 在 *Hodgkinson v. Simms* 案中,拉弗莱斯特法官称此为衡平法上的一个历史悠久的原则,并进一步指出在证明时必须给出"确凿的"证据。[104] 然而,尽管这一"确凿"证据证明要求与新西兰的"小概率免责"手段相近,其之后并未在加拿大的案件中得到运用。我只找到了两个参考"确凿"证据证明要求的案件,且两个案件都与该原则无关。[105] 在 *Hodgkinson v. Simms* 案出现的几年前,上诉法院麦金利法官在 *Berk* 案中曾说过,证明可能会很"困难",仅有"推断"是不够的,[106]但说完这句话之后,该法官又采用了由被告基于概然性平衡承担举证责任的方式。

---

[101] Ibid. [427] – [428],引用海耶顿(n 29)331。

[102] See J. Berryman, "Equitable Compensation for Breach by Fact-Based Fiduciaries: Tentative Thoughts on Clarifying Remedial Goals" (1999) 37 *Alberta Law Review* 95. 阿尔伯塔上诉法庭近期有一判决称"当一位受信人违反了义务,他可能无法避免承担关于在任何事件中可能发生损失的责任……在一位受信人违反义务的责任认定上,损失的不可避免性与之无关";*Finch v. Ross, Todd & Company* [2006] ABCA 98 [23](康拉德、皮卡和马丁法官)。然而,唯一被引用的先例是一起 1985 年不列颠哥伦比亚最高法庭受理的案件[*Island Realty Investments Ltd. v. Douglas*(1985)19 ETR 56]与 1914 年曼尼托巴法庭对 King's Bench 案作出的判决[*British America Elevator Co v. Bank of British North America*(1914)20 DLR 944],并且这起案件必会被认为是一起异常案件。早期的一次安大略上诉法庭的判决,*Raso v. Dionigi*(1993)12 OR (3d) 580 [23],再次沿用了严格的 *Brickenden* 法则的方法,但那起案件在如今必会被视为被 *Hodgkinson v. Simms*[1994] 3 SCR 377(SCC)的处理方法超越。

[103] See *Commerce Capital Trust Co. v. Berk*(1989)57 DLR(4th)759(Ont CA)[13].

[104] *Hodgkinson*(n 102)[76].

[105] *Prenor Trust Co. of Canada v. Nunn* [1998] CanLII 18150(Alta QB)[17]; *Reid v. Graybriar Industries Ltd.* [2006] ABQB 519 [143].

[106] *Berk*(n 103)[13] – [15].

同样明确的是，英国的法院会关注一个问题，即“若被告未能披露，原告是否仍会进行交易”。Brickenden 法则一开始在英国并不具有约束力，在 1996 年的 *Bristol and West Building Society v. May May & Merrimans*(No. 1)案之前，[107]英国的法院从未参考过这一法则。1997 年，上诉法院在审理 *Swindle v. Harrison* 案时参考了 *Brickenden* 案，但尽管三位法官就判决结果达成了一致，他们得出结果的原因迥然各异。[108] 能从 *Brickenden* 案中获得的最具价值的东西在于，每个法官都认识到且强调了即使没有发生违约行为原告依然会继续进行交易，很显然，这一点只需在原告有相关的反事实行为时才值得被强调，所以，*Swindle v. Harrison* 案与 *Brickenden* 案是不一致的。在 *Swindle v. Harrison* 案两年后，布莱克本法官在另一个案件中总结“在权威先例中，没有什么强迫我无视任何在如果被告已经履行其义务的情况下得出的对证据的推论”。上诉法院在 *Gwembe Valley Development Company Ltd. v. Koshy* 案中持有相同的观点，法官在审理该案时也援引了 *Brickenden* 案，但“该法院依旧考虑了若重大事实被披露结果会如何这一问题”。[109] 在英国，从结果上说，没有迹象表明反事实尤其难以令被告担负责任，[110]并且值得一提的是案件没有限定责任的归咎。相反地，英国法院对他们能自主选择是否考虑这个问题感到很满意。

因此，看来这些新西兰案件是例外情况。澳大利亚和英国的案件没有用一

---

[107] *Bristol and West Building Society v. May May & Merrimans*(No. 1)[1996] 2 All ER 801(Ch D).

[108] *Swindle v. Harrison*[1997] 4 All ER 705(CA)。上诉法院法官埃文斯划清了诈骗违约与非诈骗违约之间的区别；上诉法院法官马默里认为 *Brickenden* 法则与违反信义义务的问题相关(换言之，委托人本有可能以相同的方法违反义务，不能作为一位受信人为自己的隐瞒辩护的理由)，但他未考虑其与起因的问题有关。详见 Conaglen，“Remedial ramifications”(n 93)82。

[109] *Nationwide*(n 96)671 - 672.

[110] *Gwembe Valley Development Company Ltd. v. Koshy* [2003] EWCA Civ 1048，[2004] WTLR 97 [143] - [147]，自从 *Gwembe Valley* 案起，上诉法院法官乔纳森·帕克在 *Murad v. Al-Saraj* [2005] EWCA Civ 959，[2005] WTLR 1573[103] - [108]案件中的评论生出事端。也许法官乔纳森·帕克使得禁止谋利原则与禁止利益冲突交易规则中义务/冲突部分的区别模糊。上诉法院法官乔纳森·帕克引用了大法官山克顿对于大法官拉塞尔在 *Regal(Hastings) v. Gulliver*[1967] 2 AC 134(HL)案中的演讲与一部分上诉法院法官马默里在 Gwembe Valley 案中依据董事获得的非法利益的判决的个人意见。法官乔纳森·帕克总结说，禁止利益冲突交易规则既不是补偿性也不是恢复性的，相反地，该规则设立的目的是，当受信人为冲突的一方时剥夺其未被授权的所获利益。然而 *Brickenden* 法则是关于对于违反义务造成损失的公平补偿。原告的损失与案件中涉及违反禁止谋利原则的要素无关(除非其中也有涉及违反禁止利益冲突交易规则的要素)，因此，*Brickenden* 案对于禁止谋利原则相关案件不具有适用性。见 Vann，“Causation and breach of fiduciary duty”(n 63)92：在一起案件中，如果报告的利润与公平补偿在数量上相等，那么这仅仅是偶然。

些狭窄或严格的字眼来证明标准做出要求；[111]加拿大的“确凿”证明要求实际上似亦并未对通常标准造成什么改变。但在新西兰，对证据的要求更为严苛。在 *Premium Real Estate v. Stevens* 案中，新西兰的首席大法官正在这个问题上持反对意见：通过拒绝依照房屋的市场价值来判定赔偿金额，也即违背原告意愿的金额，伊莱亚斯首席大法官（Elias CJ）表达了自己对于受信人仅在小概率免责手段中有权免责的情况的不赞同。大法官反而认为：“和其他民事责任一样，当所主张的事实存在的可能性较大时，应根据权衡可能性判定被告需要承担的责任。”[112]这正是澳大利亚、加拿大和英国目前状况的真实写照。

第四部分　结　论

在衡平法的补偿（equitable compensation）这一问题上，各国存在明显的司法差异。就托管性信义关系中误用财产的情况而言，澳大利亚采取了替代性补偿方法，并且主要关注支付是否得到授权这一问题。若未获授权，则受托人在完成支付后无权得到任何回报，无论其他类似的支付（同一人、在同一天或后一天）是否得到授权。单纯地从理论角度出发，这无疑是很有吸引力的，尽管看上去它会使诚信的受托人受到法院管辖权的支配。我们也许会疑惑，为何涉及违反受托人投资义务的案件反而可以以“未获授权进行支付”的案由提起上诉。[113] 也许正是因为出于这些考量，一些其他司法管辖区采用了修复性的衡平赔偿方法。[114] 事实

---

[111] 在那些裁判权限中不总是被告被视为承担责任，这并不出人意料。英国案件仅仅规定法庭可以考虑此问题（大概意味着由建立争议点的当事人承担责任），然而澳大利亚的案件因它们对争议点的意见而不同（大概也意味着责任的归咎会依据特定案件的论断而改变）。

[112] *Premium Real Estate* (n 85) [38].

[113] 相似地，公司财产的误用一般被处理成执行者权利的不当实践，而非账务利用的缺失。参见，如 *O' Halloran* (n 14)和 *Bishopsgate Investment Management Ltd.* (*in liq*) *v. Maxwell* (No.2) [1994] 1 All ER 261 (CA). 但案情不总是这样。

[114] 即使 *Canson Enterprises* (n 46)不是一起违反信托案件，在加拿大对于案由的评论通常倾向于以衡平法应诉。最全面的讨论出现在 *Blanco v. Canada Trust Co.* [2003] 9 WWR 79 (Man CA) [46] – [60]，这是一件与 *Youyang* 案和 *Target Holdings* 案关键案情相近的案件。制度的限制使得无法以违反信托上诉，只能以违反信义义务上诉，所以结果也严格地被限制在受信义务范围内，但这却明确地指向同一点。引人注意地，法庭将受信人行为称作“突破底线”，因为损失近在眼前却无动于衷。这是修复性补偿的惯用表达。新西兰的状况更难以解释，但法庭一般遵循了 *Target Holdings* 案的判例：见 *Sojourner v. Robb* [2006] 3 NZLR 808 (NZHC) [153] 和 *Guardian Trust Co.* (n 14) (although cf Guardian Trust Co in the High Court: [1999] 1 NZLR 213 (NZHC)). 详见 A. 巴特勒，“Civil Liability” in Butler (n 8) 263; McLay, “Equitable Damages”。

上,在 www. nzlii. org、www. canlii. org 或 www. bailii. org 这样的大型网站上搜索"Youyang"并不会显示任何爆炸性的消息。只有在 www. commonlii. org 这样的网站上才反馈出"Australian"。[115]

关于 *Brickenden* 案的使用情况就更让人惊讶了。正如巴特勒和米勒在相关章节中提到的那样,新西兰的衡平司法管辖权在新南威尔士地区并没有获得广泛的接受。值得思虑的是,这是否已经成为一个条件反射问题。例如,《衡平法论》(On Equity)的作者曾说,新西兰的 *Everist v. McEvedy* 案和 *Gilbert v. Shanahan* 案的判决未免失之偏颇,应以"更严谨的态度看待"这两个案件。[116] 尽管自从《衡平法论》一文发表以来,*Premium Real Estate* 案表明澳大利亚的法律比新西兰法律"走得更远",但这两个早前的判决显然不及新南威尔士上诉法院对 *Beach Petroleum v. Kennedy* 案和 *Cassis v. Kalfus* 案的两个判决走得远。上述言论并非为了捍卫 Brickenden 法则或 *Premium Real Estate* 案中的多数意见,但值得注意的是,至少在这种情况下,新西兰的法律体系较之其他司法管辖区确实更为传统。

---

[115] 于 2011 年 4 月 26 日进行调查。

[116] *On Equity* (n 12) para [2,530].

第八章 信托与明知:澳大利亚的经验

本·麦克法兰(Ben McFarlane)*

第一部分 引 言

在西德意志银行诉伊斯灵顿区伦敦市政会(*Westdeutsche Landesbank Girozentrale v. Islington LBC*)案[①](以下简称西德银行案)中,布朗妮-威尔金森(Browne-Wilkinson)法官提出了四个论点。在他看来这四点是“信托法的基本原则”,[②]其中第二点如下所述(本章中简称第二原则):

> 由于实施信托的衡平司法管辖权依赖于受影响的普通法权益(legal interest)持有人的良心(conscience),因此,若某人对于所谓影响其良心的事实一无所知,则此人不可以成为财产受托人。也就是说,在明示信托或默示信托情形下,某人只有认识到其将为他人利益持有财产,此人才可能成为该财产的受托人,在推定信托情形下,受托人则需认识到所谓影响其良心的各种因素。[③]

布朗妮-威尔金森(Browne-Wilkinson)法官承认,这一表达“可能需要进

* 在访问墨尔本大学墨尔本法学院期间,笔者对本章作了部分修改,在此感谢 Andrew Robertson、Matthew Harding 和 Elise Bant 的协助。本章内容仅为笔者个人观点,适用一般免责声明。

① *Westdeutsche Landesbank Girozentrale v. Islington LBC*[1996] AC 669(HL).

② Ibid.,705。

③ Ibid.

一步拓展”,但如此表述是“无可争议的”。[④] 在信托法中,或者说在更广泛地在衡平法中,这恰恰是常激起最多争议的最基本论点。然而,事实上目前英国司法和学术界对发展布朗妮－威尔金森法官第二原则的热情几乎已无迹可寻。[⑤] 尽管如此,本章的目的在于阐释第二原则中暗藏着一个重要的真理。特别是结合布朗妮－威尔金森法官在其演讲中的其他提示,可将第二原则发展为一个积极表述:若都满足该表述的三个部分所规定的条件,则将出现非明示信托。这一表述并不主张若三个条件未能满足即不能出现非明示信托,而只是在众多判断基础上,为非明示的信托提供了又一种判断方案。这一积极表述能够帮助我们更好地理解近期新南威尔士州的三个重要争议判决,这三个判决可能在未来也将反过来对英国法的发展起到一定作用。事实上,布朗妮－威尔金森法官的观点可能与很多前往澳大利亚的英国访客的经验有着相同之处:在国外找到更为有益的环境后,带着重燃的热情与活力重回故土。

第二部分　积 极 规 则

在审视澳大利亚的三个判决前,有必要深入分析一下布朗妮－威尔金森法官的第二原则,以阐释如何将其发展为积极规则(positive formula)。

一、情境

首先,从西德银行(*Westdeutsche*)案判决本身这一情境中来看第二原则。西德银行(乙方)误以为自己有合同义务,向被告,即当地政府部门(甲方),支付了一笔款项。在履行表见合同的过程中,甲方也向乙方支付了一笔款项。但

---

④ Ibid.

⑤ 法官米勒特(Millett)在{*Bristol and West Building Society v. Mothew*[1998]Ch 1(CA)23－24}中对布朗妮－威尔金森(Browne-Wilkinson)法官的第二论点予以了肯定。法官吉姆贝斯(Chambers)在Papamichael诉国立威斯敏斯特银行案{*Papamichael v. National Westminster Bank plc*(No. 2)[2003] EWHC 164,[2003]1 Lloyd's Rep 341(Comm)[222]－[226]}中以及Mann法官在*Re Farepak Food v. Russo*案{*Re Farepak Food v. Russo*[2003] EWHC 3272(Ch)[40]}中都认可了布朗妮－威尔金森(Browne-Wilkinson)法官的整体观点。学术上对布朗妮－威尔金森(Browne-Wilkinson)法官观点的反对意见参见W. Swadling, Property and Conscience(1998年)12国际信托法,第228页;R. Meagher、D. Heydon和M. Leeming, *Meagher*, *Gummow and Lehane's Equity*: *Doctrines and Remedies*,第四版(Chatswood, Butterworths LexisNexis, 2002)。

实际上，该表见合同因超出甲方的权力范围而无效。乙方主张，甲方不仅有义务清偿乙方最初支付的款项，还应支付该款项的复利。根据当时的法律规定，⑥只有认定当地政府部门将最初支付的款项作为信托而持有，此类复利主张才可能成立。支持银行主张的判例，如 *Chase Manhattan Bank v. Isreal-British Bank* 案。⑦ 在该案中，付款银行（乙方）对被告银行（甲方）有一笔金钱债务，但错误地清偿了两次。之后甲方破产，乙方主张，第二次清偿的款项自甲方收到之日起即作为信托由甲方持有。古尔汀法官（Goulding J）支持了乙方的这一主张。他的判决理由基于：犯下此类错误的付款人，虽然将该款项的普通法上所有权转让给了收款人，但仍保有对该款项的衡平法上财产权。⑧

尽管如此，布朗妮－威尔金森指出了这一论点在 *Westdeutsche* 案中的成立的难点。⑨ 首先，这一论点的基础是，若一人只拥有一项无信托负担的权利，则此人在该权利上拥有一项独立的普通法权利和一项独立的衡平法权利。无论从历史上来说，还是原则上来说，这一基础都是站不住脚的。就历史角度而言，一人若只拥有一项权利，那么衡平法院就没有理由介入或认定其中有任何独立的衡平法权益。就原则角度而言，与普通法上的财产权利不同，衡平法上的财产权利必须依赖于特定个人之间的关系：乙方拥有的任何衡平法上的财产权利都是基于甲方对乙方应付的初始义务。⑩ 因此，古尔汀法官的分析与布朗妮－威尔金森的四大基本原则中的第一点，即“衡平法基于普通法权益所有人的良心运作”是矛盾的。⑪ 吉尔汀法官的观点认为，除非甲方因特定原因对乙方负有义务，否则即不存在信托关系。而布朗妮－威尔金森的分析中，甲方对乙方的义务本身就构成信托关系。

---

⑥ See *Sempra Metals Ltd. v. IRC*［2007］UKHL 34，［2008］1 AC 561.

⑦ *Chase Manhattan Bank v. Iseael-British Bank*［1981］Ch 105（ChD）.

⑧ Ibid.，119：向他人错付款项之人仍保留该款项中的衡平法财产权，收款人对于其所有权权利而言，其良心受信义义务的约束。

⑨ *Westdeutsche*（n 1）714－15.

⑩ See R. Chambers，*An Introduction to Property Law in Australia*，第二版（Sydney，Lawbook Co.，2008）第［13.90］段；L. Smith，“Philosophical Foundations of Proprietary Remedies” in R. Chambers，C. Mitchell and J. Penner（eds.），*Philosophical Foundations of the Law of Unjust Enrichment*（Oxford，Oxford University Press，2009）；B. McFarlane and R. Stevens，“The Nature of Equitable Property”，（2010）*Journal of Equity* 1.

⑪ *Westdeutsche*（n 1）705.

前述矛盾也就引出了古尔汀观点中的第二个难点。布朗妮 - 威尔金森法官的四大基本原则中第三点是“成立信托关系必须有明确的信托财产”。[12] 换句话说,若存在信托关系,甲方必定对乙方负有义务,而甲方的义务与其持有的特定权利有关。在甲方收到乙方误付款项,但不知乙方的失误时,很难认定甲方从乙方处获得权利从而对乙方负有义务。在此,也并不否认甲方对乙方立即产生向乙方归还错付款项的表面义务,[13]在对应款项已支付且收到的诉讼中可强制执行该义务。尽管如此,在 *Chase Manhattan* 案和 *Westdeutsche* 案中,乙方都希望认定错付款项由甲方以信托形式持有。但为达到这一目的,乙方需证明甲方的义务不仅仅是归还错付款项的义务,而是与该款项本身有着专门关系的义务:即甲方从乙方处获得了权利。若后者义务存在,则若甲方利用该款项为自己谋取利益而非为乙方持有该款项,那么甲方就违反了信托义务。但是,若甲方没有意识到乙方是错付该款项的,那么很难认定甲方有义务不通过从乙方处获得的权利为自己谋取利益。[14] 再者,若甲方负有此类义务,那么就排除了甲方援引处境改变抗辩的权利,即使甲方基于善意,全部或部分地花费了乙方错付的款项,且此中花费若非该款项的出现本不会产生,甲方对乙方仍付有作为全部该款项的受托人义务。这一结果又回到了布朗妮 - 威尔金森法官的第二原则,即“若某人对于所谓影响其道德原则的事实一无所知,那么此人不可以成为财产受托人”。

在 *Westdeutsche* 案中,银行未能满足布朗妮 - 威尔金森法官的第二原则,信托关系也就未能获得认定。银行在 1987 年 6 月就已付款,直到 1989 年 11 月首次出现判决认定该付款依据的合同类型超出了当地政府部门的权力范围。[15] 在这间隔的两年时间里,当地政府部门已经花费了从银行收到的该款项,对于最初的款项也未保留任何可追溯的替代款项。[16] 因此,当地政府部门在因银行的付款而持有特定权利的同时知晓银行错付该款项的事实是不可能的。换句话说,当地政府部门因其持有特定权利而对银行负有义务是不成立的。因此,此

---

[12] Ibid.

[13] 表面是因为该情形适用合理抗辩,如处境改变抗辩。

[14] 参见,如 *Mothew*(n 5)23(Millett 法官);*Papamichael*(n 5)[226](Chambers 法官)。

[15] 高等法院分庭在 *Hazell v. Hammersmith & Fulham LBC* [1992]2 中的判决。

[16] *Westdeutsche*(n 1)700.

时不存在信托关系。

二、提炼和发展原则

本章并不旨在维护布朗妮－威尔金森法官的第二原则字面上的真理。比如，这一原则假设信托关系的存在必须影响普通法权益持有人的良心。在*Westdeutsche* 案中，此类假设可以理解，但不应将其适用于普遍情形，因为信托当然可能仅仅因为衡平法上的权利而出现。事实上，中间证券化这一极为常见的操作依靠的就是子信托链(a chain of sub-srusts)。[17] 类似地，第二原则还论述了一方是否为“财产”的受托人。当然此处可能回避“信托财产”一词，但信托财产显然包括个人权利，如受托人持有的银行账户。因此，重构的第二原则可以如下表述：

> 由于实施信托的衡平司法管辖权依赖于受影响的权利持有人的良心，因此，只要某人对于所谓影响其道德原则的事实一无所知，此人就不可以成为该权利受托人。

布朗妮－威尔金森法官的第二原则整体都是消极的：告诉我们只有在什么情形下不会出现信托。尽管如此，结合布朗妮－威尔金森法官在其演讲中的多个提示，可将第二原则发展为一个积极表述，列出一系列会形成信托的情形。首先，布朗妮－威尔金森法官指出，尽管古尔汀法官的推理存在瑕疵，但大通曼哈顿银行案的判决可能是正确的。在破产前，甲方仍持有乙方向其支付的款项，且认识到了乙方错付该款项的事实。布朗妮－威尔金森法官评述道：“尽管仅收款但没有认识到该错误不会构成信托，但在收款银行认识到错误后仍持有该款项可能已经构成推定信托。”[18]

第二点提示出现在布朗妮－威尔金森法官对一盗窃案的讨论中。在该盗窃案中，一窃贼偷盗了一袋硬币，之后将其混在了其他货币中或者存入了银行。

---

[17] See B. McFarlane 和 R. Stevens,“Interest in Securities: Problems and Conceptual Solutions” in L. Gullifer and J. payne(eds.),*Intermediated Securities: Legal Problems and Practical Solutions*(Oxford,Hart Publishing,2009).

[18] *Westdeutsche*(n 1)715.

布朗妮－威尔金森法官认为,“衡平法上可要求窃贼归还相当于被偷硬币价值的财产”。[19] 在西德银行案中,银行辩称,这是因为偷盗发生之时或将所窃硬币存入银行时产生了一个归复信托。然而,布朗妮－威尔金森法官认为:

> 在此类情形下衡平法上的所有权权益因推定信托而产生,而非归复信托。尽管很难找到对这一观点的判例支持,但当某人因欺诈获得财产,衡平法对欺诈的财产接收方强加推定信托:该财产在衡平法上是可收回和可追踪的。[20]

利用布朗妮－威尔金森法官在其演讲中的这些提示,可能可以发展出一种积极规则(positive formula),既适用于甲方明知款项为错付仍保留的情形,又适用于甲方以欺诈方式获得一权利的情形。该积极规则规定,若三个条件均满足将出现非明示某一信托:第一,同一行为或交易必须涉及乙方对某一权利的丧失(或获得义务)以及甲方对某一权利的获得;第二,必须有特定原因(如乙方错误或甲方欺诈)使甲方丧失从其获得的权利(原为乙方的权利)处取得收益的法律依据;第三,甲方必须认识到自己已获得了该权利,以及认识到导致自己丧失从该权利取得收益的法律依据的事实。在持有最初获得的权利或由该最初权利衍生的可追溯权利时,甲方必须对此明知。

在此,对这一积极规则的三个例子予以解释是非常有用的。第一,在类似大通曼哈顿银行案的案件中,甲方无辜地获得了乙方误转让的一项权利,之后认识到了这一错误但仍持有该权利或由该权利衍生的可追踪权利。第三节第一部分 *Wambo Coal Pty Ltd. v. Afriff* 案[21]中讨论的判决就阐释了这一积极规则在此类案件中的应用。第二,该积极规则也适用于下述案件:若甲方以信托方式为乙方持有权利,之后将该权利转让给丙方,而丙方未支付任何对价:仅且仅

---

⑲ Ibid. 716.

⑳ Ibid. Lawrence Collins 法官认同该观点,在 *Commerzbank Aktiengerellschaft v. IBM Morgan plc* 案{[2004]EWHC 2771(Ch),[2005]2 All ER(Comm)564[36]}中肯定了这一观点,但在 *Shalson v. Russo* (n 5)案中,日梅法官在[111]对这一命题提出了质疑,认为通过欺诈获得的财产自动由收款人以推定信托形式为受欺诈之人持有。

㉑ *Wambo Coal Pty Ltd. v. Afriff* [2007].

在丙方明知该信托权利属于乙方（或有关事实）而仍保留该权利时，丙方以对乙方的非明示信托形式持有该权利。积极规则在此类案件中的适用与澳大利亚高等法院在 *Farah Constructions Pty Lit v. Say-Dee Pty Ltd.* 案[22]中的分析（第三节第二部分讨论）和新南威尔士州上诉法院在 *HeperuPty Ltd. v. Belle* 案[23]中的大量观点（第三节第三部分讨论）有着一致之处。第三，澳大利亚高等法院在 *Black & Black v. Freedman & Co.* 案[24]的判决与如下第二个例子一致：一窃贼将所盗之钱财存入一银行账户，该窃贼以信托方式为盗窃受害者对银行享有其权利；若该钱款从该账户转出支付给了最初不知情的其他人，此人之后知晓了该盗窃事实，则此人保留的任何该钱款的可收回衍生权利应作为盗窃受害者的信托财产由此人持有。

在 *Black* 案中，奥·科内法官（O' Connor J）的判决理由基于，只要一发生盗窃行为信托即成立。[25] 值得一提的是，此类信托无法通过积极规则合理解释。积极规则的第一部分是同一行为或交易必须涉及乙方对其一权利的丧失（或获得某一义务）以及甲方对某一权利的获得。若乙方直接向甲方转让了某一权利，如转让 100 美元现金给甲方，第一部分的条件满足。但若甲方从乙方处偷了 100 美元现金，就无法满足这一条件；甲方通过占有该现金获得了一项权利（一项单纯的占有性所有权），由于乙方仍保留对该现金的所有权，甲方的盗窃行为并未导致乙方丧失任何权利。[26] 尽管如此，若之后甲方将该 100 美元现金存入其银行账户，并假设甲方的账户在存款后有结余，则积极规则的第一部分条件就满足了。甲方的存款行为使得甲方获得了一项针对银行的权利，也使乙方丧失了一项权利，即银行作为善意第三人，对盗窃事实不知情，且支付了对价，从而获得了对该现金的有效所有权。[27] 这也意味着，若偷窃者为偷窃受害者

---

[22] *Farah Constructions Pty Lit v. Say-Dee Pty Ltd.* [2007] HCA 22,(2007) 230 CLR 89,[2005] NSWCA 309 修订.

[23] *HeperuPty Ltd. v. Belle* [2009] NSWCA 252,(2009) 76 NSWLR 230.

[24] *Black & Black v. Freedman & Co.* (1910) 12 CLR 105 (HCA).

[25] Ibid. 107：被偷钱款是窃贼持有的信托财产，这一点窃贼无法改变。日梅法官（Rimer J）在 in *Shalson v. Russo* (n 5) [110] 中对这一观点提出了有力的质疑。日梅法官认为，尽管布朗妮－威尔金森法官在西德银行案中也认定盗窃行为发生时信托即成立，但事实上，布朗妮－威尔金森法官的分析并非以该信托成立为基础。

[26] 如日梅法官在 *Shalson v. Risso* (*n* 5) [110] 中指出。

[27] See *Miller v. Race* (1758) 1 Burr 452, 97 ER 398.

以信托方式持有其占有性所有权，那么该信托必须基于与已阐述的积极规则相区别的其他原则而产生。[28]

在乙方通过银行转账向甲方错付100美元现金的情形下，积极规则第一部分的条件也能满足。若甲方和乙方的各账户均有结余，乙方丧失了向其银行主张100美元的权利，甲方获得了向其银行主张100美元的权利。若乙方的银行账户已透支，则乙方又增加了一项向其银行清偿100美元的义务，第一部分条件仍然满足。若甲方的银行账户在收到这100美元后仍然透支，那么甲方并未因此而获得一项权利，而是免除了此前存在的甲方向银行应付100美元的义务。这一情形在积极规则中并未涉及，因为积极规则的目的是列出一系列构成信托的情形。如前文指出，只有在甲方因特定权利对乙方负有义务时才产生信托，当甲方的款项进入乙方已透支的账户时，并不存在甲方可能为乙方作为信托财产持有的权利。当然，这并不意味着在此情形下乙方对甲方可能拥有的个人财产权利：由于甲方已获得有关利益，乙方可向甲方主张其收到的钱款。相应地，若乙方的付款行为免除了甲方对其他方的义务，且该义务为其他方持有甲方的某些权利而产生的乙方的支付义务，根据重新替代原则，为确保甲方向乙方归还错付款项相应价值钱款的表面义务，其他方的的权利将重新生效。[29] 在非明示信托可能出现的情形以及此类重新替代原则赋予乙方衡平法上的保障权的情形之间，存在重要而有趣的联系。

积极规则的第二部分是：存在特定原因（如乙方错误或甲方欺诈）使甲方丧失从其获得的权利（原为乙方的权利）处取得收益的法律依据。必须强调的是，就讨论的例子而言，甲方获得有关权利是有法律依据的，毕竟只有法律规则的运作才可能使得甲方获得某项权利。例如，乙方误以为自己对甲方负有合同义务从而将其对一辆汽车的所有权转让给甲方，由于乙方确有向甲方转让该特定所有权的意愿，甲方因此获得了乙方对该车的所有权。类似地，若甲方从乙方处窃得钱款，并将该钱款存入银行账户，甲方确实因此获得一项针对甲方银行

---

[28] 对此类信托产生的各种原因的全面分析参见 Chambers，"Trust and Theft"（n 5）。

[29] See *Butler v. Rice*[1910]2 Ch 277（Ch）；*Banque Financiere de la Cite SA v. Parc*（*Battersea*）*Ltd* [1999]1 AC 221（HL）.

的新权利。甲方依靠一定法律规则获得该项新权利的事实并不妨害其应向乙方承担的归还该钱款相应金额的个人财产义务；[30]也不影响甲方以信托方式为乙方持有该权利。事实上，甲方对该权利的获得是任何此类信托成立的先决条件。关键在于，虽然甲方获得该权利显然是有依据的，但确实也存在特定原因（如乙方错误或甲方欺诈）使得甲方不应获得该权利的有关利益。

积极规则的第三部分是：甲方必须认识到自己已获得了该权利，以及认识到导致自己丧失从该权利取得收益的法律依据的事实。对于甲方明知这一点起到重要作用，布朗妮－威尔金森法官第二原则的影响最为显著。再次需要强调，积极规则只关注信托是否产生这一点。值得一提的是，即使甲方对其已获得该权利或者对导致自己丧失从该权利取得收益的法律依据的事实一无所知，甲方仍有可能承担表面义务，需向乙方支付该权利价值对应的钱款。[31] 例如，如前文提及，在大通曼哈顿银行案和西德银行案中，当甲方收到乙方错付的款项时，甲方就产生了此类义务。尽管如此，这一立即产生的义务与甲方持有任何特点权利均无关联：甲方可通过向乙方支付相应金额的款项履行该义务，而该支付款项的来源在所不论。为成立信托，甲方必须就特定权利而承担义务，根据布朗妮－威尔金森法官第二原则，只有甲方对此有相关认识，才会成立此类义务。

三、阐明积极规则

本章之后部分将通过对三个近期澳大利亚判决讨论检验积极规则的三个标准。当然，首先有必要对这三个标准进行明确阐释，其中每一个标准与积极规则和布朗妮－威尔金森法官在 *Westdeutsche* 案中推理均有联系。

第一，在大通曼哈顿银行案和通过欺诈获得财产的案件中，布朗妮－威尔金森法官认为该情形下是推定信托，而非归复信托，这与积极规则中的观点一致。就检验积极规则而言，其中区别是无关的因素。甲方在推定信托下获得的权利与其在归复信托下获得的权利若不同，那么两者之间的区别就相当重要。

---

[30] See *Cressman v. Coys of Kensington (Sales) Ltd.* [2004] EWCA Civ 47, [2004] 1 WLR 2775 [24] (Mance 法官).

[31] See *Kelly v. Solari* (184) Ex 10.

比如,若布朗妮－威尔金森法官所指的推定信托是仅因一法庭命令而产生的,那么推定信托与归复信托之间的区别就极为重要。在 *Westdeutsche* 案中也确实如此,布朗妮－威尔金森法官确实讨论了可救济的推定信托,认为对于特定案件的个别情形[32]可以为其定制救济方案,比如在任何有利于乙方的法庭命令执行前保护从甲方处获得权利的第三方。尽管如此,并没有任何证据表明布朗妮－威尔金森法官在这一意义上积极表述所指信托属于可救济推定信托的范围。[33] 尤其是布朗妮－威尔金森法官认为,可将救济推定信托引入英国法律是未来案件探讨的问题,[34]大通曼哈顿银行案和通过欺诈获得财产的案件所认定的各种信托在英国法中都被承认。

必须承认,布朗妮－威尔金森法官对于推定信托和归复信托的区别相当重要,因为这可能指出了本章所提出的积极规则无法用于解释布朗妮－威尔金森法官观点下两种可产生归复信托的情形。其中第一种情形是:乙方自愿向甲方付款,或为获得甲方单独持有或甲乙双方共同持有的权利向甲方支付了全部款项或相应的部分款项。第二种情形是:乙方以明示信托方式向甲方转让权利,但该信托未用尽全部受益权。[35] 在 *Westdeutsche* 案中,布朗妮－威尔金森法官对这些归复信托进行了他所谓的“传统解释”:这使甲方和乙方的共同意思表示生效,由此法律强加的推定信托成立,相对地受托人的意愿受到限制。[36] 当然,若这一解释是正确的,那么就产生了归复信托,且其产生依据与本章所载的积极规则的依据不同。

尽管如此,对于双方共同意思是布朗妮－威尔金森法官所指的作为归复信托的两种信托类型产生的基础这一观点,仍存在几点问题。[37] 再者,若承认本章所载的积极规则,其中规定的范围似乎足以将归复信托的各种类型均包含在

---

[32] *Westdeutsche*(n 1)716.

[33] 在 *Papamichael*(n 5)中查姆斯法官在[222]指出,在布朗妮－威尔金森的观点中,大通曼哈顿银行案中收款银行明知付款银行错误,因而该案中机构成立归复信托。

[34] *Westdeutsche*(n 1)716.

[35] Ibid.,708。

[36] Ibid.

[37] 比如,*Vandervell v. IRC*[1967]2 AC 291(HL)中认定的归复信托是 Vandervell 先生所指的信托,参见 *re Vandervell's Trusts* (No.2)[1974]Ch 269,294(Megarry 法官)。

内。[38] 在此不便赘述这一更为宽泛的问题，但也指向了积极规则中需明确的第二个标准。西德银行案中，贝克斯法官提出归复信托是对甲方对乙方造成损害从而获得不当得利的恢复原状之救济，但布朗妮 - 威尔金森法官明确否决了这一观点。[39] 然而，本章积极规则的前两个标准可能正好能适用于甲方对乙方造成损害从而获得不当得利的案件。[40] 那么，积极规则如何跳脱到布朗妮 - 威尔金森法官明确否决的可恢复原状的非明示信托之外呢？答案就是，本章所载的积极规则与布朗妮 - 威尔金森法官所否决的分析不同。

第二，用贝克斯法官的话来说，积极表述对于“对乙方造成损害”的要求限制得更为狭窄：仅限于同一事件或交易导致乙方失去一权利（或获得一义务）和乙方获得一权利的案件。相反，贝克斯在其之后的论述中，对“对乙方造成损害”进行了更为广泛的解读，辩称“只要乙方的损失与甲方的获益之间有因果关系即可满足成立条件”。[41] 以 *LipkinGorman v. Karpnale* 案[42]为例，甲方为一欺诈合伙人，未经授权开出了一张合伙公司（乙方）银行的支票，乙方银行因此向甲方支付了该款项，并根据与乙方之间的条款将相应金额从乙方账户记入了借方账户。显然甲方在此获得了自乙方银行账户支出的钱款的法律所有权。[43] 之后，甲方进入丙赌场，将部分钱款换成筹码用于赌博。由于当时赌博合同是无效的，丙方从甲方收到钱款时并未支付任何对价。上议院裁定认为，丙方有义务向乙方支付与其因甲方赌博换取筹码而获得的全部收益相等价值的钱款（约 15 万英镑）。在贝克斯看来，由于乙方的损失（乙方银行的转账有效）与丙方的收益（从赌博的甲方处获得款项）之间存在明显的因果联系，丙方因对乙方的损害而获得了不当得利。尽管如此，积极表述的第二点并未得到满足。丙方确实获得了权利，但该权利是从甲方处获得的，且甲方

---

[38] See B. McFarlance, *The Structure of Property Law* (Oxford, Hard Publishing, 2008) 314 - 22.

[39] *Westdeutsche* (n 1) 708 - 09.

[40] See B. McFarlane, Unjust Enrichment, Right and Value' in D. Nolan and A. Robertson (eds.). *Rights in Private Law* (Oxford, Hard Publishing, 2011).

[41] See P. Birks, *Unjust Enrichment*, 第二版 (Oxford, Clarendon Press, 2005) 86 - 98; P. Birks, "'At the Expemse of the Claimant': Direct and Indirect Enrichment in English Law", in D. Johnston & R. Zimmerman (eds.), *Unjustified Enrichment: Key Issues in Comparative Perspective* (Cambridge, Cambridge University Press, 2002).

[42] *Lipkin Gorman v. Karpnale* [199] 2 AC 548 (HL).

[43] *Commercial Banking Co of Sydney Ltd. v. Mann* [1961] AC 1 (PC).

虽然是无权行为但其从乙方银行获得了对钱款的有效普通法所有权,不能认定丙方获得该权利一事(因甲方在丙赌场赌博导致)与丙方丧失权利一事(因乙方银行向甲方支付钱款导致)是同一事件或交易。积极规则与贝克斯观点之间的差异极为重要,因为前者与布朗妮－威尔金森法官对贝克斯论点的第一点否决一致:“这一论点将财产中的权利缩小成了‘转让价值’中的权利”。[44] 在此更要强调,积极规则关注的是权利而非价值,如下文第三节第三部分所讨论的,这一关注点实际上与 *Lipkin Gorman* 案本身的结果和特姆普罗曼法官(Templeman J)的分析一致。

积极规则与贝克斯分析的第二点不同之处在于,根据积极规则的第三点,只有所谓受托人明知自己已获得了权利,以及明知导致自己丧失从该权利取得收益的法律依据的事实,信托才成立。这也是积极规则与布朗妮－威尔金森法官对贝克斯分析的第二个且原则性的反对意见一致,[45]贝克斯认为,即使甲方对所谓影响其良心的事实不知情,也可成立信托。

第三点也是最后一点需要明确的是,与布朗妮－威尔金森法官自己提出的一个警告有关,即布朗妮－威尔金森法官在其第二原则中指出,即使以消极形式进行扩张解释。[46] 公认的复杂性在于,在案件中承认的归复信托中,乙方已将权利转至甲方名下,但乙方并无赠与之意思,甲方此前也并不知晓乙方的行为。在该情形下,若信托随即成立,且甲方甚至对其持有该权利之事一无所知,那么这与受托人必须明知对所谓影响其道德原则的事实之任何要求均不一致。在此需要明确两点。第一,即使在此类情形下立即成立归复信托,这本身对积极规则不会造成致命性的否定:这仅仅意味着此类归复信托并非基于该规则,而是依与之不同原则产生。第二,对于此类案件,布朗妮－威尔金森法官认为归复信托并未随即产生,因为:

> 在我看来,没有任何依据认定甲方为受托人,因此,只有在甲方认

---

[44] *Westdeutsche*(n 1)709.
[45] Ibid.
[46] Ibid. 705.

识到产生归复信托情形时甲方才应负有相应义务。[47]

就这一观点而言，在甲方认识到有关事实前的时间内，最多认为乙方拥有所谓的“事实权力”（factual power）：通过向甲方提供必要信息使其知晓相关事实，乙方可建立信托关系。相对地，乙方的权力是事实权力而非法律权力，因为乙方权力的行使并不以乙方在信托下获得权利为先决条件：无论甲方何时知晓相关事实或甲方是否从乙方处得知相关事实，乙方都将获得该权利。那么任何对案件事实有所了解的人都有权力通过通知甲方相关事实，赋予乙方信托下的权利。在 *Westdeutsche* 案中，当地政府部门持有从银行处获得的最初款项或该权利可追溯权利期间内，就存在此类事实权力。[48] 因此，区分乙方的事实权力和信托下的完整权利极为重要：在布朗妮 – 威尔金森法官的分析中，此类权力的存在并不意味着甲方为乙方以信托方式持有任何权利。类似地，积极规则在此也并不旨在讨论乙方可能有权力获得某权利的情形；积极规则讨论的是乙方以信托方式获得权利的情形。

第三部分　澳大利亚判例

一、*WamboCoalPty v. Ariff* 案[49]

9 月，乙方本打算向其他方支付一笔款项，却误将 27751 美元款项转入了甲方的账户，该账户当时有 360 美元的结余。丙方被指定为当时甲方的财产管理人和清算人。丙方作为甲方的清算人，确保该账户中的 27000 美元转至了丙方 2（由丙方控制的一家公司）的账户中以支付丙方作为清算人的费用。后一款项的支付在 10 月开始，当时甲方或丙方均不知乙方支付的前笔款项为误付。10 月底，乙方再次将原本打算向其他方支付的款项转入甲方的同一账户，金额为 18416 美元。11 月初，乙方发现了这两笔错付的款项，随即通知了甲方和丙方。

---

[47] Ibid. 706. 判例中的不同观点参见 R. Chambers, *Resulting Trusts*（Oxford, Clarendon Press, 1997）201 – 12。

[48] 如查姆斯法官在 *Paoamichael*（n 5）[226] 中指出：“明知越迟，信托成立的可能性就越低。”

[49] *Wambo*（n 21）.

12 月，丙方再次确保一笔 17600 美元的款项转至丙方 2 账户内，且仍然是作为其清算人费用。9 月至 12 月间，转入甲方该账户下的款项仅有乙方错付的两笔款项。乙方对甲方仅有恢复原状的请求权，但鉴于甲方的财务状况这一请求权并无现实意义。[50] 乙方能否转向丙方，主张丙方从甲方账户向丙 2 方转账从而对乙方负有责任呢？

前述是 *Wambo* 案中的核心事实。怀特法官（White J）在该案中的判决分析可能是对布朗妮 - 威尔金森法官在西德银行案中的观点最为直接的司法适用，同时也体现了对其认可的一些现实影响。怀特法官指出[51]，对于丙方提出主张的合理依据有以下两点：(1) 甲方以信托形式为乙方持有所涉的一笔或两笔错付款项；(2) 根据 *Barnes v. Addy* 案中确立的第三方为违反信托承担责任的其中一种情形，丙方作为推定受托人，就该错付款项的部分或全部价值对乙方负有责任。[52]

因此，该案判决的第一个重点在于当时甲方是否以信托形式为乙方持有后者错付的款项。Wambo 的律师（乙方）依据古尔汀法官在大通曼哈顿银行案中的判决，辩称乙方在向甲方支付有关款项时已经获得了衡平法上的权益。但怀特法官倾向于布朗妮 - 威尔金森法官在西德银行案中的分析，否决了这一抗辩。同时他进一步指出，根据事实，乙方显然意图与所付款项的所有权分离，因此并无保留其中的任何衡平法权利。[53] 乙方律师还辩称，若没有立即成立信托关系，那么在甲方认识到有关款项为错付时，应产生信托关系。这一论点依据的是大通曼哈顿案中对布朗妮 - 威尔金森法官观点的重释。Ariff 的律师（丙方）提出乙方援引的重释并无说服力，且鉴于其以可救济的推定信托这一概念为依据，该重释不属于英国法中的内容。

上述辩论中指出，布朗妮 - 威尔金森法官在大通曼哈顿银行案中的分析实际上并非以承认可救济的推定信托为基础。怀特法官也持相同观点，他认为，布朗妮 - 威尔金森法官所指的信托，无论是归复信托还是推定信托，都是可恢

---

[50] 因此，怀特法官认为，Wambo（乙方）对 Singleton（甲方）的直接恢复原状请求权仅引起了“不含任何价值的个人救济”：ibid. [67]。

[51] Ibid. [31].

[52] *Barnes v. Addy*（1874）LR 9 Ch App 244.

[53] *Wambo*（n 21）[36].

复原状性质的,而非可救济性质。[54] 怀特法官还指出,布朗妮 - 威尔金森法官在大通曼哈顿银行案中的重释仅仅是附带的,与原来的解释一致。[55] 因此,怀特法官认为,由于乙方支付有关款项不仅是失误行为,而且不存在对价,所以甲方得知乙方的失误后若仍使用该款项将与其道德原则相悖。[56] 这时信托就成立了。虽然怀特法官指出米格、古曼和李明(*Meagher*,*Gummow and Leming*)所著已经对布朗妮 - 威尔金森法官的分析提出了批判,[57]但在对通过欺诈获得且无相应对价支付的财产强加推定信托的情形下,他支持这一分析。[58]

在认定甲方知晓乙方错误后成立推定信托后,怀特法官开始考虑成立信托要求何种程度的明知这一重要问题。他认为,"恰当的问题在于收款人对错误的认识是否影响其道德原则,因为其认识到自己作为受益所有人无权处置该钱款"。[59] 在下述情形下,答案是肯定的:收款人已实际明知该错误但选择视而不见;收款人故意或疏忽大意地未能提出作为一个诚实理性之人本应提出质询;或对于一个诚实理性之人可推断出事实的有关情况有所认识。[60] 通过验证这一原理,法官认定,在甲方账户向丙 2 方账户转出第二笔(而非第一笔)款项前,丙方(其意识为甲方的意识)对于乙方的错误有充分的认识。

之后,乙方的主张取决于证明丙方对于从甲方处获得第二笔款项负有个人责任。尽管该款项是向丙 2 方支付的,而非丙方本人,但怀特法官认定丙方为实际收款人:支付该款项的决定由丙作出,且用于支付其作为清算人的应付报酬。[61] 下一个问题在于丙方的认识是否足以使其承担如 *Barnes v. Addy* 案中确立的第一种情形下的责任。答案是肯定的:可以确定丙方对乙方错付第二笔款项可能性故意视而不见的事实。[62] 因此,丙方明知其所收款项是甲方为乙方持有的推定信托财产,但向丙 2 方支付了第二笔款项,其行为构成信托违约,对乙

---

[54] Ibid. [40],也可参见 *Papmichael*(n 5)[222](Chamber 法官).

[55] *Wambo*(n 21)[43].

[56] Ibid.

[57] *Meagher*,*Heydon and Leeming*(n 5)para[14 - 010].

[58] *Wambo*(n 21)[43]. 例如,法官在 *Neste Oy v. Lloyds Bank plc* [1983]2 Lloyd's Rep 658(Com Ct)案中的判决中肯定了这一信赖关系。

[59] *Wambo*(n 21)[44].

[60] Ibid.

[61] Ibid. [59]。

[62] Ibid. [62]。

方负有责任。

怀特法官在 *Wambo* 案中的分析与积极规则基本完全一致。在确定错付款项的收款人持有该款项是否构成信托时,关键问题在于确定收款人在持有该权利或衍生权利时是否在任一时刻知晓该款项是错付的。怀特法官对于如何检验这一明知情况的分析与积极表述也相当一致。尤其值得一提的是,这种检验与英国法律在 *Barnes v. Addy* 案中确立的认定作为信托财产明知收款方的人承担责任的第一种情形几乎完全相同。[63] 这一联系的重要性将在下文 *Farah* 案[64]分析中详细讨论。尽管如此,必须在此提醒一点与比较有关的问题。在解释明知要求时,怀特法官与 *Barnes v. Addy* 案中适用的第二种情形进行了类比。[65] 在英国法律中,这一情形的认定要求被告的不诚实行为:[66]这为原告设置了相对较高的门槛,保护被告,使其免于承担因违反 *Barnes v. Addy* 案中第二种情形下强加的信托而可能引起的严重连带责任和个别责任。[67] 尽管如此,在 *Wambo* 案中,怀特法官倾向于基于 *Barnes v. Addy* 案中第二种情形下的检验,这与本章所倾向的观点在实践中并无差别。怀特法官对于第二种情形下责任标准的解释并非基于英国法律中适用的较高标准的"不诚实"检验标准,而是一种更为宽泛的检验,涵盖了被告明知一诚实理性之人可推定出事实的有关情况的情形。因此,需要强调的是,怀特法官分析的实践影响上与本章所倾向的观点是相同的。

二、*Farah Constructions PtyLtd. v. Say-Dee Pty Ltd.* 案[68]

有人认为,积极规则第三点所规定的明知要求应与 *Barnes v. Addy* 案第一种情形下确定被告是否作为信托财产的明知接受人承担责任时所适用的要求完全相同。此类观点实践中有一个好处:积极表述下界定明知要求的困难可通过援引在明知收款人案件中已经适用的检验方法解决。更为重要的是,这一方

---

[63] See *BCCI v. Akindele*[2000]EWCA Civ 502,[2001]Ch 437.

[64] *Farah*(n 22).

[65] *Wambo*(n 21)[44].

[66] See *Barlow Clowes International v. Eurotrust International*[2005]UKPC 37,[2006]1 WLR 1476.

[67] See *Ultraframe(UK)Ltd. v. Fielding*[2005]EWHC 1638(Ch)[1506](Lewison 法官);S. Elliott 和 Mitchell,"Remedies for Dishonest Assistance"(2004)67 MLR 16.

[68] *Farah*(n 22).

法在原则上也是合理的。在明知收款人案件中的核心问题和错付款项案件中的是一样的：被告是否以推定信托形式为原告持有有关权利？[69]

从澳大利亚高等法院对 *Farah* 案的判决，可以对明知收款人权利的性质进行分析。当然，这一案件已经引起了诸多分析，案件事实也广为人知。对于目前而言，这一案件的重要性主要集中在一点：若甲方以信托方式为乙方持有该权利，但将该权利无权转让给了丙方，那么丙方对乙方负有的任何个人责任是何性质？例如，在 *Wambo* 案中，乙方主张其对丙方拥有恢复原状的直接请求权，因为丙方在收到甲方为乙方以信托方式持有的财产时获得了不当得利。怀特法官依据高等法院在 *Farah* 案中的判决，认为此类请求权的主张是没有依据的。[70] 实际上在 *Farah* 案中，高等法院并未考虑这一问题，因为高等法院认定 Elias 女士和其女儿并未获得信托的任何权利或此前所附的受信人义务。[71] 尽管如此，高等法院对与新南威尔士州上诉法院在 *Farah* 案诉讼中采纳的某一观点的讨论和否决具有重要意义。该观点是：丙方因甲方违反对乙方的信托义务或其他受信人义务而获得的权利，即使丙方对甲方的违约不知情，丙方仍可能以推定信托形式为乙方持有该权利，丙方因对乙方的损害而获得不当得利，而该推定信托的成立是为了实现对乙方权利的恢复原状。[72] 如果这一观点成立，那么就颠覆了布朗妮－威尔金森法官的第二原则，也会使本章提出的积极规则中的第三点显得相当多余。

在 *Farah* 案中新南威尔士州上诉法院采纳了下述观点，即丙方因甲方违反对乙方的信义义务或其他受信人义务而获得一权利，即使丙方对甲方的违约不知情，丙方仍可以推定信托方式为乙方持有该权利。然而，高等法院指出，对该观点的采纳是巨大错误。[73] 这一基于不当得利的论点在上诉法院的判决中虽未明示提出，但上诉法院基于乙方援引 *Barnes v. Addy* 案第一种情形作出的判决显然采纳了这一观点。[74] 正如高等法院指出的，上诉法院的观点并非是对第一

---

[69] See *re Montagu's Settlement Trusts* [1987] Ch 264 (ChD) 285 (Megarry V－C); McFarlane, *The Structure of Property Law* (n 38) 256－58.

[70] *Wambo* (n 21) [67].

[71] *Farah* (n 22) [115], [118].

[72] *Say-Dee Pty Ltd. v. Farah Constructions Pty Ltd.* [2005] NSWCA 309 [216]－[217].

[73] *Farah* (n 22) [131].

[74] *Say-Dee* (n 72) [217].

种情形的重述,而是一种背弃。[75] 第一种情形下举证责任的一个重点在于乙方必须证明丙方的明知:除非丙方明知有关款项的支付与信义义务不一致,否则丙方不承担责任。[76] 事实上英国判例对明知的重要性也作出了类似强调,[77]"明知接受"是广为接受的对 *Barnes v. Addy* 案第一种情形下责任的简写。

新南威尔士州上诉法院所倾向的不当得利分析中的核心观点来自贝尔斯[78]和民切尔大法官(Nicholls Lord)(司法外):这一观点其实就是"衡平法如今应跟随普通法的脚步"。[79] 若如上议院在 *Lipkin* 案中所认定的,不当得利请求权的严格责任将保护原告的普通法权利,那么为什么衡平法权利所获得的保护就相对较少呢? 这一问题答案不仅在于历史之中,也在于原则之中。首先,明知收款案件中的请求权性质与普通法中恢复原状请求权(如针对错付款项的收款人而享有的请求权)的性质不同。[80] 在援引 *Barnes v. Addy* 案第一种情形时,原告必须证明被告负有作为推定受托人的责任。这一要求并非摆设:如米契尔和沃特森(Mitchell and Watterson)最近阐释的,[81]明知收款案件中负有责任的被告拥有作为受托人的相同义务,且适用相同的救济。例如,以米契尔和沃特森的例子[82]来说,甲方以信托方式为乙方持有一幅画的所有权,但将该画的所有权无权转让给了丙方,而丙方知晓此前的信托关系,且之后将该画以 5000 美元售出。当乙方发现这一未经授权的出售行为时,该画的价值已经增值到 50000 美元。丙方对 50000 美元的价值承担责任,因为其与甲方的义务是相同的:为该画的所有权对乙方负责。[83] 这就引出了第二点:[84]有人认为,在这里并非推定丙方以

---

[75] *Farah*(n 22)[153].

[76] *Re Blundell*(1888)40 Ch D 370. 381(Stirling J). 也可参见 *Consul Development Pty Ltd. v. DPC Estates Pty Ltd.* (1975)132 CLR 373(HCA)396(Gibbs J)和 410(Stephen J)。

[77] See *Montagu's ST*(n 69); *Akindele*(n 63).

[78] P. Birks, "Receipt" in P. Birks and A. Pretto(eds.), *Breach of Trust*(Oxford, Hart Publishing, 2002).

[79] D. Nicholls, "Knowing Receipt: The Need for a New Landmark" in W. Cornish, R Nolan, J. O'Sullivan and G Virgo(eds.), *Restitution: Past, Present and Future*(Oxford, Hart Pulishing, 1998)245.

[80] L. Smith, "*Unjust Enrichment, Property and the Structure of Trusts*"(2000)116 LQR 412.

[81] C. Mitchell and S. Watterson, "Remedies for Knowing Receipt" in C. Mitchell(ed.), *Constructive and Resulting Trusts*(Oxford. Hart Pulishing, 2010).

[82] Ibid. 138。

[83] 参见 *re Rothko* 43 NY 2d 305 ;372 NE 2d 291(1977)(纽约州上诉法院)。

[84] 这并不意味着第二点必然源自 *Mitchell and Watterson*(n 81)中的分析,其观点中将明知的收款人视为受托人。

信托方式为乙方持有权利;相反,丙方的责任是基于其确实以信托方式为乙方持有权利。至此,明知收款案件中的责任与布朗妮－威尔金森法官在西德银行案件中的分析联系起来了,高等法院在 *Farah* 案中的观点和怀特法官在 *Wambo* 案中的观点也联系起来了。为在明知收款案件中提出请求权主张,乙方必须证明丙方在某一时间以信托形式为乙方持有权利。引起此类信托的事实,或者以布朗妮－威尔金森法官的表述来说,导致丙方的良心受到约束的事实,因为是丙方获得了原来甲方以信托方式为乙方持有的权利,且丙方无相关授权或其他抗辩。[85] 在布朗妮－威尔金森法官的原则中,只有丙方对这些事实有足够认识,丙方才应承担作为推定受托人责任。

在两个重要英国判决中也能体现 *Barnes v. Addy* 案第一种情形下的责任检验和何时认定推定信托的一般问题之间的联系:*reMontagus's Settlement* 案[86]和 *BCCI v. Akindele* 案。[87] 前一案件中,米格里副大法官指出,"在确定是否已创设推定信托的关键问题在于收款人的道德原则所受约束是否达到了衡平法向其强加信托的程度"[88],这点与布朗妮－威尔金森法官的第二原则正相呼应。在后一案件中,怒斯大法官(Nourse J)指出,在明知收款案件中为认定责任,收款人的认知状态必须足以使其不能昧良心从所收款项处获得利益。[89] 当然,也正如怒斯大法官指出,与任何基于明知的检验相同,此种检验很难在实践中适用,但对于本章而言重要的是,对于 *Wambo* 等案件中确立的以明知为导向的检验,在对其不断的发展和适用中,法院应能够得出适用 *Barnes v. Addy* 案第一种情形的判决。这是因为在各个案件中都出现了同一个问题:被告认识到了所谓影响其良心的事实,且该事实可导致被告被认定以信托形式为原告持有特定权利,在这一特定时刻,被告是否持有该特定权利?

三、*Heperu PtyLtd. v. Belle* 案[90]

对于在被告明知付款人错付款项仍持有该款项情形下产生的信托和在被

---

[85] 比如,丙方是善意购买人,以一定价值购买了此前为乙方持有的权利,那么丙方可以此为抗辩。

[86] *Montagu's*(n 69).

[87] *Akindele*(n 63).

[88] *Montagu's*(n 69)277.

[89] *Akindele*(n 63)[69].

[90] *Heperu*(n 23).

告持有经欺诈获得且无对价支付权利情形下产生的信托，怀特法官在 *Wambo* 案中对此进行了重要类比。后一类型的信托在 *Herpu* 案中得到了详细解释。就本章提出的积极规则而言，新南威尔士州上诉法院分析中最为重要的是这一情形下可成立信托的讨论：甲方对乙方欺诈，最后导致第三人（丙方）获得权利。此种信托的存在是基于法院在 *Herpu* 案所称"众所周知的原则"[91]（*Black* 案中确立）：

> 一人对某欺诈行为完全不知情，在得知其收到且保留的收益是他人欺诈行为所得（此人未参与该欺诈行为）后，此人若继续保留或利用该收益，则此人成为该欺诈行为的参与者且应承担相应责任。[92]

积极规则下信托成立的条件可能可以解释最初不知情第三人的责任。在此，主要基于两个阶段的分析，先是 *Wambo* 案中适用的逻辑，再是 *Farah* 案中支持的观点。如此的两阶段分析可用于解释 *Lipkin Gorman* 案的结果，因此也与前文第二节第一部分结尾处遗留的问题联系紧密。在 *Lipkin* 案第一阶段的事实中，同一行为（甲方未经乙方授权取出了乙方的资金）导致了甲方权利的获得和乙方权利的丧失。甲方获得了乙方银行所付钱款的普通法所有权，甲方未经授权的事实意味着存在特定原因使得甲方丧失了从该权利获益的法律依据。再者，甲方当然认识到这一事实。积极表述中的三个条件也满足了，所以，甲方收到从乙方账户转出的钱款并以信托方式为乙方持有。之后，甲方将部分款项转让给了丙方赌场以信托方式为丙方持有。因为当时的赌博合同无效，丙方从甲方获得钱款且未支付对价，丙方是无偿受让人。丙方收钱款时，不知也无理由知道甲方对乙方的欺诈行为，因此，这时丙方是善意的。但之后，若丙方得知了该欺诈行为，仍然继续持有从甲方处获得的权利或任何可追溯的衍生权利（可认定为因甲方处获得的权利而产生的任何权利），则丙方以信托形式为乙方持有该权利，应对乙方承担相应价值的责任。这时产生的责任与 *Barnes v. Addy*

---

[91] Ibid. [92]. 在 *Black* 案中，有关原则是由乔治·杰塞尔（George Jessel）法官提出。参见 *Black*（n 24）106（Griffith CJ）。

[92] *Heperu*（n 23）[92].

案第一种情形下产生的责任一致,因此,高等法院在 *Farah* 案中强调了丙方的明知。

就这一分析而言,*LipkinGorman* 案中,赌场明知甲方向其支付的钱款是甲方以信托方式为乙方持有的,仍保留了该钱款产生可追溯的收益,因而承担责任。当然,*Lipkin Gorman* 案的这一观点与前文第二节第三部分讨论的上议院明确采纳的观点和贝克斯法官的分析(已经详细阐述)有所不同。[93] 诚然,这里存在一种悖论,但重要的是在 *Herpu* 案中新南威尔士州上诉法院似乎采纳了这种解释。事实上,上诉法院在 *Banque Belgepourl' Etrander v. Hambrouck* 案[94]中基于同一基础又作出了分析。[95] 该案中,甲方以欺诈方式向其员工开出了付款人为 Banque Belge 账户(乙方)的支票,导致乙方向甲方账户转账 6000 英镑。之后,甲方开出了付款人为甲方账户收款人为其妻子(丙方)的支票,丙方随即将支票对应的款项转入了另一银行的账户。乙方当然无法从甲方员工的账户转回 6000 英镑。因此,乙方向丙方和丙方银行提出了权利主张。甲方账户开出的支票是唯一进入丙方账户的款项,丙方银行将该款项全额转入了法院账户。上诉法院认为,转入法院账户的款项应支付给乙方。该判决与本章提出的积极表述和 *Lipkin Gouman* 案中的两阶段分析均一致。[96] 重要的是,在 *Banque Belge* 案中,斯克顿和阿金大法官(Scrutton and Atkin LJJ)都援引了 *re Hallett's Estate* 案[97]中确立的原则,即允许乙方就其最初信托财产而产生的可追溯收益主张衡平法上的权利。如法院在 *Herpu* 案中指出,*Banque Belge* 案可因此作为普通法法院承认和保护信托权利的案例,即允许受益人利用对受托人所收钱款的普通法上请求权,强制执行受托人应承担的义务。[98] 在 *Banque Belge* 案中强制执行的非明示信托,与 *Lipkin Gouman* 案中的信托类似,可以将其看作本章积

---

[93] See McFarlane(n 38)293 – 98; L. Smith, "Simplifying Claima to Traceable Proceeds" (2009) 125 LQR 338; B. McFarlane, "Unjust Enrichment, Property rights and Indirect Recipients" (2009) 17 *Restitution Law Review* 37.

[94] *Banque Belge pour l' Etranger v. Hambroick*[1921]1 KB 321(CA).

[95] *Heperu*(n 23)[137] – [144].

[96] *Banque Belge* 案的详细分析,参见 McFarlane, "Unjust Enrichment" (n 93)。

[97] *Re Hallett's Estate* (1880) LR 13 Ch D 696(CA).

[98] *Heperu*(n 23)[143]. 法院提及了 Smith, "Simplifying Claims to Traceable Proceeds" (n 93),此文认为,可通过对所收钱款提起普通法诉讼,从而强制执行受托人义务。也可参见 *Roxborough v. Rothmans of Pall Mall Australia Ltd.* [2001]HCA 68, (2001)208 CLR 516[67](Gummow J)。

极表述下所指信托。因此,可将 *Banque Belge* 案和 *Lipkin Gouman* 案用于支持积极表述的论点,加强错付钱款案件中的信托与欺诈案件中的信托之间的联系,正如布朗妮-威尔金森法官在西德银行案件中的分析和怀特法官在 *Wambo* 案的分析所体现的。

因此,对于本章而言,*Herpu* 案的重要性在于对 *Banque Belge* 案和 *Lipkin Gouman* 案的分析。其中有几层矛盾之处:第一,*Banque Belge* 案的判决颇受认可,上议院承认了在解释收款和持有款项行为中不当得利的作用,但事实上这一案件本身并未涉及被告赌场因原告的损失而获得不当得利。第二,相反地,在对 *Lipkin Gouman* 案进行重新分析的 *Herpu* 案中,该案可能事实上确实涉及了被告赌场因原告的损失而获得不当得利,那么 *Lipkin Gouman* 案中要求的两阶段信托分析就没有必要了。由此,法院在 *Herpu* 案中指出,*Lipkin Gouman* 案应是两阶段信托的案件,但却被误认为是直接不当得利案件。然而,在法院在 *Herpu* 案中也犯了相反的错误,误将直接不当得利案件分析为了两阶段信托案件。

在 *Herpu* 案中,资金是由郎达(Landa)和其控制的公司(乙方)项辛科达(Cincotta)先生(甲方)提供的,作为甲方代表乙方投资的资金。超过 270 万美元的资金通过六张支票开出,乙方希望该资金存入一账户,该账户由 Perpetual Trustees Ltd 为乙方之利益进行管理。甲方违反了对乙方的信托义务,以其妻子(丙方)的名义将资金存入 Perpetual Trustees Ltd 的账户。[99] 之后资金再次转出,并转移至丙方名下的另一个 Westpac 银行账户。甲方该 Westpac 银行账户下产生的收益用于自己和家人——部分款项支出用于清偿丙方的信用卡债务,部分用于偿还甲方和乙方共有土地的贷款本金和利息。丙方对甲方和乙方之间的事宜并不知情,且法院认定,丙方授权甲方 Westpac 银行账户权限时,其并未就 Perpetual 账户对甲方作出任何授权。[100] 同时,丙方对转入 Perpetual 账户的钱款并不知情,对甲方使用转入该账户中的钱款也不知情。欺诈行为暴露后,Westpac 银行账户下 100 万美元转入乙方名下。乙方主张从丙方处追回超过

---

[99] 诉讼时,Cincotta 女士已经与其前夫,即 Belle 先生分居。

[100] *Heperu*(n 23)[53]-[55].

170 万美元的剩余钱款。[101]

在 *Heperu* 案中,就像在 *Black* 案、*Banque Belge* 案和 *Lipkin Gorman* 案一样,被告确实为直接参与对原告的欺诈,是善意第三人。但 *Heperu* 案与其他三个案件的关键区别在于:被告收到的钱款并非直接来自原告。相对地,在 *Heperu* 案中,Cincotta 先生(甲方)并未获得其挪用的资金的任何权利,他只是将乙方的支票直接兑现转入了丙方账户。因此,同一行为(兑现支票)导致了丙方权利的获得和乙方权利的丧失:两者之间并无任何中间过程。因此,可以将 *Heperu* 案看作一个直接情形,即乙方可以向丙方主张严格责任恢复原状请求权,就像 Wambo 可以对其案中错付款项的直接收款人甲方主张的权利一样。尽管如此,*Heperu* 案并不涉及破产问题,作为乙方款项的直接收款人,丙方已经获得有关款项,仅对该钱款的权利主张表面看来应是可以实现的。从这个角度来看,审理 *Heperu* 案的法庭也无需对法院 *Black* 案、*Banque Belge* 案和 *Lipkin Gorman* 案再进行分析。

尽管如此,新南威尔士州上诉法院,乙方并不能实现对丙方所收钱款的请求权,因为这一主张是基于丙方获得权利,但在丙方知晓自己获得该权利之前并不能成立这一前提。[102] 在此,无法对这一问题进行完全深入的分析,因为很难理解为何需要这种程度的明知,[103]乙方主张的关键在于丙方获得权利,若该权利的获得不需要丙方的明知,那么乙方的主张实现要求丙方的明知显然毫无依据。当然,若认为乙方的主张取决于丙方因乙方的损害而获得不当得利,那么乙方不当得利的获得是建立在获得权利的基础上,乙方对该不当得利是否明知在所不论。支持丙方可承担严格责任恢复原状义务的观点认为,丙方获得其不知情的权利可能对其造成不合理的损害,当然这种不合理可以被各种抗辩所缓解。例如,在认定收款请求权需要乙方明知其获得该权利时,法院在 *Heperu* 案中援引了澳大利亚国家商业银行公司诉 *Batty* 案。[104] 在该案中,一笔挪用款项的

---

[101] 在另一诉讼中,乙方也主张 Perpetual Trustees Ltd 应就侵占和/或所受钱款对乙方承担责任。新南威尔士州上诉法院驳回了这一主张:*Perpetual Trustees Australia Ltd. v. Heperu Pty Ltd.* [2009] NSWCA 84。该案之后上诉至澳大利亚高等法院,双方在判决作出前达成了和解。

[102] *Heperu*(n 23)[74].

[103] 相反观点,即需满足这一要求的抗辩,参见 J. Edelman and E. Bant, *Unjust Enrichment in Australia* (Oxford, Oxford University Press, 2006) 104。

[104] *National Commercial Banking Corporation of Australia Ltd. v. Batty* (1986) 160 CLR 251 (HCA).

支票兑现转入一乙方(原告银行)的合伙账户。丙方为合伙账户的合伙人之一,对该支票的款项转入并不知情。在丙方得知该款项或甲方的不法行为前,甲方将有关款项和收益取出并为自己使用。法院认定,即使可以推定记入合伙账户名下的钱款即为银行的钱款,乙方对丙方的请求权也无法成立:丙方对银行转入合伙账户钱款一事并不知情,因此,乙方对丙方提出收款请求权毫无依据。吉布斯(Gibbs)法官指出:

> 若因为雇员或代理人的无权行为或完全陌生人的行为,导致钱款存入被告账户,严格意义上来说被告确实收到了该款项,但被告对这一事实完全不知情,随后该钱款在被告不知情或未干预情况下又被挪作他用,如果仅因理论上来说被告有可能知晓该钱款在其账户中而追究其对该钱款的责任,无论从普通法还是衡平法角度来说,都没有依据。原则上,在此类情形下被告应不承担责任,除非被告在有关钱款挪作他用之前知道或理应知道其拥有或控制该钱款。[105]

吉布斯法官的观点确有一定道理,但仍然可以提出质疑:当钱款转入丙方账户时,丙方确实对乙方承担表面的恢复原状之义务;同一行为(乙方存钱进入该账户)确实导致了乙方权利的丧失和丙方权利的获得;甲方的欺诈行为意味着丙方丧失了从所获权利处收益的法律依据。尽管如此,甲方之后对支票收益的处置免除了丙方的恢复原状义务:这就使得丙方从其最初获得的权利处未获得任何收益,也就为丙方提供了抗辩。当然,若丙方在得知自己获得权利和甲方的欺诈行为之后,自己主动消除了已经由该权利获得的利益,情况就会有所不同:丙方的明知就不再是丙方是否对乙方负有最初恢复原状之义务这一问题的关键,新的问题在于若随后事件减少或消除了丙方获得的利益,丙方本应承担的义务是否也随之削减或消除。

根据本章提出的观点,*Heperu* 案事实分析如下。甲方挪用乙方支票,将对应款项转入丙方账户,丙方随即对乙方负有恢复原状之义务。之后在丙方得知该挪用事实之前,甲方支出并使用了部分支票权益,那么丙方对乙方的责任就

[105] Ibid. [19].

减少到当丙方得知或理应得知其因甲方的欺诈行为而获得利益时丙方所保有的任何利益的范围内。*Heperu* 案中，此等剩余利益限于 Westpac 账户中结余的 100 万美元（之后该款项支付给了乙方）以及甲方使用支票收益时作出的任何必要开支，如清偿丙方的信用卡债务和贷款。在此对 *Heperu* 案的分析虽然与法院的分析有所区别，但结论是一致的。[106] 法院认定丙方对乙方的责任限于在特定时刻其保有的任何利益（因最初转入丙方账户的款项而产生的利益），此处特定时刻[107]是指：丙方得知或理应得知获得有关权利以及该权利的获得是基于甲方的欺诈行为。因此，法院下令对此类剩余利益情况进行调查。

尽管如此，*Heperu* 案中法院得出结论的过程并未如本章所倾向的那样直接。法院下令调查并非为了确定因支票款项转入丙方账户而产生的任何利益（价值）以及特定时刻丙方所保有的利益，而是为了确定因支票款项转入丙方账户而产生的任何财产（权利）的所在以及特定时刻丙方所保有的财产。这似乎是因为法院希望确定丙方以信托形式为丙方所持有的权利。正如我们所看见，在 *Black* 案、*Banque Belge* 案和 *Lipkin Gorman* 案三个案件中，确定丙方所持有的信托权利是必要的，因为丙方并非直接从乙方处收得款项，不存在收款请求权的情形。相反在 *Heperu* 案中，丙方是乙方的直接收款人，所以，问题不在于能否将丙方所保有的任何权利认定为信托财产，而在于丙方保有的任何价值是否妨碍丙方对乙方提出的表面收款主张行使完全抗辩。对保有权利的错误关注似乎导致 *Heperu* 案中乙方律师作出了颇为奇怪的让步，即丙方对其已从 Westpac 取走的用于偿还信用卡债务的任何钱款的价值不承担责任。[108] 对前述债务的清偿并未使得丙方获得或保有其本应以信托方式为乙方持有的权利；但这意味着丙方为必要开支保留该款项，实际上保有有关价值，因此在确定丙方对乙方的责任时，这一开支应具有相关性。

Heperu 案中的最后一点经验也由此引出：若丙方因甲方对乙方的欺诈而获得权利，区别乙方对丙方的两种请求权至关重要。丙方直接从乙方处获得权利的，这与简单的错付款项案件中适用的原则相同。同一行为同时引起乙方权利

[106] 一旦考虑乙方律师作出的让步，如本文 n 108 讨论的。

[107] *Heperu*（n 23）[42].

[108] Ibid. [160].

的丧失(或义务的增加)和丙方权利的获得,存在特定理由(甲方的欺诈)使得丙方不得从所得权利处收益。因此,丙方获得该权利时即对乙方负有恢复原状之义务,即将该权利归还乙方;即使乙方对其已获得该权利的事实或甲方欺诈的事实不知情,仍产生该义务。当然丙方拥有抗辩理由。尤其是在该权利获得丙方保有的利益因后续事件减少或消除时,若丙方对其已获得该权利的事实或甲方欺诈的事实仍不知情,丙方对乙方的义务也将相应减少或消除。有人认为,这一主张的存在是 *Herpu* 案中乙方胜诉(有限的)最为简单的解释。

若乙方权利的丧失(或义务的增加)与丙方利益的获得之间是间接联系,那么上述第一种请求权就不能主张。这一情形就与 *Black* 案、*Banque Belge* 案和 *Lipkin Gorman* 案三个案件类似,甲方的欺诈行为首先引起甲方权利的获得,之后甲方将该权利转让给丙方。在这一情形下,乙方必须主张第二种不同的请求权:丙方为乙方以非明示信托的行为持有从甲方处获得的权利(或该权利衍生的可追溯权利),因此,必须要求乙方为该权利承担责任。正如法院在 *Heperu* 案中指出,此类请求权在普通法诉讼中可能引起对所收款项的强制执行。[109] 尽管如此,这种强制执行是建立在非明示信托成立的基础上的,而本章的积极表述就为这一信托的成立提供了支持。根据积极表述,乙方的主张需证明丙方持有权利时明知其持有该权利和甲方的欺诈行为。有人认为,这一主张的存在是 *Black* 案、*Banque Belge* 案和 *Lipkin Gorman* 案中乙方胜诉最为简单的解释。

对前述两种请求权产生混淆的关键在于以为第一种请求权类似都要求丙方对甲方的欺诈行为明知。之后,将这一要求扩展到错付款项的情形,例如,在主张归还错付款项时要求证明收款人对付款人错误的明知。如果对这两种完全不同的请求权进行的错误类比,最终发展这样的结论未免令人遗憾。当然,布朗妮 - 威尔金森法官承认信托的成立须以受托人明知为基础的第二原则,与错付款项情形下对收款人的有关钱款主张是否要求其明知,是两个并不相关的独立问题。

---

[109] Ibid. [144][153].

第四部分 结 语

基于布朗妮-威尔金森法官在西德银行案中的分析,本章提出了积极规则,旨在确定非明示信托成立或产生的情形。该积极规则指出若满足三个条件,非明示的信托即可成立。这三个条件分别是:第一,同一行为或交易必须涉及乙方对某一权利的丧失(或获得某一义务)以及甲方对某一权利的获得。第二,必须有特定原因(如乙方错误或甲方欺诈)使得甲方丧失从其获得的权利(原为乙方的权利)处取得收益的法律依据。第三,甲方必须认识到自己已获得了该权利,以及认识到导致自己丧失从该权利取得收益的法律依据的事实。在持有最初获得的权利或由该最初权利衍生的可追溯权利时,甲方必须对此明知。

笔者已经论述,若积极规则的前两个条件满足,乙方将对甲方拥有一恢复原状的直接主张。但若甲方无力偿债或乙方希望对第三方(丙方)提出主张,乙方需证明,甲方获得的权利作为信托财产由甲方为乙方持有。为此,乙方可证明积极表述的第三个条件成立。在 *Wambo* 案中,甲方因乙方错付款项而获得一权利,丙方又基于此从乙方处获得一有关权利。最初,丙方对乙方的错误不知情;但当丙方得知该错误,则丙方以信托方式为乙方持有从甲方处获得的权利或任何可追踪的衍生权利。因此,丙方因其持有的该权利对乙方负有责任。在 *Farah* 案中,高等法院否决了新南威尔士州上诉法院采纳的观点:甲方以信托方式为乙方持有一权利,但将该权利无权转让给了不知情的善意第三人丙方,则丙方立即以信托方式为乙方持有该权利。这一分析与本章提出的积极规则一致:若乙方希望证明丙方作为其从甲方处获得的权利的推定受托人而负有责任,乙方必须证明在持有该权利或可追踪的衍生权利时丙方明知此前存在以乙方为利益人的相关信托。在 *Heperu* 案中,新南威尔士州上诉法院对于下述类型的案件进行了深入考量:甲方因欺诈从乙方处获得权利,并在之后将该权利或可追溯的衍生权利转让给不知情的无偿受让人丙方。法院对此类案件的分析与本章提出的积极规则也是一致的:若乙方证明,丙方在持有从甲方处获得的权利或可追溯的衍生权利时明知甲方的有关欺诈行为,则丙方应对乙方承担责任。

因此,可以看到,本章提出的积极规则与新南威尔士州最高法院怀特法官在 *Wambo* 案中的分析、澳大利亚高等法院在 *Farah* 案中的分析以及新南威尔士州上诉法院在 *Heperu* 案中的分析一致,其中观点在三个案件的分析中得到了支持。当然,若将积极规则作为确定此类推定信托运作的依据,确实会引起一些进一步的问题。第一,如在第三节第三部分提及,积极规则能够也用于解释归复信托的运作吗?第二,在涉及乙方丧失一权利(或新增一义务)和甲方获得一权利且甲方向乙方支付了一定对价的情形下,积极规则也能够适用吗?尤其是在双方最初交易涉及可撤销合同情形下,关注甲方是否明知的表述中的第三点能否有助于解释该情形下撤销行为的作用?无疑这些更为广泛的问题才是难点;但同时可以确认的是,比较分析将裨益这些问题的解决,由此带来的发展也将不仅仅局限于英国和澳大利亚,而会是整个衡平法法域。

第九章　家庭资产纠纷中衡平法适用的限制

马修·哈丁(Matthew Harding)*

第一部分　绪　　论

在普通法国家,夫妻离婚寻求司法对家庭资产进行分配时,纠纷将根据家庭法的成文规定或衡平法的判例规范进行裁决。在澳大利亚、新西兰及加拿大的马尼托巴省和萨斯喀彻温省,有相当全面的成文法体系来解决大量此类纠纷。在这些法域,就家庭资产分配,说衡平法不再扮演重要角色一点儿也不为过。[①] 与之相对应的是,在加拿大其他地区以及英格兰和威尔士,成文法仅适用于已婚夫妻、同性民事伴侣(英格兰和威尔士)和注册伴侣(加拿大新斯科舍)[②]间的纠纷,在加拿大、英格兰和威尔士的这些地区,衡平法在大量案件中仍被用于裁决家庭资产分配。由于在普通法国家,成文法体系和衡平法规范在家庭资产案件中都可能被适用,因此,去鉴别和理解两种法律体系处理家庭资产财产

---

* 衷心感谢米契尔·布赖恩(Michael Bryan)和安德鲁·罗伯森(Andrew Robertson)对本章观点提出的有益探讨,感谢菲奥纳·伯恩斯(Fiona Burns)和本·麦克法兰(Ben McFarlane)的详细评论。

① Australia: Family Law Act 1975(cth),SS 75,78,79[通过家庭法修正案适用范围扩及未婚伴侣(De Facto Financial Matters and Other Measures) Act 2008(cth) and Family Court Act 1997(WA),SS 205ZD(3),205ZG(4);New Zealand : Property(Relationships) Act 1976(NZ)],SS 8,11,13,15,18;Manitoba: Family Property Act CCSM c F25,SS 13,14,15;Saskatchewan:Family Property Act SS 1997 c F-6.3,SS 20,21。

② Alberta:Matrimonial Property Act RSA 2000 c M-8,SS 7,8,19,20;British Columbia: Family Relations Act RSBC 1996 c 128,SS 56,59,65; Nova Scotia: Matrimonial Property Act RSNS 1989 c 275,SS 12,13(依据 the Vital Statistics Act RSNS 1989 c 494,Part 2,适用范围扩及注册伴侣);Ontario: Family Law Act RSO 1990 c F3,SS 5,19,21,23,24;England and Wales: Matrimonial Causes Act 1973 c 18,SS 23,24,24A,24B,25 and Civil Partnership Act 2004 c 33,SS 65,66. 请注意,依照 the Civil Marriage Act SC 2005 c 33,同性伴侣在加拿大可结婚。

权分配问题的不同之处就尤为重要。本章的目的就在于帮助理解两种法律体系的差异。

本章聚焦成文法和衡平法在处理家庭资产财产权分配中的不同之处。成文法下,法院审理家庭资产财产权分配案件,在决定如何分配时,被特别授权,有时也会被要求,将当事人未来可能的经济状况纳入考量范围。③ 这就意味着,至少在一些依据成文法处理的案件中,法院分配部分或全部家庭资产财产权时,将考虑当事人未来可能所处状况,而非他们过去所为。相比之下,适用衡平法处理家庭资产纠纷的法院,在决定分配问题时,通常不会考虑当事人的未来需求。④ 虽然与家庭资产相关的衡平法法理出了名的复杂多维,但法院在适用衡平法裁决财产权分配时,大多数时候将注意力集中于过去的事件,而非当事人的未来需求。⑤

我将重点探究成文法和衡平法的路径差异是如何产生的。为此,我仔细研究了一项我认为被广泛接受的观点:即无论成文法如何规定,根据衡平法的法理约束,法院不能在家庭资产分配中考虑未来需求。在家庭资产案件中,有意提出这一主张的人,必须阐明衡平法上的法理约束,以解释为何财产权分配时不应考虑未来需求的可能性。我认为有以下两种理论:一是将衡平法限定为矫正正义的规范,抑或是将衡平法限定为一系列可适用的规范,包括矫正正义,但无论是上述哪种理论,都不会将未来需求作为家庭资产财产权分配的依据。我认为,就衡平法下的家庭资产案件而言,要接受"矫正正义规范"或"有限规范理

---

③ Family Law Act 1975(cth),SS 75,79; Family Court Act 1997(WA),SS 205ZD(3),205ZG(4); Matrimonial Property Act RSA 2000 c M-8,SS 8,20,Family Relations Act RSBC 1996 c 128,S 65; Family Law Act RSO 1990 c F3,S 24; Family Property Act SS 1997 c F-6.3,SS 20,21; Matrimonial Causes Act 1973 c 18,S 25.

④ 在本文中,我将用词组"未来需求"作为当事人未来可能的经济状况的简写。

⑤ 我写"大多数"是因为衡平法似乎确实愿意在财产所有人禁反言主义的背景下对未来需求感兴趣:请看 Sledmore v. Dalbly(1996)72 P & CR 196(CA). 尽管有这个观点,但因为衡平法理学说上的限制,未来需求不应当考虑进 *Sledmore v. Dalby* 案中,请看: S. Gardner, "The Remedial Discretion in Proprietary Estoppel"(1999)115 LQR 438,460; S. Bright and B. McFarlane, "Proprietary Estoppel and Property Rights"(2005)64 CLJ 449;476; B. McFarlane, *The Structure of Property Law* (Oxford, Hart Publishing,2008)459-60; A. Robertson, "Unconscionability and Proprietary Estoppel Remedies" in E. Bant and M. Harding(eds.), *Exploring Private Law* (Cambridge, Cambridge University Press,2010)402,421-26. 想要不同的观点请看 E. Cooke, *The Modern Law of Estoppel* (Oxford, Oxford University Press,2000)116-17。

论”都有很大障碍。因此,如果仅从矫正正义规范或有限规范理论角度来解释,那么关于衡平法中存在法理约束的观点是站不住脚的。然而,我的结论是,即便衡平法存在法理约束的观点被推翻,当法院适用衡平法处理家庭资产财产权分配纠纷时,仍存在其他理由约束法院不得考虑当事人的未来需求。

第二部分 理论限制(1)——矫正正义视角

矫正正义规范(norms of corrective justice)是要求撤销利益从一方转移到另一方的交易规范。[⑥] 因矫正正义规范而导致的交易撤销,使在该可疑交易(impugned transaction)中受益方从受损方所获的利益,回到受损方。因此,正如约翰·加德纳所说,“分配返还”(allocation back)是矫正正义规范的独特形式。[⑦] 矫正正义规范表现为“分配返还”,因而矫正正义规范的适用必然是基于既定事实:矫正正义规范仅适用于发生在过去而当下需要通过“分配返还”的方式来被撤销的交易,且矫正正义规范对交易不合法的认定也基于发生在过去的既定事实。与矫正正义规范相对应的是,分配正义规范(norms of distributive justice)仅做简单分配,依据规范也并非可责交易中利益由一方转至另一方。[⑧] 与矫正正义规范不同,分配正义规范并不只基于过去发生的事,还可以将未来事件或事态作为分配依据。如果衡平法在家庭资产案件中被限定为矫正正义规范,那么适用衡平法的法院在家庭资产案件中,分配财产权时就不应考虑当事人的未来需求。如果衡平法并不仅限于矫正正义规范,那么在家庭资产案件里,衡平法还是可能不会考虑未来需求。但既然分配正义规范允许将未来发生的事情纳入考量,所以,要论证这一点,就需要更多的论据来支撑。

要证明在家庭资产案中衡平法仅限于矫正正义规范这个命题,至少要跨越三大障碍:一个是法律本身,另两个则基于规范性论证而产生。第一个障碍是:

---

⑥ 这可能包括非物质形式获益:See eg E. Weinrib, *The Idea of Private Law* (Cambridge MA, Harvard University Press,1995) ch 5.

⑦ J Gardner,“What is Tort Law For? Part 1: The Place of Corrective Justice”(2011) 30 *Law and Philosophy* 1,9 - 10. See Weinrib, *The Idea of Private Law*(n 6)62.

⑧ 有关矫正正义和分配正义的形式区别,参见 Gardner,“What is Tort Law For?”(n 7)11 - 13; *Weinrib*(n 6)61 - 63。

判例法表明,在家庭资产财产权分配案件中,适用衡平法的法院,并未将自身局限于矫正正义规范中。第二个障碍是:没有理由仅因一个典型的家庭资产案件中只有两方当事人,就认为只能适用矫正正义规范。第三个障碍是:与矫正正义理论家所主张的不同,在私法领域纠纷解决过程中,法院可同时适用矫正正义规范和分配正义规范来回应康德权利学说。

一、法院并未把自身局限于矫正正义规范

有人认为,在家庭资产纠纷中,当一方当事人不合理或不公平地主张或保留对家庭资产的财产权,从而否认另一方的财产权时,衡平法会加以干预。⑨ 如果说衡平法干预家庭资产纠纷是因为一方当事人否定了另一方的财产权,这就意味着衡平法的干预是为了将被一方不当扣留的财产返还给另一方,这就说明在此类案件中被适用的规范是矫正正义规范。但这种被告否认原告财产权的说法,虽然有效展示了衡平法在家庭资产案中研究对象的整体轮廓,却容易模糊在该类案件里可能发挥作用的不同种类规范之间的重要差异。这种差异体存在于将家庭资产财产权分配给原告所要依据的规范和要求被告遵守分配结果所要依据的规范之间:简单来说,就是财产分配规范和行动要求规范的区别。⑩ 提到不公平地拒绝财产,就指向了适用行动要求规范的需要,但却容易忽视财产分配规范。

就我们应当如何理解在衡平法下,家庭资产案件如何适用行动要求规范的问题,我暂不回答。也许,这些行动要求规范始终属于矫正正义规范,要求将被告无理扣留的财产重新分配给原告。但是,在家庭资产案件中适用的行动要求规范也可能属于衍生规范,即要求被告采取行动以实现案件中财产分配规范的要求,如果是这样,那么行动要求规范的类型就既可能是矫正性也可能是分配

⑨ See eg *Gissing v. Gissing*[1971]AC 886(HL)905(Lord Diplock); *Muschinski v. Dodds*(1986)160 CLR 583(HCA)620(Deane J).

⑩ 财产分配规范和行动要求规范的区别体现在家庭资产案中适用衡平法裁定的救济性质不同:通常会有一个信托声明,分配资产所承载的财产权,随后会有法院令要求被告转移产权或出售财产并交付原告部分或全部收益。偶尔法院会声明信托,但不再发布法令,被告将自动依据适用的行动要求规范行事。法院适用财产分配规范但未适用行动要求规范的案例:*Baumgartner v. Baumgartner* (1987)164 CLR 137(HCA)。

性,这取决于具体案件中所适用的财产分配规范的类型。[11] 就本文目的而言,需留意的重点在于,财产分配规范和行动要求规范是不同的,所以,在确定家庭资产案中衡平法是否只依据矫正正义规范发挥作用时,不仅应注意行动要求规范,它是认定拒绝原告财产属不公平行为的基础,还应注意财产分配规范,它是确定财产最初应分配给原告的基础。这些财产分配规范是本章的核心。

判例法显示,在家庭资产案里,法院在适用衡平法分配财产时,所依据规范的形式和内容在很大程度上是不清楚的。也就是说,很明显,家庭资产案中适用衡平法下财产分配规范的范围并未局限于矫正正义规范。在加拿大,法院在对财产分配做出裁决时,明示援引了不当得利概念。[12] 因为要求不当得利返还的规范总是以"返还分配"的形式呈现,也因此总归于矫正正义规范,[13]所以,这类案件通常被认为是对矫正正义规范的适用。然而,曾有人指出,在加拿大的案件中,法院似乎是在通过援引不当得利概念来给予内容并不确定的分配规范以效力。[14] 某种程度来说,对这些加拿大案件的批评是合理的,因此,也许就不能说,在家庭资产案中,加拿大的衡平法遵循的规范仅为矫正规范。

在英格兰,法院基于当事人的共同意愿来适用衡平法解决家庭资产纠纷。这就需要适用财产分配规范。我们需要记住的是,分配正义规范要求分配基于特定规范,而非在可疑交易中利益已转移的事实。在共同意愿案件中,当事人的共同意愿,一旦通过推理甚至是推断,被直接作为事实予以确立,将会被作为当事人之间财产分配的依据,既是分配的依据,也是分配比例的依据。[15] 在此类

---

[11] See L. Smith, "Restitution: The Heart of Corrective Justice" (2001) 79 *Texas-Law Review* 2115, especially 2126 – 2128.

[12] *Pettkus v. Becker* [1980] 2 SCR 834 (SCC); *Sorochan v. Sorochan* [1986] 2 SCR 38 (SCC); *Rawluk v. Rawluk* [1990] 1 SCR 70 (SCC); *Peter v. Beblow* [1993] 1 SCR 980 (SCC).

[13] 对于温瑞卜(Weinrib)主张的不当得利案件中的矫正正义内容,See E. Weinrib, "The Normative Structure of Unjust enrichment" in C. Rickett and R. Grantham (eds.), *Structure and Justification in Private Law* (Oxford, Hart Publishing, 2008) 21; E. Weinrib, "Correctively Unjust enrichment" IN r Chambers, C. Michell and J. Penner (eds.), *Philosophical Foundations of the Law of Unjust Enrichment* (Oxford, Oxford University Press, 2009) 31.

[14] See eg the criticisms of the Canadian case law in J. Mee, *The Property Rights of Cohabitees* (Oxford, Hart Publishing, 1999) ch 7, and note McLachlin J's discussion of public policy considerations in *Peter* (n 12) 992 – 95.

[15] *Pettitt v. Pettitt* [1970] AC 777 (HL); *Gissing* (n 9); *Grant v. Edwards* [1986] Ch 638 (CA); *Lloyd's Bank Plc v. Rosset* [1991] 1 AC 107 (HL); *Midland Bank plc v. Cooke* [1995] 2 All ER 5562 (CA); *Stack v. Dowden* [2007] UKHL 17, [2007] 2 AC 432.

案件中,法院不考虑交易的可疑性,也据此不必强制要求财产返还原告。表面上看,此类案件适用的是分配正义,而非矫正正义。⑯ 此外,英国法院因其处理在家庭资产案中将判决结果归咎于当事人共同意愿的倾向性而被诟病。这种批评表明,在这些案件中,法院裁判的依据并非共同意愿,而是以未清楚阐明的分配规范作为财产分配的依据。⑰

在澳大利亚和新西兰,法院在家庭资产案件中适用的财产分配规范的特点也并未更清晰。在 *Baumgartner v. Baumgartner* 案中,澳大利亚高等法院基于各方当事人在支付家庭开销中均做出贡献这一事实,在当事人之间进行家庭资产分配。⑱ 首席法官麻森(Mason CJ)和法官威尔逊(Wilson)、法官迪恩(Deane)所持的多数意见并未对被适用的财产分配规范的本质做出清晰的证;⑲一些法官把此类案件定性为返还不当得利,⑳由此表明此处适用的是矫正正义规范,但

---

⑯ 英国法庭的传统是仅在有证据表明,原告基于对共同意愿的依赖才履行了使自己遭受利益减损的行为,才会确认当事人共同意愿的效力:See *Gissing*(n 9)905(Lord Diplock); *Grant*(n 15)646 – 48(NourseLj); *Rosset*(n 15)132 – 33(Lord Bridge)。这种利益减损依赖可能会被认为是共同意愿案中的复杂因素,也因此很难认定在这样的案件中,分配的依据到底是共同意愿还是模糊不清的理由,而非某种由利益减损依赖所证明的可疑交易。但是,在形式要件欠缺情况下,如土地信托的创设故意未使用书面形式,利益减损依赖可能被视为必需证明的条件,否则"共同意愿"不能被视为分配规范。此外,近期共同意愿案件表明,英国法院未来可能不会强调利益减损依赖的证据:参见 S. Gardner,"Family Property Today"(2008)124 *LQR* 422,424 – 35,443 – 44,referring to *Stack*(n 15) and *Abbott v. Abbott*[2007]UKPC 53。

⑰ 关于归罪给共同意愿, See: J. Mee, "JointOwnership, Subjective Intention and the Common Intention Constructive Trust"(2007)71 *Conveyancer and Property Lawyer* 14;W Swardling,"The Common Intention Constructive Trust in the House of Lords: An Opportunity Missed"(2007)123 LQR 511; N Piska, "Intention,Fairness and the Presumption of Resulting Trust after Stack v. Dowden"(2008)71 MLR 114; N Piska,"Constructive Trusts and Constructing Intention" in M Dixon(ed.),*Modern Studies in Property Law: Volume v.* (Oxford, Hart Publishing, 2009) 203; S. Gardner and KM Davidson, "The Future of *Stack v. Dowden*"(2011)127 LQR 13.

⑱ *Baumgartner*(n 10)148 – 49(Mason Cj,Wilson and Deane JJ).

⑲ 相比之下,在 *Muschninski* 案中(n 9),迪恩(Deane)法官(他的判决影响了高等法院在 *Baumgartner v. Baumgartner* 案中的观点)似乎清楚地适用了矫正规范。请记住,在可疑交易中,适合矫正规范的效果是"财产返还",那么迪恩法官接下来的判决内容应如何理解?"适用原则的情况是:当共同关系的基础或努力因不可归责的原因消失殆尽,当一方基于共同关系或为了共同关系而贡献的金钱或其他财产收益却被另一方所享有,但另一方的享有并非特别意定或明确的。"

⑳ 图希(Toohey)法官在他的少数意见中指出,多数意见所采用的路径是基于不合理行为或不当得利: *Baumgartner*(n 10)154。See K. Mason,J. Carter and G. Tolhurst,*Mason and Carter's RestitutionLaw in Australia*,2nd edn(Sydney,LexisNexis,2008)[135],[170]。

也可以解释为此处适用的是以某种多劳多得为规范的分配规范。[21] 此外，在 *Lankow v. Rose* 案[22]中，新西兰上诉法院的法官蒂平（Tipping）称，在家庭资产案中，原告若想使自己的财产分配主张得到支持，只需证明以下几点：（a）对于财产的直接或间接贡献；（b）原告对财产权有所期待；（c）原告的这种期待是合理的；以及（d）被告应当能够合理预料到让与原告以利益。[23] 这种分配方式体现的可能是一种矫正规范，要求被告返还因原告贡献所得到的利益。但即便当事人之间没有交易，这所体现的也可能是一种分配规范，即在具体案件情境中，基于原告对资产财产权的合理期待。但蒂平法官的判决并未明确，两种规范到底何者作用更大，或者如何被同时适用。[24]

我希望上述论证已足够清晰表明，“家庭资产案中衡平法的适用局限于矫正正义规范”这一观点所遭遇的第一个障碍是：该观点与司法实践操作并不相符。要从规范角度反驳该矫正正义观点，就有必要研究矫正正义本身的规范基础。

二、两个当事人之间的案件并不全是矫正正义案件

从规范角度讲，无法接受矫正正义观点的原因在于：没有理由仅仅因为家庭资产案件是两个公民就相互之间权利义务关系引发的私法纠纷，就认为此类案件仅通过适用矫正正义规范即可合理解决。欧内斯特·温瑞卜（Ernest Weinrib）在其对于私法领域的矫正正义规范做出的开创性研究工作中称，“私法是个维护正当性的部门，意在调整争议与解决争议之间规范关系”。[25] 考虑到私法解决的是特定原告和特定被告之间的对立纠纷，温瑞卜提出，如果私法欲实现其维护正当性之目的，那么作为解决纠纷的规范基础，就必须明确特定被告应向特定原告承担责任的理由。换言之，温瑞卜主张，在私法

---

[21] 在另一篇衡平法文集 M. Harding，“Justifying Fiduciary Allowances” in a Robertson and H. Tang（eds.）里，我讨论了多劳多得的分配规范，*The Goals of Private Law*（Oxford，Hart Publishing，2009）341。

[22] *Lankow v. Rose*［1995］1 NZLR 277（NZCA）.

[23] Ibid. 294.

[24] 新西兰司法的模棱两可在新西兰上诉法院的 Cooke P 作出的早期示范性判决 *Gillies v. Keogh* 案中最为明显，用“合理的期待”指代了一系列涉及不当得利、“资产贡献”、共同意愿、财产禁止反言原则元素的矫正规范和分配规范：*Gillies v. Keogh*［1989］2 NZLR 327（NZCA）330 – 35（Cooke P）。

[25] *Weinrib*（n 6）12.

案件里,法院判决的理由必须反映当事人之间关系的对抗性。对温瑞卜来说,矫正正义是隐藏在原、被告之间对抗私法关系中的正义模式,[26]这是因为矫正正义假定只有两方当事人,一方在可疑交易中受损,另一方因此而获益。因此温瑞卜总结到,考虑到私法纠纷的对立性,私法作为维护正当性的部门,应限于矫正正义规范。

成文家庭法规范两个公民之间的权利和义务。如果温瑞卜是正确的,那么尽管私法纠纷的本质具有对立性,法院适用成文法规定审理家庭资产案件时,所被赋予的职能,就不同于适用作为维护正当性部门的私法时的职能,或者更进一步,因为成文法的适用同时基于矫正规范和分配规范。但是否真的就能说,除非适用矫正正义规范,详述可疑交易作为财产分配的依据,否则法院在适用成文法分配家庭资产财产权时,不能用规范性联系把当事人纠纷和纠纷解决清晰表达出来?当然,同适用矫正性财产分配规范一样,适用分配性财产分配规范同样也能厘清这种规范性联系。[27]

此处的关键是理解,尽管分配正义规范通常或者可能典型地适用于存在多于两方当事人的案件中,但分配正义规范也能适用于两个当事人之间的案件[28]。分配性正义的财产分配规范承认潜在的分配候选人且会具体规定某项规范作为分配规范。在某些情况下,分配规范所具体规定的分配规范可能会对多人的处境予以考虑。然而,在另一些情况下,分配规范所具体规定的分配规范可能仅仅对两人的处境予以考虑。以适用衡平法的家庭资产案件为例,在处理过程中,法院以当事人的共同意愿作为分配依据来进行财产分配。[29] 在此类案件中,只有证明有共同意图的当事人才会被视为分配候选人,证明有共同意图的当事人则是原告和被告。法院可以依照当事人共同意愿,做出合理的财产分配:这部分给本案原告,那部分给本案被告。虽然适用的是分配规范,但也反应当事

---

[26] Ibid. 19.

[27] 毫无疑问,分配性的财产分配规范可提供人类行为与财产取得之间的规范化联系。当前目标的问题在于,这样的规范化联系能否满足私法领域纠纷的独立性特点。

[28] See *Gardner*(n 7)12 – 13.

[29] 为了更好地分析,我考虑的是共同意图被直接建立或推断出的案件,而不是将共同意图强加给当事人的案件。

人关系的对立性。[30]

温瑞卜自己也承认,“无论是矫正正义还是分配正义,都无法仅凭自身规范来解决经验世界中的某类具体问题”,[31]并且他也认为在私法领域中,分配规范可能被适用于仅存在两个当事人的案件中。[32] 他认为,在私法领域仅涉及两个当事人的案件中,分配规范与案件只是“或有”关系,而矫正规范则与案件存在“必要”关系。[33] 温瑞卜区分“或有”和“必要”规范的意图不明:案件中,当分配规范仅适用于两个当事人时,这个规范似乎就与当事人的争议及争议解决,存在一种必要关系。温瑞卜作此区分时,可能是为了引出康德权利学说的要求,来支撑自己的矫正正义理论,对此我会在本章的下一节展开讨论。无论温瑞卜想表达什么,很重要的一点是,他似乎并未否认,也无法否认,法院可在两个当事人的案件中依照当事人意愿适用分配规范,如同机构在审理对立纠纷时被要求提供规范正义。鉴于适用衡平法的家庭资产案件都是仅有双方当事人的纠纷,因此就不能断言在此类案件中只能适用矫正正义规范。

三、矫正规范和分配规范对康德权利学说均有所回应

在约定俗成语境下不接受矫正正义观点的理由,却绕不开基于矫正正义规范基础的理论来主张该观点的人:按照温瑞卜的理论,矫正正义和康德权利学说之间有着某种特殊的联系。想要探讨温瑞卜理论的这一方面,最好从他对法院角色的定义开始。他认为,在私法领域中,法院只有一种角色:在特定的互动中向公众传递康德权利学说的含义。[34] 康德提出的权利普遍原则(Universal Principle of Right)对康德权利学说作了详细说明,按照亚瑟·瑞普斯丁(Arthur Ripstein)的说法,就是“要求每个人都在不影响他人选择自由的前提下做出选择[35]”。康德

---

[30] 将共同意愿明确为分配基础的财产分配规范,似乎出现在罗伯特·诺齐克(Robert Nozick)在他阐述分配正义时所提到的“转让中的正义”一词:*Anarchy*,*State*,*and Utopia*(New York,Basic Bookds,1974)ch 7. 正如 *Gardner*(n 7)13 所指出的,诺齐克关于转让中的正义的描述正是关于对立的分配规范的描述。

[31] *Weinrib*(n 6)70.

[32] Ibid. 72,n 41.

[33] Ibid.

[34] Ibid. 105.

[35] A. Ripstein,*Force and Freedom*:*Kant's Legal and Political Philosophy* (Cambridge MA,Harvard University Press,2009)35 –36. 我十分依赖瑞普斯丁的书来准备这一章节的这部分。

权利学说认为每个独立个体的自由是指每个人自主选择人生目的的自由，而前提是不影响他人同样的自主选择的自由。用瑞普斯丁简练的话来说，就是要求“没有哪个人是另一个人的主人”。[36] 因此，温瑞卜关于法庭角色的定义似乎在要求法院在私法领域中通过阐明其判决的理由来证明其判决的正当性。法院所给出的判决理由应当是依照瑞普斯丁所描述的“普遍法则下的自由体系”，将每一方当事人都作为自由的主体。[37]

温瑞卜认为，法院裁定私法纠纷只能通过适用矫正正义规范：“矫正正义是唯一的适合一方自由主体与另一方自由主体之间展开直接交互的正义结构。”[38] 我之所以在上面的引文强调“唯一的”，是因为温瑞卜所下的定义并不是说，矫正正义规范是法院在私法案件中体现康德权利学说的几种途径之一，而是说，矫正正义规范是唯一的途径。就本文目的而言，温瑞卜关于矫正正义如何赋予康德权利学说意义的阐述可以被接受。[39] 除了通过适用矫正正义规范来赋予康德权利学说意义，我更想关注的是，法院在私法案件中能否通过适用分配正义规范来赋予康德权利学说意义。如果康德权利学说也是构成可被适用在私法领域的分配正义规范的基础，那么至少对于有着康德道德观的人而言，接受矫正正义的观点就存在障碍。

在任何以双方共同意愿作为分配依据的案件中，康德权利学说都可能构成该案件中所适用的分配规范的基础。正如瑞普斯丁所主张的，同意在康德的道德理论中有着重要地位。根据康德的权利普遍原则，一方的“同意”可能会引起另一方与之相对权利和义务的变化。[40] 在一方同意的范围内，其对于权利和义务变化的同意，并不意味着其成为相对方实现目的的工具，而是意味着，作为自由选择自己目标的人，其道德立场也随之发生了变化。正如瑞普斯丁所说，“通过同意，你可以将一个原本可能成为另一方强加于你的专制行为转变成你对自己自由意志的行使”。[41] 因此，当法院在裁决私法案件时，将两方个体的同意作

---

[36] Ibid. 36.

[37] Ibid. 169.

[38] Weinrib(n 6)19.

[39] For the account, See Weinrib(n 6)ch 5.

[40] Ripstein, *Force and Freedom*(n 35)109 – 15.

[41] Ibid. 47.

为两者间的分配依据,尽管法院适用的是分配正义规范,但这也体现了康德权利学说的意义。可以说,这种基于同意的分配规范的适用,体现了法院根据当事人的共同意图分配家庭财产的案件情况:在这些案件中,当事人的共同意愿体现了双方对彼此权利与义务改变的相互同意。从这一点来看,共同意愿案件为下述理论的可能性提供了实例证明,即分配规范和矫正规范一样,也能满足康德权利学说在私法领域的要求。

第三部分　理论限制(2)——有限集合的观点

接受"衡平法理论限于矫正正义"这一观点的障碍,构成了拒绝该种说法的理由。然而,不接受"法院在审理家庭资产案件适用衡平法时应限于矫正正义规范"的观点并不必然意味着要放弃这样一种主张,即衡平法上的理论限制排除了家庭资产案件中对未来需求的考虑。这是因为,在接受"矫正规范和分配规范在适用衡平法的家庭资产案件中都应被适用"的同时,坚持可以被适用的一套矫正规范与分配规范集合是受到限制的,并且所有可适用的规范都禁止考量未来需求。认为一套可被适用的矫正规范与分配规范集合是受到限制的这一观点在判例法中不难看出。例如,在阐明这一观点的最基础案件 *Pettitt v. Pettitt* 案中,Borth-y-Gest 的莫里斯法官(Lord Morris)的观点可能代表了审理该上诉案件所有法官的意见。

> 当出现财产纠纷,而又欠缺新的立法条文赋予法院自由裁量的权力以调整争议财产的普通法权益或者衡平权益时,法院此时的职责就是得出结论,确定利益归属。[42]

这一表述完全符合"家庭资产分配可能依据分配规范,而非矫正规范"的观点,为 *Pettitt v. Pettitt* 案所确认的适用以共同意愿为基础的分配规范进行了背书。尽管如此,该表述区分了依据相关规范的有限集合来分配财产与依据无关

[42] *Pettitt*(n 15)803; See 793(Lord Reid),807 – 08(Lord Hodson),812 – 13(Lord Upjohn),820 – 21(Lord Diplock).

规范的无限集合来再分配财产,前者是适用衡平法法院所应实现的,后者是适用衡平法法院所应避免的。

那么对衡平法适用持有限理论观点的人,该如何说服法院在分配家庭资产时不将未来需求纳入考虑因素?一种可能就是主张未来需求永远不可能成为分配正义完善规范的分配标准,因此,衡平法上可适用财产分配规范集合只能由完善的矫正规范和分配规范构成。主张未来需求永远不会出现在完善的分配正义规范中,相当可行,[43]而为了彻底排除未来需求,就需要规范持续性的论证。[44] 不过,这里我想把这条论证放到一边。如果完善的分配正义规范受限,以始终排除对未来需要的考量,那么成文家庭法在要求将未来需求纳入家庭资产案件考量的情况下,就不符合正义要求了。同样地,这个结论也并非不可能,比如,这样的体系可能是慈善规范的体现。[45] 但在我看来,继续主张完善的分配正义规范至少有时提到未来需求,是足够反常的。

下面再来看看另两种用于反驳"可将考虑未来需求的分配规范纳入家庭资产案中适用的财产分配规范的有限集合"这一观点的论证。第一种论证认为,衡平法分配财产时应仅依据以当事人将争议提交法院之前发生的分配事件为基础的规范,而不应依据以分配的未来事件或事态为基础的规范。简言之,该论证的观点是,家庭资产案件中适用的规范集合应限于考虑过去的规范,而不能将考虑未来的规范纳入进来。这一论证符合法律确定性的价值观;当事人,包括第三方,应当能够依赖法院会依据过去已发生的言行,而非将来可能发生的言行,对财产纠纷作出裁决。[46]

㊸ 对于需求永远不会出现在完善的分配正义规范的论述,See Nozick,*Anarchy*,*State*,*and Utopia* (n 30) ch 7。

㊹ 对于诺齐克(Nozick)分配正义理论的有效回击,See G. Cohen,*Self-Ownership*,*Freedom and Equality* (Cambridge,Cambridge University Press 1995) chs 1 -3。

㊺ 对于正义与慈善的不同,See J. Gardner,"The Virtue of Justice and the Character of Law" (2000) 53 *Current Legal Problem* 149; J. Gardner,"The Virtue of Charity and Its Foils" in C. Mitchell and S. Moody (eds.),*Foundations of Charity*(Oxford,Hart Publishing,2000) 1.

㊻ 就这一点而言,类似衡平法里自由裁量救济的争论:See P. Birks,"Proprietary Rights as Remedies" in P. Birks(ed.), *Frontiers of Liability*: *Volume* 2(Oxford,Oxford University Press,1994) 214; p Birks,"Three kinds of Objection to Dictionary Remedialism" (2000) 29 *University of Western Australia Law Review* 1 ; P. Birks,"Rights,Wrongs and Remedies" (2000) 20 *OJLS* 1. 然而,这两个论证是不同的:我们可以在主张自由裁量救济在衡平法里是不被允许的同时,仍同意适用决定性法律以要求在任何家庭资产财产权分配案件里考虑未来需求。

第二种论证认为,法院在适用衡平法的家庭资产案件中,若根据未来需求分配财产,则考虑到纠纷的对立性,法院是无法就裁判理由作出充分的正当性解释。此前,我讨论过一个观点,即在私法领域的纠纷中,法院只有通过适用矫正正义规范才能对涉及双方当事人争议的判决做出充分的正当性解释。我不赞同这个观点,因为在涉及双方当事人的案件中存在适用分配规范的可能。但是,这种可能仅存在于法院在双方当事人案件中适用分配正义规范时,能对裁判正当性作出足够说明的情况。这是因为在一个双方当事人的案件中,对一方的有利分配必然导致对另一方的不利分配。法院必须能够向不利方解释为什么要通过减少对其的分配来增加另一方的分配,而不是通过比如求诸社会福利制度的方式,来改善另一方的处境。因此,第二种论证认为,在私法领域案件中,法院若仅因一方未来需求就对其做出有利分配,那将无法向另一方合理解释为什么该方的分配必须相应削减。

这两种关于衡平法理论限制的论证,分别依据法律的确定性价值和私法的正当性要求,都颇具说服力,我想为本文之目的而接受这两种观点。但接受这些观点就意味着,同意法院在适用衡平法处理家庭资产案件分配财产过程中,对于未来需求的考虑是受到限制的。首先,如果衡平法在家庭资产案中仅限于"考虑过去"的规范,那么适用衡平法的法院就绝不应仅基于一方未来处境很可能劣于另一方的事实就作出财产分配。[47] 如果衡平法仅根据能反映双方当事人对立关系的规范来施行,那么法院就不应将本应由国家通过社会福利规定向一方当事人承担的负担,通过在案件中的财产分配附加给另一方当事人来承担。[48]

尽管如此,认可衡平法具有限于考虑过去事件和对立性规范的理论限制,并不必然意味着接受衡平法理论限制将未来需求排除在家庭资产案件之外的观点。这是因为,在一些适用衡平法的家庭资产纠纷中,属于分配正义的财产分配规范大致有下列特点:(a)基于过去,将发生在过去的事件作为分配依据;(b)对立性,仅适用于原、被告;但(c)需要考虑当事人的未来需求。

证明上述规范可能性的论证始于以下观察:在双方当事人将家庭资产纠纷

---

[47] 本·麦克法兰关于"法院不能利用A和B的出庭来依据他们各自的需求调整他们的权利"的主张据此可以被接受:McFarlane, *The Structure of Property Law* (n 5)460。

[48] 相比之下,减少国家的社会福利压力可能是成文家庭法的目的:See *Attorney-General of Nova Scotia v. Walsh*[2002]SCC 83,[2002]4 SCR 325[114] –[117](L'Heureux-Dube J)。

提交法院前发生的各项事件中包含了家庭关系成立和维系的事实。要对此类事实做出准确的理解,很大程度上要依靠对更深层次的家庭生活道德观的思考。对这些问题的解答是一个如光谱般的理论序列。序列一端的观点是,在特定情境下,成为夫妻意味着在某些方面双方不再是独立的个体,而是形成了一个有着共同目标的道德主体,一个共同体。[49] 与该观点非常接近的另一个观点认为:夫妻有着共同目标,但双方并未形成一个道德主体(瑞普斯丁认为该婚姻观源于康德)[50]。再沿着理论序列离开这些社群主义观点,就到了另一种观点:进入婚姻的个体的道德世界可部分由信赖与诚信规范构成。[51] 离社群主义观点更远一些的观点认为:两个个体选择成为伴侣意味着自愿承担起特定义务,这些义务或是明示的,或是基于伴侣关系的缔结按惯例产生。[52] 最后,位于理论序列非社群主义一端的观点认为:作为伴侣生活并不因此改变个体的道德世界。根据这个观点,伴侣之间的道德立场无异于陌生人之间。[53]

除了最后一种观点,其余观点都认为:家庭关系的形成和维持可以产生本不适用于关系中两方当事人的规范。接下来,我想具体讨论一下是否存在这种基于特定关系的规范:该规范因伴侣关系而产生,体现为一方负有向另一方提供物质生活供养的义务。无论是社群主义的观点:双方因伴侣关系而融合身份或统一目的,还是更偏向个人主义的观点:一旦双方进入伴侣关系或在伴侣关系存续期间,双方个体自愿承担特定义务,都认为存在这种基于特定关系而产生的规范。我想证明这种规范是基于过去的且具有对立性,但在特定情形下,

---

[49] See M. Sandel, *Liberalism and the Limits of Justice* 2nd ed(Cambridge,Cambridge University Press,1998)149 - 150,描述了"构成意义上"的社群。

[50] Ripsten(n 35)75,n 22.

[51] See S. Gardner,"Rethinking Family property"(1993)109 LQR 263,286 - 289; C Rotherham,Proprietary Remedies in Context(Oxford,Hard Publishing,2002)1998 - 1999,212 - 213,221 - 230. 不同于加德纳和罗瑟勒姆,我认为在家庭资产案里,一项有法律效力的分配规范不可能建立在信赖和诚信要求之上,因为我认为那些要求通常不以义务形式出现:See M. Harding,"Manifesting Trust"(2009)29 OJLS 245; M. Harding,"Responding to Trust"(2011)24 *Ratio Juris* 75。

[52] See S. Munzer,"Property as Social Relations" in S Munzer(ed.),*New Essays in the Leal and Political Theory of Property* (Oxford,Oxford University Press,2001)36,70.

[53] See S. Okin,Justice,Gardner,and the Family(New York,Basic Books,1989)108 - 109,认为罗尔斯(Rawisian)的分配正义规范同时适用于家庭和其他社会机构。罗尔斯对奥金的回复反映了家庭关系能产生本不适用的分配规范,See J. Rawls,Justice as Fairness; *A Restatement*(Cambridge MA,Belknap Press,2001)162 - 68。

它也会要求对未来需求做出考虑。据此我想证明，只要这种规范出现在向衡平法寻求财产分配的当事人之间关系中，那么这种规范也就可以被那些认为衡平法应限于一系列有限的基于过去和对立性规范的人所接受。这也就意味着衡平法关于有限集合的理论限制观点并不排斥将未来需求作为衡平法中家庭资产分配依据的可能。

但在论证这一主张之前，我必须先考虑一个问题，一项要求提供物质生活供养的规范是否曾在关系中出现，而如今关系的破裂引发了衡平法下家庭资产的纠纷。毫无争议，要求提供物质生活供养（provision of material support）的规范可以出现在婚姻中。在最近的 *Miller v. Miller* 和 *McFarlane v. McFarlane* 两起家庭法案件中，尼切尔·斯大法官（Lord Nicholls）提及婚姻时谈到“相互依赖产生了相互扶持的义务”。[54] 那么产生信托的法律中关于预赠行为的推定，有时也可被法院视为依据丈夫对妻子的扶养义务所产生。[55] 但是，考虑到婚姻关系解除后家庭资产分配的纠纷是通过成文法解决的，要证明婚姻关系中出现了要求物质生活供养的规范，就等于不再探讨衡平法下纠纷当事人的地位问题。问题由此产生：相互扶持规范是否存在于没有结婚的伴侣之间？

要解决这个问题并不容易。正如家庭关系领域的研究学者指出，多样化的家庭组成形式意味着，要对没有结婚的伴侣之间的规范世界做出任何程度的确定性描述，都是非常困难的。[56] 加拿大的“*Attorney-General of Nova Sotia v. Walsh*”案就证明了这种困难性。[57] 该案中，加拿大最高法院被要求裁决，未将成文家庭法延伸适用于事实婚姻是否构成了《加拿大权利与自由大宪章》（The Canadian Charter of Rights and Freedoms）所禁止的歧视。为认定并不存在歧

---

[54] *Miller v. Miller*; *McFarlane v. McFarlane*［2006］UKHL 24，［2006］2 AC 618［11］.

[55] See the discussion in R. Chambers, Resulting Trusts（Oxford, Oxford University Press, 1997）30－31. 相比之下，似乎法院认为父母/子女关系中预赠行为的推定应包含更宽泛的义务范围：See J. Glister, “The Presumption of Advancement” in C. Mitchell（ed.）, *Constructive and Resulting Trusts*（Oxford, Hart Publishing, 2010）289。

[56] See eg R. Proberts, “Equality in the Family Home?”（2007）15 *Feminist Legel Studies* 341；G. Douglas, J. Pearce and H. Woodward, “Cohabitants, Property and the Law：A Study of Injustice”（2009）72 MLR 24；M. Maclean and J. Eekelaar, “The Perils of Reformung Family Law and the Increasing Need for Empirical Research, 1980－2008” in J. Miles and R. Probert（eds.）, *Sharing Lives：Dividing Assets*（Oxford, Hart Publishing, 2009）25.

[57] *Walsh*（n 48）.

视,该院多数意见对适用于婚姻关系的规范与适用于事实婚姻关系的规范做出了明显的区分。[58] 然而,李·赫休－杜比法官(L'Heureux-Dube J)持不同意见,他认为,鉴于当代家庭生活的现实情况,至少在部分案件中,事实婚姻当事人可适用在婚姻关系中所适用的规范。[59]

我认为,对"*Attorney-General of Nova Sotia v. Walsh*"案所做的清晰区分提出质疑是合理的。首先,即使在一些成文家庭法完全未被适用于事实婚姻的法域中,就诸如子女抚养、一方死后另一方及子女等相关问题,都存在立法强制适用因双方特定关系而产生的规范。[60] 此外,在一些衡平法案例里,法院似乎也愿意接受事实婚姻中可能产生一些原本不适用的规范的观点。[61] 但更重要的是,若在任何案件中,都不能使事实婚姻承担起与法定婚姻相同的规范维度,这将是非常不合理的。当两方个体已维持了长期的伴侣关系,很难解释为什么仅仅因为他们没有完成公共结婚仪式以自愿承担义务就因此永远无法向对方负担起物质生活供养的义务。义务也可以通过其他方式来自愿负担,无论如何,一些哲学观点认为,义务也可不经自愿负担即产生,因为这些义务是基于伴侣的目的一致所产生的。[62] 我的论证据此植根于如下主张:要求承担物质生活供养义务的规范也可能出现在未结婚伴侣间的关系,也因此至少与一些适用衡平法的家庭资产案件有关。现在,我再回到之前的论证,来证明要求提供物质生活供养规范的本质是基于过去的且具有对立性。

不难理解要求提供物质生活供养的规范具有"基于过去"的特点,因为这项规范基于伴侣关系的形成或维系,并通过双方的自愿负担或目的融合而产生。若在衡平法下家庭资产案件中,将该规范作为分配正义的财产分配规范,那么该规范会将发生在案件受理前的事件作为具体分配规范的依据。

---

[58] Ibid. [31] – [64] (Bastarache J, McLachlin CJ, Iacobucci, Major, Binnie, Arbour and LeBel JJ concurring. Gonthier J agreed in a separate judgment).

[59] Ibid. [76] – [173].

[60] 在英格兰和威尔士,See eg Inheritance (Provision for Family and Dependants) Act 1975 (provision on death); Children Act 1989 sch 1 (capital provision for children); Family Law Act 1996, pt IV (occupation orders) and sch 7 (transfers of tenancies)。

[61] 我在其他地方讨论过这个话题:See M. Harding, "Defending *Stack v. Dowden*" (2009) 79 Conv 309。

[62] See text to nn 65 – 67 below.

要求提供物质生活供养规范的"对立性"特点则相对复杂,这取决于如何从哲学层面来看待产生规范的事件。因为这种规范是基于伴侣关系而产生的,它的适用也因此不能超出关系中的双方当事人,因此,如果规范涉及的人数超过一人,那么它必然是一个对立性的规范。但是,从康德的道德观来看,要求提供物质生活供养的规范可能只涉及一方。温瑞卜在讨论查尔斯·弗瑞德(Charles Fried)将合同解释为承诺的观点时提到,依据康德理论,无法用承诺的道德性来解释合同法,因为从康德学说的角度来看,承诺的道德性只事关承诺人的品行问题。[63] 从这种观点来看,尽管承诺人通过做出承诺的方式自愿担负起了一项义务,但被承诺人不能要求强制履行对其所负的这项义务。温瑞卜认为,承诺是一项康德主义伦理而非康德主义权利,因此,一项自愿负担的义务,就其本质而言,在私法上不能被强制执行,因为私法只能赋予康德主义权利以意义。[64]

想要来反驳这种观点,一种方式就是坚持承诺的道德性是一项康德主义权利,因而自愿负担的义务就其本身而言在法律上具有可执行性。[65] 不过,想要说服康德主义人士接受产生于伴侣关系并要求提供物质生活供养的规范具有法律上的可执行性,并不需要通过这种方式。根据瑞普斯丁的说法,康德认为某些关系的特点如身份关系,就在于虽然他们未同意这些规范,但这些规范仍建立了权利主张。[66] 康德认为,婚姻关系就是这样一种身份关系,在婚姻关系中"一方的目的也成为了另一方的目的"。[67] 因此,康德认为,婚姻身份产生了要求配偶双方实现彼此目的的规范,这些规范建立了具有法律强制力的相互权利主张。要求配偶各方向对方提供物质生活供养的规范可从以下这个角度来审视:为配偶一方提供物质生活供养很明显是在实现对方的目的。如果这些观点都能被接受,那么在康德主义语境要求下,要求提供物质生活供养的规范就可以具有对立性,并因此具有法律上的可执行性,这是因为该规范表达了一种权

---

[63] Weinrib(n 6)50 – 53, discussing C Fried, Contract as Promise: A Theory of Contractual Obligation (Cambridge MA, Harvard University Press, 1981).

[64] See Weinrib (n 6) 113, arguing that Fried "looks into the wrong section of the Kantian moral universe".

[65] 想讨论有关,(2003)22 – 2 承诺美德就是康德权利学说问题命题, See D. Kimel, From Promise to Contract: Towards a Liberal Theory of Contract(Oxford, Hard Publishing, 2003)22 – 27。

[66] *Ripstein*(n 35)70 – 77.

[67] Ibid. 75, n 22.

利关系。当然,就算接受了上述论证,也可以坚持认为该论证只适用于婚姻身份关系,在这种情况下,这个论点在衡平法的设定中就没有吸引力了。然而,康德似乎认为,特定于某一身份关系、未经当事人同意的规范,是因为双方在婚姻中目的的统一而产生的。我已说过,没有理由认为这种目的统一绝不可能在婚姻之外产生。因此,从康德主义的角度看,婚姻关系及其他具有目的统一特点的关系,都可以产生要求提供物质生活供养的对立性规范,且在其他条件不变情况下,这种规范具有私法上的强制力。

最后,我再回到"未来需求"(future needs)。一项具有基于过去、对立性特点的要求提供物质生活供养规范,是如何让法院在分配家庭资产时将未来需求纳入考量的?这个问题的回答分成两部分。第一,由伴侣关系产生的物质生活供养规范,在伴侣关系破裂后,可能依然存在。这并不是说,这样一种规范必然像家庭法中的配偶供给令要求的那样,在关系破裂后一方必须向前配偶持续提供物质生活供养。伴侣关系的破裂通常表明,至少关系中的一方选择停止受到这种由伴侣关系产生的规范的约束。尊重这种选择意味着从法律上承认该特定关系产生的规范不再适用于当事人,而这一重要事件又必须与特定关系规范本身的要求相平衡。然而,鉴于物质生活供养规范产生于双方的伴侣关系,似乎没有理由因为一方选择退出该关系,就使该规范的要求全部被取消。[68] 或许在家庭资产案件中,一次性彻底分配,可以在两个相互竞争的需求之间,寻找到适当的平衡。这两个竞争需求,一边是针对特定关系、要求提供物质生活供养规范,另一边是对关系一方当事人选择停止受规范约束的尊重。这种一次性彻底分配满足了特定关系规范的要求,但因为这种分配是对该规范的一次性彻底满足,因此,当事人双方在未来无需再受此前因伴侣关系产生规范的约束。[69]

第二,当采用这样一种一次性彻底解决方式,法院在适用特定关系下的物质生活供养规范时,必须对家庭关系破裂情况下"何为物质生活供养"做出评估。此时,考量未来需求就开始发挥作用。法院可能就要考虑未来需求以量化

---

[68] 尊重当事人双方选择取消特定关系规范的要求,是一个更难的问题:See *Radmacher*(*formerly Granatino*) *v. Granatino*[2010]UKSC 42,[2010]3 WLR 1367。

[69] 探讨平衡特定关系规范和尊重退出伴侣关系选择过程中的一些困难:C. Frantz and H. Dagan,"Properties of Marriage"(2004)104 Columbia Law Review 75; H. Dagan,"The Limited Autonomy of Private Law"(2008)56 American Journal of Comparative Law 809,819 - 24。

财产分配，以便一次性彻底地符合物质生活供养规范的要求。因此，未来需求本身并不是财产分配的基础。分配的基础是提供物质生活供养的义务，这是一项由基于过去、对立性规范所产生的义务。考虑到其他在发挥作用的必要因素，比如对一方选择推出家庭关系的尊重需求，在案件中考量未来需求，可以更好地实现义务的解除。这就类似于法院在原告胜诉的过失侵权案中评估损害赔偿金时的行为。在这样的案件中，向原告进行分配的依据在于被告未尽到对原告的注意义务，因此，法院所适用的分配规范是基于过去的、具有对立性的。[70]但是，法院在量化分配时可能会考虑未来的可能性，以使分配结果尽可能满足适用的分配规范的要求。

第四部分　结论：理论限制的超越

总之，要接受“衡平法理论限制排除了在家庭资产案件中考虑未来需求”的命题，存在不少巨大障碍。若以“衡平法仅限于矫正正义规范”作为上述命题的论据，则与现实中法院做法不符，且忽视了依据康德主义权利要求，分配规范在双方当事人案件中适用的可能性。若以“衡平法仅限于一系列基于过去的、对立的规范”作为命题论据，则会遇到另一个阻碍，即基于过去的、对立的分配正义规范也可能要求考虑未来需求，以使基于伴侣关系而产生的向对方提供物质生活供养的义务生效。持有限集合观点者可能会通过作出不合理的论证来绕开这个阻碍，那就是未结婚的伴侣关系决不可能产生提供物质生活供养的义务，或是主张这样一项义务可通过一方当事人选择退出讼争关系而被取消。

但是，值得注意的是，推翻“衡平法理论限制排除了在家庭资产案件中考虑未来需求”的命题，并不意味着就为法院清理出了一条适用衡平法来按此方向发展法律的道路。理论限制之外的其他障碍也可能阻碍考虑未来需求。作为总结，我列出了四种这样的障碍。适用衡平法的法院在分配家庭资产案中若要将未来需求纳入考量范围，就必须先克服这四种障碍。

第一，即使这项观点被接受（我认为应当被接受），即要求提供物质生活供养的规范可从一对未结婚伴侣的关系中产生，法院要认定婚姻之外的一系列关

[70] 当然，根据温瑞卜的观点，过失法里的配置规范始终都是矫正正义规范：Weinrib（n 6）ch 6。

系可产生物质生活供养规范仍面临困难。此外,如何准确地认定特定关系中规范要求的内容,也是同样困难的问题,特别是在尊重至少一方选择退出关系情况下。此前,我提到过研究家庭关系学者的文章及他们基于实证研究所得出的结论,即对未结婚伴侣的规范世界做出概括是不可能的。考虑到实证经验的缺乏,法院在适用衡平法审理家庭资产案件分配财产时,不太会从手头案件的事实中推断出适用考量未来需求原则的坚实基础。当然,立法者在制定成文家庭法时,也会面临同样的问题。但是,相比法院而言,立法者在制定处理家庭资产案件法律时,可以响应更宽泛的规范。在缺乏实证经验的情况下,这些更宽泛的规范也可确保合理的财产分配裁决得以作出。例如,立法者可响应要求在一方当事人退出一段贫困伴侣关系时,如可能,减轻国家社会福利负担的规范,[71] 或响应将离异女性所遭受的不成比例的贫困负担纳入考量的规范。[72] 适用衡平法的法院则因理论限制而可能无法对上述规范进行回应。

第二,法院必须能够证明为什么要依据要求提供物质生活供养的规范来分配财产,而不是以个人救济的形式实现分配。虽然提供物质生活供养的义务已被确认,但这并不能得出财产将或应当分配给有权获得供养一方。[73] 更宽泛地说,在家庭资产案件中的分配会给第三方造成影响情况下,分配是否应采取财产形式的问题,至今在判例法中答案各不相同。在加拿大,法院对家庭资产案件的胜诉原告做出财产分配裁决时,可能以财产权形式,也可能以个人救济形式。[74] 在英格兰,财产禁反言原则可能带来财产权或个人救济,但共同意愿推定信托总是支持财产权形式后果。[75] 在澳大利亚和新西兰,财产权救济已经成为一项规范,但其何时适用及适用范围依然颇具争议。[76] 在能够自信地说出,财产权分配形式是对物质生活供养规范的合适回应之前,必须先解决支持或反对财

---

[71] See above n 48.

[72] 对该点的探讨,See Frantz and Dagan,"Properties of Marriage"(n 69)119 -24。

[73] *See National Provincial Bank v. Ainsworth* [1965] AC 1175(HL).

[74] *Peter*(n 12)995 -1000(McLachlin J).

[75] 要讨论财产所有人禁反言的救济结果,See *Crabb v. Arun District Council* [1976) Ch 179(CA) 198(Scarman LJ),*Gillett v. Holt*[2001] I Ch 210(CA)235(Robert Walker LJ),*Jennings v. Rice*[2002] EWCA Civ 159,[2003]1 P & CR 100[22] -[36](Aldous LJ)。

[76] See *eg. Muschinski*(n 9)614 -615,623(Deane J);*Lankow*(n 22)282(Hardle Boys J),289(Gault J);*Giumelli v. Giumelli*[1999]HCA 10,(1999)196 CLR 101,113; *John Alexander's Clubs Pty Ltd. v. White City Tennis Club Ltd.* [2010]HCA 19,(2010)241 CLR 1[126] -[130].

产救济形式的各种观点。相关的考虑因素很可能包括争议财产的性质、[77]关系破裂后双方的需求与关系存续期间双方对资产所做出的贡献之间的联系(如有)、关系结束后双方的居住需求,以及第三方地位。

第三,适用衡平法的法院在家庭资产案中基于未来需求分配财产,几乎必然将造新法。[78] 在立法者决定不将未结婚伴侣纳入成文家庭法适用范围,并据此可推知立法者不愿法院在未结婚伴侣关系终结分配财产时将未来需求纳入考量,在这种情况下,就法院是否应当避免朝着这个方向去发展法律,存在争议。当然,立法者对于未结婚伴侣之间纠纷适用未来需求的沉默,不应被过分看重。如果因为立法对各种关系破裂所产生的法律问题保持沉默,就构成法院不能造新法以回应该些问题的结论性理由,那么在过去四十年中衡平法所发展起来的关于家庭资产案件的新法就没有存在的合理理由了。但如果立法者近期明确考虑过是否将未来需求的考量纳入未结婚伴侣之间的家庭资产纠纷,并慎重决定不迈出这一步,那么从制度上来说,法院在适用衡平法时就会受限,必须符合这一决定。[79] 在英国法域,这种制度约束最为明显:近几年,英格兰和威尔士法律委员会详尽考虑了法律应如何应对未结婚伴侣之间产生的家庭资产纠纷,据此(或者说尽管如此)立法者还是没有变更现行法律。[80] 可能在这种环境下,英国法院应当暂时不去发展衡平法以回应家庭资产案件中的未来需求问题。[81]

第四,还有一个风险,那就是当法院发展衡平法,将未来需求纳入家庭资产案件考量范围时,也可能因此曲解更广泛适用于包括家庭资产案件在内其他案件的衡平法理论。这个风险在财产禁反言上尤为显著。法院在适用财产禁反言理论时,已表现出了在量化胜诉原告可得救济时考虑未来需求的意愿。[82] 正

---

[77] 例如,为了家庭、投资或其他目的而获得或保留财产? 关于这个问题的讨论,See Miller(n 54) [20] - [22](Lord Nicholls),[149] - [153](Baroness Hale)。

[78] 虽然我之前有所提及,但有一些颇具争议的先例支持了关于财产禁反言原则在案例法中的发展。

[79] 关于法院在这种情况下自行突破决定可能出现问题的讨论,See Harding(n 61)317 - 22。

[80] 法律委员会,Cohabitation: The Financial Consequences of Relationship Breakdown(July 2007,Law Com No. 307),especially Part 4. For the government response, dated 6 March 2008, postponing reform "for the time being", See http://www.justice.gov.uk/news/announcement060308a.htm, accessed 7 July 2011。

[81] 不同观点,See Gardner and Davidson,"*The Future of Stack v. Dowden*"(n 17)18 - 19.

[82] *Sledmore*(n 5),discussed above n 5.

如我希望在本文中所阐明的那样，以此方式发展财产禁反言在理论上并无障碍，只要该原则适用于伴侣关系中出现了要求提供物质生活供养规范的家庭资产案件。但是，正如西蒙·加德纳所指出的那样，财产禁反言的适用并不局限于此：该原则除适用于家事案件，还适用于商事案件。那么，如果法院针对适用于特定伴侣关系的规范发展了财产禁反言的内涵，但新发展的财产禁反言可能会在家事案件以外的案件中得到适用，这就有风险不一定能带来正当合理的效果。[83] 最近，法官们表现出意识到了这样一种可能，那就是衡平法原则或许可以在家事或商事情境中以不同的方式来适用。[84] 然而，尽管法院意识到这一点，只要财产禁反言同时适用于家事和商事案件，曲解理论的风险就不太可能完全消除。

以上四点考虑表明，确实有理由质疑适用衡平法的法院在家庭资产案件中是否应当考量未来需求。然而，我希望在本章说明的是，所谓成文家庭法和衡平法对于未来需求的不同处理方式可归因于衡平法的理论限制，要接受这一观点，面临着巨大障碍。相反，即使适用相关理论限制，衡平法本身也能找到理论支持以允许在家庭资产案件中考量未来需求。关于“在家庭资产案件中，适用成文法分配财产的法院可通过司法自由裁量权的行使来适用各种矫正规范和分配规范，适用衡平法的法院反而不行”的假说却可能是正确的。但是，关于衡平法在家庭资产案件中的限制，特别是考量未来需求是否超出了限制的问题，仅依据理论限制无法得出满意回答。答案必须到其他地方去找寻。

[83] Gardner(n 5)460.

[84] *Stack* (n 15)439(Lord Hope),449(Baroness Hale).

第十章　推定信托:对救济理论的理解

迈克尔·布莱恩(Michael Bryan)*

第一部分　绪　　论

本章从两方面的发展来考察一个被过度分析的概念:救济性推定信托(remedial constructive trust)。第一个方面的发展是由安德鲁·库尔(Andrew Kull)①起草的《返还与不当得利法重述(第三次)》[*Restatement(Third) of Law of Restitation and Unjust Enrichment*]发布。重述的发表是一项相当重要的学术成就。与1937年由沃伦·西维(Warren Seavey)和奥斯汀·斯科特(Austin Scott)起草的《返还法重述(首次)》[Restatement(First) of Restitution]一样,第三次重述也同时包含了不正当得利返还与侵权返还。这无疑会在未来很多年影响美国返还法的发展,其中的规定和注解还将影响美国之外关于不当得利与返还的学术讨论。本文仅讨论重述中有关推定信托裁决的规定,其中第55章规定:

> 1. 如接受方以原告利益为代价或侵害索赔方权利,通过取得特定财产的方式不当获利,为着原告利益,接受方可被宣告为系争财产及其可追及产物的推定受托人。
>
> 2. 推定受托人有义务按法院指示将推定信托财产交还原告。

---

* 本章的主要内容大部分是根据我和同事埃利斯·班特(Elise Bant)的讨论得出,如若有误,一律由我承担责任。

① 美国法律协会,不当得利与其返还(第三次)重述的初步草案(2010年5月被批准)(《返还法重述(第三次)》)。此论文是基于第6号初步草案(2008年3月12日)。

> 3. 推定信托被授权为纠正或避免接受方以原告利益为代价获取不当得利的方式。如推定信托所归还的利益将超出原告遭受的损失，则救济应受限于保护善意接受者和某些第三方。参见第 50 章、第 56(4)和第 61(1)章。[②]

《返还法重述(首次)》第 160 章更简洁地陈述：

> 享有财产所有权一方如被允许继续持有财产属于不当得利的话，该方负有衡平法上的义务将财产转移给另一方，此时推定信托就产生了。

《返还法重述(首次)》第 160 章被广泛认为是下述观点的缩影，即不同于英国法律，美国法律支持救济性推定信托，[③]这个观点是由此章起草者奥斯汀·斯科特提出的。[④] 是否接受此观点则取决于如何定义"救济"。《返还法重述(第三次)》避免使用制度性和救济性推定信托的术语，却又将第 55 章放在了重述的救济部分。然而，尽管存在基本的定义问题，制度本身还是在美国以外的国家与地区产生了影响。救济性推定信托在加拿大、[⑤]澳大利亚[⑥]和新西兰[⑦]获得承认。但英国否定了"救济性"推定信托，在英国法下，法院不会裁决这种类型的推定信托。[⑧]

---

② 适格是很重要的，我们将在下文中讨论。根据《返还法重述(第三次)》的第 50(4)章，原告不得针对善意被告的间接获利主张推定信托，善意被告的间接获利在不正当得利对人请求中也不予返还。第 50(4)章进一步表明，针对善意接受方提出的对物返还，即使是正当的，也应当依据衡平法上的质权而非推定信托。第 61 章指出，原告不得以善意接受方的债权人或被扶养人失去足够供给为代价，通过归还获取利益。在牺牲债权人以及受托人家属的合理章款的情况下，委托人将无权获得使其盈利的返还金。

③ R. Maudsley, "Proprietary Remedies for the Recovery of Money" (1959) 75 LQR 234, 237, 见 C. Rotherham, *Proprietary Remedies in Context* (Oxford, Hart publishing, 2002) 12 – 16.

④ A. Scott, "Constructive Trusts" (1955) 71 LQR 39, 41.

⑤ *Pettkus v. Becker* [1980] 2 SCR 834 (SCC); *Soulos v. Korkontzilas* [1997] 2 SCR 217 (SCC).

⑥ *Muschinski v. Dodds* (1985) 160 CLR 583 (HCA); *Bathurst City Council v. PWC Properties Pty Ltd.* [1998] HCA 59, (1998) 195 CLR 566; *John Alexander's Clubs Pty Ltd. v. White City Tennis Club Ltd.* [2010] HCA 19, (2010) 241 CLR 1.

⑦ *Gillies v. Keogh* [1989] 2 NZLR 327 (NZCA); *Lankow v. Rose* [1995] 1 NZLR 277 (NZCA); *Fortex Group Ltd.* (*in rec & liq*) *v. MacIntosh* [1998] 3 NZLR 171 (NZCA) 175 – 77 (Tipping J).

⑧ 近期拒绝裁决推定信托的案例，可参见 *De Bruyne v. De Bruyne* 案 [2010] EWCA Civ 51 [48] (Patten LJ)。

本章要讨论的另一个方面的发展，就是澳大利亚高等法院对约翰亚历山大俱乐部有限公司诉白城网球俱乐部有限公司案（*John Alexander's Clubs Pty Ltd. v. White City Tennis Club Ltd.*）⑨所作的判决。高等法院判决双方当事人之间约定授权一方为了双方之间共同达成的目的，行使选择权购买土地的合同（基于一方认为的事实），既不产生信义关系，也没有资格享有帕朗特诉摩根案（*Pallant v. Morgan*）⑩原则下的推定信托。高等法院据此撤销了新南威尔士上诉法院在该土地上施加的推定信托。虽然约翰亚历山大俱乐部案的事实不足以支撑新南威尔士上诉法院的裁决，但高等法院还是承认了救济性推定信托概念。该承认影响了有关推定信托施加时间⑪及获取其他对人救济手段可能性的讨论。⑫ 高等法院判决所传递出的重要印象是：现在争议焦点已经不是澳大利亚法律是否承认救济性推定信托了，而是作为程序问题，如何将救济性推定信托纳入现有对人与对物救济框架，以识别第三方并在以实现"双方当事人之间"正义为目的的救济方案下保护第三方利益。

本章主要涉及两方面问题：一是关于当前司法将形容词"救济性"用于术语"救济性推定信托"中的问题。救济性推定信托被质疑的原因之一就是用于解释这一概念的术语不够稳定。这个问题的结论是，狭义上来说，法院总是可以通过对人救济的裁决来替代对物发出的法令，因此，所有对物推定信托都是救济性的。⑬ 然而，对物救济和对人救济之间的准确关系，取决于推定信托关系的类型。二是在讨论对物救济优点时过分强调对物救济裁决对破产的考虑，哪怕破产与案件毫无关系。⑭《返还法重述（第三次）》的一大优点就在于，它让大家注意到了一系列必须作出对物救济裁决的理由，这些理由可都与推定信托关系的破产影响无

---

⑨ *John Alexander's Clubs*（n 6）. See K. Mason, "Deconstructing Constructive Trust in Australia"（2010）4 *Journal of Equity* 98.

⑩ *Pallant v. Morgan* 案［1953］Ch43（ChD）.

⑪ *John Alexander's Clubs*（n 6）［118］.

⑫ 出处如上［126］-［129］。

⑬ 反过来不一定正确。推定信托关系仅作为对人救济途径就并没有对物令的选择权。例如以下一些案例中，关于在明知的情况或有意欺诈性地协助违反信义义务时，推定信托的判定：*Royal Brunei Airlines SdnBhd v. Tan* 案［1995］2 AC 378（PC）；*Farah Construction Pty Ltd. v. Say-Dee Pty Ltd.* 案［2007］Hca 22（2007）230 CLR 89。

⑭ 此概论的一个例外是 W. 斯沃德林（W. Swadling）的"Policy Arguments for Proprietary Restitution"（2008）28 Legal Studies 506，其中分析了一些设定推定信托的非破产相关理由。

关。这些理由不仅与《返还法重述(第三次)》所考虑的针对不当得利或错误行为而裁决推定信托密切相关,还与其他许多推定信托密切相关。应在多大程度上考虑这些非破产因素,则又是一个独立问题了,我认为《返还法重述(第三次)》为了考虑债权人的权益而在“双方”推定信托与“三方”信托间作出区分是不合理的。

上述两方面问题的共同前提是,虽然普通法各法域表面上使用了不同的术语和修辞来表述推定信托关系,但都采用了非常相似的标准把推定信托作为对物救济来规制。英国法不承认救济性推定信托而美国或澳大利亚承认的说法忽略了推定信托在所有法域都具有的使其具有可执行效力的特点。[15] 如果情况并非如此,那就令人惊讶了,因为在所有这些法域,对特定财产提出索赔的个人和商业理由都基本相同。不仅如此,各案件也表明,不同普通法法域对于推定信托中的商业确定性和财产权利首要性等核心价值的评价也并无差异。

第二部分　制度性推定信托与救济性推定信托

自 1920 年罗斯科·庞德(Roscoe Pound)首次阐明制度性推定信托与救济性推定信托(institutianal and remedial constructive trusts)的区别以来,两者的区别一直是推定信托论述的一个持久特征。[16] 学者们对这一区别的讨论史,证明了对法学学说一点略微的发现也能被吹捧到理论的高度。庞德并未对比制度性与救济性推定信托以示不同。庞德认为,所有的推定信托都是救济性的,尽管所提供救济的性质各不相同。在一些案件中,推定信托提供的救济“会更适合特定案件情况,虽然诉讼基于其他理论提起,比如合同的修改重订、强制履行,欺诈性财产转让,及老百姓所称的剔除不肖继承人”;[17]而在另一些案件中,

---

⑮ 近期关于不同国家间区别的例子包括在 *De Bruyne*(n 8)[48](Patten LJ)中提到的英国法律不存在救济性推定信托及 *Wambo Coal Pty Ltd. v. Ariff*[2007]NSWSC 589[40](White J)中“救济性推定信托是澳大利亚法律的一部分”。

⑯ R. Pound,“The Progress of the Law 1918 - 1919”(1920)33 *Harvard Law Review* 420,420 - 421,从庞德文章的开场白“在过去的一年,衡平法的判决几乎毫无新意”中可以看出,他没有意识到他的构想有如此重要的意义。庞德在文章中提出了救济性与实体性推定信托的区分。当今使用的救济性和制度性推定信托概念则很主要归功于莫兹利(Maudsley)的“Proprietary Remedies”(n 3)237。参见 Rotherham,*Proprietary Remedies in Context*(n 3)12 - 13。

⑰ Pound,“The progress of the Law”(n 16)421(引文省略).

推定信托则基于不当得利,使已获取利益被强制归还。上述两类案件都没有和明示信托类似的“制度性”特点。庞德注意到,一些裁决将信托当作“某种实体问题”,[18]并认为这是错误的。对此,读者略持怀疑。简言之,提及指定性推定信托与救济性推定信托的区别,仅仅是为了否定这种区别。

一个先决的定义问题就是要确定“制度性”(或“实体性”)和“救济性”的准确含义。[19] 司法用语并不统一,一项推定信托属于制度性还是救济性推定信托,取决于该推定信托的类型。司法裁决与学术文献对此做出了两种区分。

1. 根据推定信托是否“几乎确定”进行分类

不属于已有推定信托分类的推定信托为救济性推定信托。[20]《福特与李信托法原则》(*Ford and Lee's principles of the Law of Trusts*)中辨析了两类情况:一类是向法院申请宣告推定信托,“几乎确定”的是,法院会依据衡平法作出该类宣告;另一类则是不确定施加推定信托的申请是否会被允许。[21] 作者列举了制度性推定信托的例子,如澳大利亚法律中针对被盗钱财设置推定信托[22],及依据特定可强制执行合同对土地或其他有价财产设置推定信托。*Baumgartner* 案的推定信托[23]及禁反言案件里的推定信托则被归类为救济性推定信托。

《福特与李信托法原则》提醒我们,将“几乎确定”的推定信托归类为制度性推定信托的意义在于这些信托不仅仅是救济。大量商业交易计划推定,在某些被广泛认可并反复发生的场合里,推定信托会赋予衡平法所有权。对“几乎确定”的推定信托的信赖,使得当事人在一些案件中,有意识地不采用《反欺诈法》规定的书面要求。[24] 然而,尽管做这一区分具有商业价值,但要区分“几乎确定”的推定信托与其他推定信托并不容易。所提的区别可能是指,只要能证明符合某些类型推定信托施加的相关标准(《福特与李信托法原则》一书有所罗

---

[18] 出处如上 422。

[19] P. O' Connor, "Happy Partners or Strange Bedfellows: the Blending of Remedial and Institutional Features in the Evolving Constructive Trust" (1996) 20 *Melbourne University Law Review* 735; Rotherham (n 3) 26 - 32.

[20] *De Bruyne* (n 8) [48] (Patten LJ).

[21] *Ford and Lee's principles of the Law of Trusts* para [22.660] (revised 2010).

[22] *Black v. S. Freedman & Co.* (1910) 12 CLR 105 (HCA).

[23] *Baumgartner v. Baumgartner* (1987) 164 CLR 137 (HCA).

[24] 推定信托的功能,或者适用衡平法不允许成文法被用来作为欺诈工具的原则,参见 *Halloran v. Minister Administering National Parks & Wildlife Act* 案 1974 [2006] HCA 3, (2006) 229 CLR 545。

列),就几乎可以确定,一项对物财产推定信托会被施加;而在其他案件中,则既有可能是对物救济,也有可能是对人救济。如何确定采用对物救济还是对人救济,将在稍后篇幅中涉及。目前,我们只要知道对“几乎确定”的推定信托的分类并非《福特与李信托法原则》中所罗列的那么明确。例如,考虑到美国大通银行诉以色列英国银行(伦敦)有限公司案[*Chase Manhattan Bank NA v. Israel-British Bank*(*London*)*Ltd.*][25]裁判引起的巨大争议,恐怕没有哪个律师还敢说针对错误支付能“几乎确定”地施加推定信托了。针对这个问题,就美国法律而言,《返还法重述(第三次)》规定,当收款人有偿债能力时,针对错误支付将施加推定信托,但这种情况下施加的信托被描述为“多余的甚至毫无意义的救济”,当收款人无力偿付时,推定信托不会施加。[26] 在推定信托的法理学中,几乎没有什么是“几乎确定”的。

2. 根据施加时间和方式分类

制度性推定信托是自产生推定信托的事件发生之日,依据法律规定产生的,法院的作用仅仅是宣告它的存在。救济性推定信托则不同,它是由法院在综合考虑案件各方面情况后通过判令产生的。这一区别是由布朗妮–威尔金森勋爵(Lord Browne-Wilkinson)在 *WeatdeutscheLandesbankGirozentrale v. Islington London Borough Council* 案中提出的:“制度性推定信托是自产生推定信托事件发生之日,依据法律规定产生的,法院的作用仅仅是宣告该项信托在过去就已产生”。[27] 相比之下,救济性推定信托则是一项司法救济,产生了具有强制执行力的衡平法义务:法院有权自由裁量多大程度上向第三方溯及既往。[28] 这个版本关于制度/救济二分法的关键词需要认真推敲。

布朗妮–威尔金森勋爵对“制度性”的分析事实上采用了斯科特对推定信

---

[25] *Chase Manhattan Bank NA v. Israel-British Bank*(*London*)*Ltd.* 案[1981]Ch 105(ChD). 参见 R. 卡尔内(R. Calnan)的 *Proprietary Rights and Insolvency*(Oxford, Oxford University Press, 2010)paras[4. 142]–[4. 167]在是否应裁决对物性对物救济的争论中,有观点认为,因为是错误支付,所以收款人并未取得付款人的财产。相比《返还法重述(第三次)》第 55 章注释 g 的观点,问题在于获利的接受方是否“不知情”。

[26] 《返还法重述(第三次)》第 55 章说明 1。

[27] *Lord Browne-Wilkinson in WeatdeutscheLandesbankGirozentrale v. Islington London Borough Councill* 案[1996]AC 669(HL)714(Lord Browne-Wilkinson). 也可参见 *Parsons v. McBain* 案[2001]FCA 376[10]–[18].

[28] *Westdeutsche*(n 27)714–715.

托的分析,即推定信托是根据案件具体情况"解释"得来的,而不是根据判令"创设"出来的。㉙ 然而,令人困惑的是,布朗妮-威尔金森勋爵认为是制度性推定信托的,斯科特却认为是救济性推定信托,也由此可以看出这个领域术语的不稳定。㉚

根据前述定义,"制度性"推定信托是确定优先权争议的关键点,在优先权争议中,一旦宣告已存在一个信托,那么原告就优先于该信托产生后才出现的利益。对这种定义可能提出的异议为:法院的作用不仅仅为宣告性的。这种定义忽视了司法在塑造救济条款方面的作用。与衡平法中的其他救济手段一样,推定信托救济也可通过设置条款的方式来施加条件。最著名的例子就是,根据一项已解除的可撤销合同,对财产法定所有权施加的推定信托。虽然推定信托自始即产生,但法院通过设置条款将当事人各自地位恢复到合同订立之前状态的功能,意味着直到判决之日,各方详细的权利和义务才得以明确。不遵守救济条件,将排除合同无效,接受方对财产享有的实益所有权也将被确认。

布朗妮-威尔金森勋爵认为,英国法律不承认救济性推定信托:"英国法律是否应在美国和加拿大之后接受救济性推定信托,待未来遇到对此点有直接争议的案件时,将必须作出决定。"㉛但从他的分析中很难看出,为什么禁反言案件中的推定信托不是救济性的,特别是在考虑到该项信托对将来适用的效果以及法院在塑造救济方面的作用的情况下。㉜ 另外,在 *Stack v. Dowden* 案㉝中,上议院准备采用多因素方法确定施加基于"共同意愿"推定信托的标准是否都得到满足,而不仅仅考量买卖时当事人的明示或推断意图,相较于制度性推定信任的可预测性,这更能说明救济的灵活性。

布朗妮-威尔金森勋爵认为,救济性推定信托是通过判令施加的推定信

㉙ A. Scott and W. Fratcher, *The Law of Trust*, 4th edn(Boston, Little Brown, 1987)第 462 章第 4 节,比较 G. and C. Bogert, *The Law of Trust and Trustees*, 2nd edn(St Pauls, West Publishing Co., 1977)第 461 章到第 472 章。Muschinski(n 6)614(Deane J)赞成斯科特的分析。也可参考 Parsons (n 7)[10]。

㉚ 斯科特关于追溯推定信托是救济性的主张被另一位美国作者所批评。参见 S. Palmer, *The Law of Restitution*, Vol. 1(Boston, Little Brown, 1987)1, 6。

㉛ *Westdeutsche*(n 27)716.

㉜ B. McFarlane, *The Structure of Property Law*(Oxford, Hart Publishing, 2008)466-471.

㉝ *Stack v. Dowden* 案[2007]UKHL 17, [2007]2 AC 432[69](Baroness Hale). See *Jones v. Kernott* [2011]UKSC 53.

托,自判决之日起才可[34]开始运作。这是关于救济性推定信托,最受争议的一个版本。澳大利亚适用这种救济性推定信托,之所以在实践中几乎不会造成问题,唯一原因在于法院仅在不涉及第三方利益的案件中,把它作为一种(通常是多余的)正当的救济措施。作为对物财产的救济,这种推定信托却通常被应用在与其财产特点不相关的案件中。

澳大利亚高等法院对 *Muschinski v. Dodds* 案的判决就是一个表明对将来适用的救济性推定信托毫无必要的例子。[35] 原告和被告是事实婚姻伴侣,共同租赁了一块土地,准备将来在这块地上建个小屋作为手工艺中心,再住在组装屋里。这一项目被弃置时,原告已经支付了 10/11 的项目成本。弃置是因为政府拒绝批准该项目,且当事人的事实婚姻关系终止。除法官布伦南(Brennan J)和道森(Dawson J)外,高等法院多数意见认为,原告除了有权拥有该土地的一半租赁权外,还有权获得衡平法的救济。法官麻森(Mason JJ)和迪恩(Deane JJ)为着双方当事人利益施加推定信托,"以偿还她或他各自所做贡献,剩余财产二人均分"。[36] 这项推定信托自高等法院发布其判决之日起生效,"以免第三方的合法诉求受到不利影响"。[37] 首席法官吉布斯(Gibbs CJ)支持原告,但认为没有必要援引推定信托法律。他认为,原告支出中超出一半购买价款的部分受到衡平法保护,有权就被告享有的另一半份额主张衡平法上的权利负担。[38]

法官迪恩在 *Muschinski* 案中的判决,对于传统衡平法原则如何解决当代立法未能解决的问题,颇具启发意义。但在 *Muschinski* 案中,对将来适用的救济性推定信托是否实现了其他被承认的衡平救济手段所不能实现的目的?没有证据表明该案涉及可能因推定信托的实施而遭受利益损害的第三方。即使债权人对财产提出请求,如首席法官吉布斯所判,对被告财产份额主张衡平法上权利负担的情况下,归还令(accounting order)仍将实现各方利益间的公平平

---

[34] 对比:*Bogert*(n 29)461 – 472 对其而言救济性推定信托的适用是强制性的。参见 *Rawluk v. Rawluk* 案[1990]中的少数判决意见 1 SCR 70(SCC). D. Waters,"The Constructive Trust in Evolution: Substantive and Remedial"(1991)10 *Estates and Trusts Journal* 334。

[35] *Muschinski*(n 6).

[36] 出处同上 623 – 624 (Decne J)。

[37] 出处同上 623。

[38] 出处同上 598。首席法官吉布斯最终为达成裁决救济的多数意见而同意了法官麻森和迪恩的意见。

衡。正如我们将看到的,这正是《返还法重述(第三次)》中提倡的解决办法。此外,法官迪恩设定的推定信托也不寻常。它没有提高原告在共同财产中所占的对物财产比例,仅仅保证偿还她对这个失败合营所做的贡献。不像大多数推定信托的受益人,原告并未因推定信托的设定而多得讼争财产份额。

即使 *Muschinski* 案的事实在今日被重现,且家庭财产再分配法律无法适用,法院也不太可能设定推定信托。近期的高等法院不同意在"没有案件必要性"的情况下作出推定信托救济的裁决。[39] 在一个账目并不复杂的失败合营案件中,很难解释施加推定信托的必要性,因为可以通过附加财产上的权利负担或担保的方式来有效保障判令。

《返还法重述(第三次)》忠实反映了斯科特对于推定信托的看法,即否定"判决之日"信托。第 55 章提到的恢复原状性推定信托自交易产生信托的那一刻起即"存在",或者信托自判决之日产生,但"回溯"至双方当事人交易时。[40] 该章评注强调,信托自事件发生即产生并不能算作对该信托救济性质的否定。私法领域的救济通常都采用这种溯及既往的方法。在一个有争议的案件中,假定损害证明构成诉因的一部分,因侵权或违约所应支付的损害赔偿数额可由法院判决,但支付损害赔偿的义务是在损害发生时即产生的。因此,法院作出的支付损害赔偿裁决是对一个既存事态的回应。

在一些"三方"案件中,依据《返还法重述(第三次)》主张推定信托可能对第三方造成的损害,并非由"判决之日"规则来防止,而是通过限制推定信托影响方式。例如,第 50 章第 4 节规定,原告对善意接受方的追偿限于其遭受损失的范围;第 61 章规定,原告不得以善意接受方的债权人或被扶养人失去足够供给为代价,作为一项利益追缴救济来主张施加推定信托。

因此,《返还法重述(第三次)》公布的救济性推定信托版本,并非英国法律所拒绝的"自由裁量施加时间"的信托。其施加时间就是产生信托的情形出现的时间。特定条款在确保推定信托受益人在受托人资不抵债时享有有限优先权的同时,也对第三方索赔人进行保护,在一些情况下将受益人地位降为衡平

---

[39] *John Alexander's Clubs*(n 6)[129]. 也可参见 *Bathurst City Council v. PWC Properties Pty Ltd.* 案[1998]HCA 59,(1998)CLR 566,584–85;*Giumelli v. Giumelli* 案[1999]HCA 10,(1999)196 CLR 101.

[40] 《返还法重述(第三次)》第 55 章评论 e。

法上的担保索赔人。将救济性推定信托模式套用在不正当得利和不义行为返还上很简单，且在这些情形中确定接受利益时间或行使不义行为时间也通常比较容易。将该模式推广到其他推定信托中则是一个更加复杂的问题，例如，基于“共同意愿”的推定信托，通常没有明确的施加时间，因为这个时间是指原告基于其能从被告财产中获益的意愿或理解，而做出对自己不利行为的时间。[41]但普通法各法域至少能从《重述》的模式中吸取两点经验。首先，正如布朗妮－威尔金森勋爵所认为的，推定信托没有施加日期时，也可通过司法自由裁量，成为救济手段。其次，胜诉原告不必享有推定信托的全部附带权利。《返还法重述(第三次)》限制了推定信托的影响，例如，法院通过不允许原告适用推定关系附带的利益追缴权利，以此来限制推定信托对债权人的影响。在美国以外的法域，相同效果也可通过法院在施加推定信托时增设条款和条件，或要求原告选择救济措施以使对物财产强制力从选择之日才产生。[42]

第三部分　法院财产令的替代——对人救济

以上关于“救济性”两种意义的讨论都并不全面，也未经权威充分认可，以提供“救济性推定信托”一词的确定含义。但另一种说法认为，所有财产推定信托都是救济性的。如果达到了裁决施加推定信托的标准，或本应达到标准但却没有可追溯识别财产以施加信托，在不违背衡平法所承认的限制情况下，可以使用对人救济作为一个替代的救济手段。根据这一分析，推定信托无法依据制度性或救济性来进行区分。所有财产推定信托[43]都能赋予原告获得对人救济的裁决，条件是该推定信托的裁决标准得到满足。

然而，选择合适的救济措施通常不那么简单。推定信托法律中的救济不仅仅是根据案情选择合适的救济方式。这是因为规范推定信托救济的原则由寻求救济的诉讼请求的性质决定。另外，获取对物救济的相对难易程度现在仍然只能从主张对物救济所依据的诉因历史中去解释。在一些例如违背信义义务而施加推

㊶ *Stack v. Dowden*(n 3).

㊷ E. Bant, “Trusts, powers and liens: An exercise in ground-clearing” (2009) 3 *Journal of Equity* 286.

㊸ 这不是说裁决的推定信托仅是作为对人救济的措施，例如，在故意或不诚信地协助违反信义义务时，会产生对物救济。参见本章注释⑬。

定信托的案例中,对物救济是从衡平法的归还程序中演变而来的。在另一些类似禁反言的案例中,对物和对人救济在相对早期阶段就被认为是二选一的救济方式,然而在不当得利返还等其他案例中,可相互替代的救济方式从平行的普通法和衡平法诉因中发展而来,至少除了美国以外,还没有完全融合。这些不同的历史渊源让我们要理解推定信托关系中对物和对人的二选一性变得非常困难。

1. 违反信托和其他信义义务

受托人负有管理信托财产的责任,因此,当受托人因违反信托的信义义务而获得财产时,其有责任将所获得的财产返还给信托或该财产的所有权绝对受益人。会计过程可揭示,受托人侵占了信托财产或违反忠义义务从第三方获取资产。[44] 受托人的主要责任就是向受益人归还不当所得之利,但是相比要求对财产进行估价以命令受托人支付评估得出的账目,通常还是直接命令受托人将特定财产转移给信托更为便捷和经济。

说到推定信托的优势,考虑方便和易于评估,常被忽略。很少有人会认为,原告的便利本身就证明其主张优先于债权人对受托人财产的主张是正当的。但在《返还法重述(第三次)》所定义的"两方语境"下,当被告有偿还能力时,若财产的价值难以确定,或返还特定财产比证明并返还其价值更经济时,推定信托便是一种务实的救济措施。很多信托案件中,推定信托作为一项正当的救济措施被采用,是"一种获得特定返还的灵活方式,利于救济经济,对原告也方便"。[45] 例如,采矿合营合伙人不正当利用藉由受托人身份所得到的信息,为自己购买已勘探出珍贵矿物的土地,此时,作为救济方式,相比作出一系列归还令,来评估受托人因违反义务所得到的和即将得到的利益,通常还是直接在土地上施加推定信托更为便于执行。[46]

---

[44] R. Chambers,"Liability" in P. Birks and A. Pretto(eds.)Breach of Trust(Oxford,Hart Publishing,2002)26-30. 受益人可以接受或者拒绝被侵占资产可追及的所得收益:*Foskett v. McKeown* 案[2000]UKHL 29,[2001]1 AC 102,120(Lord Millett)。

[45] 《返还法重述(第三次)》(n 1)评论 C。

[46] *LAC Minerals Ltd. v. INTERNATIONAL Corona Resources Ltd.* (1989)61 DLR(4th)14(SCC)49(La Forest J);《返还法重述(第三次)》(n 1)第 55 章,注释 4. 法院在对像矿产之类的损耗性资产进行资产价值评估时,特别困难之处在于评估利润。对比 *Chameleon Mining NL v. Murchison Metals Ltd.* 案[2010]FCA 1129[1037](Jacobson J),该案所判令的归还账目被认为是又"困难"又"复杂",但仍采用了这种方式而非推定信托。

便利性的因素也可用来解释 *Boardman v. Phipps* 案中作出的颇受争议的推定信托令。[47] 该命令的批评者认为，对原告受益人的救济应仅限于归还利润，基于的理由主要有两个：一是认为该案情况特殊，博德曼虽然违反了义务，但是个诚信的受托人；二是认为推定信托使原告获得了他们原本并不拥有、信托也本不会购买的股份。[48] 该案中，归还已宣布的资本分配和分红没有问题，但对一家近期重组的非上市公司股份进行估价却是更加复杂的。因为在债权人或其他第三方利益不会受到损害前提下，相比进行可能极为复杂的估价，肯定是判令博德曼和汤姆·菲普斯（Tom Phipps）所持股份转移给原告更为简单。不仅如此，威尔伯福斯法官（Wilberforce J）在 *Boardman v. Phipps* 案中作出的命令，建立了衡平法上各方协商的框架。涉案公司已在博德曼努力下重组，原告可以拿股份，也将由此承担重组公司更多的商业风险；原告也可以从被告处获取股份贴现，让博德曼和其他共同被告得以掌控公司。与强制令一样，推定信托的优点在于判令保留了当事人自行协商以解除其适用的可能性。[49]

是否还有其他推定信托的适用也基于同样的前提，即被告应如同明示受托人般向受益人报账？近年来，受托人故意违反信义义务获取财产后进行归还的责任，为司法和学界热烈讨论。一种观点认为，衡平法上的责任总是对人的，因为返还获取的衡平法财产及其可追踪收益可通过衡平法上的对物主张来实现，原告无需再证明被告处于明知状态。[50] 原告有权收回信托财产，除非被告可以证明他是在不知情的情况下支付又对价购买的善意买受人。另一种观点认为，“知悉接受”（Knowing receipt）所产生的责任既可以是对人的也可以是对物的。这一观点为部分案例所支持。[51] 查尔斯·米契尔（Charles Mitchell）和史蒂芬·

---

[47] *Boardman v. Phipps*［1967］2 AC 46（HL）.

[48] G. Jones，“Unjust Enrichment and the Fiduciary's Duty of Loyalty”（1968）84 LQR 472，481－86.

[49] Cf G. Calabresi & A. Melamed，“Property Rules，Liability and Inalienability：One View of the Cathedral”（1972）85 *Harvard Law Review* 1089.

[50] M. Bryan，“Recipient Liability under the Torrens System：Some Category Errors”，in C. Rickett and R. Grantham（eds.）*Structure and Justification in Private Law*（Oxford，Hart Publishing，2008）339. 根据这种观点，接受方负有举证责任证明自己是在不知情的情况下有价购买的善意买受人。

[51] 查阅新南威尔士上诉法院在 *Say-Dee Pty Ltd. v. Farah Constructions Pty Ltd.* 案［2005］NSWCA 309 的判决，撤销了 *Farah Constructions* 的权利（n 13）。在托伦斯（Torrens）体系下针对不可取消权利适用“知悉接受”原则仍会产生问题；*Super* 1000 *v. Pacific General Securities* 案［2008］NSWSC 1222，（2008）221 FLR 427［215］－［234］（White J）。

沃特森(Stephen Watterson)近期撰文指出，如同明示受托人必须归还基于信托条款获得的财产，知情接受方也同样负有归还责任。[52] 他们将推定受托人认定为“如同明示受托人”的结果就是，按照这样的分析，推定受托人也应承担至少部分明示受托人所承担的核心义务，例如，信托财产的获得，维护和返还义务。这种模式被认为是承认接收方责任是不当得利下的一种严格责任的替代方案。对接受方适用“如同明示受托人”分析的结果就是，针对接受方可采用的救济不限于返还所获利益之价值，还包括接受方凭此成功投资所得增利。

如果推定信托可以按照推定受托人“如同明示受托人”的方式来分析，从而使明示受托人的归还责任得以适用，那么就很容易确定可用的对物和对人救济的条款。尽管推定受托人不是由信托创建者所选定的，也未被寄望于履行明示受托人的管理义务，但明示信托法已建立起来的救济框架，还是可以相当容易地适用于推定信托。类似原则也适用于受托人的侵权责任，这类案件处在明示信托和推定信托的分界线上，除了被告没有被指定为明示受托人外，其他都和明示信托一样。[53]

2. 禁反言(Estoppel)

财产禁反言案件中的推定信托并非基于归还义务，因此，相比适用推定信托的其他衡平领域，禁反言法可能具有更明确的救济性特点。早期的财产禁反言判决会判令被告向原告转移特定财产，[54]或者象 *Dillwyn v. Llewelyn* 案，[55]原告有权就其购买的无限与司继承地产声明提交给后评法官，由其根据判令条款处理财产转让事项。这类推定信托的产生并非基于被告的归还责任，被告也不是信义案件里的推定受托人，而是基于“如同明示受托人”的基础。现在在禁反言诉讼中，法院很少判决原告对被告的土地享有全权，但在这些案件中，推定信托只是作为衡平法官直接判定土地财产转移的替代手段。

---

[52] C. Mitchell and S. Watterson, “Remedies for Knowing Receipt” in Mitchell(ed.) *Constructive and Resulting Trust* (Oxford, Hart Publishing, 2010) 115 中。批评可参见 W. Swadling, “*The Fiction of the Constructive Trust*” 64(2011) Current Legal Problems 399.

[53] D. Heydon and M. Leeming, *Jacobs Law of Trust in Australia*, 7th edn (Chatswood, LexisNexis Butterworths, 2006) para[1303]; *Mara v. Browne*[1896]1 Ch 199(CA).

[54] *Hunt v. Carew* 案(1649) Nelson 47, 21 ERR 786; *Lester v. Foxcroft* 案(1700) Colles 108, 1 ER 205. E Colles, The Modern Law of Estoppel(Oxford, Oxford University Press, 2000) 42 – 43.

[55] *Dillwyn v. Llewelyn* 案(1862) De GF&J 517, 45 ERR 1285.

关于财产禁反言目的的学术研究非常丰富,且对本文而言也没有必要再探究预期强制执行、信赖损失赔偿,或更广泛地说,预防不公平行为等作为公平救济基本准则的有争议的理论。[56] 在禁反言案件中,裁决对人救济的做法已经确立。[57] 只要赔偿的提出不被用作迫使原告接受不公平解决方法,[58]可以肯定的是,与现在相比,会有更多对人救济的裁决。[59] 如果禁反言至少在某些案件中,使原告的合理期待得以强制执行,那么没有理由基于财产法上的预期强制执行就裁决对物救济裁决,而基于合同法的预期强制执行就裁决特定履行。[60] 但是,暂且不论理论目的,法院在禁反言案件中适用了一位著名学者所称的"救济等式"(remedial equation)。[61] 当原告在"双方"禁反言案件中被授予对物财产权利和个人占有土地许可,[62]这样的裁决往往反映了原告对土地的主观依附感,为此产生支出是毫无疑问的。[63] 在这些案件中,裁决对物救济,类似于适用特定履行判给原告原本在违约合同项下所承诺的主观价值。[64] 原告对特定财产的主观倾向,对于推定信托的重要意义,将在下文中展开详细讨论。

---

[56] S. Bright and B. McFarlane,"Personal Liability Estoppel"[2005] *Conv* 14; S. Gardner,"The Remedial Discretion in Proprietary Estoppel: Again"(2006) 122 LQR 492; N. Hopkins,"Conscience, Discretion and the Creation of Property Rights"(2006) 26 *Legal Studies* 475; A. Robertson,"The Reliance Basis of Proprietary Estoppel Remedies"[2008] *Conv* 295; A. Robertson,"Unconscionability and Proprietary Estoppel Remedies" in E. Bant and M. Harding, *Exploring Private Law* (Melbourne, Cambridge University Press, 2010) 402.

[57] *Unity Joint Stock Bank Mutual Banking Association v. King*(1858) Beav 72, 53 ER 563; *Dodsworth v. Dodsworth*(1973) 228 EG 1115 (CA); *Morris v. Morris*[1982] 1 NSWLR 61 (NSWSC); *Giumelli v. Giumelli*[1999] CLR 101; *Jennings v. Rice*[2002] EWCA Civ 159.

[58] *Milton v. Proctor*(1989) NSW ConvRJ55, 450, J58, 254(Mahoney JA).

[59] See Bright and Macfarlane,"Personal Liability in Proprietary Estoppel"(n 56).

[60] 如果禁反言救济限于或应限于保护原告信赖利益,那么这也是正确的。See S. Bright and B. Macfarlane,"*Proprietary Estoppel and Property Rights*"(2005) 64 CLJ 449; Robertson,"The Reliance Basis"(n 5); J. Mee,"The RoLE of Expectation in the Determination of Proprietary Estoppel Remedies" in M Dixon (ed.), *Modern Studies in Property Law*, Vol. 5 (*Oxford*, *Hart Publishing* 2009) 389。

[61] Robertson,"Unconscionability and Proprietary Estoppel Remedies"(n 56) 403.

[62] 在特定第三方利益纳入考量的场合,对人救济通常较为适合:*Giumelli*(n 57)。

[63] *Dillwyn*(n 5); *Pascoe v. Turner* 案[1979] 1 WLR 431 (CA); *Sullivan v. Sullivan* 案[2006] NSWCA 312; *Torner v. Major* 案[2009] UKHL 18, [2009] 1 WLR 776 (农场财产的不同增进程度被认为与案件无关)。相反案例:*Sledmore v. Dalby* 案(1996) 72 P&CR 196(CA)案中被陈述人对改善后的财产使用很少,表明对财产的主观依赖程度很低。据此判定被陈述人的衡平法上权利已失效。

[64] D. Friedann,"Economic Aspects of Damages and Specific Performance Compared" in D. Saidov and R. Cunnington (eds.), *Contract Damages: Domestic and International Perspectives* (Oxford, Hart Publishing, 2008) 65, 68–69.

3. 不当得利(Unjust Enrichment)

当推定信托被施加于违反信义义务和禁反言案件中,对物还是对人救济,要么直接基于禁反言讼因的要件证明情况产生,要么作为使被受托人或其他受信人归还财产的救济出现。在两种情况下,采用的救济手段都是基于对讼因要件的证明情况直接或间接产生。

不当得利法区别于这两种模式。[65] 在美国,不当得利法是救济性的,不当得利之诉的基本要件与裁决个人和对物救济的要件相似,而裁决对物救济仅进一步要求证明可追踪的特定财产,并使法院了解到第三方合法利益不会被侵犯。[66] 但在澳大利亚,对不当得利施加归还性推定信托可不那么容易实现。在澳大利亚,一小部分"不当要件"的认定并不能直接导致判定个人或财产返还,判定救济的性质取决于特定财产的证明以及对第三方利益的平衡。实际情况是,不当得利的财产返还,被标签伪装,反而掩盖了不当得利回转的现实。因此,对一些财产返还,本可基于"缺失法律上的理由"来公开分析,现在却被司法引用预防不公平行为原则掩盖了。[67]

在其他案件里,虽然不当要件已被认可,但必须满足一些与救济对物性质无关的标准,才能裁决对物救济。例如,因错误而产生的个人返还救济,可基于证明支付系因错误造成而获判,[68]但近期判例表明,法院不会判令对物救济,除非收款人对错误支付知情。[69] 对物救济的主要特征在于约束第三方,但是第三方在现实中可能并不会受判决的任何影响,因此,判决对物救济的标准不应以第二个接受方是否知情为准。[70]

最后,也是更有争议的一点是,澳大利亚法院未承认将归复信托作为返还

---

[65] 但要注意,在信义语境下就错误主张财产返还的尝试,*Chase Manhattan*(n 25)。

[66] 参见《返还法重述(第三次)》第55章评论a。

[67] Muschinski(n)6.

[68] *Barclays Bank Ltd. v. WJ Simms, Son& Cooke(Southern) Ltd* [1980] 1 QB 677(Comm); *Kleinwort Benson Ltd. v. Lincoln County Council*[1999] 2 AC 349(HL); *David Securities Py Ltd. v. Commonwealth Bank of Australia*(1992) 175 ClR 353(HCA).

[69] *Westdeutsche*(n 27) 715(Lord Browne-Wilkinson); *Wambo Coal*(n 15).

[70] 在通知原则下,第三方知情将是有关联的。要了解基于第二方、第三方知情的财产返还体系,可参见 McFarlane, *The Structure of Property Law*(n 32) Chapter 4。

不正当得利的救济手段。[71]

虽然“自上而下推理”备受诟病,[72]但不妨假设一下不当得利法是基于这一原则运作的:

> 将财产还给我:除非你能提出诸如情势变更这样的抗辩,否则你已以我的利益为代价不当获利。如果你因不再占有该财产而无法返还原物,且也无法为自己做出合理辩护,把你从财产中获取的价值偿付给我。

对任何重视私人财产权利保护的法律体系而言,该原则应是颇有吸引力的。适用该原则的法院会优先考虑对物救济措施,只有当财产已被处置时,才会考虑对人请求权。处置财产并不能使接受方援引情势变更或其他相关抗辩。

在现实中,不当得利法并非这样运作。财产返还在普通法法域中是一种例外,而非规则,而且即使作为例外,其适用也饱受质疑。[73] 被边缘化的原因,部分由于历史,部分由于政策。历史上,包括对物救济在内的衡平法上救济,被碎片化处理,直到 19 世纪,学者们还认为,“普通法救济的共同基础是什么依然是个谜”。[74] 在政策层面上,某些担忧阻碍了财产返还的发展。其一,财产返还对无担保债权人合法权益的影响。其二,这一点很少在文献中被提到,对财产施加推定信托没有社会效用,因为该财产的替代品可以轻易从市场中获得。[75] 这些担忧是合理的,但为什么这些担忧在不当得利的法律中被赋予这么重要的意义,而在禁反言中却没有,在禁反言案件中判定对物救济相当普遍。

假设不当得利返还法的存在基础是法律所认可的“不当要件”(unjust

---

[71] R. Chambers, *Resulting Trusts* (Oxford, Clarendon Press, 1997); R. Chambers, “Is There a Presumption of Resulting Trust?” Mitchell, *Constructive and Resulting Trusts* (n 52) 267. 对比 W. Swadling, “Explaining Resulting Trusts” (2008) 124 *LQR* 72.

[72] K. Mason, “Do Top-Down and Bottom-Up Reasoning Ever Meet?” in Bant and Harding, *Exploring Private Law* (n 56) 19.

[73] Swadling, “Policy Arguments for Proprietary Restitution” (n 14).

[74] D. Ibbetson, A. Historical Introduction to the Law of Obligations (Oxford, Oxford University Press, 1999) 283.

[75] 与特定履行合同义务的类比很明显与此背景有关:*Aristoc Industries Pty Ltd. v. RA Wenham (Buliders) Pty Ltd.* 案[1965]NSWR 581(NSWSC)。

factors）的证明，当对物救济可能损害第三方合法利益时，有三个方法可阻止施加对物救济。第一个方法是在对涉及第三方（如债权人、被扶养人）利益的对物财产性利益做出裁决时，对该裁决本身做出限制，如驳回原告主张享有衡平法上优先权的诉请。这是《返还法重述（第三次）》中采用的方法。[76] 第二个方法是通过要求原告选择是否解除接受方获得所有权的交易，来限制类似判令的潜在适用，由此来保护在原告选择前已获得该财产利益方所取得的产权的安全。[77] 这两种方法的优点在于，就对第三方可能造成的损害以及享有资产增值利益的权利，明确指出了施加对物救济的后果。第三种方法是在"不当要件"上叠加额外要求，如被告对原告的错误知情。这种方法不如前两种方法恰当，因为额外附加要求并不是针对判令对物而非对人救济所产生的后果。

第四部分　动机和政策

《返还法重述（第三次）》第 55 章的评论区分了推定信托在双方当事人案件和三方当事人案件之间的差别。这一差别提醒我们注意，尽管救济措施对第三方利益的潜在影响是对推定信托案件关键考虑因素，但这不仅仅是唯一的考虑因素。事实上，在许多案件中并不涉及第三方索赔。

在两方当事人且被告有偿还能力案件中，为何相比其他可替代的衡平法上救济措施，推定信托更受青睐的原因，在上文中已提及。一个原因就是该救济措施相对更简单。在可施加情况下，利益归还则是一项操作复杂的救济。衡平法上的归还程序，虽然比普通法的归还之诉简单，但其过程也是相当复杂和耗时的。[78] 当归还基于合营破产时，资产评估可能需要交由独立会计师审计，而对账目情况的判定很可能是一个漫长的过程。[79] 计算的复杂性不是拒绝救济的借口，但当推定信托作为选项之一时，它通常会比归还救济更容易操作和执行。

正如《返还法重述（第三次）》中提到的，"双方当事人案件中的推定信托，

---

[76] 《返还法重述（第三次）》第 61（1）章。

[77] Bant，"Trusts，Powers and Liens"（n 42）.

[78] R. Meagher，D. Heydon and M. Leeming，Meagher，Gummow & Lehane's Equity：Doctrine and Remedies，4th edn（Chatswood，Butterworths LexisNexis，2002）para［25－005］.

[79] *Chameleon Mining*（n 46）［1037］（Jacobson J）.

因其救济的经济性和对原告的便利性,是一种实现特定偿还的灵活救济方式”。[80] 若原告的索赔款可以被确定,且被告有能力偿还债务,则该救济方式就是多余的,此时对原告来说,对物救济相比对人救济并无优势。但在以下几种原告寻求动产返还的情况中,推定信托就很有用了:“当该财产对原告而言具有特殊价值时;当该财产已升值时;当该财产价值难以确定时;或者当返还该特定财产比证明及归还其价值更节省成本时”。[81] 换言之,在双方当事人案件中,推定信托是一种简单的维护公平性救济。就好像特定履行是使原告对合同案约定准确履行的主观意愿得以强制执行,即使从经济上来讲其他替代履行方式所带来的价值可能并不比特定履行所带来的价值少,[82]因此,推定信托也是使原告对获得特定财产中利益的主观倾向得以强制执行的救济,不论原告的偏好是原物归还、强制执行合理预期,还是获取被告不法行为所得利益。当法院在可强制特定履行合同下对可转移财产施加推定信托时,便非常明显地反映了这一点,因为推定信托保障了原告对财产的主张,该财产具有特殊价值,或至少没有现成的市场替代品。[83]

在一些财产禁反言案例中,在被告土地上所进行的大量工作会使原告产生对土地的强烈主观依赖,非金钱返还所能满足,这种情况下主观倾向也得以强制执行。[84] 这也可以解释一些为不当得利而判令推定(或归复)信托的案例,为此目的所定义的“主观偏好”,包括利用财产价值的欲望,以及从使用中获得个人享受的欲望。[85] 最后,在家庭房产纠纷中,因澳大利亚式的有失公平或加拿大式的不正当得利,而施加的推定信托所基于的绝大多数共同意愿的目的,通常不是用来满足原告对居住在争议房产内的渴望或预期,而是希望解禁并实现房屋的增值资本价值。这一目的通常是在司法判定受益权后直接通过出卖房屋

---

[80] 《返还法重述(第三次)》第55章,注释c。

[81] Ibid.

[82] Friedmann,“Economic Aspects of Damages and Specific Performance Compare”(n 64)68. 因违反合同而造成的预期损失,虽以货币形式,但也会实现原告的主观倾向除非该偏好不合理:*Tabcorp Holdings Pty Ltd. v. Bowen Investments Pty Ltd.* [2009]236 CLR 272。

[83] K. Barnett,“Substitutability and Disgorgement Damages in Contract”in Bant and Harding,*Exploring Private Law*(n 56)377.

[84] *Dillwyn* (n 55).

[85] *Black*(n 22); *Nelson v. Nelson*(1995)184 CLR 538(HCA); *Brown v. Brown*(1993)31 NSWLR 582(NSWCA).

来实现。家庭房屋案件通常被作为“双方当事人”纠纷来分析,除非存在特定债权人,[86]且房屋上已设有抵押;司法判定受益权后房屋就将立即出售的可能性,以及财产转移操作中会提醒买家房屋存在分享受益权的情况,[87]以上两方面因素的综合会尽量降低因信托的强制执行而对第三方造成不利影响的风险。《返还法重述(第三次)》对待推定信托的一个积极特征在于,它强调了信托的维护公平功能,这种功能特别体现在实现原告关于赔偿或返还特定财产的简单心愿时,而这种功能在关于对物救济作用的讨论中常被忽视。

当推定信托被施加于《返还法重述(第三次)》所称“三方”当事人争议时,情况有所改变,此时原告的目的是获得优先于无担保债权人,以及虽其后取得担保但非善意购买人,或无法对争议财产主张不可取消权利债权人的优先权。《返还法重述(第三次)》采用了传统但尚有争议的观点:当被告以损害原告利益不当获利,被告的债权人所处地位不能优于被告。[88] 该观点认为,如果被告的债权人是从原告的财产中实现债权的,那么债权人也以损害原告利益不当得利。[89] 该观点基于这样一种假设,即债权人都是自愿承担风险的人,而不当得利原告则是整个有缺陷的、因而非自愿交易的受害者,据此应判定对物救济。[90]

将包括侵权行为受害者在内的债权人都假定为自愿的、且可能是商业风险的理性评估者,这一点值得商榷。但本文目的不在于评价这些争议观点。[91] 与本文更相关的是《返还法重述(第三次)》中解决“三方”当事人争议的策略。虽然推定信托请求优于无担保债权人请求这一原则,为《返还法重述(第三次)》第55章所确认,但该原则在实践中的适用已被一些相抗衡的原则所修改,信托

---

[86] *Asin Parsons*(n 27).

[87] *Stack v. Dowden* 案(n 33)[50]-[52](Baroness Hale)土地注册机关在确认第三方利益中的实践及作用(以及该如何进一步深化实践)。

[88] 比较 *Attorney-General for Hong Kong v. Reid* 案[1994]1 AC 324(PC)331(Lord Templeman). See A. Hicks,“*The Remedial Principle of Keech v. Sandford reconsidered*”[2010]CLJ 287,316-318。

[89] 《返还法重述(第三次)》第55章,评论d。

[90] 风险分析的阐述者包括 D. Paciocco,“The Remedial Constructive Trust:a Principled Basis for Priorities”(1989) *Canadian Bar Review* 311; E. Sherwin,“Constructive Trusts and Bankruptcy”(1989) *University of Illinois Law Review* 297;A. Burrows,“Proprietary Restitution:Unmasking Unjust Enrichment”(2001)117 LQR 412。

[91] Swadling,“Policy Arguments for Proprietary Restitution”(n 14). S. Worthington,“Property Obligations and Insolvency Policy”(2005)4 *Journal of International Banking and Finance Law* 100;Calcan, *Proprietary Rights and Insolvency*(n 25)paras[1.146]-[1.156].

范围由此受限。其中之一便是追踪规则,这一规则“很粗略,但在运用中并非完全武断,因为它们有助于保护债权人的地位”。[92] 另一个,则已经提到过,若在不当得利案件中,原告依据对人请求权无法获得善意被告所实现的间接获利,则同时禁止原告基于推定信托提出超过其损失的主张。[93] 此外,推定信托的原告无权以接受方的债权人及被扶养人失去充足供给为代价在返还中得到获利性救济。[94] 这些限制的实践效果在于是衡平法上的优先权,而非推定信托,在“三方”当事人案件中成为有效的对物救济措施。

第五部分　确认“双方”和“三方”对物财产返还

《返还法重述(第三次)》构建的对物财产返还体系最有问题的一点在于,对“双方”和“三方”案件返还争议所做的区别划分。关于对物财产救济体系以第三方利益是否受到影响来对争议进行区分,理论上有很多可说的地方。但对该体系最主要的反对意见在于:每个“双方”索赔都是潜在的“三方”索赔;在“双方间”提供适当救济的推定信托,可能因为在推定信托诉讼中未确认对讼争财产有请求权的债权人,而无法实现公平。

仅从推动推定信托诉讼的“公平过程”的角度来看,美国大通银行案[95]对于对物财产返还法律来说,是个“简单的”案子,尽管该案判决功过引发学界广泛讨论。债权人显然对已资不抵债的以色列英国银行享有利益,如果当时要求法院对此予以考虑,那么对法院来说,这将是一项虽然非常耗时但相对直接的工作。[96] 更困难的问题是,如果存在债权人利益,那么这样的利益与原告的对物财产不当得利诉请之间该如何进行权衡。是否应像美国大通银行案结果所表明的那样,采用完全忽视债权人利益的方法?是否应该把推定信托原告降为在破产中主张对人救济?相对其他债权人,对错误不知情的债权人是否应当得到支

[92] 《返还法重述(第三次)》第 55 章评论 g。

[93] 《返还法重述(第三次)》第 55(4)章;第 56(4)章。

[94] 《返还法重述(第三次)》第 61(1)章。

[95] *Chase Manhattan* 案(n 25)。

[96] 在 *Manhattan* 案中法官古尔丁(Goulding)仅仅被要求确定原告是否有权获得推定信托,未就追查和主张错误付款产生的问题;出处同上 116。

持?或者是否应当按照《返还法重述(第三次)》的设定顺序,在推定信托之前,先优先考虑衡平法上的优先权?对于这些问题,无法简单地得出答案;没有确定的答案;也没有可完全套用的标准,但至少在评估这些相互竞争的利益时,应该有一个对这些利益是什么的充分理解。美国大通银行案毫无疑问是个“三方”案件。

相比之下,其他案件都是不明确的“三方”案件,因为第三方是否存在、第三方主张的准确范围都是未知的。*Boardman v. phipps* 案[97]中的诉请被认为是“双方”诉请,因为最主要的被告拥有毋庸置疑的清偿能力。纠纷当事人没有动力去探究,在债权人可能就博德曼财产主张请求权的情况下,施加推定信托是否合适。救济的便利性,虽然并非裁决所依据的标准,但却为法院及诉讼当事人所接受。在推定信托争议中,没有任何一方当事人有兴趣去确认第三方诉请,因为这可能使证明问题复杂化,也可能影响已决受益权的效力。例如,在约翰亚历山大俱乐部案中,新南威尔士上诉法院宣告推定信托之后,才发现推定信托所主张的财产上设有未登记的衡平法上的抵押权,而推定信托可能会损害抵押权人的担保。[98] 高等法院认为,有证据表明抵押权的存在,上诉法院在决定衡平法上救济时本应考虑抵押一节事实,[99]但无论如何,这个裁决反映了法院在“双方”或“三方”案件里决定是否施加推定信托时所经历的困难。

对于澳大利亚法律来说这是一个很重要的问题,即在“双方”案件中裁决救济性推定信托,但在“三方”案件中试图限制对物救济,因为第三方的合法个人或财产利益可能会受到损害。高等法院对 *John Alexanders clubs* 案的判决试图通过对推定信托原告施加程序上的要求,来确认是否存在第三方利益,并以此来划分两种案件的分界线。例如,任何会受对物判令影响的人都是“必要当事人”,都必须参与到诉讼中来。[100] 此外,若第三方因任何原因未能参与诉讼,则该方有权主张推定信托判令无效。[101] 这一裁判承认了救济性推定信托的理论,即允许在“双方”案件中施加推定信托,以实现原告所有,或归还财产,或利用财产

---

[97] *Boardman*(n 47).

[98] *White City Tennis Club Ltd. v. John Alexander's Clubs Pty Ltd.* [2009] NSWCA 19.

[99] John Alexander's Clubs 案(n 6)[127]同上[131]。

[100] Ibid. [131]。

[101] Ibid. [137]。

经济价值的主观倾向。但这个理论只有通过添加形容性条款来确定纠纷实际上是否属于“三方”争议时,它才是可行的。没有类似条款的存在,任何类似《返还法重述(第三次)》所提及的推定信托裁决体系都带有“对物救济过头”的风险,因为在作出对物请求时无法确认所有相关利益。

第六部分 结 论

对救济性推定信托有其诋毁者,但本章作者不在其列。关于信托功过的讨论,也因正反两方都没能给出准确定义而始终成谜。基于本章确认的有限术语定义,救济性推定信托已长期存在。无论何时采用推定信托作为一项对物财产救济,都必须始终考虑判定对人救济的替代方案,并根据灵活又有框架的标准来最终确认选择。自产生推定信托事件发生之日起生效的信托如此,自法院令作出之日起生效的信托亦如此。《返还法重述(第三次)》第55章描绘了救济性推定信托关系模板的蓝图。其技巧,诸如将原告降为受衡平法上优先权保护以及附确保债权人足够供给条件的救济,值得仔细研究。通过区分“双方”推定信托案件与“三方”案件,《返还法重述(第三次)》强调了主观倾向在双方推定信托请求中的作用。《返还法重述(第三次)》还提醒我们,决定采用对物财产性救济时,破产时能优先受偿并非唯一纳入考量的政策。然而,每一个“双方”请求,都有因未查明的债权人主张而转为“三方”请求的危险。对法院而言,潜在的债权人主张,比债权人站出来反对推定信托的主张,更令人担忧,因为后者可以通过一系列技巧来解决,包括优先规则的运用。如果法院将继续施加推定信托来满足各种“双方”或“三方”目的,那么只有通过精心设计形容性条款来确认相关第三方的个人和财产利益,以及让第三方加入到推定信托诉讼中来,才能使推定信托法律中的救济变得可行。

第十一章　新西兰与新南威尔士衡平法之思考

安德鲁·巴特勒(Andrew Butler)
蒂姆·米勒(Tim Miller)*

第一部分　绪　　论

当我们说新南威尔士的衡平法和信托法出了名的保守时,我们并无贬低之意。我们所说的保守,是指许多新南威尔士法律界人士——无论是法官、律师,还是学者一贯主张衡平法和信托法保持着特定的历史、知识和最终的理论立场,据说这种立场更加纯正,更接近衡平法和信托法的真正传统。① 对这群人来说,新南威尔士被视为真正衡平法的最后一个前哨。② 加拿大、新西兰等其他地区对衡平法和信托法的发展,即使没有被公然蔑视,但也遭到怀疑。米格尔(Meagher)、古墨(Gummow)和勒汉(Lehane)在所著的《衡平法:理论与救济》(Equity: Doctrines and Remedies)第四版序言中所发表的观点最为明显:

> 在新西兰,任何衡平法原则发展的前景都似乎远跟不上上诉法院的革命。这在很大程度上要归咎于库克勋爵(Lord Cooke)误入歧途

---

* 感谢 Matt Dodd 和 Rupert Rouch 给予的研究帮助。

① See M. Kirby, "*Equitable's Australian Isolationism*" (2008 年) 8*Queensland University of Thchnology law & Justice Journal* 444 期。

② 从这一观点来看,新西兰衡平法的唯一希望在于如果新西兰从未从新南威尔士独立出去! 新西兰曾经作为新南威尔士一部分的短暂历史概述,可以参考 P Joseph *Constitutional and Administrative Law in New Zealand*,2nd edn(Wellington,Brookers,2001)para[2.3]。

> 的努力。一个人可以在短短几年内造成这样的破坏，这揭露了当代法律系统的脆弱性及警惕曝光和根除错误的需要。③

最近，上诉法院法官杨（Young JA）在他对萨曼莎·赫本（Samantha Hepburn）所著的《衡平法和信托法原理》（Principles of Equity and Trusts）第四版写的短评中表达了类似的观点。④ 尽管他对赫本的书总体评价积极，但针对书中“新南威尔士衡平法律师确实注意到这本书偏离了传统原意（narrow way），因为我们在一定程度上借鉴了新西兰思维，但新西兰思维已被新南威尔士法院废除”的言论，他表示了反对。⑤

能够坚持所谓的“传统原意”对很多人来说无疑是一件光荣的事。这种对衡平法充满自豪的尚古方法反映了西蒙德子爵（Viscount Simonds）50 多年前在 *Chapman v. Chapman* 案中所表达的观点：

> 在衡平法中职权的范围只能通过观察过去伟大的衡平法官所设定的管辖范围以及他们如何证明这种设定是正确的来确定……结果很可能不符合逻辑，也可能有人会问，如果法院的管辖权已扩大到这件事，为什么却没有扩大到那件事。但是，各位阁下，这个问题在管辖范围内就如同在实体法范围内一样，都是自以为是的。我们没有理由仅仅因为我们认为法院应该拥有某种管辖权，就说它拥有某种管辖权，如同我们没有理由仅仅因为我们认为实体法应该如此，就宣布该实体法与之前一直所宣称的不同。我们可能并不比祖先更聪明。应当由权力并不受限的立法机关来决定，是否应该修改法律以及修改什么。⑥

但是，正如法官柯比（Kirby J）所观察到的，这种方法并非因为毫无疑义地

③ R. Meagher, D. Heydon and M. Leeming's Equity: Doctrine and Remedies, 4th edn (Chatswood, butterworths lexisnexis, 2002) xi.

④ P. Young, "*Book Review: Principles of Equity and Trusts*" (2010) 84 Australian Law Journal 657, 评论了 S. Hepburn 的 Principles of Equity and Trusts, 4th edn (2009 年, Federation Press, Annandale)。

⑤ Ibid.

⑥ *Chapman v. Chapman* [1954] AC 429 (HL) 444.

接受前人智慧，而是：

> 澳大利亚对发展和重新制定衡平法理论所产生的强烈情绪，反映了知识渊博法律人士的敬意，他们珍视衡平法理论及其救济措施在过去几个世纪以来所发挥的重要和改善作用。由于衡平法通常与财产权事件有关，因此，知识渊博法律人士会对任何不经过深思熟虑就修改长期稳定规则的行为持有自然而恰当的焦虑，这些长期稳定的规则使公民重要投资决策具有确定性，承诺表达的可预测性，并对法律期望给予肯定。⑦

因此很明显，新南威尔士的衡平法可以提供很多东西。有时它使新西兰对待衡平法的方法，特别是由库克勋爵发起的简化项目，看起来好像总是选择快刀斩乱麻的方式，而不是像许多新南威尔士的法官和学者所声称的那样，花时间梳理出衡平法理论和法谚的清晰脉络，以便隐喻衡平的绳索不会被不必要地切断（或者可能更准确地说，衡平的绳索不会被不必要地磨损）。

出于同样的原因，我们认为，新南威尔士衡平法，或者更广泛的说，澳大利亚衡平法，还是可以从“新西兰思维”中学到一二。因此，本章目的是在那些我们认为澳大利亚衡平法可以向新西兰学习借鉴的领域激发讨论。本章的主要主题是，法律（无论普通法还是成文法）和衡平法可以在适当情况下相互作用和混合。总之，适当地将两者之目的和功能看做是相同的，并无不当。我们首先会对这一观点进行总的辩护，然后我们接着讨论这一观点的适用范围，涉及惩罚性损害赔偿、违反非保管信义义务与损失之间的因果关系和衡平法上的禁反言等主题。但是，我们需要强调的是，因为本章的内容很广泛，所以重点更多地放在了广泛的主题上，而不是探究理论细节或深入案例研究。此外，正如标题所示，本文主要关注新西兰和新南威尔士，但在适当情况下也会考量其他法域。

---

⑦ Kirby, “Isolationism” (n1) 44.

第二部分 “其他法律”的影响

当谈及新西兰和新南威尔士衡平法之间的差异时，我们都必须从一个最具深意的词开始：“融合”（fusion）。考虑到新西兰和新南威尔士法院都同时行使普通法和衡平法上管辖权，因此，关于管辖权融合这一事实，毫无争议。争议存在于这个事实所造成的结果。

新南威尔士主流观点认为，这次融合并未带来任何实体方面的后果。换言之，“司法程序本身并不是实体性规则变化的渊源，无论是法律还是衡平法”。[⑧]除此以外的观点，就是马尔、古墨和勒汉所描述的“融合谬论”：

> 融合谬论涉及救济管理，比如，因违反信义义务而产生的普通法上损害赔偿，在此前无论根据法律还是衡平法都不可获得，或引入管辖权项下一个分支的概念来修改项下另一个分支的原则，对于后者来说，前者的概念是陌生的，比如是否存在侵权法上的注意义务可以通过询问所涉当事人是否具有信义关系来检验。[⑨]

在这一部分，我们从这篇文章提到的第二个例子开始，即“借鉴”。我们这么做是为了挑战“衡平法中不允许借鉴普通法概念”的观点。需要明确的是，我们并不是说有理由认为，这种“借鉴”是为了普通法管辖权与衡平法管辖权行政融合的，或前述融合的必然或自动结果（所谓“自动融合”）。[⑩] 正如麻森法官（Mason P）在 *Harris v. Digital Pulse* 案中在其判决书中所提到的，“这将是一种不同类型的融合谬论，因为有很多权威人士都支持这种命题，那就是被成文法赋予效力的融合是具有行政性和程序性特点的”。[⑪] 从规范角度来说，我们真正想检验和挑战的命题是法院在发展衡平法的过程中不该借鉴普通法。

我们在本章绪论部分已提到，新南威尔士极度关切衡平法是否保持了历史

⑧ Meagher、Heydon and Leeming, Equity (n 3) para [2 – 105].

⑨ Ibid.

⑩ J. Edelman, “A ‘Fusion Fallacy’ Fallacy”? (2003) 119 *LQR* 375, 377.

⑪ *Harris v. Digital Pulse Ltd.* [2003] NSWCA 10, (2003) 56 NSWLR 298 [139].

和理论纯正。虽然这种关切可能被批评为是不加辨别的“祖先崇拜”(ancestor worship)，[12]但是，认为这种纯正本身就是一个值得追求的目标的观点，也具有一定的吸引力。然而，正如我们所预告的，这个观点所包含的远不止这些。在这些关切中，主要关切就在于，衡平法继续在法律面前发挥其应有作用。正如米格尔(Meagher)和马罗亚(Maroya)在一篇文章中所强调的：

> 有一点要说，正如里德斯代尔勋爵(Lord Redesdale)所说，昨天的衡平法，就是明天的法律，“很大一部分如今看来是严格法的，在过去被认为是衡平法，而当今时代所作之衡平法判决都会不可避免地在下一个时代被认为是严格法”。这是对衡平法“补充”功能的清晰观察，但除此之外，这是一个几乎不需要褒奖或贬低的事实。宣称今天的法律会变成明天的衡平法则又另当别论。而且需要注意的是，里德斯代尔勋爵从没说过这句话。这是一个完全不同的命题，而且与衡平法的矫正和补充功能格格不入。为了使衡平法发挥功能，必须在衡平法理论和普通法理论、衡平法救济和普通法救济之间继续保持一些有意义的区别。[13]

这些评论是极具信服力的。当人们思考普通法是否能为衡平法的发展提供指导这一问题时，应当首要考虑这些评论。但是，这些评论告诉我们的是，法院应该谨慎注意，而非全盘否定，普通法在有些时候指导衡平法发展的可能性。

我们赞同此观点主要出于以下三点思考：

第一，主张衡平法从未通过与普通法的类比而得到发展，是不符合历史的。正如麻森在 *Harris v. Digital Pulse* 案中提到的，甚至在《司法组织法》

---

⑫ 请参照 M. Kirby，“Constitutional Interpretation and Orignal Intent：A Form of Ancestor Worship”(2002)24 *Melbourne Law Reviewl*，(2000 年)24 墨尔本大学法律评 Kirby 法官在法外著作中从 Binnie 法官处借鉴词语描述宪法解释的“立法本意”方式。

⑬ R. Meagher and A. Maroya，“Crypto-Fiduciary Daties”(2003)26 University of New South Wales Law Journal 348，349，引用 *Spet v. Spect* 案(1891 年)26P 203，205(Harison J)以及 *Roxborough* 对 *Rothmans of Pall Mall Australia Ltd.* 案[2001 年]HCA 68，(2001 年)208CLR 516，554(Gummow J)。See P. Keane“2009 WA Lee Lecture in Equity：The Conscience of equity”(2010)84 Australian Law Journal 92.

(*Judicature Acts*)改革前,衡平法有时也会通过这种方式进行发展。这种现象的实例是遵循法谚"衡平法遵循普通法"或衡平法的"竞合管辖"所产生的。[14]此外,《司法组织法》对衡平法继续以此方式发展并未设置限制。[15] 当然,这并不意味着衡平法就应该一直通过类比普通法的方式进行发展。这是一个必须在它产生的特殊情况下才能进行处理的问题。然而,麻森的观点确实表明,衡平法通过类比普通法的方式进行演化,并不像有些人认为的那样存在着理论上的争议。

第二,米格尔(Meagher)和马罗亚(Maroya)观点的前提是,总是存在严苛的普通法规则,反过来需要衡平法介入以进行矫正和补充。当衡平法无论在过去还是当下的有些情况下,依然在面对普通法履行这项功能时,其暗示有一定的荒谬性,即维持普通法一贯的严苛性,这样才能让衡平法介入补救。公平地说,普通法已从过去的僵硬令状发生了(或至少试图发生)显著演变,以便为法律争端解决带来一种更现代、更灵活和对事实更敏感的方式。但有时,衡平法却走向相反方向。因此,某些场合可能变成,普通法矫正衡平法,或至少为衡平法提供指导。

第三,我们想说明的最后一点思考涉及规范的问题。在一篇献给已故库克勋爵评论 *Day v. Mead* 案[16]文章中,巴特勒(Butler)在其他地方提出:

> 我们必须承认,衡平法不会随时间变化。重要的不是为什么衡平法在历史上采用了某些立场,而是这些立场在现代条件下是否应当予以维持。在这些现代条件中,有一项是对法律合理性的检验,即是否存在维持立场的原则性理由。与此有关的一个考虑因素是,法律体系的某个特定组成部分在运作过程中,是否知晓在其他领域运作的规则和原则。[17]

---

⑭ *Harris* 案(n 11)[143]。例如,类推的限制:See Tippping 法官在 *Murray v. Morel & Co. Ltd.* 案的评论[2007 年]NZSC27、[2007]3 NZLR 721。

⑮ 在这一点上,请参照 Mason P 在 *Harris* 案(n 11)[154]引用 Tilbury 教授的评论。

⑯ *Day v. Mead*[1987 年]2 NZLR 443(NZCA).

⑰ A. Butler,"Simplicity and Innovation in the Lay of Equity and Trusts: Cooke Era"(2008 年)39 *Victoria University of Wellington Law Review* 167,173.

我们应强调,这种方法并不一定等同于巴罗斯(Burrows)教授的观点。巴罗斯教授认为,“通过仔细研究,发现同案不同判情况……我们需要融合普通法和衡平法,以彻底根除这种不一致性。”[18]这是因为可能有很好的理由来解释对于那些乍一看很相似的案子为什么最后没有以相同的方式对待,那就是为了维护和实现普通法与衡平法的不同目的和功能。我们将在下文结合首席法官伊利亚(Elias CJ)在 *Premium Real Estate v. Stevens* 案的评论进一步讨论这一点。[19]但是,这并不是说普通法和衡平法在决定如何履行各自不同职能时不能相互借鉴,也不是说普通法和衡平法在各自特定职能确实相同的情况下不能作出相同的反应。我们也认识到,必要的相似程度及因此允许的借鉴程度,是理性思维可能产生分歧的地方。

上文提到的普通法理性(Legal rationality)概览的检验标准还表明,衡平法可以,合适情况下也应当,从成文法的发展中获取自身发展线索。我们现在简要谈谈这个话题。在新西兰,库克勋爵在 *Day v. Mead* 案判决中埋下了这种方法的种子。这个案子里,时任院长的库克勋爵认为,英国议会在 1947 年《共同过失法》(*Contributory Negligence Act* 1947)中对共同过失概念的承认,为承认衡平法上的类似概念提供了依据(讼争案件与已证实的违反信义法有关)。[20]他的观点是:

> 无论是否有案件被报道在评估违反信义义务的赔偿时以原告应承担部分责任为基础,似乎都没有充分理由来拒绝行使管辖权遵从如此公正的处理方法,特别是在如今普法与衡平法已混合或在相互影响的情况下。此外,假使《共同过失法》本身不适用于本案,该法作为一个类比也还是很有帮助的,因为我们新西兰越来越重视这个原则,即法官造法的演变可能会受到当代成文法和其他当前趋势所反映的立

---

[18] A. Burrows, *Fusing Common Law and Equity: Remedies, Restitution and Reform*(Hong Kong, Sweet & Maxwell 2002),在 Edelman“Fusion Fallacy”(n 10)37 – 78 引用。

[19] *Premium Real Estate v. Stevens* 案[2009 年]NZSC 15,[2009 年]2 NZLR 384(中立引用,当事人为 *Stevens v. Premium Real Estate*)。

[20] 若想查阅对此方式的澳大利亚评论,请参考 Meagher、Heydon 和 Leeming(n 3)838;K Handley, “Reduction of Damages Awards”, P. Finn(ed.), Essays on Damages”(Sydney, Lawbook Co, 1992)。同时请参考 Butler“Cooke Era”(n 17)。

法者思想的影响。[21]

有人可能会认为,对于很多新南威尔士(和其他地方)法律界人士而言,库克勋爵关于衡平法可被同时代成文法和其他趋势影响的观点是很危险的。首先,这是因为声称普通法和衡平法在实体上融合缺乏根据(虽然说它们"在相互影响"无疑是正确的,事实上还很老套)。其次,从更广泛的角度来看,这是因为它表现出一种以当前流行的任何事物的名义来质疑和推翻长期存在的衡平法原则的准备。这可能在合法性上被视为有问题,因为它没有考虑到成文法所体现的政策经常变换。任何根据政府具体政策制定衡平法原则的尝试,都有可能破坏长久以来精心制定的法官造法,并且会破坏司法的独立性。[22] 最后一点反对意见很可能是,成文法的发展只可能通过立法干预方式来影响衡平法的发展。[23] 从这点来看,法院不可能通过观察议会在其他法律领域所做的事情来推测议会意图。

关于第一个反对观点,我们要重申上文关于普通法理性检验标准的观点。那些观察同样适用于第二个反对观点。在政策选择包含在持续有效的成文法(就是继任政府不会实质修改的成文法)的情况下,这种反对也就没有那么有力了。当 *Day v. Mead* 案作出判决时,《1947 年共同过失法》已有 40 年的历史了。在当时,这部法几乎不太可能受到政治变革的影响。事实上,在上诉法院作出 *Day v. Mead* 案判决之后的 25 年间,它都依然有效。

还有反对的言论认为衡平法只能通过立法措施来进行变革,新西兰给出的唯一解答是:众所周知,人们缺乏对衡平法和信托法改革立法方面的关注。其中一个鲜明例子是:新西兰信托法一场持续良久却最终没有任何成果的改革尝试。[24] 这个现象是可以被解释的,在某种程度上,是由于衡平法和信托法对于很多法律改革者并没什么吸引力。这也可以归因于,很多人尝试迫使自己熟悉衡平法的极端不透明性。在这一点上,沃斯顿(Worthington)教授的一篇文章早就提醒了

---

[21] *Day v. Mead* 案(n 16)15 - 16(重点强调).

[22] 请参照 *Butler* 案 (n 17)173,见其他评论。

[23] 在上文引用的 *Chapman*(n 16)参照 the Comments of Viscount Silmonds。

[24] 尽管法律委员会似乎最终转变其对信托法改革的态度;请参照新西兰法律委员会,新西兰信托法评论(NZLC IP19,2010 年)。

我们。在财产法和衡平法领域的法学毕业生的知识匮乏现象方面，她提到：

> 有人质疑衡平法和土地法的学生有很多问题。糟糕的是，衡平法教学的模糊和有些土地法教程的教条主义，导致大部分学生接触到的“财产”问题都是恐惧和放弃的混合物。㉕

我们需要关注的一点是，司法部很大程度上是在打理衡平法和信托法的自身发展问题。在此种情况下，思考衡平法应该发展方向时，司法部对国会的做法就不会提出任何异议。

第三部分　惩罚性赔偿

再来看一个例子，我们认为澳大利亚的衡平法应该接受普通法的救济，即惩罚性赔偿。我们这样认为的原因有两个：第一，在救济领域，融合辩论是老生常谈的话题，因此，提出这样的例子是符合逻辑规律的；第二，在 *Harris* 案中，虽然接受救济被新南威尔士的上诉法院否决，但澳大利亚最高法院却在考虑是否接受。

在新西兰，已经确定了包括惩罚性赔偿在内的普通法救济，而这种救济适用于违反衡平义务的行为。该情况自上诉法院作出对 *Day v. Mead* 案判决时就已经存在。*Aquaculture Corporation v. New Zealand Green Mussel Co. Ltd.* 案中的所有疑问都顺利解决，在该案中，惩罚性赔偿适用于泄密行为，库克勋爵表示：

> 无论出于什么目的，如今的实体法、衡平法和普通法都已进行了融合合并。这种行为的实际性在于诉讼双方的调解牵涉到强加保密义务的情况。对于泄密行为，无论起源是普通法、衡平法还是成文法，各种救济如今都应该被视为是适当的。㉖

㉕ S. Worthinton，“Rehabilitatimy Personal Property Law as a Serious Topic for Research and Teaching（2002 年）36 Canadian Business Law Journal 238，238. 这段由 Gummow J 法官引自 W. Gummow，“Equity：Too Successful”（2003）77 Australian Law Journal 30，30。

㉖ *Aquaculture Corporation v. New Zealand Mussel Co Ltd. Green Mussel* 案［1990 年］3 NZLR 299（NZCA）301，Elias CJ 在 *Premium Real Estate* 案（n 19）［33］引用。

库克勋爵的评论在随后诸如 *Norberg v. Wynrib* 案中受到了加拿大最高法院的认可，[27]从此，惩罚性赔偿成为衡平法救济领域中被承认的一部分。

但在英国，这项主张还未获得认可。虽然对衡平法惩罚性救济的可用性存在一些来自司法之外的支持，但从道德角度上来说，判例法在这项议题上是不存在的。[28] 也许最近取得了一些进展，如最高法院在给出 *Max Mosley v. News Group Newspapers Limited* 案判决时，也将该项议题列入了司法考虑范围之内。[29] 该案中，Molsey 因泄密行为寻求赔偿金和惩罚性补偿，但更准确地说，这种行为是基于欧洲人权公约第八章保护的隐私权。伊迪法官（Eady J）表示在英格兰，惩罚性赔偿不应视为是适用的。[30] 谈到这种观点，法官们的原则性担心似乎成为了惩罚性赔偿的一项嘉奖。他将惩罚性赔偿描述为一种罚金，这对公约第十章言论自由的对抗权来说，可能并不是一种公平的约束。

当然，按照衡平法案例来处理这类案件需要我们格外小心。如伊迪法官所认识到的，尽管泄密行为在衡平法中有其根源，但它在英国的现状也并不那么可观。[31] 情况会变成这样，是由于这起案子是由英国高等法院受理，而不是衡平法院。

我们在这插个话题，来讨论下泄密的惩罚性赔偿的影响，探索新西兰判例法还未通过的言论自由。在上诉法院作出水产公司案判决之后的几个月，新西兰就通过了《1990 年权利法》（*the New Zealand Bill of Rights Act* 1990），这使公众无法轻易知晓其中内情。[32]

我们认为，从伊迪法官所言的程度上来说，对惩罚性赔偿的判定对言论自由永远不是一种公平的约束，法官阁下可能走入了极端。我们认为，司法权中

㉗ *Norberg v. Wynrib* 案［1992 年］2 SCR 226（SCC）.

㉘ 请参考英国和威尔士法律委员会，加重、惩罚性及返还性损害赔偿（法律委员会编号 247，1997 年）。

㉙ *Max Mosley v. News Group Newspapers Limited* 案［2008 年］EWHC 1777（QB）.

㉚ Ibid.［84］，在 *Aquaculture* 案中（n 26）301 引用 Cooke P 的评论。

㉛ 若想查阅关于泄密原因的有益讨论，请见 G. Hammond，"The Origins of the Equitable Duty of Confidence"（1979）8 *Anglo-American Law Review* 71 期。

㉜ 1990 年 6 月 11 日 *Aquaculture* 案的上诉法院判决，1990 年新西兰《权利法》直到 1900 年 9 月 19 日才开始生效。

有保护言论自由的权利文本，如新西兰和英国，对言论自由的惩罚性赔偿的判定应该视情况而定。这本质上是一种没有固定配方的解决方式。

在澳大利亚，尤其是新南威尔士，衡平法的惩罚性赔偿受到了不同程度的对待。*Harris* 案中，上诉法院以大多数驳回了帕梅法官（Palmer J）判定信托义务的惩罚性赔偿的决定。[33] 首席法官斯皮格尔曼（Spigelman CJ）更倾向一种狭隘的观点，认为未履行信托义务即违约，因而惩罚性赔偿对泄密行为而言不适用。哈耶顿法官（Heydon J）更强调了这一点，他认为，在衡平法中惩罚性赔偿永远都不适用。另一方面，麻森法官（Mason P）认为，衡平法中惩罚性赔偿应是可行的。

安东尼·杜根（Anthony Duggan）说过，*Harris* 案存在两个重要问题：第一，新南威尔士是否批准惩罚性赔偿的判决；第二，如果不批准，法院是否该对法律进行变革。[34] 对于第一个问题，我们很清楚帕梅法官判决的第一个案例之前，在新南威尔士乃至整个澳大利亚都没有任何惩罚性赔偿判决的存在。[35] 因此，相比法院的衡平法管辖权是否更有资格提供惩罚性的救济的问题，这个问题要更加广泛。帕梅法官认为，衡平法可以提供此类救济。谈到这一点，法官阁下对大法官法院 16 ~ 17 世纪运用的刑事管辖权表明了信心，他说这说明了“惩罚的概念对大法官法院来说决不陌生”。[36] 帕梅法官也继续表示，在现代，衡平法的惩罚和威慑的要素更加接近救济。例如，当为盈利而违反信托义务或没有严格法律的约定义务而双方不可以盈利的情况下，会发放不同的津贴。[37]

经过上诉，没有法官认为大法官法院历史上的刑事管辖权为惩罚性赔偿的判决提供了坚实基础。然而，上诉法院对于现代衡平的救济是否包括惩罚性要素提出了异议。斯皮格尔曼法官和哈耶顿法官都认为帕梅法官以及一些被告引用的这些救济，比如泄密行为中的更高利益，划分为惩罚性的是不恰当的。[38]

若我们继续深究法官阁下提出这样看法的原因，或许已经超出了本章的讨

---

[33] *Digital Pulse Pty Ltd. v. Harris* 案［2002］NSWSC33，在 *Harris* 案（n 11）撤销。

[34] A. Duggan，“Exemaplary damages in equity：a Law and economics perspective”（2006）26 *OJLS* 303，303.

[35] 虽然在 *Bailey v. Namol* 案中（1994 年）53 FCR 102（FCA）112 – 13，联邦合议庭对这些观点的可用性存在疑问，引用 Somers 法官对 *Aquaculture* 案（n 26）的评论：衡平法和惩罚是一对陌生人。

[36] *Harris*（SC）（n 33）［164］.

[37] Ibid.［165］，［167］.

[38] 请查阅 Keane“The conscience of equity”（n 13）107 – 108。

论范围，尤其是陈述哈耶顿法官冗长死板的判决似乎更没有任何意义。然而我们要特别强调两点。第一，麻森法官在判决中所言，尽管衡平法的出发点不是为了惩罚，但是，当违反信托义务需要接受惩罚时，其自身须具备良好条件，可以让法官选出一种更为严格的救济方式，例如，违约行为是故意的或（或“及”）出于恶意犯之。[39] 所以，尽管惩罚根据法律可能不在衡平法范围内，但实际上，它有时是包含在内的。

第二，在一些衡平法的补偿性回复中很明显存在威慑性要素，如艾德尔曼法官发现，清楚习惯法中惩罚性赔偿有时仅起到威慑的作用，[40]一笔盈利的中心目的也是提供此类威慑。这意味着在许多案例中，衡平法管辖权已经与惩罚性赔偿的基本原理达到共生。[41] 还有很多其他的例子，例如，新西兰最高法院在 *Premium* 案判决中，布兰查德法官（Blanchard J）建议，对不诚信的房地产机构“收两倍的赔偿金并没收已收和应收的钱款，以这样的赔偿方式完成衡平法对受信人非忠义行为的威慑”。[42]

我们现在回到 *Harris* 案的第二个问题：新南威尔士是否应该接受惩罚性赔偿。[43] 我们已经说过，法律理性的检验需要法院根据法律其他领域的发展状况，反思这些要维持的主张是否有其维持的原则性立足点。或许会有人认为，*Harris* 案中的所有法官都已准备好反思这个问题，并最大限度地少用主观情绪去考虑是否存在一个与法律其他领域合适的类比。

斯皮格尔曼法官并不相信普通法中有合适衡平法利用的类比，他说道：

> 麻森法官的判决中，他提出了这样一个问题：衡平法学的发展是否从与侵权法或合同法的类比开始。对我而言，我并没有清楚看见这种普遍性程度的类比推理。每种不同的法律都有自己的完整性。[44]

---

[39] *Harris*（n 11）[165]－[166].

[40] 例如，保险公司支付赔偿。

[41] *Edelman*（n 10）377.

[42] *Premium* 案（n 19）[89]（重点强调）.

[43] 这并不是说目前衡平法可用的法律救济作用与规范问题无关，而是因为这不是一个完美答案。

[44] *Harris*（n 11）[29].

然而,大法官的确表示,与信义法唯一合适的类比存在于合同法中。他认为,合同法是一个更好的类比对象。因为在其他法律中,即使信义义务被法律强制实施,最高权威仍按照“承诺”与“协议”用描述强加的信义义务。[45] 大法官接着推论,由于澳大利亚惩罚性赔偿不适用于违约行为,那么类比来说,惩罚性赔偿同样不适用于泄密行为。

哈耶顿法官发表了不同的观点。尽管没有明确认识到这一点,他的看法是“衡平法通过与普通法类比进行发展是有很大可能性的”。[46] 法官阁下认为,惩罚性赔偿最好被看做是一种刑事制裁形式,因而衡平法不适用。

麻森法官对于这种看法并不惊讶,他认为合适的类比对象只有侵权法。在澳大利亚的侵权法中,惩罚性赔偿是适用的,但他认为与合同法的类比是无力的,他提出:

> 信义义务和合同关系存在着相似点,但更多的是不同点。其中最突出的是,信义义务为被法律强加(如侵权法一样),而且它们都起因于行为或关系,这与合同仅影响私人协商的协议不同。并且对于违反信义关系的救济没有原则存在,像返还获利这样的不同功能的救济表明,衡平法拒绝承认将有效率的违约包括在效率之内。[47]

如果非要选一种类比的话,我们会同意麻森法官的观点,即衡平法与侵权法的类比会更恰当(但只存在于非常笼统的类比情况下)。就规范性标准而言,更好的问题是判决惩罚性赔偿是否与信义法的职能和目的相一致。[48] 从这个方面来说,麻森法官在第一个案例中的评论很贴切:“法律的一致性需要惩罚性赔偿与其基本原理共生共存”。[49] 如臣法官指出的,对法律明确禁止的犯罪行为的受害者的惩罚、威慑和维护的综合。我们将这些基本原理视为与信义法及其预防目的的要求完全一致。并且谨记当被告表现专横顽固时,惩罚性赔偿是被允

---

[45] Ibid. [36].

[46] *Edelman*(n 10)378.

[47] *Harris*(n 11)[184].

[48] *Harris*(SC)(n 33)[170].

[49] *Harris*(n 11)[195].

许的。[50] 这自然不意味着惩罚性赔偿永远不能在被告行为出于天性的衡平法案例中起作用。

新西兰的经历同样表示承认惩罚性赔偿不会对衡平法救济造成任何侵害，衡平法救济任意的天性是被保护的，但是，还有一项可用的工具来支持衡平法灵活的救济方式。当需要进行判决时，除了其他可用方式，法官有可能选择提供救济性回复。新西兰的水闸没有开口，因而这方面的判决非常罕见，惩罚性赔偿的数额也因此偏低，通常在15000～30000美元之间。[51]

最后，大卫·摩根(David Morgan)说过，在澳大利亚，按照卜瑞罗斯教授[52]和埃登尔曼法官[53]设想的路线，民事不法行为的一步会成为惩罚性赔偿加入我们当今认为的衡平的错误行为的方式。[54] 我们认为他很好地总结了这件事，虽然在澳大利亚未来一段时日中的是不可能发生的，但摩根说这样的方式可能已经在新西兰和加拿大有先例了。关于救济，我们当然同意这会在新西兰成为一个前所未有的案例，在新西兰似乎有一类针对民事不法行为的单一种类的奖金，无论不法行为的起源是习惯法还是衡平法。沃克教授这种高水准的方式体现在[55]迪平法官对 *Premium* 案判决中，引用了詹姆斯·埃登尔曼(James Edelman)的学术著作，法官阁下表示：

> 我最后表示，我使用了这个不恰当的词“赔偿金”，没有查阅这种行为原因的历史成因。对于再多说习惯法赔偿金、衡平法赔偿金或是衡平补偿，我认为是没必要的也是不合适的。一种对行为原因的历史成因的理解会帮助其产生实质作用，但是，当指的是经济上的宽慰，“赔偿金”一词可以被使用，描述符号被限制于赔偿金的是基于自然本

---

[50] *Bulter*(n 17)[174].

[51] Ibid. 176.

[52] A. Burrows, *Fusing Common Law and Equity*(n 18).

[53] J. Edelman, *Gain-Bofed Damages*: *Contract*, *Tort*, *Equity and Intellectucd Property* (Oxford, Hart Publishing, 2002).

[54] D. Morgan, "Harris v. Digital Pusle: The cwailability of exemplary damages in Equity" (2003) 29 *Monash Law Review* 377, 395 – 96.

[55] C. Walker, "What's Damagecs" (2010) *New Zealand Law Society Intensive*: *Carrent Issues in Remedies* 1, 2. 也请查阅评论23。

质而不是历史起源。[56]

像沃克教授一样,我们大体上赞成新西兰的救济按这样的方向发展。但是,这是一个有着重要附加条款的主题。也就是说,我们需要认识到特定案例中的特定救济并且确保行为原因的功能和目的保持一致。我们会在下述中提到这一主题。

第四部分 违反信义义务损失的原因

这一章的关键主题是新南威尔士州的衡平法因其保守而与世界其他地区的衡平法相隔绝,尤其是与新西兰对比时。因此,有一点很有意思,杰米·格里斯特(Jamie Glister)在他的书中及其他材料中提到,[57]新西兰在关于违反非托管信义义务的衡平补偿境况要比其他地区更为严格。

如格里斯特所言,大家都了解严格的布林克顿规则(Brickenden rule)不再代表新西兰的法律,相反,发生了"弱因果关系的退出"(snall causal get-out)。[58]简单说,即使没有违反信义法,也会受到相关损失。迪平法官将这种"退出"(get-out)在 *Bank of New Zealand v. New Zealand Guardian Trust Co. Ltd.* 案中给出了如下解释:

> 在这种案子中没有发生可预见性和把控的问题,基于就算没有违反信义义务,也会发生损失损害这一情况,政策命令委托人只允许获得一种免于负债的方法。[59]

基于 *Premium* 案中高等法院大多数的适用性,格里斯特认为在新西兰,免

---

[56] *Premium* 案(n 19)[111],引用 Edelman,*Gain-Based Damages*(n 53)。

[57] J. Glister,"Breach of fiduciary duty:*Brichenden* lives on (*Premium v. Real Estate v. Stevens*)"(2011)5 *Journal of Equity* 59.

[58] Ibid. 9.

[59] *Bank of Zew Zealand v. Guardian Trust Co. Ltd.* 案[1999 年]1 NZLR 664(NZCA)687,在 *Amaltal Corporation v. Maruha Corporation* 案[2007 年]3 NZLR 192(NZSC)[30]中引用。

于负债方法的证明标准高于可能性的平衡状态。他认为,正因如此,新西兰的标准要比英联邦其他地区更为严格。我们并不相信。随着我们进一步分析,*Premium* 案中的问题所在,不是原因,而是额度。进而言之,我们认为尽管 *Premium* 案可能代表了额度相当严格的界限,在这种情况下,我们认为法庭的补救回复更佳。在这个领域中我们不认为衡平法补救措施要与规定的一模一样。特别是我们不同意大法官在 *Premium* 案中的看法,他认为出于揭发义务的泄密行为的救济措施应该与法院在贸易中的违反法定禁令的救济措施相同。

但是,*Premium* 案的真相是:

Premium 案关系到奥克兰北港上的一份价值连城的房产。史蒂芬一家是这套房产的拥有者,他们希望以 300 万美元将房产出售。最终他们同意将房产以 257.5 万美元的价格卖给拉森先生。当史蒂芬一家收到出价,这套房产挂在市场中已有一个多月了。他们曾经拒绝了一位买家 220 万美元的出价,后来经过还价达到了 280 万美元,但交易最后没有成功,我们需要特别注意到这一点。

随后他们将房产出售给拉森,史蒂芬一家了解到拉森原来是通过马霍埃努伊信托公司购得此处房产,并且不是出于家用而是要进行投机买卖。史蒂芬一家非常生气从而提起了诉讼,焦点在于他们如果知道购买房产是为了投机买卖他们会对房产价格进行抬高,他们明确表示拉森为了收益事先已收到了房产价值评估报告,而这份评估报告中史蒂芬家的房产估值 357 万美元。

史蒂芬诉讼案有其原则性的针对目标,即他们聘用帮助他们出售房产的机构,在史蒂芬家与拉森的交易完成后,这家机构又收到了拉森出卖房产的合同。雷利机构在五个月后成功以 355.5 万美元的价格将房产卖给了一位香港买家。

在高等法院,考特尼法官(Courtney J)决定对史蒂芬一家予以补偿,无论是出于公平交易法第九章[60]还是出于受信方违反了信义义务,补偿基本定为市场真实价值与成交价 257.5 万美元的差价。经过上诉,上诉法院决定不从客观的市场价值出发,相反认为应是史蒂芬一家在知道拉森投机目的之前准备成交的价格。所以,与其从 325 万美元开始计算,上诉法院更倾向于以 280 万美元为基础进行衡平补偿的计算。280 万美元是史蒂芬一家基于拉森表现购买意图前与另一买家还价后最终谈成的价格。

---

[60] 澳大利亚同等规定为 1974 年《贸易惯例法》(*the Trade Practics Act*)第 52 节。

高等法院大多数都赞成考特尼法官的判决,[61]然而伊莱斯首席大法官(Elian CJ)更倾向于上诉法院的判决方式。格里斯特总结出大多数人赞成的方法代表了原因的严格方法,他对原因的看法如下:

> 大多数人认为被告没有足够证据表明原告希望以 280 万美元的价格成交。如果说按照上诉法院认为的史蒂芬一家有可能以 280 万美元成交,那就是轻易允许犯错的受信人找到免罪的方法。这个结果非常重要,因为它具有争议性地表明了,基于可能性的平衡,在事实是否得以证明这一问题上不仅仅只有一种反对言论。大多数人认为被告对于举示的证据需要有更高的标准。[62]

如以上所说,我们认为,伊莱斯首席法官与大多数意见的不同并不在于原因,而在于损失的合理额度,让我们来进行解释:

> 简言之,为了免罪,房产公司需要在可能性平衡的基础上证明即使没有违反信义义务,这些相关损失也会发生。在该案中,违约是因为房产公司不该向史蒂芬一家揭露他关于拉森先生所知道的事情。所有法官都同意溢价不能在可能性平衡的基础上证明即使没有违反信义义务,这些相关损失也会发生。进而言之,他们不接受考特尼法官的看法,即如果史蒂芬一家知晓相关揭露,他们会继续持有房产,因此会成为价值 325 万美元的资产。[63] 相反,他们都同意如果史蒂芬一家知晓揭露,他们可能会以更高的价格出售该房产,意见的不同在于怎样确立更高的价格及相关的损失。

由于刚才概述的分歧,这个问题不是损失原因的问题,而是怎样评估损失

---

[61] 布兰查德法官的判决(代表自己以及 McGrath 和 Gault JJ)说明了法院大多数持有的观点,Tipping 法官同时就为什么法院能够判决 Premium 公司返还佣金,并对补偿 Stevens 公司损失说明了原因。

[62] 在本卷的 Glister 章节,至 87 - 88(不包括脚注)。

[63] *Premium*(n 19)[10],[40](Elias CJ),[86](Blanchard CJ).

额度的问题。这在布兰查德法官(Blanchard)的判决中是很明显的,在援引 *Guardian* 案关于免罪的文章后,他表示:

> 当问题的关键是损失额度时,同样综合的方式需要被展开。相同的政策目标适用于这类问题,政策是通过限制受信人环境来阻止违反信义义务行为从而减少诉讼,这一事实可以使他们免罪。这样是武断的,与政策要区别原因问题和额度问题的目标也不一致。当存在初步的或常规的对测量损失的手段时,受信人必须积极证明这种方式是不恰当的。当违反信义义务的行为影响到了房产出售的价格,常规的损失测量方式,是出售价格和市场价格间的差异。政策命令受信人证明原告的损失可以缩小甚至不存在。如果对此有任何疑问,疑问应与受信人共同解决。[64]

因此,总的来说,当被告方承担以可能性平衡为基础论证常规或初步测量损失方法不合适的责任时,免罪的手段大多都适用于额度问题。在 *Premium* 案中,大多数人不相信溢价可以免除这种责任。他们认为,如果违约行为不曾发生,史蒂芬一家会以 280 万美元出售房产的证据也不会成立。布兰查德教授表示:

> 基于上诉法院决定的证据都指向了未向史蒂芬一家揭露的不作为,法院似乎忽视了在其评估中,史蒂芬一家仍相信他们的房产价值 300 万美元并且不担心会获得帕内尔区的房产。我们认为,考特尼法官认为史蒂芬一家不着急出售房产的意愿在知道拉森是个投机分子后会进行重新评估这一想法是正确的。他们可能会寻求其他估价建议的可能性也不能被忽视。他们也有可能会延长房产销售时间,这样的话,涉案房产达到法官认定的 325 万美元的市场价格也是有可能的。因此,传统的损失测量手段在此被使用。离开这点来说,上诉法院如果认为史蒂芬会以 280 万美元成交,那就是轻易的允许犯错的受

---

[64] *Premium*(n 19)[85].

托人得以免罪。[65]

因此，免罪言语的使用是倾向于误导的，意味着关于原因的询问正在进行。我们认为，一旦布兰查德教授关于额度分析的评论被接受，很明显就没有更高的证据门槛存在了。举例说明，如果溢价以可能性平衡为基础表明了280万美元是史蒂芬一家所希望的价格，即使做了相关披露，这个数额也可以很好地代表合适的额度。然而，缺少这方面的证据，溢价不可以免除大多数人同意不应该使用常规手段的责任。

认可了大多数人的观点，我们发现伊莱斯法官拒绝了讨论。她并未接受大多数人认为的以可能性平衡为基础从常规手段开始是正确的方法，因为被告有证明这一方法不适用的责任。

Brickenden 案的方法是在加强证明假想事实的困难性。证明损失在申请赔偿中是一必然要素，我不接受评估中还有被告反驳的假想手段的空间。于我而言，这种假想的适用相当于衡平法的分支。在麦克拉林法官表示损失的原因必须在常识基础上进行评估，但这并不排除法院基于所有证据达到认真的决定的需要。[66]

在此例中，大法官认为相关的损失是以更高价格卖掉房产的机会损失。在权衡过可用证据后，她认为史蒂芬一家原想以280万美元成交的最好证据是他们先前已准备好接受这个价格。于是，相关机会损失是没有按此价格卖掉房产。

我们并不赞成大法官的方式。这种方式没有考虑到被告犯下的错误及其带来的后果。Premium房产公司未能对史蒂芬一家履行受信人忠义义务。作为责任的一部分，他有义务告知史蒂芬一家拉森先生是投机分子。因为对犯下的错误进行了补救，损失的测量也应该考虑Premium房产公司违反义务带来的后果。正如大多数人指出，如果相关义务被履行，史蒂芬一家自然会重新评估他们的价位。[67] 说到这一点，高夫·麦克雷教授（Professor Geoff Mclay）表示，

---

[65] Ibid. [86].
[66] Ibid. [41].
[67] Ibid. [82].

“史蒂芬方当然应该被通知买方是低价购入高价售出以获得高额差价的投机分子”。[68] 因此，通过参考揭秘义务发生前史蒂芬一家最初的理想价位来评估他们的损失没有任何意义，通过参考事实存在的房产市场价格则更有意义些。我们认为，大多数人的方法与如下必需救济一致：也既要履行告知史蒂芬一家信息的义务，又要发挥阻止其他受信人犯同样错误的预防功能一致。[69] 因此，在此意义上，我们认为，高等法院的方法没有与英联邦其他地区相隔离。

我们在这一节中要讨论的最后一个问题是伊莱斯上诉法官的看法，她认为，*Premium* 案中评估需付赔偿的方式都是一样的，无论是违反了信义义务还是别的习惯法或法定责任。正如以上所概述，我们对法官阁下的这种看法并不认可。

首席大法官在这个问题上的观点由她在其他案子判决中的两点推理得出。第一点是她在关于原因的讨论中，她似乎认为衡平法和英美法之间在任何方法上没有任何有意义的不同。她是这样评论与她相反的观点：

> 违反注意义务造成损失原因方法的技能以习惯法原则来评估。但是违反忠义义务造成的损失是以一种更为严格的方式为基础的。这样的改进似乎拉低了 *Aquaculture* 案后达到的高度。[70]

她的评判意见第二点是，*Premium* 案中，过失被视为违反信义义务还是违反了贸易中明令禁止的法令，会导致赔偿的数额不同。我们要记住考特尼法官发现史蒂芬一家如果被告知买方交易目的将会继续持有房产，而且评估额度是通过计算史蒂芬一家与拉森的成交价（275 万美元）和评估报表报价（325 万美元）间的差价进行的，这之间的差价达到了 67.5 万美元。考特尼法官在将这种手段运用于公平贸易法的同时，将需付赔偿缩减了 50% 以表露过失实际引起的影响。法官大人认为，史蒂芬一家对房产评估过低可能是由于他们关于价值的错误观念引起的。谈及方法的不同，伊莱斯法官表示“似乎是原则上出了错误

---

[68] G. McLay, “Equitable Damages” in A Bulter (ed.), *Equity and Trusts in New Zealand*, 2nd edn (Wellington, Thomson Reaters, 2009) 942 – 943.

[69] A. Butler, “Fiduciary Law” in Butler (ed.), *Equity and Trusts in New Zealand* (n 68) 478.

[70] *Premium* (n 19) [37].

才导致了不同的结果”，双方都表示担心同样的错误会影响损失弥补。[71]

换言之，尽管行为原因不同，救济措施都是相同的。我们继续分析。第一点，至于原因，我们不接受首席大法官认为衡平法和习惯法之间不存在任何有意义的不同观点。我们需要对违反信义义务的受信人加以更严格处理，从而加强威慑使其更好履行忠义义务。信义义务因其发生的特定环境有其特定的重要地位，即受信人活动原则的特定缺陷。这就是说，当衡平法和习惯法中责任的本质和内容都相同时，我们接受同样的处理方法。我们内心也谨记着在衡平法和习惯法中有一致的注意义务。但是，习惯法思考的主体应该是要证明在习惯法中没有类比对象的违反注意义务的行为，这还有一段很长的路要走。[72]

第二点以第一点为基础，无论是评估违反信义义务还是违反禁止明令的过失，我们不同意额度的测量手段都必须与此案相同。这里我们的担心主要是与原因相同。为了证明损失的测量手段是相同的，需要证明义务的本质和内容也是相同的，而这明显不成立。交易中误导性陈述的禁止事项是涵括所有误导性行为和疏漏的一条广泛的禁令。因此，它较信义义务来说适用于更广阔的范围。政策的基本原理和忽视不当言论的方法又是不同的。尽管受信人不履行披露义务的确会造成交易中的误导性行为或无意疏漏，但是，信义法的功能是可以防止同样事情在信托原则中再次发生。我们认为对于这种动力，在衡平法中将给予特殊保护。似乎错误无论怎样被阐释都有人一直坚持补救性措施应该保持相同的说法，那么这就相当于说没有信托义务存在的必要。那么所有需要的就只是误导性过失的单一民事不法行为，这可能就是法律最终要达到的境界。但我们认为，这样的情形如果可以发生的话，也需要走一种明了清晰的路线，而非通过补救这种后路。

说到 *Premium* 案，这可能意味着考特尼法官低估依《公平交易法》(the Fair Trading Act)的判决是正确的，等于承认了史蒂芬的错误信念。这样说，我们认识到 *Day v. Mead* 案中建立的衡平法判决可以做出相似的低估。但我们还有两点发现：[73]第一，牵涉环境的重要性。我们记得在 *Day v. Mead* 案中，戴先生是一

---

[71] Ibid.［50］.

[72] 请查阅 McLay,“Equitable Damages”(n 68)927。

[73] 更多讨论，请查阅同上 955。

位成熟有经验的商人，[74]他应其律师米德先生所求，两次参加某公司融资，但这家公司最后倒闭了。当牵涉第二次投资，法官和上诉法院认为对戴先生的补偿金缩减50%是很合适的。因为到了第二次投资的时候，戴先生已对这家公司的运营情况相当了解了。[75] 基于这一事实，对法院不顾责备拒绝米德先生的决定，我们也就能理解了。在 *Premium* 案中我们不将这种情况作为类比。

第二在 *Day v. Mead* 案中，库克勋爵强调此类救济极为罕见：

> 当然，在基于原告或多或少造成损失的情况下，法院会对"惩罚性的目的越强，受信标准越高"这一原则更加重视。[76]

我们通过认识重要的一点来结束这一节，即，如格里斯特指出的，大多数人和首席法官之间的分歧是关乎事实真相的：

> *Premium Real Estate v. Stevens* 案可能是判决与事实不同的一个简单的例子。高等法院的大多数法官有可能认为，Premium 房产公司没有基于可能性平衡证明史蒂芬一家想以280万美元的价格成交，然而，上诉法院和伊莱斯首席大法官都认为这项事实确实成立。[77]

尽管对该案的影响，我们不必同意格里斯特的看法，但他的看法也有可取之处。这表明像大多数案子的结果最终还是由事实决定而不是由法律决定。

第五部分　禁　反　言

我们要开始对衡平禁反言探讨，衡平禁反言如今在新西兰被视为统一原则。在这一节我们认为这没有引起"思想混乱"，相反是明智地简单化了一系列无用的单独原则。埃维利－帕尔梅博士（Dr Every-Palmer）从历史角度对这进

---

[74] *Day v. Mead*(n 16)449.

[75] Ibid. 448.

[76] Ibid. 452.

[77] Glister, "Breach of fiduciary duty" (n 57)70.

行了分析：

> 至少有16种不同的禁反言原则受到了司法认定，它们中的每一条都有不同的触发需要和补救机会，这些原则中的一部分有些对于衡平法来说很独特，有些对于习惯法是独一无二的，还有一些对两种法律体系来说都十分普遍。术语的不一致使用会使不同原则的发展留下一堆混乱的原则、法规和准则。[78]

新西兰法院意图在这堆混乱中进行筛选并识别出以"显失公平"原则(unconscionability principle)为基础的统一衡平禁反言原则。[79]

在讨论统一化原则之前，我们要说一下这套统一化原则甚至压缩了习惯法禁反言原则的证据。例如，在*Gold Star Insurane Co Ltd. v. Gaunt*案中，霍兰德法官(Holland J)表示"如今我们曾经说的习惯法禁反言原则和衡平法禁反言原则在其结果上可能没有任何分别"。[80] 进而言之，*National Westminster Finance NZ Ltd. v. National Bank of New Zealand*案的判决中，蒂平法官发表了看法，"目前存在具有多种表现形式的单一禁反言原则"。[81] 在我们看来，根据事实，这趋向于证明每条原则在实际覆盖范围内有大量重叠，并且习惯法禁反言原则的救济机会与现代权威要制造尽可能大的救济范围的趋势相背。[82] 对于统一原则，原告需要证明的关键要素如下：

(a)通过对宣称禁反言一方的诉诉、陈述和疏忽，已建立或激起了信念和预期；

(b)宣称禁反言一方已合理信赖信念和预期；

(c)一旦背离信念和预期就会受到伤害，且；

---

[78] J. Every-Palmer, "Equitable Estoppel in Butler(ed.)"(n 68)605(不包括脚注).

[79] Ibid. 603，其他以外，引用*Gold Star Insurane Co Ltd. v. Gaunt*案[1998年]3 NZLR 80(NZCA)86(Holland法官)；National Westminster Finance NZ *Ltd. v. National Bank of Nz Ltd.*案[1996年]1 NZLR 548(NZCA)549(Tipping法官)；*Juzwa v. Hill*案[2007年]NZCA 222[15](Robertson法官)。

[80] *Gold Star*(n 79)86.

[81] *National Westminster NZ*(n 79)549.

[82] *Every-Palmer*案(n 78)611－12引用Aquaculture(n 26)301－02(Cooke P).

(d)对因背离信念和预期宣称禁反言一方将会有失公平。[83]

我们需要强调这项检验标准的两个重要条件:第一,霍兰德法官说过,只要环境要求的情况下,背离严格标准和对完全有失公平行为的直接关注是有可能的;[84]第二,即使禁反言原则已经颁布,法院对补偿的额度和形式仍有宽泛的自由裁量权。[85] 我们现在回到主题。

在新西兰之外,解决这种情况的要少一些。在英国,掌卷法官纽伯格勋爵(Lord Neuberger of Abbotsbury MR)表示英国的禁反言应该接受一套统一的原则,虽然它没有包含习惯法禁反言原则,但"习惯法禁反言原则不可避免的会成为不同原则的主体"。[86] 例如,纽伯格勋爵表示:

> 也许禁反言不该仅被视为表意方的诉求,其中相对人的行为、陈述、沉默或不作为对表意人造成了特定伤害,从而相对人不合理的否定后果,至少是没有给表意人任何补偿。[87]

但是,如纽伯格勋爵认识到,这项原则还没有得到高等法院和上议院认可。[88]

在澳大利亚,一些评论家已建议高等法院承认统一的衡平法禁反言原则,[89]并引用了麻森法官和威尔逊法官在 *Waltons Stores Ltd. v. Maher* 案中的评论。[90]

---

[83] 同上 613,引用 *Hawke v. B. R Metcalfe Metcalfe Construction Ltd.* 案(HC Hamilton, AP131/90, 1992 年 5 月 5 日)(Fisher 法官)4-5;*Gold Star* 案(n 79)86(Holland 法官);*Gillies v. Keogh* 案[1989 年]2 NZLR 327(NZCA)346(Richardson 法官)。

[84] *Gold Star*(n 79)86.

[85] *Hawke*(n 83)4.

[86] D. Neuberger, "Thoughts on the law of equitable estoppel" (2010) 84 Australian Law Journal 225, 237.

[87] Ibid.

[88] 在写作本书时,英国上诉庭已经公布其关于 *ING bank NZ v. Ros Roca SA* 案[2011 年]EWCA Civ 353 的判决。在 *ING* 案中,三名法官(Rix、Carnwath 和 Stanley Burnton LJJ)似乎认为可以根据禁反言或允诺禁反言规则所述的禁反言对事实进行分析。例如,上诉庭法官 Stanley Burnton 认为,区别主要是[76]的一个专业术语。但是,所有法官都不认为法庭有必要确定唯一一个禁反言总体原则。若上诉至最高法庭,此案可能是英国认可唯一一个总体原则的良机。

[89] 请参考案例 *Every-Palmer*(n 78)610;P. Parkinson (ed.), The Principle of Equity, 2nd edn (LawBook Co, Sydney, 2003) Para[712][纽伯格引用"法律之思考"(n86)237]。

[90] *Waltons Stores(Interstate) Ltd. v. Maher*(1988 年)164 CLR 387(HCA)404.

但是,在我们看来,鉴于高级法院没有人发表相似看法,对于是否可以成为一起案例,我们还是和纽伯格勋爵一样持怀疑态度。[91]

有人认为,新南威尔士州的统一原则存在一定吸引力。尽管马尔、古茂和雷恩(《衡平法》的作者)似乎在统一议题中一反常态地未积极响应,但他们似乎也更倾向于单独分析每一种禁反言原则。[92] 进而,汉得利法官著述了大量关于衡平法禁反言原则的观点,并为新南威尔士州上诉法庭在该领域给出了很多建议,[93]他同样坚定地认为,衡平法中不应该存在包罗所有衡平禁反言原则[94](更不必说还包括普通法禁反言原则)。在最近一篇文章中,他这样评价纽伯格勋爵的统一原则建议:

> 财产禁反言和允诺性禁反言完全是衡平的,并且直接实施以改变双方的权利。这种完全衡平禁反言,是以大法官法庭在《司法组织法》之前衡平诉因实施为基础的,因此会产生禁反言原则的不同形式,他们有不同的要素,运行方式不同并且会产生不同的后果。相比于一套侵权法的统一原则,我们现在更需要一套统一的禁反言支配原则。[95]

纽伯格勋爵发觉到这种担心,但最终并未同意。他对统一原则发表了以下看法:

> 这个想法是存在疑问的,因此,它可能削弱财产禁反言或增强其他的禁反言,因为专有的禁反言原则是一项极端强大的原则。进而言之,不同的禁反言原则牵涉到不同特点,但是,认为这些不同是假象多于实际也是有道理的,在此范围内他们都有不该存在的影响。[96]

---

[91] 请参照纽伯格(n86)237 的评论。

[92] See Meagher、Heydon 和 Leeming(n 3)段[17－005]－[17－025]。

[93] See eg K. Handley, *Estoppel by conduct and Election*(London, Sweet & Maxwell 2006).

[94] 最新示例,请参考在 *Delaforce v. Simpson-Cook* 案[2010 年]NSWCA 84 中的判决。

[95] K. Handley, "Further thoughts on proprietary estoppel"[2010]84 Austrulian Law Journal 239, 234.

[96] *Neuberger*(n86)237(重点强调).

我们倾向于认同纽伯格勋爵的问题是假想多过实际的结论。既然说到这些,汉得利法官的观点也值得一看。谨记我们认为一套合理的统一原则的衔接需要足够注意以下两个方面:一是显失公平意味着什么;二是强调对于所有衡平救济的适用性是否过分加强了一些形式的禁反言原则。[97]

汉得利法官认为显失公平原则,是衡平法禁反言原则中的组织原则。他认为,英国的一些判决中使用了显失公平的语言,通过鼓励显失公平原则是一种能够在已建立的原则之外生成法律权利的独立性原则的做法,造成了公众伤害。[98] 有种担心是显失公平原则会成为法官判决公平的速记法,凯恩法官在解释这种错误事项中,[99]援引了帕梅洛对衡平法中"良心"的解释:

> "良心"是我们过去、现在和未来都认为的衡平法管辖权的要素之一,并且作为一种隐喻性词汇,以普遍原则为基础并受限于现有理论,它指定了民事权利的普遍标准和混合着权宜之计。通过一种司法的而非个人的良心,法庭检验起诉人的行为和权益。[100]

澳大利亚高等法院在 *Tanwar Enterprise Pty Ltd. v. Cauchi* 案中发表了相似看法:

> "没良心"和"显失公平"这两个词语,通过参考发展的原则,在不同的适用范围里描述了良心的形成与指令。根据这些原则,法庭最初只是审视而非介入到案件中,展现了对显失公平原则概念的高水准抽象化表述。[101]

关键点所重视的是,通常状况下公平的缺失与其被认为是一个法律测试,

---

[97] 暂时不考虑涵盖普通法禁反言带来的更复杂情况。

[98] Hanndley"'Further thoughts'"(n 95)239.

[99] Keane(n 13)98.

[100] J. Pomeroy and S. Symons, *A Treatise on Equity Junisprudeme*, 5th edn (San Francieco, Bancroft-Whitney, 1941) Vol. 1, 94.

[101] *Tanwar Enterprises Pty Ltd. v. Cauchi and Ors*[2003 年]HCA 57, (2003 年)217 CLR 315[20].

倒不如说更是一种结论，它贯穿了"制定良好的规则秩序"的应用。一定程度上，在新西兰所处状况下，禁反言的要件还没有制定，但一些行为已经被特定法官认定为违法，基于这一环境，就可以说新西兰有禁反言原则。在这广阔范围内，我们得承认总会存在那么些问题。关键点就是新西兰的衡平法是否能够确切留意到澳大利亚的提醒，以及最高法院的一些澄清说明是否能被接受。

因此，我们也同意纽伯格大法官建议，即"无论什么案子，正确的问题都无关商业方面或是家庭方面（抑或混合型），只要它依仗于被告的陈述并对原告合理，它就是正确的"。[102] 恰如纽伯格大法官所说，事实上还有帕默尔律师的建议，原告可信度的合理性将根据衡平法中过去相似案件的处理方法来评估。利用这种方法，衡平法"制定良好的规则秩序"将会被一直沿用。但这也暴露了一些有限风险，毕竟在那里还有一些错误定义显失公平概念。应用于禁反言，进行不当干预，如商业贸易。对此，新西兰法庭并不情愿，就像"要给予公正的援助，给那些资源丰富，深思熟虑，交涉手段不分伯仲，正在划分着势力范围的集团们"。[103] 毕竟，我们可能会认为，一个像约曼管理有限公司对科比那样的案子在新西兰只会得到相似的对待。[104] 在那个案子中，因为经验丰富的商贸集团只选择加入能与利益捆绑的协议，大法官们发现禁反言毫无作用。在这种情况下，卡贝先生的可信度并不合理。

直到现在，当其他财产禁反言与财产关联时，其风险被夸大而有悖实际。令人担心的是，倘若所有形式的禁反言都被简单的团到一起，可能会导致专有救济措施受到热捧，尽管大环境下这并不被看好。迈克尔卡比在他的评论里提到了这种焦虑，把它归纳在章节的简介里，"因为衡平法总是被认为和所有权有关，因此，精明的律师们总是对这些未经考虑就瞎搅和那些建立很久的规则的行为，抱有天然的、理所应当的焦虑"。[105]

在我们看来，这份焦虑放错了地方。因为我们的处境并不适合抬高专利禁反言，专有救济措施受捧的风险也几乎不存在。当新西兰法庭接受了大幅修正

---

[102] Neuberger（n86）233. 关于财产禁反言合理性的更多言论，请参考 N. Pivka，"Hopes，Expectatious and Revocable Promises in Proprietary Estoppel"（2009）72 MLR 998。

[103] *Every-Palmer* 案（n 78）620.

[104] *Yeoman's Row Management Ltd. v. Cobbe*［2008］UKHL 55，［2008 年］1 WLR 1752.

[105] *Kirby*（n 1）44，上方引用，请见 n 7。

的决定，这并不意味他们没有注意到判决特别救济的历史基础。这意味着这个案例仍然会排除在禁反言内容之外。任何典型评估都将以可信度来衡量。[106] 更甚至是当没有可应用的合理的测量工具时，在这个环境下我们没法确定是否能够转换到专有补救措施。在这里，被告没有提出任何要求让原告接收私人财产的规则。

第六部分　总　　结

在这一章节，我们试图通过许多生动例子来体现各种观点给衡平法带来的作用和影响。我们的尝试已经证明，除其他情况外，在某些特定环境下，衡平法的单独融合同样合理。我们承认有些人可能会说我们只是在树立一个易被打倒的新南威尔士稻草人而且随后打倒稻草人的刚好就是我们自己。但我们认为，恰恰相反，我们对新西兰的道路深感惋惜。这并非我们刻意为之。我们认为，这种在新南威尔士显而易见的特性，这些间或的迂腐与长期存在的严苛，在未来将会被推广。更进一步说，在大多数地区，衡平法的发展要经历无数案件与思考，但最终仍然没有满足现实的严峻要求。然而，我们需要承认的是，结束法律自身的迂腐与保守最具有意义。我们需要根据现代社会状况和最新实际情况，对其准确应用位置的合理性做出持续评估。当位置状态的合理性无法估测时，法庭就应该做出改变。对于这些改变，法庭可以合理地借鉴其他地区的法律改革。

我们将以一个反问结束本文，“如果阿特金斯大法官没有做好准备，没能在 *Donoghue v. Stevenson* 案中开辟新方向的话，现在的法律又将被置于何处？”当人们从各种学术角度合法地反对疏忽行为时，几乎没人会联合起来将它废除。正如普通法一样，衡平法不应该被允许倒退。

---

[106] *Every-Palmer*(n 78)637 –639.

索　　引*

* 索引中标注的页码为原著页码。

图书在版编目(CIP)数据

衡平法难题／(澳)杰米·格里斯特，(澳)保琳·瑞芝编著；宋丽珏，徐玮译. -- 北京：法律出版社，2017

(衡平法译丛)

书名原文:Fault Lines in Equity

ISBN 978-7-5197-1038-5

Ⅰ.①衡… Ⅱ.①杰… ②保… ③宋… ④徐… Ⅲ.①信托法-研究-世界 Ⅳ.①D912.282.04

中国版本图书馆 CIP 数据核字(2017)第163332号

衡平法难题
HENGPINGFA NANTI

[澳]杰米·格里斯特
[澳]保琳·瑞芝　编著
宋丽珏　徐　玮　译

策划编辑　郑　导
责任编辑　郑　导
装帧设计　汪奇峰

出版 法律出版社
总发行 中国法律图书有限公司
经销 新华书店
印刷 三河市兴达印务有限公司
责任校对 杨锦华
责任印制 张建伟

编辑统筹 独立项目策划部
开本 710 毫米×1000 毫米　1/16
印张 21.5
字数 315 千
版本 2020 年 6 月第 1 版
印次 2020 年 6 月第 1 次印刷

法律出版社／北京市丰台区莲花池西里 7 号(100073)
网址／www.lawpress.com.cn
投稿邮箱／info@lawpress.com.cn
举报维权邮箱／jbwq@lawpress.com.cn
销售热线／400-660-8393
咨询电话／010-63939796

中国法律图书有限公司／北京市丰台区莲花池西里 7 号(100073)
全国各地中法图分、子公司销售电话：
统一销售客服／400-660-8393/6393
第一法律书店／010-83938432/8433
西安分公司／029-85330678
重庆分公司／023-67453036
上海分公司／021-62071639/1636
深圳分公司／0755-83072995

书号:ISBN 978-7-5197-1038-5
定价:119.00 元